卓越工程师教育培养计划食品科学与工程类系列规划教材

食品安全学

王　硕　王俊平　主编

科学出版社
北　京

内 容 简 介

本书为“卓越工程师教育培养计划食品科学与工程类系列规划教材”之一，主要从食品中有害物的来源与危害、有害物的检测技术、有害物的控制与管理三个方面全面系统地介绍了食品安全的基础知识。食品中有害物的来源与危害讲述了食品农药和兽药残留、生物毒素、重金属等外源污染物的来源与危害，食品原料中自身含有的有害物种类及在食品加工过程中产生的有害物及其来源，转基因食品安全，食品包装材料的安全问题及食品运输流通过程中的安全问题。有害物的检测技术重点介绍了目前食品中有害物检测常用的仪器分析技术和快速检测技术，同时也对食品安全风险管理的基础知识及法律法规等内容进行了讲述。本书内容着重于基础知识的讲述，同时注意吸收目前食品安全研究的最新成果，理论讲述与案例相结合，有助于加深学生对知识点的理解。

本书适合于高等院校食品质量与安全、食品科学与工程及其他相关专业学生使用，同时也可以应用于高职院校食品质量安全专业。

图书在版编目(CIP)数据

食品安全学/王硕，王俊平主编．—北京：科学出版社，2016.3
卓越工程师教育培养计划食品科学与工程类系列规划教材
ISBN 978-7-03-046431-6

Ⅰ.①食…　Ⅱ.①王…②王…　Ⅲ.①食品安全-高等学校-教材
Ⅳ.①TS201.6

中国版本图书馆 CIP 数据核字（2015）第 282160 号

责任编辑：席　慧／责任校对：李　影
责任印制：赵　博／封面设计：迷底书装

科学出版社出版
北京东黄城根北街 16 号
邮政编码：100717
http://www.sciencep.com

北京华宇信诺印刷有限公司印刷
科学出版社发行　各地新华书店经销

*

2016年3月第　一　版　开本：787×1092　1/16
2025年7月第八次印刷　印张：16
字数：400 000

定价：59.80 元

（如有印装质量问题，我社负责调换）

“卓越工程师教育培养计划食品科学与工程类系列规划教材”

编写、审定委员会

《食品安全学》编写委员会

主　编　王　硕（天津科技大学）

　　　　　王俊平（天津科技大学）

编　委（以姓氏笔画为序）

王向红　（河北农业大学）

刘光明　（集美大学）

李昌模　（天津科技大学）

杨　燊　（集美大学）

邱绪进　（集美大学）

何金兴　（齐鲁工业大学）

张　彧　（大连工业大学）

张鸿雁　（山东师范大学）

徐志祥　（山东农业大学）

总　序

2010年6月23日，教育部在天津大学召开“卓越工程师教育培养计划”（即“卓越计划”）启动会，联合有关部门和行业协（学）会，共同实施卓越计划。以实施该计划为突破口，促进工程教育改革和创新，全面提高我国工程教育人才培养质量，努力建设具有世界先进水平、中国特色的社会主义现代高等工程教育体系，促进我国从工程教育大国走向工程教育强国。

为了推进“卓越计划”的实施，科学出版社经过广泛调研，征求广大专家、教师的意见，联合多所实施“卓越计划”的相关高校，针对食品科学与工程类本科专业组织并出版“卓越工程师教育培养计划食品科学与工程类系列规划教材”，该系列教材涵盖食品科学与工程、食品质量与安全、粮食工程、乳品工程、酿酒工程等相关专业，旨在大力推进教育改革，提高学生的实践能力和创新能力，建立一套具有开拓性和探索性的创新型教材体系，培养具有国际竞争力的工程技术人才。

根据教育部的学科分类，食品科学与工程类属于一级学科，与数学、物理、生物、天文、化工等基础学科属同等地位。它具有多学科交叉渗透的特点，涉及化学、物理、生物、农学、机械、环境、管理等多个学科领域。特别是20世纪50年代以来，随着计算机技术和生物技术在食品工业中的广泛应用，食品专业更是如虎添翼，得以蓬勃发展。据统计，全国开设食品科学与工程类本科专业的高校近300所，已有14所高校的食品科学与工程专业入选前三批的“卓越计划”。“卓越工程师教育培养计划食品科学与工程类系列规划教材”汇集了相关高校教师、企业专家的丰富教学经验和研究成果，整合相关的优质教学资源，保证了教材的质量和水平。

2013年4月13日，科学出版社“卓越计划”第一批规划教材的编前会议在东北农业大学食品学院举办；2014年6月13日，“卓越计划”第一批规划教材的定稿会议和第二批规划教材的启动会议在大连工业大学食品学院举行。经过科学出版社与广大教师的共同努力，保障了该系列规划教材编写的顺利实施。

该系列丛书注重对学生工程能力和创新能力的培养，注重与案例紧密结合，突出实用。丛书作者都是长期在食品科学与工程领域一线工作的教学、科研人员，有着深厚的系统理论知识和相关学科教学、研究经验。本系列教材的策划与出版，为培养造就一大批创新能力强、适应经济社会发展需要的高质量各类型工程技术人才，为建设创新型国家，实现工业化和现代化的宏伟目标奠定了坚实的人力资源优势，具有重要的应用价值和现实意义。

中国工程院院士　朱蓓薇

2015年1月16日于大连

前　言

《食品安全学》是针对高等院校食品科学与工程专业和食品质量安全专业编写的一部教材。教材主要从食品中有害物的来源与危害、有害物的检测技术、有害物的控制与管理三个方面全面系统地介绍了食品安全的相关基础知识。教材内容着重于基础知识的讲述，同时注意吸收目前食品安全研究最新成果，注重知识的系统性和整体性，帮助学生构建完整的食品安全基础知识体系。全书理论讲述与案例相结合，通过案例对一些知识点进行拓展和诠释，有助于加深学生对知识点的理解。

全书内容共分为 13 个章。第 1 章绪论，由天津科技大学王硕、王俊平编写；第 2 章生物性污染，由齐鲁工业大学何金兴编写；第 3 章真菌毒素，由天津科技大学王俊平编写；第 4 章动植物中的天然有毒物质，由大连工业大学张彧编写；第 5 章化学污染物，由山东农业大学徐志祥编写；第 6 章食品加工过程产生的化学危害物，由大连工业大学张彧、河北农业大学王向红、天津科技大学王俊平编写；第 7 章食品接触材料的安全性，由集美大学杨燊编写；第 8 章转基因食品的安全性，由集美大学刘光明编写；第 9 章食品流通过程安全控制，由天津科技大学王俊平编写；第 10 章食品安全检测技术，由山东师范大学张鸿雁编写；第 11 章食品安全风险分析，由天津科技大学王俊平编写；第 12 章食品安全管理体系，由集美大学邱绪进编写；第 13 章食品安全法规与标准，由天津科技大学李昌模编写。

本书建议总教学时数为 32～36 学时，适合于高等院校食品质量与安全、食品科学与工程、及其他相关专业学生使用，同时也可以用于高职院校食品质量安全专业。

编　者

2015 年 10 月

目录

第1章 绪论

第一节 概述

一、食品安全的概念及内涵

“国以民为本，民以食为天”，食品安全是国家安全的重要组成之一，关系到国家和社会的稳定发展，关系到每个公民的生命和健康。如何解决食品安全问题，保护公众身体健康和生命安全，既是各国政府面临的重要战略任务，也是食品科学工作者的神圣责任，同时也是食品企业和消费者义务。不同的群体对“安全食品”有不同的理解。消费者、特殊利益群体、管理者、工业界和学术界基于各自的出发点，对安全食品有不同的描述。而普通公众获得的有关食品安全的信息主要来自于媒体，因此媒体关于食品安全的观点能够影响普通公众的观点。

对于食品安全的概念目前主要有以下几个观点。

(1)“食品安全”是指食品及其生产经营和消费等活动不存在对人体健康现实的或潜在的损害。

(2)“食品安全”是指食品中不应包含有可能损害或威胁人体健康的有毒、有害物质或不安全因素，不可导致消费者急性、慢性中毒或感染疾病，不能产生危及消费者及其后代健康的隐患。食品安全的范围包括食品数量安全、食品质量安全、食品卫生安全。

(3)“食品安全”从广义上来说是“食品在食用时完全无有害物质和无微生物的污染”，从狭义上来讲是“在规定的使用方式和用量的条件下长期食用，对食用者不产生可观测到的不良反应”。不良反应包括一般毒性和特异性毒性，也包括由于偶然摄入所导致的急性毒性和长期微量摄入所导致的慢性毒性，如致癌和致畸性等。

(4)“食品安全”是指食品（食物）的生产、加工、包装、储藏、运输、销售和消费等活动符合强制性标准和要求，不存在可能危害人体健康的有毒有害物质以导致消费者病亡或者危及消费者后代的隐患。

(5)“食品安全”是指食品不存在对人体健康造成现实的或潜在的侵害的一种状态。

(6) 国际食品法典委员会（CAC）对食品安全的定义是指消费者在摄入食品时，食品中不含有害物质，不存在引起急性中毒、不良反应或潜在疾病的危险性。

上述定义在文字表述上有一定差异，但是不管如何表述，目前对食品安全的认识基本上都涵盖以下几个方面。

第一，食品安全是个综合概念。食品安全包括食品卫生、食品质量、食品营养等相关方面的内容。食品安全涵盖食品（食物）种植、养殖、加工、包装、贮藏、运输、销售、消费等环节。在概念上食品卫生、食品质量、食品营养等（通常被理解为部门概念或者行业概念）均无法涵盖上述全部内容和全部环节，食品卫生、食品质量、食品营养等在内涵和外延上存在许多交叉。

第二，食品安全是个社会概念。与卫生学、营养学、质量学等学科概念不同，食品安全是个社会范畴的概念。不同国家及不同时期，食品安全所面临的突出问题和治理要求有所不同。在发达国家，食品安全所关注的主要是因科学技术发展所引发的问题，如转基因食品对人类健康的影响；而在发展中国家，食品安全所侧重的则是市场经济发育不成熟所引发的问题，如假冒伪劣、有毒有害食品的非法生产经营。我国的食品安全问题则包括上述全部内容。

第三，食品安全是个政治概念。无论是发达国家，还是发展中国家，食品安全都是企业和政府对社会最基本的责任和必须做出的承诺。食品安全与生存权紧密相连，具有唯一性和强制性，通常属于政府保障或者政府强制的范畴。而食品质量等往往与发展权有关，具有层次性和选择性，通常属于商业选择或者政府倡导的范畴。近年来，国际社会逐步以食品安全的概念替代食品卫生、食品质量的概念，更加突显了食品安全的政治责任。

第四，食品安全是个法律概念。进入20世纪80年代以来，一些国家及有关国际组织从社会系统工程建设的角度出发，逐步以食品安全的综合立法替代卫生、质量、营养等要素立法。1990年英国颁布了《食品安全法》，2000年欧盟发表了具有指导意义的《食品安全白皮书》，2003年日本制定了《食品安全基本法》。部分发展中国家也制定了《食品安全法》。综合型的《食品安全法》逐步替代要素型的《食品卫生法》、《食品质量法》、《食品营养法》等，反映了时代发展的要求。

第五，食品安全是个经济学概念。在经济学上，“食品安全”指的是有足够的收入购买安全的食品。中国农业大学何宇博士曾对农村消费环境作过调查。他指出，如今广大农村已经成了问题食品的重灾区，假冒伪劣食品出现的频率高、流通快、范围广，不法商人制假售假的手段和形式也更高明、更隐蔽。农村消费者的自我保护意识不强，维权能力较弱。而且随着我国城市化进程加快，这一现象已经扩大到一些城市的城乡结合部和城市下岗失业人群。

不难看出食品安全既包括生产安全，也包括经营安全；既包括结果安全，也包括过程安全（食品卫生虽然也包含此两项内容，但更侧重于过程安全）；既包括现实安全，也包括未来安全。

根据食品安全概念的内涵，本书将“食品安全”的概念定义为食品及其生产经营和消费等活动过程中不存在对人体健康现实的或潜在的损害。

在这一表述中可能包含着不同的理解或解释。如哪些物质或成分应划作有毒有害类？许多物质或成分的毒性是与剂量多少有关的，所谓“不应”或“不能”含有某种有毒有害物质，是指不得检出还是指检出剂量不得超过某个阈限值之外？现代分析技术发展很快，许多化学成分的检出精度不断提高，不少曾被认为是“无污染”食品或“清洁”食品远非那么纯净；同时，毒理学、生理学、病理学等相关学科的发展，使得原来认为无害的物质变成了有害物。因此，美国学者Jones曾建议区分绝对安全性与相对安全性两种不同的概念。绝对安全性被认为是指确保不因食用某种食品而危及健康或造成伤害的一种承诺，也就是食品应绝对没有风险。不过，由于在客观上人类的任何一种饮食消费甚至其他行为总是存在某些风险，绝对安全性或零风险是很难达到的，尽管这是当代环境威胁加剧条件下普通消费者追求的目标。所谓相对安全性，被定义为一种食物或成分在合理食用方式和正常食量的情况下不会导致对健康损害的实际确定性。任何食物成分，尽管是对人体有益的成分或其毒性极低，若食用数量过多或食用条件不当，都可能引起毒害或损害健康。食盐摄入过量会中毒，过度饮酒伤身体。饮食的风险不仅来自生产过程中人为施用的农药、兽药、添加剂等，还大量来自食品本身含有的天然毒素。过度偏食可能使食品中某些化学成分在人体超量积累达到有害程度。另外，某些食品的安全性又因人而异，如鱼、蟹类水产品经合理的加工制作及适量食用，对多数人是安全的，但可能给少数有鱼、蟹类水产品过敏症的人带来危险。食物中某些微量有害成分的影响，也往往在对该成分敏感的人群中表现出来。以上叙述说明，一种食品是否安全，不仅取决于其制作、食用方式是否合理，食用数量是否适当，还取决于食用者自身的一些内在条件。

食品绝对安全性与相对安全性的区分，在很大程度上反映了消费者一方与管理者、生产者和科技界主流派一方对什么是安全食品在认识角度上的差异。前者要求对他们提供没有风险的食品，而把近年频繁发生的安全性事件归因于技术和管理的不当。后者从食品构成及食品科技的现实出发，认为安全食品并不是完全没有风险的食品，而是在提供最丰富营养和最佳品质的同时，力求把可能存在的任何风险降至最低限度。可以认为，这样两种不同的概念既是对立的，又是互补的，是人类对食品安全性认识发展与逐渐深化的表现，从需要与可能、现实与长远的不同侧面，概括了食品安全性的较完整的含义。

对于食品安全的认识过程是一个不断发展的过程，不论是对概念的阐述还是对其内涵的丰富。从科学发展的客观规律来看，目前很难实现食品的绝对安全，因此在目前的技术条件下，绝对安全的食品是没有的，任何食品都有可能存在安全风险，食品安全管理就是一个风险管理过程。通过对风险的评估和预警，将食品安全风险控制在可接受的范围内，在一定条件下实现食品的绝对安全，既是对食品安全性的一个科学合理的认识，也是食品安全管理的一个基本原则。

第二节 食品安全的历史发展观

一、历史上的食品安全

人类对食品安全性的认识，有一个历史发展过程。在人类文明早期，不同地区和民族都以长期生活经验为基础，在不同程度上形成了一些有关饮食卫生和安全的禁忌、禁规。在中国，2500年前的孔子就曾对他的学生讲授过著名的“五不食”原则：“食殪而餲，鱼馁而肉败，不食。色恶，不食。臭恶，不食。失饪，不食。不时，不食。”（《论语·乡党第十》）这是文献中有关饮食安全的最早记述与警语。在西方文化中，著名的摩西饮食规则规定凡非来自反刍偶蹄类动物的肉不得食用，认为是出于食品安全性的考虑，这至今仍被正宗犹太人和穆斯林所遵循。《旧约全书·利未记》明确禁止食用猪肉、任何腐食动物的肉或死畜肉。古代人类对食品安全性的认识，大多与食品腐坏、疫病传播等问题有关，各民族都有许多建立在广泛生存经验基础上的饮食禁忌、警语、禁规，作为生存守则流传保持至今。

生产的发展促进了社会的产业分工，商品交换，阶级分化，以及利欲与道德的对立，食品的安全保障问题出现了新的因素和变化。食品交易中出现了制伪、掺假、掺毒、欺诈现象，这在古罗马帝国时代已蔓延为社会公害。当时制定的《罗马民法大全》曾对食品的假冒、污染等安全性问题做过广泛的规定，违法者可判处流放或劳役。中世纪的英国为解决石膏掺入面粉、出售变质肉类等事件，1266 年颁布了《面包法》，禁止出售任何有害人体健康的食品。但制伪掺假食品屡禁不绝，有人记载 18 世纪中叶英国杜松子酒中查出掺假物有：浓硫酸、杏仁油、松节油、石灰水、玫瑰香水、明矾、酒石酸盐等。直到 1860 年，英国国会通过了新的食品法，再次对食品安全性加强控制。由于食品检验缺乏灵敏有效的手段，制伪、掺假、掺毒技术层出不穷，食品安全的法律法规滞后，使食品安全性问题长期存在于从古罗马中世纪直到近代的欧洲食品市场。在美国，19 世纪中后期资本主义市场经济的发展在缺乏有效法制的情况下，食品安全性与卫生问题也恶性发展。据说，牛奶掺水、咖啡掺碳对当时的纽约老百姓来说是常见的事。更有在牛奶中加甲醛、肉类用硫酸、黄油用硼砂做防腐处理的事例。一些肮脏不堪的食品加工厂如何把腐烂变质的肉变成味美香肠，把三级品变成一级品的故事，被写成报告文学，使社会震动。当时美国农业部的官员在报刊上惊呼：由于商人的肆无忌惮和消费者的无知，使购买那些有害健康食品的城市百姓经常处于危险之中。1906 年美国国会通过了第一部对食品安全、诚实经营和食品标签进行管理的国家立法——《食品与药物法》。同年还通过了肉类检验法。这些法律对美国州与州之间的食品贸易加强了安全性管理。以上资本主义前期市场经济发展中开始出现的食品安全性种种现象和问题，至今在世界处于不同社会经济发展水平的国家和地区，仍在继续威胁着人们的健康和安全。不过，在现代农业和现代食品加工业建立起来以前，在食品数量还相对不够丰足的条件下，食品的质量与安全性问题一般处在次要地位，难于受到社会的足够重视。

进入 20 世纪以后，食品工业应用各类添加剂日趋增多，农药、兽药在农牧业生产中的重要性日益上升，工矿、交通、城镇“三废”对环境及食品的污染不断加重，农产品和加工食品中含有害有毒化学物质问题越来越突出。另外，化学检测手段及其精度不断提高，农产品及其加工产品在地区之间流通规模日增，国际食品贸易数量越来越大。这一切对食品安全性问题提出了新的要求，以适应生活水平提高、市场发展和社会进步的新形势。问题的焦点与热点，逐渐从食品不卫生、传播流行病、掺杂制伪等为主，转向某些化学品对食品的污染及对消费者健康的潜在威胁方面。20 世纪对食品安全性影响最为突出的事件，当推有机合成农药的发明、大量生产和使用。曾被广泛应用的高效杀虫剂滴滴涕，其发现、工业合成及普遍使用，始于 30 年代末 40 年代初，至 60 年代已达鼎盛时期，世界年产总量可达10 万 t。滴滴涕在消灭传播疟疾、斑疹伤寒等严重传染性疾病的媒介昆虫（蚊、虱），以及防治多种顽固性农业害虫方面，都显示了极好的效果，成为当时人类防病、治虫的强有力武器。其发明者瑞士科学家 Paul Hermann Müller 因此巨大贡献而获 1948 年诺贝尔生理学或医学奖。滴滴涕的成功促进了农药研究与生产的加速发展，加以现代农业技术对农药的大量需求，包括六六六在内的一大批有机氯农药此后陆续被推出，在 20 世纪五六十年代获得广泛应用。然而时隔不久，滴滴涕及其他一系列有机氯农药被发现因难于生物降解而在食物链和环境中积累起来，在人类的食物和人体中长期残留，危及整个生态系统和人类的健康。进入 70 年代和 80 年代后，有机氯农药在世界多数国家先后被停止生产和使用，代之以有机磷类、氨基甲酸酯类、拟除虫菊酯类等残留期较短、用量较小也易于降解的多种新农药类型。农业生产中滥用农药在毒化了环境与生态系统的同时，导致了害虫抗药性的出现与增强，这又迫使人们提高农药用量，变换使用多种农药来生产农产品，出现了虫、药、食品、人之间的恶性循环。尽管农药及其他农业化学品的应用对近半个世纪以来世界农牧业生产的发展贡献巨大，农药种类和使用方法不断更新改进，用药水平和残留水平也在下降，但农产品和加工食品中种类繁多的农药残留，至今仍然是最普遍、最受关注的食品安全性课题。

二、食品安全面临的新问题

20 世纪末，人类社会发展从多个方面促使人类对自身与自然的关系问题认识深化，激发了人们的生态环境意识。这就使食品安全性再次作为人类面临的重大生活或生存问题，从多个侧面被提上社会的议程。这期间，新的致病微生物引起食物中毒，畜牧业中滥用兽药、抗生素、激素类物质的副作用，食品的核素污染，都是有代表性的。首先，近年来食源性疾病的暴发性流行仍在世界不同国家不断发生，但疾病的种类有所变化。其中，肉蛋奶类动物制成品或半制成品带菌致病事件有上升趋势，主要是经动物及其制品传染给人的“人畜共患病”。最为常见的沙门氏菌病是经由灭菌不充分的鸡蛋、牛奶及其制品如冰淇淋、奶酪等传播的。现代低温、冷冻条件则有利于一些嗜冷性致病菌发育繁殖，如李斯特氏菌、耶尔森氏菌等，这些致病菌对妇幼群体危害更严重，引发的疾病呈增多势头。大规模的生产、加工、制作、销售在卫生管理不善的条件下则增加了许多交叉感染的机会。肠道出血性大肠杆菌O157:H7（EHEC）感染的食源性疾病在欧、美、日、中国香港等地先后导致多起群体染病的暴发性病案，引起广泛的震动。新的食源性疾病的出现与发展，是在食品生产、加工、保存，以及品种、消费方式发生变化的条件下食品安全性新态势的反映。另外，在癌症及其他与饮食营养有关的慢性病发病率上升、化学药物对人类特别是对妇幼群体危害日益明显，以及动物性食品在饮食结构中重要性增大的条件下，兽药使用不当、饲料中过量添加抗生素及生长促进素对食品安全性的影响，逐渐突出起来。一些研究趋向于认为，动物性食品中的某些致病菌，如沙门氏菌和大肠杆菌 O157，可能是在滥用抗生素条件下抗性提高了的新的致病菌系。现在把抗生素作为饲料添加剂虽有显著的增产防病作用，但除了抗生素本身在使用不当时可产生有害副作用外，也导致了这些抗生素对人的医用效果逐渐丧失。尽管世界卫生组织（WHO）呼吁减少用于农业的抗生素种类和数量，但由于兽药产品对现代畜牧业的重要支撑作用及其给畜牧业和医药工业带来的丰厚经济效益，要把兽医用药纳入有节制的合理使用轨道绝非易事。由于人工合成激素（如乙烯雌酚等）被发现对人有严重的副作用（包括后代致癌），欧洲除已建立较严格的有关各种兽药的使用限制外，还禁止用激素处理的肉类进口。另外，自英国科学家发现疯牛病可使人感染导致致命疾病后，欧洲特别是英国的养牛业和牛肉市场陷入严重的危机。此病据信是由于患该病牛羊的屠宰下脚料和内脏又被再加工用于牛饲料而使病源进入人类食物链的。

最后需要提及的是在人类进入核时代以后食品安全性中的核安全问题。近年来世界范围的核试验、核事故已构成对食品安全性的新威胁。1986 年发生于前苏联境内切尔诺贝利的核事故及 2011 年的日本福岛核泄漏事故，是人类经历的最严重的两次核事故。切尔诺贝利事故使几乎整个欧洲都受到核沉降的影响，牛羊等草食动物首当其冲。欧洲许多国家当时生产的牛奶、肉类、动物肝脏中因发现有超量的 I-131、Cs-137、Ag-110 等放射性核素而被大量弃置。日本在牛奶中测出有超出常量 4～5 倍的 I-131。远在南美洲的巴西也因从德国进口的奶制食品中发现 Cs-137 含量超标 10 倍，不得不将 70t 进口品弃置处理。在这种情况下，已经多年研究被认定较为安全的食品辐照技术，受核辐射对人体危害的深远心理影响，在商业上的应用长期受阻，有待研究的问题和立法方面也都进展缓慢。

人类社会的发展和科学技术的进步，正在使人类的食物生产与消费活动经历巨大的变化。与人类历史上任何时期相比，在当今社会一方面现代饮食水平与健康水平普遍提高，反映了食品的安全性状况有较大的甚至是质的改善；另一方面人类食物链环节增多和食物结构复杂化，这又增添了新的饮食风险和不确定因素。社会的发展提出了在达到温饱以后如何解决吃得好、吃得安全的要求。食品安全性问题正是在这种背景下被提出，而且涉及的内容与方面也越来越广，并因国家、地区和人群的不同而有不同的侧重。以下是 1993 年英国的 Fisher 对当代发达和较发达社会或国家提出的一张具有代表性的饮食风险清单。

（1）营养过剩或营养失衡。

（2）酗酒。

（3）微生物污染。

（4）自然产生的食品毒素。

（5）环境污染物（包括核污染）。

（6）农药及其他农用化学品残留物。

（7）兽用药物残留。

（8）包装材料污染。

（9）食品添加剂和饲料添加剂。

（10）新开发食品及新工艺产品（如生物技术食品、辐照处理食品等）。

（11）其他化学物质引起的饮食风险（如工业事故污染食品）。

此外，假冒伪劣食品（劣质、掺杂毒物或异物等）在食品安全性问题中也占有重要地位。现代食品安全问题可归纳为现代食品安全性的六大类问题，即营养失控、微生物致病、自然毒素、环境污染物、人为加入食物链的有害化学物质、其他不确定的饮食风险。其中，营养失控就其涉及人群之多和范围之普遍而言，在现代食品安全性问题中已居于较发达社会之首位。在食品相对丰裕的条件下，因饮食结构失调使高血压、冠心病、肥胖症、糖尿病、癌症等慢性病显著增多。这说明食品供应充足不等于食品安全性改善。高能量、高脂肪、高蛋白、高糖、高盐和低膳食纤维，以及忽视某些矿物质和必要维生素摄入，都可能给人的健康带来慢性损害。而有些矿物质和维生素用量过多（如硒、维生素 A 等）也可能引起严重后果。微生物因素导致食品腐败变质、微生物毒素及传染病流行，是多年危害人类的因素。人类历史上一些猖獗一时的瘟疫，在医药卫生及生活条件改善的情况下，已受到一定程度的控制。但现实证明，人类在与病原微生物较量中的每一次胜利，都远非一劳永逸。原因是社会经济及文化发展的不平衡、食品生产与消费方式的改变，以及病原微生物适应性与抗性在与人类的共同进化中不断提高。如果说前述营养失控问题在很大程度上是由个人行为决定的，那么，微生物污染致病则始终是行政和社会控制的首要重点。

自然产生的食品毒素是指食品本身成分中含有的天然有毒有害物质，如一些动植物中含有生物碱、氢氰糖苷等，其中有一些是致癌物或可转变为致癌物。在人为特定条件下食品中产生的某些有毒物质，也多被归入这一类。例如，粮食、油料等在从收获到储存过程中产生的黄曲霉毒素，食品烹饪过程中高温产生的多环芳烃类，都是毒性极强的致癌物。天然的食品毒素，实际上广泛存在于动植物体内，所谓“纯天然”食品不一定是安全的。

环境污染物在食品成分中的存在，有自然背景和人类活动影响两方面的原因。其中，无机环境污染物在一定程度上受食品产地的地质地理条件所左右，但是更为普遍的污染源则主要是由工业生产、采矿、能源、交通、城市排污及农业生产等带来的，通过环境及食物链而危及人类饮食健康。无机污染物中的汞、砷、铅等重金属及一些放射性物质，有机污染物中的苯、邻苯二甲酸酯、磷酸烷基酯、多氯联苯等工业化合物及二噁英、多核芳烃等工业副产物，都具有在环境和食物链中富集、难分解、毒性强等特点，对食品安全性威胁极大。在人类环境持续恶化的情况下，食品成分中的环境污染物可能有增无减，必须采取更有效的对策加强治理。

人为加入食物链的化学物质，包括农牧业生产及食品加工过程中为保障生产、提高质量及安全性所使用的多种化合物，既有人工合成的，也有自然生成的，其应用数量、残留量及稳定性均极不相同。近年来农药、兽药、饲料添加剂及食品添加剂等，成为食品安全性方面的关心焦点，原因有多方面。其中，由于科技发展而加深的对某些化学残留物性质及规律性的认识，以及消费者风险意识、对食品质量及安全性要求的提高，是决定性的因素。在我国工农业生产迅速发展过程中这类化学物质引起的食品安全性问题，呈上升趋势。从世界范围看，科技界、企业界和管理部门为降低这类物质所致的食品风险，投入了巨大的人力、物力与财力。美国近年提出要对现行各种农药残留限量作重新审定，改变以“良好生产措施”为确定限量标准依据的做法，代之以对人体健康影响为依据的方法，以提高安全性保险系数，并要求针对儿童和婴儿这一敏感群体在制定残留限量方面给以特别的保护。此外，为加强对致癌化合物的控制，一批农药可能被禁用。这一切都反映了在科技与社会进步过程中，对农药等化学物质加强管理、减少饮食风险的总趋势。

三、食品安全管理的发展历史

由于科技进步、管理水平及社会发展的不平衡性，食品安全性的问题内涵及轻重缓急在不同国家不同地区不完全相同，公众对食品安全性的认同意识也有不同程度的差距。因此世界各国的食品安全管理发展过程和管理水平差异巨大。

20 世纪对食品安全性新问题的社会反应和政府对策，最早见于发达国家。例如，美国在 1906 年《纯净食品和药物法》的基础上，于 1938 年由国会通过了新的《联邦食品、药物和化妆品法》，1947 年通过了《联邦杀虫剂、杀菌剂、杀鼠剂法》，两法以后又陆续作过多次修正，至今仍为美国保障食品安全的主要联邦法律，其中规定，凡农药残留量超过规定限量的农产品禁止上市出售；食品工业使用任何新的添加剂前必须提交其安全性检验结果，原来已使用的添加剂必须获准列入“公认安全”（GRAS）名单才能继续使用；凡被发现可使人或动物致癌的物质，不得认为是安全的添加剂而以任何数量使用。《联邦杀虫剂、杀菌剂、杀鼠剂法》规定，任何农药在以一定目的使用时不得“对环境引起不适当的有害作用”；每一种农药及其每一种用途（如用于某种作物）都必须申请登记，获准后才能合法出售及应用；凡登记用于食用作物的农药应由国家环境保护局（EPA）据申请厂商提交的资料批准其各自用途的食品残留限量，即在未加工的农产品及加工食品中允许的最高农药残留限量。

世界卫生组织和联合国粮农组织在 20 世纪 60 年代组织制定了《食品法典》，并数次修订，规定了各种食物添加剂、农药及某些污染物在食品中允许的残留限量，供各国参考并借以协调国际食品贸易中出现的食品安全性标准问题。至此，尽管还存在大量的有关添加剂、农药等化学品的认证与再认证工作，以及食品中残留物限量的科学制定工作，但控制这些化学品合理使用以保障丰足而安全的食品生产与供应，其策略与途径已初步形成，食品安全性管理开始走上有序的轨道。

在我国，近代食品安全性的研究与管理起步较晚，但近半个世纪以来食品卫生与安全状况也有了很大的改善。一些食源性传染病得到了有效控制，农产品和加工食品中的有害化学残留也开始纳入法制管理的轨道。我国于1982年制定了《中华人民共和国食品卫生法》（试行），经过13年的试行阶段于1995年由中华人民共和国全国人民代表大会常务委员会通过，成为具有法律效力的食品卫生法规。

在工农业生产和市场经济加速发展、人民生活水平提高和对外开放条件下，食品安全状况面临着更高水平的挑战。我国根据食品安全形势变化和食品安全管理的需要，于2009制定颁布了《中华人民共和国食品安全法》，这是我国第一部食品安全法，2015年完成了对该法的修订并于2015年4月24号颁布，2015年10月1日正式实施。

进入21世纪和面向全球经济一体化的时代，食品的安全性问题形势依然严峻，还要从认识、管理、法规、体制，以及研究、监测等方面做更多的工作，才能适应客观形势发展的需要。

历史表明，食品安全性的问题发展到今天，已远远超出传统的食品卫生或食品污染的范围，而成为人类赖以生存和健康发展的整个食物链的管理与保护问题。如何遵循自然界和人类社会发展的客观规律，把食品的生产、经营、消费建立在可持续发展的科学技术基础上，组织和管理好一个安全、健康的人类食物链，这不仅需要有远见的科学研究、政策支持、法律法规建设，而且必须有消费者的主动参与和顺应市场规律的经营策略。解决食品安全性问题，需要科学家、企业家、管理者和消费者的共同努力，也要从行政、法制、教育、传媒等不同角度，提高消费者和生产者的素质，排除自然、社会、技术因素中的负面影响，并着眼于未来世界性食品贸易前景，整治整个食物链上的各个环节，使食品生产者提供给社会的食品越来越安全。

思考题

1. 如何正确理解食品安全的概念？
2. 食品安全、食品卫生和食品质量之间有何差别与联系？
3. 如何理解食品安全的相对性和绝对性？
4. 我国面临哪些主要的食品安全问题？
5. 如何正确认识和评价我国当前的食品安全问题和食品安全管理？

第 2 章　生物性污染

第一节　概　　述

食品生物性污染是指食品在生产、加工、包装、储存、销售过程中因微生物及其毒素、病毒、寄生虫及其虫卵等造成的食品质量安全问题。据世界卫生组织估计，全世界每年的食源性疾病患者中，70%以上是由于食用了生物性污染的食品或者是饮用水。生物性污染具有不确定性和控制难度大的特点，容易造成局部地区的暴发和流行，因而备受食品安全监管部门和消费者的关注。卫生部（现中华人民共和国国家卫生和计划生育委员会，简称国家卫生计生委）2008 年的全国食物中毒报告统计，集体食堂食物中毒报告的起数和人数最多，分别占总数的 37.59%和 40.49%。我国历史上曾经发生过一些由食源性致病菌引发的重大食物中毒事件，其中 1959 年在南宁市由猪霍乱杆菌引起的食物中毒危害最大，中毒 1061 人；其次是 1972 年青海省同仁县因圣保罗沙门氏菌污染牛肉引起的中毒事件，中毒 1041 人。世界上最大的一起沙门氏菌食物中毒事件发生在 1953 年，瑞典人由于食用了被鼠伤寒杆菌污染的猪肉引起中毒，中毒 7717 人，死亡 90 人。

食品从农田到消费的每个环节都有可能受到生物性物质的污染，引起食品生物性污染的因素有很多，但是常见的原因有以下几个方面：①食品原材料污染；②生产设备卫生保持不好；③操作人员个人卫生不良；④食品杀菌时间不够和储藏环境、温度不合适。

生物性污染主要是由有害微生物及其毒素、寄生虫及其虫卵和昆虫等引起的。微生物污染包括细菌性污染、病毒和真菌及其毒素的污染。在微生物污染中，细菌性污染是涉及面最广、影响最大、问题最多的污染。在食品的加工、储存、运输和销售过程中，原料受到环境污染、杀菌不彻底、储运方法不当，以及不注意卫生操作等，是造成细菌性污染的主要原因。各种食品都会受到有害细菌的污染，统计表明，动物源性食品（肉、鱼、蛋和奶等）易被致病菌及其毒素污染，导致消费者食物中毒和人畜共患的传染病。在整个食品产业链中，致病菌及其毒素可通过空气、加工设备、水、餐具、操作人员的手等途径污染食品。受到细菌，特别是致病菌污染的食品，不仅会腐败变质，更重要的是能引起食物中毒。目前常见的引起食物中毒的细菌有肉毒梭状芽孢杆菌、沙门氏菌、致病性大肠杆菌、葡萄球菌、蜡状芽孢杆菌、结肠炎耶尔森氏菌、副溶血性弧菌和李斯特氏菌等。被致病菌及其毒素污染的食品，在食用前未经充分的加热处理，会引起沙门氏菌或金黄色葡萄球菌等细菌性食物中毒。食用被污染的食品，能够引起炭疽、结核和布氏杆菌病等传染病。被大量病菌（或细菌毒素）和有毒化学物质污染的食品，如果大量进入人体，可引起饮食者的食物中毒。如果带有某些致病菌（如伤寒杆菌、痢疾杆菌等）或寄生虫卵的食品，被摄入人体后，可引起食源性疾病的流行。

霉菌及其毒素在自然界中分布广泛，在食品加工过程的各个环节都有可能使食品受到污染。食品中常见的致病霉菌有黄曲霉、麦角霉、青曲霉及寄生曲霉等；霉菌毒素有黄曲霉毒素、赭曲毒素、杂色曲毒素、岛青霉素、橘霉素、层青霉素、单端孢霉素等。不同的霉菌其产毒能力不同，毒素的毒性也不同，目前已知的霉菌毒素有300余种，对人体危害严重的霉菌毒素主要有几十种。霉菌污染食品可使食品的食用价值降低，造成巨大的经济损失。霉菌毒素引起的中毒大多通过被霉菌污染的谷物、油料作物、发酵食品及饲料等引起，而且霉菌中毒表现为明显的地方性和季节性。有些霉菌菌株在适宜条件下，产生有毒毒素，对人畜都有很强的毒性。人类如果一次大量摄入被霉菌及其毒素污染的食品，会造成食物中毒；长期摄入少量受污染食品也会引起慢性中毒或癌症。某些霉菌毒素能从动物或人体转入乳汁中，损害饮奶者的健康。

谷物、肉类等各种食品的贮存条件不良，容易孳生各种仓储害虫，如谷物粮食中的螨类、甲虫类和蛾类，鱼、肉、酱或咸菜中的蝇蛆，咸鱼中的干酪蝇幼虫等。枣、栗、饼干和点心等含糖较多的食品特别容易受到虫害的侵害。昆虫污染可使大量食品遭到破坏，从而影响食品的品质和营养价值。在食品的储存过程中，鼠害的控制也是一个很重要的问题，老鼠身体上携带大量的致病微生物和寄生虫。食品中常见的寄生虫主要有绦虫、旋毛虫、华支睾吸虫和蛔虫等。污染源主要是患者、病畜和水生物。污染物一般是通过患者或病畜的粪便污染水源或土壤，然后使家畜、鱼类和蔬菜受到感染或污染。

第二节　细　　菌

一、概述

近年来，全球食品安全恶性事件频频发生，给国家和人民造成了严重的损失和危害。在全球的食品安全中毒事件中，食源性致病菌越来越受到人们的关注和重视。与一些急性传染病对人体健康的危害不同，食品安全性问题并不随着国民经济的发展、技术水平的提高，以及人民生活水品的提高而自然地得到解决，相反地，由于食物生产的工业化和新技术的采用，以及对食物中有害元素的新认识，在食物腐败变质等传统的食品卫生问题已得到解决的发达国家中出现了疯牛病、大肠埃希氏菌O157：H7中毒、单核细胞增生李斯特氏菌中毒等新的食品安全性问题。

我国每年发生的细菌性食物中毒事件占食物中毒事件总数的30%～90%，人数占食物中毒总人数的60%～90%。细菌性食物中毒的发生与不同区域人群的饮食习惯有密切关系。美国多食肉、蛋和糕点，葡萄球菌食物中毒最多；日本喜食生鱼片，副溶血性弧菌食物中毒最多；我国食用畜禽肉、禽蛋类较多，多年来一直以沙门氏菌食物中毒居首位。

食品从生产、加工、储存、运输、销售到食用的整个过程，每个环节都容易受到各种途径的污染，从而对人体健康存在威胁。生物性污染这一类状况最容易发生。微生物导致危害的可能性远远超过其他来源的危害，可引起因食品中细菌大量繁殖而导致食用者感染型中毒或因细菌繁殖产生菌毒素引起的菌毒素型中毒。

目前主要的食源性致病菌有沙门氏菌（禽、畜肉）、致病性大肠埃希氏菌（肉制品）、金黄色葡萄球菌（肉制品）、单核细胞增生李斯特氏菌（乳制品）、空肠弯曲菌、志贺氏菌、副溶血弧菌（水产品）、小肠结肠炎耶尔森氏菌、肉毒梭状芽孢杆菌（发酵制品、肉制品）等。

二、沙门氏菌属

沙门氏菌属是一类对人和动物都非常重要的致病菌，除可以引起多种畜禽疾病，造成全身性败血症和肠炎外，还可作为食源性疾病的病原体，引起人类胃肠炎和食物中毒。1885年沙门氏等在霍乱流行时分离到猪霍乱沙门氏菌，故定名为沙门氏菌属。

世界卫生组织证实沙门氏菌属是当前最重要的传染性疾病之一，全球约有 1600 万沙门氏菌感染病例，且其中有 60 万例死亡（Nesbitt et al.，2011；Severi et al.，2011）。据研究统计，在 1994～2003 年的 766 起细菌性中毒中，中毒人数以沙门氏菌属所致食物中毒占比例最大，占 20.4%，在美国和波兰等国家沙门氏菌属是引起食物中毒最流行的致病因素。

1. 沙门氏菌的生物学特性 沙门氏菌属为革兰氏阴性肠杆菌科，是肠杆菌科中最重要的一个属（Leblanc et al.，2010）。不产孢子，需氧或兼性厌氧，除鸡白痢沙门氏菌和鸡伤寒沙门氏菌外，大多生鞭毛，能运动。主要分布在肠道中，作为肠道菌群，它们会随着粪便排泄出来，再由昆虫和其他动物传播到其他地方。沙门氏菌属的菌体溶解时，细胞壁会将其含有的脂多糖释放出来，形成内毒素（陆承平，2001）。

沙门氏菌的菌型众多，各菌型的致病性不同。截至 2007 年，全世界已经发现 2579 种（Patrick et al.，2007），我国已发现 37 个菌组，322 个血清型。其中有数十种为引起人类感染的常见血清型，包括甲型副伤寒沙门氏菌、异性副伤寒沙门氏菌、丙型副伤寒沙门氏菌、伤寒沙门氏菌、肠炎沙门氏菌等，其中主要以鼠伤寒沙门氏菌、肠炎沙门氏菌及德尔卑沙门氏菌最为常见（付丽红等，2009）。

沙门氏菌属的生长温度为 5～46℃，最适生长温度为 37℃，最适 pH 为 6.5～7.5。沙门氏菌属不受高盐浓度的影响，但其对高热、直接阳光照射及常用消毒药均敏感。沙门氏菌在100℃水中立即死亡，在 80℃水中 2min 死亡，在 60℃水中 15min 死亡（刘蓓蓓，2009）。

2. 沙门氏菌属分类 沙门氏菌属的正式分类和命名始于 1934 年，只有两种分类系统，即尤因的分类和考夫曼-怀特的分类。

按照考夫曼-怀特的分类，已确认的沙门氏菌属有 2000 多个血清型。根据沙门氏菌抗原结构的不同，可分为 A、B、C、D、E……34 个组。引起人类疾病的绝大多数属于 A～E组。其中主要有猪霍乱沙门氏菌、鼠伤寒沙门氏菌、肠炎沙门氏菌、鸡沙门氏菌等 10 多个血清型。

沙门氏菌依据其对宿主的感染范围可分为宿主适应血清型和非宿主适应血清型两大类。前者除对其适应的宿主有致病性外，很少使其他宿主发病，如猪霍乱沙门氏菌、鸡沙门氏菌、鸡白痢沙门氏菌；后者对多种宿主有致病性，如鸭沙门氏菌、田纳西沙门氏菌、鼠伤寒沙门氏菌等。

3. 沙门氏菌属的危害 沙门氏菌属是肠杆菌科中最重要的人畜共患病病原菌，是细菌性食物中毒发病率最高的一种（王小建，2008）。食用动物是人畜共患沙门氏菌的主要宿主，其传染源主要为动物源性产品，特别是鲜肉、蛋、奶等畜禽产品是引起沙门氏菌中毒的主要食品。由沙门氏菌属引起的疾病主要分为两大类：一类是伤寒和副伤寒，另一类是急性肠胃炎。沙门氏菌属引起的食物中毒一般在 5～10 月份最易发生。人食用沙门氏菌污染的食物后，一般 8～24h 后发病，潜伏期最短 2h，最长 72h。主要有三种表现型，胃肠型、伤寒型和败血症型。以胃肠型最为常见（陆承平，2001）。

1）胃肠炎型　多在食用被污染的食物 8～24h 后发病，主要表现为发热、恶心、呕吐、腹胀等，随后出现腹泻。腹泻的特点是一天数次到 20 次不等，黄绿色稀水便，带有恶臭，便中有不消化食物、黏液，偶尔有脓血。一般中等发热，可伴有畏寒。

2）伤寒型　多由猪霍乱沙门氏菌、鼠伤寒沙门氏菌等引起，出现类似于伤寒的表现。不同于伤寒的是病情较轻，病程较短，一般为 1～3 周。

3）败血症型　多发生于儿童或原有慢性疾病的成年人。各种沙门氏菌属均可引起，但猪霍乱沙门氏菌经口进入后，早期即侵入血流。起病通常急骤，患者有高热、畏寒、出汗、乏力等表现，持续数天、1 周或者更长。

4. 沙门氏菌属的防治措施　为了控制沙门氏菌引起的动物性疾病，大量的抗菌药物应用于临床的预防和治疗。由于人们长期反复使用抗菌药物，加之用药的不合理，加剧了细菌耐药的严重程度，国内外相关研究已证明沙门氏菌多重耐药性的存在（Nikos et al.，2010）。所以对沙门氏菌的防治措施显得格外重要。

1）防治污染　采取积极措施，控制感染沙门氏菌的食品流入市场。①加强肉品、蛋品、水产品、奶制品的卫生管理。从环境卫生、畜禽体卫生、饮水、饲料等环节，保证畜禽饲养的良好环境，有效防止沙门氏菌的传播。②加强消毒。进出养禽场的饲养人员、管理人员、车辆、禽舍地面、笼具、供饲设备、饮水器等均应定期消毒，防止沙门氏菌的传播与流行。③加强对畜禽产品加工、流通环节的监管。生产加工企业应严格遵循畜禽产品安全生产技术规程。在禽产品上市前，进行强制性抽检，受污染的禽产品严禁进入市场。让食品从业人员保持个人卫生十分重要，患病者不得接触食品。

2）控制温度　沙门氏菌的最佳繁殖温度为 37℃，在 20℃以上也可以大量繁殖，所以，低温贮存是控制沙门氏菌繁殖的一个有效方法。冷藏和冷冻对沙门氏菌有一定的致死作用，但是某些菌属在低温条件下可长时间存活，所以长时间冷藏的食品也要进行再次的热处理加工。

3）杀灭病原菌　一般来说只有食品内部温度达到 80℃以上至少 12min，才能保证杀灭沙门氏菌。因此在烹调时要把食品或其原料煮熟、煮透，才能真正保证食品的食用安全。

案例　沙门氏菌引发的食品安全事件

沙门氏菌污染食品导致的食品安全事件遍及全球，2008 年 5 月 22 日，美国新墨西哥州卫生署向疾控中心报告当月发生了 19 例沙门氏菌感染，7 份分离菌株样本经检测为肠道沙门氏菌圣保罗血清型，后来其他各州也陆续出现相关病例报道。2013 年 6 月，俄罗斯中部城市彼尔姆发生 150 名中学生食物中毒事件，检测表明学校食堂的肉饼、鸡蛋饼等食物受到了沙门氏菌的污染。发生沙门氏菌食品中毒多是由食品原材料被污染和加热杀菌不彻底等引起，为避免沙门氏菌中毒，充分加热是必须的方式。

三、致病性大肠埃希氏菌

大肠埃希氏菌是人和动物肠道中数量最多的一种细菌，主要集中在动物大肠内。其属名埃希氏菌（*Escherichia*）是由其发现者——德国儿科医生 Theodor Escherich（1875～1911）的名字命名的。

大肠埃希氏菌在生物学分类上属于细菌域，变形菌门，γ-变形菌纲，肠杆菌目，肠杆菌科，埃希氏菌属，大肠埃希氏菌种，是人、温血动物和鸟类肠道中的正常寄居菌，具有重要的生理功能，但是某些菌株能够引起人的肠道疾病，在食品卫生学中作为食品受粪便污染的重要指标。

（一）生物学特性

大肠埃希氏菌是革兰氏阴性杆菌，菌体大小0.5μm×(1～3)μm，没有芽孢，长有鞭毛，能运动。大肠埃希氏菌最适生长温度为37℃，45℃以上生长不良。

大肠埃希氏菌耐低温，能在－20℃低温环境下存活9个月，在自然界水环境中可存活几周至几个月；耐热性差，在75℃高温下1min即死亡；具有较强的耐酸性，在pH 2.5～3.0，37℃环境中可耐受5h。

大肠埃希氏菌的典型生化反应有：靛基质、甲基红试验呈阳性，葡萄糖产酸产气，VP试验与柠檬酸盐呈阴性，硝酸盐还原、硫化氢、氧化酶、苯丙氨酸脱氨酶试验呈阴性。

（二）致病性大肠埃希氏菌的危害

大肠埃希氏菌作为人和动物肠道中的正常栖居菌，对人类健康的影响体现在两方面：一方面，大肠埃希氏菌对人类健康有益，体现在其代谢活动能抑制肠道内有害微生物生长；另一方面，某些情况下大肠埃希氏菌会成为病原，可以侵入人体一些部位导致感染。这些感染对抵抗力低下人群有可能是致命的。大肠埃希氏菌某些血清型菌株的致病性强，统称为致病性大肠埃希氏菌属。根据其致病特点一般分为6类：肠致病性大肠埃希氏菌（EPEC）、肠侵袭性大肠埃希氏菌（EIEC）、肠产毒性大肠埃希氏菌（ETEC）、肠聚集性大肠埃希氏菌（EAEC）、肠出血性大肠埃希氏菌（EHEC）、弥散黏附性大肠埃希氏菌（DAEC）。

致病性大肠埃希氏菌的致病性在各个血清型之间有很大差别。大肠埃希氏菌O157：H7是一种与公共卫生有关的最重要的出血性大肠杆菌血清类型。

致病性大肠埃希氏菌感染引起的疾病症状包括腹部绞痛、腹泻、发烧和呕吐，一些病例可能发展为血性腹泻，疾病潜伏期为3～8d。大多数患者10d能够康复，但约有10%的病例可能发展为威胁生命的溶血性尿毒综合征（HUS），病例死亡率为3%～5%。另外，大约25%的HUS患者可能发生神经性并发症，如癫痫发作、脑卒中或者昏迷。

（三）致病性大肠埃希氏菌的防治措施

致病性大肠埃希氏菌感染的传播方式主要有食源性、水源性和接触性（人与人之间）三种，其中食源性传播是大肠埃希氏菌的主要传播途径。人类的几次大规模致病性大肠埃希氏菌暴发流行都是因为食用了受到污染的食品而造成的。因此，对于预防致病性大肠埃希氏菌流行，应采取以下几种措施。

（1）在夏季感染高发期应格外注意饮食卫生，防止“病从口入”。

（2）建立有效措施防止食品污染，特别是在食品集中供应环节要加强卫生监管，防止疾病流行。

（3）加强水源保护，对于易感染性人群要加强饮食卫生的监督。

（4）在食品加工的各个环节，保持好环境卫生和加工设备的卫生，防止交叉污染。

案例　美国大肠杆菌食物中毒事件

2008年9月美国俄克拉荷马州一小镇发生大肠杆菌感染事件，感染人数为200多人，其中至少1人死亡。俄克拉荷马州东北部洛克斯特格罗夫小镇的一家餐馆被怀疑是感染源。感染人群中，一名26岁的感染者在这家餐馆就餐后一个星期，因感染大肠杆菌死亡。在这个仅有1500人的小镇已有206人感染大肠杆菌，其中包括53名儿童，大多数人都报告称发病前不久曾在这家餐馆就餐。

四、志贺氏菌属

志贺氏菌属（*Shigella*）通称痢疾杆菌，是细菌性痢疾的病原菌。其最早由Kyoshi Shiga于1595年分离并命名（Troaf et al.，1999）。20世纪40年代被确立为志贺氏菌属，分为4个种/群：痢疾志贺氏菌（A群）、福氏志贺氏菌（B群）、鲍氏志贺氏菌（C群）和宋内氏志贺氏菌（D群），栖息在人类和其他灵长类动物的肠道。

临床上能引起痢疾症状的病原生物很多，有志贺氏菌、沙门氏菌、变形杆菌、大肠杆菌等，还有鞭毛虫、病毒等均可引起人类痢疾，其中以志贺氏菌引起的细菌性痢疾最为常见。志贺氏菌是一类具有高度传染性、危害严重的肠道致病菌，由其临床感染所导致的志贺氏菌性痢疾是世界上尤其是发展中国家重要的传染病之一，也是发达国家腹泻病的主要病原。

（一）生物学特性

志贺氏菌属细菌的形态与一般肠道杆菌无明显区别，为革兰氏阴性杆菌，长2～3μm，宽0.5～0.7μm。不形成芽孢，无荚膜，无鞭毛，不运动，有菌毛。

需氧或兼性厌氧。营养要求不高，能在普通培养基上生长，最适生长温度为37℃，最适pH为6.4～7.8。37℃培养18～24h后菌落呈圆形、微凸、光滑湿润、无色、半透明、边缘整齐、直径约2mm。

志贺氏菌对理化因素的抵抗力较其他肠道杆菌弱，对酸敏感，在外界环境中的抵抗力以宋内氏志贺氏菌最强，福氏志贺氏菌次之，痢疾志贺氏菌最弱。一般56～60℃经10min即被杀死。在37℃水中存活20d，在冰块中存活96d，蝇肠内可存活9～10d，对化学消毒剂敏感，于1%石炭酸中15～30min死亡。

（二）志贺氏菌的致病性

1）内毒素　　志贺氏菌属中各菌株都有强烈的内毒素，作用于肠壁，使其通透性增高，从而促进毒素的吸收，继而作用于中枢神经系统及心血管系统，引起临床上一系列毒血症症状，如发热、神志障碍，甚至中毒性休克。

2）外毒素　　志贺氏菌属中A群Ⅰ型及部分Ⅱ型菌株可产生外毒素，成为志贺氏毒素。该毒素有三种活性：①神经毒素，该毒素作用于中枢神经系统，引起四肢麻痹、死亡。②细胞毒性，该毒素对人肝细胞、猴肾细胞和HeLa细胞均有毒性。③肠毒性，具有类似于大肠杆菌、霍乱弧菌肠毒素的活性。

志贺氏菌的致病过程主要包括：细菌经口进入后，可穿过胃酸屏障，侵袭并生长在结肠黏膜上皮细胞，经过基底膜进入固有层，在固有层中繁殖并释放毒素，可引起炎症反应及小血管循环障碍。在此过程中，炎症介质的释放使志贺氏菌进一步侵入并加重炎症反应，导致肠黏膜的炎症、坏死及溃疡。

（三）志贺氏菌的危害来源

细菌性痢疾是最常见的肠道传染病，夏秋两季患者最多。志贺氏菌病常为食物暴发型或经水传播。和志贺氏菌病相关的食品包括色拉（土豆、金枪鱼、虾、通心粉、鸡）、生的蔬菜、奶和奶制品、禽、水果、面包制品、汉堡包、有鳍鱼类。志贺氏菌在拥挤和不卫生的条件下能迅速传播，经常发现于人员大量集中的地方，如餐厅、食堂。食源性志贺氏菌流行的最主要原因是从事食品加工行业人员患菌痢或带菌者污染食品，食品接触人员个人卫生差，存放已污染的食品，食品存放温度不适当等。2006 年 9 月 3 日，四川省成都市崇州市实验小学发生小学生群体性食物中毒事件，患病学生达 400 余人，成都市疾病控制中心确诊为宋内氏志贺氏菌致病。

（四）志贺氏菌属的中毒表现

志贺氏菌属的潜伏期为数小时至 7d，多数为 1～2d。痢疾志贺氏菌感染的表现一般较重，宋内氏志贺氏菌引起者较轻，福氏志贺氏菌感染的表现介于二者之间，但易转变为慢性。

1. 急性菌痢

(1) 普通型。起病急骤、畏寒、寒战伴高热，继以腹痛、腹泻，每天排便 10～20 次，呈脓血便，量少，左下腹压痛伴肠音亢进。

(2) 轻型。全身毒血症状和肠道表现均较轻，腹痛不著，腹泻次数每日不超过 10 次，大便呈糊状或水样，含少量黏液，可有呕吐。

(3) 中毒型。多见于 2～7 岁体质较好的儿童。起病急骤，病初即有高热、精神萎靡、面色青灰、四肢厥冷、神志不清，可导致呼吸和循环衰竭，但肠道症状较轻，甚至无腹痛或腹泻。

2. 慢性菌痢　病程超过 2 个月即称慢性菌痢。

慢性迁延型急性菌痢后，病情长期迁延不愈，有不同程度腹部症状或有长期腹泻，或腹泻与便秘交替，大便经常或间歇带有黏液或脓血，可长期间歇排菌。

人们对抗生素持续广泛的使用及滥用，导致志贺氏菌属细菌耐药性迅速增加，使得菌痢的防治工作更为艰巨。

五、空肠弯曲菌

空肠弯曲菌（*Campylobacter jejuni*，CJ）是一种全球关注的人畜共患病病原菌。国内外流行病学调查研究表明，该菌引起的肠炎案例仅次于沙门氏菌和志贺氏菌，在很多地区有超越沙门氏菌而居首位的趋势（Sahin et al.，2003）。因而有报道称，空肠弯曲菌是“下一个沙门氏菌”。

（一）生物学特性

空肠弯曲菌菌体轻度弯曲似逗点状，长 1.5～5μm，宽 0.2～0.8μm。菌体一端或者两端有鞭毛，运动活泼，在暗视野镜下观察似飞蝇。有荚膜，不形成芽孢。革兰氏染色阴性，微需氧杆菌。

空肠弯曲菌的最适生长温度为 37～42℃，在含 5% O_2、10% CO_2、85% N_2的环境中生长良好。空肠弯曲菌对环境的抵抗力不强，易被干燥、直射日光及弱消毒水所杀灭，56℃持续 5min 可被杀死，对物理和化学消毒剂均敏感。

（二）空肠弯曲菌的传播途径

空肠弯曲菌广泛存在于各种野生和家养动物的肠道内，特别是禽畜类。由于被感染的动物没有明显的症状，可长期携带该菌并通过排菌污染环境、食品和水源。卫生监控不规范，动物在屠宰加工过程中可能使肉产品受到污染，奶畜的乳汁也可能被其污染。在牛肉、羊猪肉和鸡肉等原料肉、奶、鸡蛋和蔬菜等食品中有较高的检出率。此外，直接与带有该菌的动物、宠物接触，常是屠宰场工人和儿童被感染的原因之一。

（三）中毒表现

感染空肠弯曲菌主要是因为食用生的或未熟透的禽肉，或饮用未经巴氏消毒的牛奶、被污染的水源等，也可因直接与宠物、感染动物接触。在发达国家，人群易感年龄一般在 0～4 岁和 15～44 岁；而发展中国家多集中于 5 岁以下儿童，且以 2 岁以下的幼儿居多。大多数典型的空肠弯曲菌的感染为急性自限性肠胃炎，潜伏期为 1～10d，平均为 5d。食物中毒潜伏期仅 20d。主要表现为发热、腹痛、腹泻、恶心、呕吐。发热一般为低到中度发热，体温 38℃左右，个别高热可达 40℃。轻型病例的临床表现与病毒性胃肠炎相似，重症病例的临床表现可似菌痢或溃疡性结肠炎。

（四）预防措施

空肠弯曲菌广泛存在于家禽肠道中，并通过污染肉制品、食物或水源导致人类感染。在食品加工和流通的各个环节建立合理的卫生程序，减少空肠弯曲菌对食品的污染；对动物源性食品应进行充分的热处理，防止加热处理后的再污染，避免生食动物源性食品；在蔬菜的种植过程中，尽量不使用未经处理的动物粪便作为肥料，不使用污水浇灌蔬菜，特别是即食蔬菜。

六、小肠结肠炎耶尔森氏菌

小肠结肠炎耶尔森氏菌是一种全球分布的食源性病原菌（Voskressenskaya et al.，2005)，能引起人类多种肠道症状（Jalava et al.，2004)。自被发现以来，小肠结肠炎耶尔森氏菌在国内外引起多次暴发流行（MacDonald et al.，2012；Drummond et al.，2012)，是近二十年来引起国际上广泛关注的一种重要的感染性腹泻致病菌。目前国际上公认的耶尔森氏菌属共有 11 个菌种，其中能引起人类致病的包括三种：鼠疫耶尔森氏菌、假结核耶尔森氏菌和小肠结肠炎耶尔森氏菌。

（一）生物学特性

小肠结肠炎耶尔森氏菌属于肠杆菌科耶尔森氏菌属，是一种革兰氏阴性无芽孢杆菌，大小为（0.5～0.8)μm×(1～3)μm，需氧或兼性厌氧，可在 0～45℃范围内生长，但在25～30℃时生长最佳。该菌在 22～30℃培养时有动力，周身鞭毛，37℃培养时则无动力，周鞭毛易消失。该菌能在 pH 为 4.0～10.0 的条件下生长，最适生长 pH 为 7.2～7.8。

该菌可以在 4℃以下的低温环境中生长繁殖，具有耐低温的特征，因此选择低温分离培养可有效地控制其他杂菌的生长，而小肠结肠炎耶尔森氏菌则可以继续缓慢增殖（景怀琦，2004)。

（二）致病机制

大多数从环境中分离出来的小肠结肠炎耶尔森氏菌无致病性，致病性的菌株主要来源于猪。

1. 外膜蛋白 致病性小肠结肠炎耶尔森氏菌毒力质粒编码的外膜蛋白（Yop）是典型的Ⅲ型分泌系统，是由多组分蛋白质复合体形成的跨膜孔状通道。该外膜蛋白系统用以分泌蛋白质，或把这些蛋白质直接注入宿主细胞以起始生化信息传导，同时使得小肠结肠炎耶尔森氏菌能够攻克宿主的防御机制并在淋巴组织中存活，这是该菌致病的基础。

2. 侵袭性 小肠结肠炎耶尔森氏菌具有侵袭性。它们感染机体进入消化道后，在肠黏膜通过黏附作用黏附于宿主的小肠上皮细胞或者M细胞，在侵袭素的介导下与细胞表面受体结合并被细胞摄入，从而进入下层的淋巴细胞。目前已在小肠结肠炎耶尔森氏菌中确定了三种与侵袭性相关的基因——侵袭素基因、黏附侵袭位点基因和耶尔森氏菌黏附素A基因。

3. 肠毒素 小肠结肠炎耶尔森氏菌能产生肠毒素，仅在25～30℃体外培养才能产生耐热性肠毒素，而在37℃时不会产生肠毒素。

（三）危害来源及传播途径

小肠结肠炎耶尔森氏菌是一种人畜共患病致病菌，动物宿主广泛，主要包括猴子、狗、猪、兔子、鹿及鸟类，其中对人类威胁最大的动物是猪。食品中猪肉和猪肉制品是最主要的传染源，奶制品、水果、蔬菜、豆腐、面粉中也有可能分离到该菌。

1. 经食物和水进行传播 目前已从多种食物和水源中分离出小肠结肠炎耶尔森氏菌，而奶制品、水产品、蔬菜、水果等都可能作为经口感染的传播因子。

2. 人与人之间传播 人类患者的粪便、尿液带菌可引起人与人之间的相互传染。感染小肠结肠炎耶尔森氏菌后，即便大便恢复正常仍可长期排菌，有报道称可持续97d。

3. 经动物传播 家禽的广泛感染和长期排菌，直接威胁着接触的人群。

（四）中毒表现

人类感染该菌后，潜伏期为进食后3～7d，也有报道称11d才发病。病程一般为1～3d，但有些病例持续5～14d或者更长。

1. 胃肠炎型 主要表现为发热、腹痛、腹泻等急性肠胃炎的症状。2013年5月2日，日本东京一所补习学校49名住宿生吃了学校宿舍提供的饭食后中毒，出现拉肚子、发烧等症状，3名症状比较严重的学生住院接受治疗，出现症状的学生们中均检测出小肠结肠炎耶尔森氏菌。

2. 肠道外感染 主要有结节性红斑、活动性关节炎、耶氏肝炎，其他还有脑膜炎、心肌炎、败血症等创伤感染。

（五）预防措施

小肠结肠炎耶尔森氏菌具有耐低温的特性，冷藏不能控制其生长。在食品加工的过程中应具有良好的卫生条件和热杀菌措施。食用过程中，尽量不食用未经杀菌或杀菌不彻底的奶制品和肉制品。避免食品原料受到猪、人或其他动物排泄物的交叉污染。

七、副溶血性弧菌

副溶血性弧菌（*Vibrio parahaemolyticus*，VP）是一种嗜盐性的细菌，常存在于近海海水、海底沉积物、海产品及盐渍食品中，是夏、秋季沿海地区食物中毒及急性腹泻的主要病原菌。在我国由此菌引起的食源性疾病很多。

（一）生物学特性

副溶血性弧菌是一种革兰氏阴性、多形态球杆菌。其菌体呈弧状、杆状或者丝状，无芽孢且无荚膜。大多数菌体在液体培养基中有单端鞭毛、能运动。副溶血性弧菌为一嗜盐性细菌，必须在含盐 0.5%～8%的环境中才能生长，尤其是在含盐量 2%～4%的情况下生长最佳。故其在无盐的培养基上不能生长，在含盐浓度过高（10%以上）的培养基上也无法生长。副溶血性弧菌能够在温度为 5～44℃生长，但是以 30～35℃为最佳生长温度，当温度低于 4℃时则停止生长。该菌的适宜生长 pH 为 7.5～8.5，在 pH 为 7.7 时为最佳，而在 pH 低于 6 的酸性条件下不利于生长。副溶血性弧菌对环境高度敏感，如在干燥、加热、冷藏和冷冻的环境下停止生长。

（二）致病机制

1. 溶血素　副溶血性弧菌主要致病作用在于它可以产生多种溶血素，它们是耐热直接溶血素（TDH）、耐热直接溶血素相关溶血素（TDH-related hemolysin，TRH）和不耐热溶血素（TLH）。

TDH 和 TRH 具有直接溶血作用，其溶血过程主要分为两步：首先，溶血素与宿主的红细胞膜结合，此过程呈温度依赖性；其次，在红细胞膜表面成孔并最终导致红细胞胶样渗透溶解。其中 TDH 还引起腹泻，其致病机制主要是，TDH 被认为是一种孔蛋白，可使细胞膜上形成小孔通道，引起细胞 Ca^{2+} 浓度增加，从而引起 Ca^{2+} 激活的 Cl^- 通道开放，Cl^- 分泌增加。而这种渗透压的改变会引起细胞发生病理和形态学的改变，从而导致细胞膨胀，甚至死亡。

2. 脲酶　副溶血性弧菌一般不产生脲酶，但是在 1997 年美国西海岸发生的副溶血性弧菌中毒事件中，从患者中检出的某些菌株具有脲酶的活性。这一点说明脲酶可能是某些副溶血性弧菌的毒力因子之一。

（三）危害来源

副溶血性弧菌食物中毒在很多国家都有发生，尤其是温暖的沿海地区。从时间来看，副溶血性弧菌食物中毒一般发生在 5～10 月份，高峰期在气温较高的夏季（丁建华等，2004；罗坤禄，2004），即 7～9 月份，而在冬季则极少发生。

由于副溶血性弧菌是生活在海洋里的细菌，因此携带副溶血性弧菌的产品为海产品，其食物来源主要是贝、虾、蟹、鱼等海产品。另外，由于海水和海产品中的副溶血性弧菌也有可能造成海域附近的河流、井水的污染，因此也可能使该地区的淡水产品受到该菌的污染。除此之外，由于交叉污染和再次污染，受污染的凉拌菜或者熟食制品也可以引起中毒。

（四）中毒表现

副溶血性弧菌中毒的临床表现以急性起病、腹痛、呕吐、腹泻及水样便为主要症状。主要的病理变化为空肠及回肠有轻度糜烂、胃黏膜炎、内脏淤血等。还可引起浅表创伤感染、败血症等。进食被副溶血性弧菌污染的食物后 10h 左右出现上腹部阵发性绞痛、腹泻，多数患者在腹泻后出现恶心、呕吐，腹泻多为水样便，重者为黏液便和黏血便。患者呕吐、腹泻严重，失水过多者可引起虚脱并伴有血压下降。大部分患者发病后 2～3d 恢复正常，少数严重患者由于休克、昏迷而死亡。

（五）预防措施

1. 采收前措施　防止病原菌污染食品应从源头开始，监管部门应对海产品及其生长环境中副溶血性弧菌的污染状况进行有效监控。

2. 净化处理　为了提高贝类食品的卫生质量和安全性，要将采收后的贝类置于清洁的海水中，通过自身的滤食作用使其体内的泥沙、微生物或者重金属排出体外。当然，即使是通过净化的贝类，也最好不要生食。

3. 低温保藏　在温暖的夏季，采取有效的措施控制该菌的繁殖显得非常重要。目前最常用的方法就是低温处理。夏季的贝类产品应在 20h 内冷却至 7.2℃，而且贮存温度应低于 10℃，以控制副溶血性弧菌的繁殖。并且，要将低温贮存的方法贯穿于运输、贮存和销售等整个食物链环节中。

4. 加热灭菌　副溶血性弧菌不耐热，56℃加热 5min，或者 90℃加热 1min 即可将其杀灭。而且，将食品煮熟后食用是预防微生物中毒最有效的方法。加工海产品的案板上副溶血弧菌的检出率为 87.9%，对加工海产品的器具必须严格清洗、消毒。海产品一定要烧熟煮透且加工过程中生熟用具要分开。

八、单核细胞增生李斯特氏菌

单核细胞增生李斯特氏菌（*Listeria monocytogenes*，以下简称单增李斯特氏菌）是一种能引起人畜共患的食源性致病菌，在自然界分布广泛，可以在腐烂的植物、土壤和污水等多种环境样品中分离出来，也可以在饲养的动物和鸟类的肠道内容物中分离出来。在欧美、日本由该菌造成的临床疾病和食品污染的问题，已经超过了细菌性食物中毒中占第一位的沙门氏菌。

（一）生物学特性

单增李斯特氏菌是革兰氏阳性短杆菌，大小为 0.5μm×(1.0～2.0)μm，直或稍弯，两端钝圆，常呈“V”形排列，偶有球状、双球状。需氧或者兼性厌氧、无芽孢，一般不形成荚膜，但在营养丰富的环境中可形成荚膜，在陈旧培养物中的菌体可呈丝状及革兰氏阴性。该菌有 4 根周鞭毛和 1 根端鞭毛，但周鞭毛易脱落。

该菌的生长温度为 1～45℃，最适的温度为 25～35℃。对低温有较强的耐受性，－20℃低温仍可部分存活，并可反复冷冻，但是该菌对热的抵抗力较弱，最高可以忍受 44℃高温，并且在 60℃、30min，80℃、1min 即可全部被灭活。生长 pH 为 4.1～9.6，最适 pH 5.5，pH 在 4.0 以下和 9.0 以上均不能生长。在 NaCl 含量为 4%～6%的情况下仍能生长。

（二）单增李斯特氏菌的致病机制和临床症状

单增李斯特氏菌是典型的胞内寄生菌，它能在巨噬细胞、上皮细胞和肝细胞内增殖。单增李斯特氏菌编码与胞内寄生生活循环相关的毒力基因有 2 簇，分别为李斯特氏菌毒力岛 1（LIPI-1）和李斯特氏菌毒力岛 2（LIPI-2）。

1）李斯特氏菌毒力岛 1　LIPI-1 主要有 *hly*、*mpl*、*actA*、*plcB*、*plcA* 和 *prfA* 6 个基因。其中 *hly* 编码 hly 蛋白，成为李斯特氏菌溶血素 O（LLO）。该溶血素可破坏吞噬体，促使菌体进入胞液，其缺失将使细菌毒力全部丧失，是单增李斯特菌分泌的主要毒力因子。

2）李斯特氏菌毒力岛2　LIPI-2 又称内化素（inl）小岛。内化素是指一个富含亮氨酸重复序列的蛋白质家族，是单增李斯特氏菌的重要侵袭因子及致病性因子。

免疫力低下的孕妇、胎儿、婴儿和老人是单增李斯特氏菌的易感人群，症状为恶心、呕吐、腹痛、腹泻，伴有发烧和头痛。抵抗力强的人感染此菌，一般在 1～7d 内出现类似感冒的症状，伴有腹痛和腹泻，数天后症状开始缓解。孕妇感染单增李斯特氏菌后，病原菌可通过胎盘侵入胎儿的组织和器官，引起败血症、脑膜炎、脑炎和心内膜炎，严重者可导致胎儿死亡。

（三）污染来源

单增李斯特氏菌为腐生菌，在自然界中存在广泛。有研究指出，由单增李斯特氏菌引起的食物中毒主要发生在水分活度较高的食品中，如牛奶、肉及肉制品、家禽、水产品、奶酪和冰激凌等。这些食物之所以会感染单增李斯特氏菌，主要通过以下几条途径。

（1）由于单增李斯特氏菌在环境中存在比较广，导致畜禽因生长过程中受到诸如水源和土壤等外界环境的影响而感染李斯特氏菌病。

（2）源头的污染。例如，奶源容易发生单增李斯特氏菌的感染，从而使奶及奶制品发生单增李斯特氏菌污染的概率增加。

（3）加工、贮藏及运输过程中的交叉污染，也会引起单增李斯特氏菌的出现。

（四）中毒表现

单增李斯特氏菌有较为严重的致病性，可以引起人畜共患病。临床表现为脑膜炎、孕妇流产及败血症。食物中毒的主要表现症状为发烧、痉挛、寒战、背疼、头痛、腹泻、呕吐和变色尿等。尤其是老人、儿童、免疫力功能低下及患病者易受李斯特氏菌感染。

（五）防治措施

（1）日常生活中，应尽量避免生吃鱼、肉和蔬菜，禁食腐烂变质的食品，生食瓜果应洗净，冰箱食品的储存应生熟食分开；避免在冰箱内长时间存放食物；避免饮用生牛奶或者生牛奶制成的食品。

（2）高温加热。储存在冰箱中的食物在食用前应充分的高温加热，温度必须达到 70℃并持续 2min 以上才可以食用。

（3）防止交叉污染或者二次污染。在处理未煮熟的食物后，要将手、刀和砧板洗干净。由于单增李斯特菌在自然界存在广泛，故即使产品经过热加工处理，充分灭菌，还是有可能对产品造成二次污染。

九、金黄色葡萄球菌

金黄色葡萄球菌是一种普遍存在于自然界中的人畜共患病病菌。金黄色葡萄球菌肠毒素引起的食物中毒是一个世界性卫生问题。据美国疾病控制中心报告称，由金黄色葡萄球菌引起的食物中毒仅次于大肠杆菌，位于第二位，在美国占细菌性食物中毒的 33%，中国每年也有很多由金黄色葡萄球菌引起的食物中毒案例。北京市工商局 2011 年 10 月 19 日查出思念牌的三鲜水饺含有金黄色葡萄球菌。

（一）生物学特性

典型的金黄色葡萄球菌为球形，直径 0.8μm 左右，在显微镜下聚集成簇，排列成葡萄状。金黄色葡萄球菌无芽孢、鞭毛，大多数无荚膜。革兰氏染色阳性。

金黄色葡萄球菌营养要求不高，在普通培养基上生长良好，需氧或者兼性厌氧，最适宜的生长温度为 37℃，最适生长 pH 为 7.4。平板上菌落厚，有光泽，圆形凸起，直径 1～2μm。血平板菌落周围形成透明的溶血环。金黄色葡萄球菌具有高度的耐盐性，可在10%～15%的 NaCl 肉汤中生长。

（二）金黄色葡萄球菌的致病因子

金黄色葡萄球菌对人体的危害是由其分泌的胃肠道毒素引起的，致病力强弱主要取决于其产生的毒素和侵袭性酶。

1. 溶血毒素　外毒素，可分为 α、β、γ、δ 4 种，能损伤血小板，破坏溶菌酶，引起肌体局部缺血和坏死。

2. 杀白细胞素　杀白细胞素可以破坏人的白细胞和巨噬细胞。

3. 血浆凝固酶　当金黄色葡萄球菌侵入人体时，该酶使血浆或血浆中的纤维蛋白沉积于菌体表面或凝固，阻碍吞噬细胞的吞噬作用，葡萄球菌形成的感染易局部化与此酶有关。

4. 脱氧核糖核酸酶　这类酶可以耐高温，可以此作为依据来鉴定金黄色葡萄球菌。

5. 肠毒素　金黄色葡萄球菌可以产生数种引起急性胃肠炎的蛋白质性肠毒素。据报道，含有 10^6～10^8cfu/g（ml）的金黄色葡萄球菌产生的肠毒素可导致食物中毒症状。肠毒素可耐受 100℃煮沸 30min 而不被破坏，并能抵抗胃肠道中蛋白酶的水解作用。

（三）污染来源及污染途径

金黄色葡萄球菌在自然界中无处不在，空气、水、灰尘及人和动物的排泄物中都可以找到，主要存在于人和动物的鼻腔、咽喉、头发上，50%以上的健康人的皮肤上都有金黄色葡萄球菌的存在。食品中金黄色葡萄球菌常见的污染源包括以下几种。

（1）食品加工人员、炊事人员或者销售人员带菌，造成食品污染。

（2）食品在加工前本身带菌，或者在加工过程中受到了污染，产生了肠毒素，引起食物中毒。

（3）熟食制品包装不严，运输过程受到污染。

（4）禽畜局部化脓时，对肉体其他部位的感染。

（四）中毒表现及特点

人一旦食用了被金黄色葡萄球菌污染的食物后，极易引起食物中毒，会出现恶心、呕吐、腹痛、腹泻等急性胃肠炎症状，严重的会导致死亡。金黄色葡萄球菌甚至可以引起人类的化脓感染、肺炎、心肌炎、心包炎等多种疾病。

其中毒特点如下：①季节分布明显，多见于春夏季。②引起中毒食品的种类多，主要有各类熟肉制品、乳及乳制品、蛋及蛋制品，其次为含有乳制品的冷冻食品，个别的淀粉类食品。

（五）防治措施

（1）在储存的过程中，控制好储存环境卫生，防止金黄色葡萄球菌污染食品原料和成品。防止带菌人群对各种食物的污染，定期对生产加工人员进行健康检查。防止金黄色葡萄球菌对奶及其制品的污染，如牛奶厂房要定期检查，不能挤患化脓性乳腺炎的牛奶，奶挤出后，要迅速冷至10℃以下。患局部化脓感染的禽、畜尸体应按病禽、畜处理。

（2）防止金黄色葡萄球菌肠毒素的生成。应在低温和通风良好的条件下贮藏食物，防止肠毒素的形成；在气温高的春、夏季，食物置冷藏或通风阴凉地方也不应该超过6h，并且食用前应彻底加热。

十、肉毒梭状芽孢杆菌

肉毒梭状芽孢杆菌（简称肉毒梭菌）广泛存在于自然界中，能够引起中毒的食品有腊肠、火腿、鱼及鱼制品和罐头等。肉毒梭菌是致死性最高的病原体之一，感染剂量极低，每个人都易感。人体在摄食18～36h后发病为典型病症，但不典型的病症可出现在4h至8d不等。肉毒梭菌中毒症是一种由肉毒梭菌毒素引起的以运动神经麻痹为特征的中毒性疾病。

（一）生物学特性

肉毒梭菌是一种专性厌氧的革兰氏阳性杆菌，有荚膜，有周鞭毛，能运动，两端钝圆，单个或者成队排列，可呈活动生长状态（营养细胞）或者休眠状态（芽孢）。芽孢对热、化学物质、放射线的抵抗力极强，在沸水中可存活10～22h，20%的甲醛经24h才能将其杀死。营养细胞则易被破坏，在有氧状态不能生长，为严格厌氧菌。

肉毒梭菌属于芽孢杆菌科梭菌属，根据毒素的血清型特异性，分为A、B、C、D、E、F、G 7个血清型。A、B、E、F型可引起人类的肉毒梭菌中毒症；C型可引起多种禽类、牛、羊、马、骆驼等动物中毒；此外，禽类还能由A型或E型引起中毒。

（二）致病因子

该菌的致病作用主要由其产生的毒素——肉毒神经毒素（BoNT）引起，BoNT是自然界中已知毒性最强的毒物。关于BoNT的作用方式，目前初步认为，各型别的BoNT具有相同的作用方式，即通过作用于突触前外周胆碱能神经，抑制末梢神经肌肉接头特殊感受器，阻断乙酰胆碱的正常释放和传递，影响副交感神经系统和其他胆碱能神经支配的生理功能，引起延髓麻痹、肌肉弛缓、呼吸衰竭。

（三）污染途径及中毒表现

肉毒梭菌的致病对象包括人、哺乳动物、鸟类和鱼类等，有以下4种致病途径。

1. 食物中毒　食用含有肉毒毒素的食物而导致中毒，食入的芽孢在肠道发芽、繁殖，产生的毒素被吸收而致病。食物中毒的临床表现与其他食物中毒不同，胃肠道症状很少见，不发热，意识清楚，主要为神经末梢麻痹。潜伏期从2h到10d以上，一般为12～48h。临床症状初期表现为虚弱、眩晕和头痛等症状，接着出现视力模糊、眼睑下垂等麻痹症状，然后是吞咽、口舌干燥、伸舌等肌肉麻痹症状，后期出现肌肉松弛、呼吸困难、心跳停止而导致死亡。

2. 伤口感染细菌　细菌在伤口产毒而导致中毒。

3. 婴儿肉毒毒素中毒　婴儿食入肉毒梭菌，细菌在肠道内繁殖、生长、产毒而导致中毒。临床症状与食物中毒类似，但最显著的症状是便秘、吸乳和啼哭无力等。

4. 未知来源中毒　发生在成人患者，疑似肠道感染肉毒梭菌后而发生中毒。

（四）防治措施

1. 注意日常食物及个人卫生　在日常作业中，接触牲畜者，在工作结束后要换衣、洗手。食品制作的原料应新鲜，充分洗净并灭菌。食品的制作、烹调、加工所需厨具等应洗净后灭菌。由于肉毒梭菌芽孢耐热力强，煮沸 6h 仍有活性，高压，120℃需 20min 才被杀死，干热，180℃需 5～15min 才被杀死。

2. 预防婴儿伤口感染　偶然可遇到因伤口感染或婴儿食用含污染菌的蜂蜜而引起的伤口型和婴儿型肉毒毒素中毒，都需要预防。

十一、其他细菌

（一）布鲁菌

布鲁菌在分类上属于布鲁菌属，为革兰氏阴性小杆菌，呈球形或卵圆形，多单在。无芽孢及鞭毛，不运动，S 型菌有荚膜。该菌可引起一种人畜共患传染病，被《中华人民共和国传染病防治法》列为乙类传染病，并被《家畜家禽防疫条例实施细则》列为二类传染病。哺乳动物中牛、羊、猪等家畜最易感染，常引起母畜流产。人类与病畜接触或食用其染菌肉类、乳制品等可引起感染，称为布鲁菌病。我国流行的主要是羊布鲁菌（*Brucella melitensis*）、牛布鲁菌（*B. abortus*）和猪布鲁菌（*B. suis*），尤以羊布鲁菌最常见。

（二）产气荚膜梭菌

产气荚膜梭菌广泛存在于自然界的土壤、水源、人和动物肠道中，主要引起食物中毒、抗生素相关性腹泻及动物肠道坏疽，尤其易引起人及动物的创伤性坏疽（Rodgers et al.，2011）。

该菌外形为两端钝圆的粗大杆状，单在或成双，无鞭毛，不运动，革兰氏染色阳性。偏端芽孢，一般条件下很难形成芽孢，必须在无糖培养基中才能形成芽孢。

（三）化脓性链球菌

化脓性链球菌为 A 族链球菌，是一类严格以人作为宿主的链球菌，广泛存在于人的粪便及鼻咽部位，可引起多种感染，如各种化脓性炎症、新生儿败血症、脓包疮等疾病。

化脓性链球菌为厚壁菌门，链球菌属，为兼性厌氧型细菌且不形成芽孢，其细胞沿一个平面分裂，排列成链状，属于革兰氏阳性菌（李金钟，2006）。

（四）霍乱弧菌

霍乱弧菌（*Vibrio cholerae*）是霍乱的病原菌。霍乱在南亚地区流行了至少千年。霍乱是世人瞩目的以腹泻为主要症状的烈性传染病，其传播速度快，发病急，病死率高，在我国被列为甲类传染病。

霍乱弧菌为革兰氏阴性稍弯杆状菌，有鞭毛，无芽孢和荚膜，需氧或兼性厌氧。该菌最适生长温度为 37℃，最适生长 pH 为 7.2～7.4。不耐热。

（五）蜡状芽孢杆菌

蜡状芽孢杆菌分布广泛，常见于土壤、灰尘和污水中，在植物性食品和许多生熟食品中也常见。该菌为条件致病菌，最常见的是通过产生腹泻毒素和呕吐毒素导致食物中毒。偶尔能通过菌体感染引起人的眼部疾病、心内膜炎、脑膜炎等疾病。

蜡状芽孢杆菌菌体大小为 (1～1.3)μm×(3～5)μm，能够形成芽孢，菌体两端较平整，多数呈链状排列；其芽孢为椭圆形，位于菌体中央稍偏一端。最适生长温度为 10～20℃，

pH 在 1～2 时不生长，pH 为 2～11 可以生长，其中 4.3～9.3 时生长迅速。

第三节　病　　毒

一、概述

1898 年，荷兰细菌学家贝杰林克（Beijerinck）在前人工作的基础上进行深入研究。他把烟草花叶病株的汁液置于琼脂凝胶块的表面，发现细菌在凝胶中以适度的速度扩散，而感染烟草花叶病的物质仍滞留于琼脂的表面。贝杰林克根据实验结果提出该致病因子不是细菌，而是一种新的物质，称为"有感染性的活的流质"，并取名为病毒，拉丁名为"virus"。与细菌不同的是，病毒很难从污染食物中检测和分离到，从污染食物中分离的方法和检测技术研究得还很不够。由于病毒不能在食品体系中繁殖，有些病毒在食品不同的贮藏和保存阶段很快死掉。因此，确认食品受到病毒污染并引起食源性疾病还存在很大困难。

二、肝炎病毒

肝炎病毒（hepatitis virus）是指引起病毒性肝炎的病原体。引起病毒性肝炎的病毒有 7 种，即甲、乙、丙、丁、戊、己、庚型肝炎病毒。可经食品传播的肝炎病毒有甲型肝炎病毒（hepatitis A virus，HAV）和戊型肝炎病毒（hepatitis E virus，HEV）。其中甲型肝炎病毒呈球形，无包膜，核酸为单链 RNA。乙型肝炎病毒呈球形，具有双层外壳结构，外层相当一般病毒的包膜，核酸为双链 DNA。对非甲、非乙型肝炎病毒目前正在研究之中。

（一）生物学特性

1. 甲型肝炎病毒　属小 RNA 病毒科（*Picornaviridae*）肝病毒属（*Hepatovirus*），其基因结构与小 RNA 病毒属的肠道病毒、鼻病毒和脑心肌炎病毒大致相似，但核苷酸序列完全不同。球形颗粒状，直径约 27nm，二十面体立体对称，无包膜，分子质量为 2.25～2.28MDa，基因组为单链 RNA，全长 7478 个核苷酸。甲型肝炎病毒耐热强，60℃、1h 不被灭活，对酸处理有抵抗力。耐低温，置于－70℃条件下，不能改变其形态或破坏其传染性。但 100℃加热 5min 可将其杀死。人和多种灵长类动物（黑猩猩、猕猴等）易感染。

2. 乙型肝炎病毒　嗜肝脱氧核糖核酸病毒组中的一个成员，是一个很小的病毒，基因全长仅为 3000bp 左右，是严重危害人类健康的病原体，能够引起急、慢性乙型肝炎。病毒颗粒是由外膜和内核两部分组成的，完整的乙型肝炎病毒颗粒是直径 42nm 的球形颗粒，其外膜厚 7nm，由蛋白质和膜脂质组成，称作乙型肝炎表面抗原。

3. 丙型肝炎病毒　是一种具有脂质外壳的 RNA 病毒，直径 50～60nm，其基因组为 10kb 单链 RNA 分子。丙型肝炎病毒的基因编码区可分为结构区与非结构区两部分，其非结构区易发生变异。该病毒经加热 100℃、10min 或 60℃、10h 可灭活。

4. 丁型肝炎病毒　是一种缺陷的嗜肝单链 RNA 病毒，需要乙型肝炎病毒的辅助才能进行复制，因此丁型肝炎病毒与乙型肝炎病毒同时或重叠感染。丁型肝炎病毒是直径 35～37nm 的小圆球状颗粒，其外壳为乙型肝炎表面抗原，内部由丁型肝炎病毒抗原和一个 1.7kb 的 RNA 分子组成。

5. 戊型肝炎病毒　属杯状病毒科（*Caliciviridae*），病毒体呈球状，表面具有月亮环形山状的凹陷，无外膜的正链 RNA 病毒，平均直径为 32～34nm。该病毒对高盐、氯仿等敏感，与甲型肝炎病毒相比，耐温性较差。人和多种灵长类动物（如恒河猴、食蟹猴、非洲绿猴、绢毛猴及黑猩猩等）可感染，近年来在鸡、家猪、野猪、牛、羊和鹿等动物中也检出了戊型肝炎病毒。

（二）致病机制和临床症状

1. 甲型肝炎病毒　甲型肝炎病毒引起甲型肝炎（甲型病毒性肝炎），表现为突然发热、不适、恶心、食欲减退、腹部不适，数日后出现黄疸、肝大、肝区疼痛，潜伏期为15～50d，感染剂量为 10～100 个病毒。甲型肝炎主要发生于秋冬季节，也可在春季发生流行，通过摄食被病毒污染了的食品和饮水发生感染。病毒经口入侵人体后，在咽部或唾液腺中早期增殖，然后在肠黏膜与局部淋巴结中大量增殖，并侵入血液形成病毒血症，最终侵犯肝脏。甲型肝炎经彻底治疗后，愈后良好。

2. 戊型肝炎病毒　戊型肝炎病毒主要经粪-口途径传播；近年来随着研究的深入，发现通过母婴和输血也可以传播。典型的发病期为 4～9 周，平均为 40d。突出症状和体征依次为肝区压痛、恶心、疲倦乏力、尿黄、黄疸等。多数患者发病 6 周后即好转并痊愈，不发展为慢性肝炎。戊型肝炎多发生于少年到中年的年龄段；孕妇感染后病情常较重，尤以怀孕 6～9 个月最为严重，可导致流产、死胎、产后出血或急性重型肝炎，病死率可达 10%～20%（劳向前等，2002）。戊型肝炎病毒经胃肠道进入血液，在肝内复制，再经肝细胞释放到血液和胆汁中，然后经粪便排出体外。

（三）相关食品

肝炎病毒可通过人直接接触或通过被污染病毒的食物、饮水和饮料等传播。水果和果汁、奶和奶制品、蔬菜、贝类和甲壳类动物等都可传播疾病，其中水、贝类和甲壳类动物是最常见的传染源。甲型肝炎病毒可通过人直接接触或通过被污染病毒的食物、饮水和饮料等传播，通常在接触后 3～6 周突然发生暴发性流行，牛奶、水果和饮水均有引起流行的报道。此外，某些地区甲型肝炎病毒是通过贝类食物传播。1988 年上海市发生甲型病毒性肝炎大流行，发病人数多达 31 万人，死亡 47 人，流行原因是患者生食了甲型肝炎病毒污染的毛蚶。

（四）控制措施

甲型肝炎病毒和戊型肝炎病毒主要通过粪便污染食品和水源后经口传染，因此加强饮食卫生管理和饮用水水源保护是预防的主要环节。对从事食品生产加工的人员要定期进行体检，做到早发现、早诊断和早隔离；对肝炎患者的排泄物、血液、食具、用品等须进行严格消毒。严防饮用水被粪便污染，有条件时可对饮用水进行消毒处理。对输血人员要进行严格体检，对医院所使用的各种器械进行严格消毒。接种甲肝疫苗有良好的预防效果，向患者注射丙种球蛋白有减轻症状的作用。

三、轮状病毒

轮状病毒（rotavirus，RV）于 1973 年被澳大利亚的 Ruth Bishop 发现，轮状病毒是引起人畜共患腹泻的重要病原体之一，是引起婴幼儿腹泻的主要病原体之一，其主要感染小肠上皮细胞，从而造成细胞损伤，引起腹泻。每年几乎有 200 万名以上的儿童因轮状病毒患重病，有超过 500 000 名五岁以下的儿童因为轮状病毒的感染而死亡。

（一）生物学特性

迄今为止，在人类、哺乳动物和鸟类分离的 RV 根据外壳特异性抗原可分为 A～G 7 个不同的组。轮状病毒无囊膜，呈二十面体，内衣壳的微粒沿着病毒体边缘呈放射状排列，形同车轮辐条。病毒颗粒在大便样品和细胞培养中以两种形式存在：一种是含有完整外壳的实心光滑型颗粒，70～75nm，另一种是不含外壳且仅含有内壳的粗糙型颗粒，50～60nm，实心颗粒具有传染性。病毒体的核心为双股 RNA，由 11 个不连续的 RNA 节段组成，具双层衣壳的病毒体有传染性。轮状病毒在环境中相当稳定，在粪便中存活数天至数周，pH 适应范围广（pH 3.5～10），不耐高温，55℃、30min 可被灭活。

（二）致病机制和临床症状

轮状病毒感染性疾病多发于秋季和冬季，能够导致婴幼儿及幼龄动物严重的胃肠炎、腹泻、脱水、电解质紊乱、休克甚至死亡。A 型轮状病毒最为常见，是引起 6 个月～2 岁婴幼儿严重胃肠炎的主要病原，但年长儿童和成年人常呈无症状感染。传染源是患者和无症状带毒者从粪便排出的病毒，导致食品或者是饮用水的污染，经口传播。病毒侵入人体后在小肠黏膜绒毛细胞内增殖，造成细胞溶解死亡，微绒毛萎缩、变短和脱落，腺窝细胞增生、分泌增多，导致严重腹泻。报道指出，轮状病毒感染小肠上皮细胞后，能够通过胃肠屏障进入血液，从而对其他内脏造成损伤（赵高伟等，2013）。潜伏期为 24～48h，突然发病，出现发热、腹泻、呕吐和脱水等症状，一般为自限性，可完全恢复。但当婴儿营养不良或已有脱水时，若治疗不及时，会导致婴儿的死亡。

B 型轮状病毒易在年长儿童和成年人中暴发流行。C 型轮状病毒对人的致病性与 A 型类似，但发病率很低。由于轮状病毒具有抵抗蛋白质分解酶和胃酸的作用，因此能通过胃到达小肠，引起急性胃肠炎。感染剂量为 10～100 个感染性病毒颗粒，而患者在每毫升粪便中可排出 108～1010 个病毒颗粒，通过病毒污染的手、用品和餐具完全可以使食品中的轮状病毒达到感染剂量。

（三）相关食品

轮状病毒通过粪便排到外界环境，导致土壤、食品和水源的污染，最后经消化道途径传染给人群。在人群生活密集的地方，轮状病毒主要是通过带毒者的手对食品造成污染而传播，在儿童及老年人病房、幼儿园和家庭中均可暴发。感染轮状病毒的食品从业人员在食品加工、运输和销售时造成食品的污染。

（四）控制措施

主要控制措施是控制传染源；切断传播途径；严格消毒可能污染的物品。首先，是讲究个人卫生，饭前便后洗手，防止病毒污染食品和水源；其次，食用冷藏食品时尽量进行加热处理，对可疑污染的食品食用前一定要彻底加热；另外，可以接种疫苗提高免疫力。

四、诺如病毒

诺如病毒（norovirus，NV）是一组杯状病毒属病毒，原型株诺瓦克样病毒（norwalk-like virus）于 1972 年在美国诺瓦克市被分离发现，由于该组病毒极易变异，此后在其他地区又相继发现并命名了多种类似病毒，统称为诺如病毒。2012 年 12 月 13 日到 12 月 16 日期间，日本各地接连发生一系列因诺如病毒而引起的集体食品中毒事件。2014 年 2 月 19

日，嘉兴市海宁市、海盐县两地部分学校暴发诺如病毒，总计有 400 多名学生感染就医。

（一）生物学特性

诺如病毒属于杯状病毒科（*Calicivirus*），包括诺瓦克病毒（norwalk virus）和诺瓦克样病毒（norwalk-like virus，NLV），直径为 26～35nm，无包膜，表面粗糙，球形，呈二十面体对称。根据暴发地区不同该类病毒有很多血清型。外壳是由 180 个同一种外壳蛋白组成的 90 个二聚体构成。基因组为单股正链 RNA；在氯化铯密度梯度中的浮力密度为 1.36～1.41g/cm^3；染色电镜照片显示，NV 是具有典型的羽状外缘，表面有凹痕的小圆状结构病毒。具有较强的耐受性，经室温 pH 2.7 环境中暴露 3h，4℃ 20%乙醚处理 18h，或 60℃孵育 30min 后，仍然具有传染性。

（二）致病机制和临床症状

诺如病毒引起急性非细菌性胃肠炎。潜伏期通常为 24～48h，患者症状为突发恶心、呕吐、腹泻、腹痛、腹绞痛，有时伴有低热、头痛、乏力及食欲减退，病程一般为 2～3d。病毒感染剂量还不清楚。诺如病毒感染性腹泻在全世界范围内均有流行，全年均可发生感染，感染对象主要是成人和学龄儿童，寒冷季节呈现高发。美国每年在所有的非细菌性腹泻暴发中，60%～90%是由诺如病毒引起。日本、英国、荷兰、澳大利亚等发达国家也都有类似结果。在发展中国家，诺如病毒感染性腹泻普遍存在，也常引起暴发流行。在我国 5 岁以下腹泻儿童中，诺如病毒的检出率为 15%左右，血清抗体水平调查表明我国诺如病毒的感染亦十分普遍。

（三）相关食品

诺如病毒主要是通过污染水和食物经粪-口途径而传播，目前估计由食物引起的诺如病毒感染性胃肠炎可占总发病数 50%（Widdowson et al.，2005）。水是引起疾病暴发的最常见传染源，自来水、井水、游泳池水等都可以引起病毒的传播。

（四）控制措施

及时有效地对受诺如病毒感染的人群进行隔离、治疗；在日常的生活中避免接触被污染的食品及水；对污染区域和被污染物品进行彻底消毒；接触感染者后要立即洗手。食品从业人员在感染症状缓解后的 2～3d 内不应恢复工作。生的贝类产品是诺如病毒感染的一个危险因素，因此食用贝类前要煮熟、煮透。次氯酸钠可以有效地杀灭诺如病毒，清洁剂及次氯酸钠联合使用对污染区域进行消毒十分有效。

五、其他病毒

（一）肠道病毒

肠道病毒（enterovirus，EV）因寄居肠道而得名，人类 EV 共有 70 余个血清型，其共同特点：病毒呈圆球状颗粒，呈现二十面体，立体对称，病毒颗粒裸露，无囊膜，属于小 RNA 病毒科的一大属病毒。

该病毒包括：脊髓灰质炎病毒、柯萨奇病毒 A 群、柯萨奇病毒 B 群、埃可病毒和肠病毒。肠病毒对环境因素有较强的抵抗力，在一般环境中可以生存数周，因此食品一旦受到污染就有引起人患疾病的危险。肠道病毒可引发多种感染，情况较为复杂，主要包括急性呼吸道疾病、无菌性脑膜炎、脑膜脑炎、心肌炎、手足口病、新生儿多器官衰竭和急性弛缓性麻痹（AFP）（Melnick，1996）等。其发病多以综合征出现，婴幼儿患者可引发严重心肌炎或重症肺炎，而导致死亡。近几年引起大众关注的手足口病疫情主要是由肠道病毒所致。

（二）星状病毒

星状病毒（astrovirus）属于星状病毒科（*Astroviridae*），因电镜下可观察到约10%的病毒颗粒表面有5或6个星状突起，故而得名。球形、无包膜。该病毒是引起婴幼儿、老年人及免疫功能低下者急性病毒性肠炎的重要病原之一，其症状通常比轮状病毒轻微，但常与轮状病毒和杯状病毒混合感染，冬季为流行季节。主要的传播途径为经粪-口途径由消化道传播，被星状病毒污染的食物、水及物体表面均可成为传染源（Walter et al.，2000）。传播星状病毒的主要媒介为牡蛎等海生食物，公共娱乐水域也可能是传播星状病毒的媒介。星状病毒感染后，经过1～3d的潜伏期后出现腹泻症状，表现为水样便伴呕吐、腹痛、发热等症状。

（三）哺乳动物腺病毒

哺乳动物腺病毒（mastadenovirus）属于腺病毒科（*Adenoviridae*），在全球广泛流行，尤其容易感染婴幼儿和免疫力低下人群，腺病毒的毒粒无包膜，二十面体对称，蛋白质外壳主要由240个六邻体和12个五邻体组成。大部分腺病毒引起人的呼吸道感染，一部分腺病毒则引起人的胃肠炎。腺病毒感染绝大多数为轻症病例，一般7～10d可自行好转，只有少数发展成重症病例。在免疫正常的人群中，腺病毒感染很少导致死亡，但在新生儿、婴幼儿和免疫力低下人群中可导致严重腺病毒肺炎或致死性腺病毒感染。腺病毒主要经粪-口途径传播，约10%儿童胃肠炎由该病毒引起。四季均可发病，以夏季多见。可从污泥、海水和贝类食品中检出。

（四）口蹄疫病毒

口蹄疫病毒（aphthovirus）属于小RNA病毒科，单股正链RNA，基因组大小约8.3kb，病毒粒子无包膜。口蹄疫为人畜共患病，主要侵害牛、猪、绵羊、山羊、水牛和野生反刍动物等偶蹄类动物，可以传播给人，但克服种间障碍传播给人的概率较低，人发生口蹄疫感染是比较罕见的。口蹄疫病毒在新鲜、部分烹饪和腌制的肉中，及未适当进行巴氏消毒的奶中可存活相当长时间。人感染的潜伏期为2～6d。感染口蹄疫病毒的症状有身体不适、发热、呕吐、口腔溃疡等，有时手指、脚趾、鼻翼和面部皮肤出现小水泡。感染人的病毒多为O型，其次为C型和A型。

第四节 寄 生 虫

一、概述

随着人民生活水平的提高，饮食来源和进食方式的多样化使得食源性寄生虫造成的食品安全问题日益突出。食源性寄生虫病已成为影响我国食品安全和威胁人民健康的重要因素之一，是一个不容忽视的公共卫生问题。寄生虫不能或不能完全独立生存，只在另一生物的体表或体内才能生存，并使后者受到危害。寄生虫及其虫卵可直接污染食品，也可经含寄生虫的粪便污染水体和土壤等环境，再污染食品。人类进食生鲜的或未经彻底消毒、加热的污染了有害寄生虫虫卵或幼虫的食物，便会导致食源性寄生虫病的发生和传播，严重影响人体健康和居民生活质量。农业部 2009 年 1 月会同卫生部组织制定的《人畜共患传染病名录》中提到的人畜共患寄生虫病有弓形虫病、棘球蚴病、日本血吸虫病、旋毛虫病、猪囊尾蚴病、肝片吸虫病、丝虫病、Q 热、利什曼病等。

二、囊尾蚴

囊尾蚴（*Cysticercus*）是扁形动物门绦虫纲幼虫的一种类型，是寄生在人的小肠中的猪有钩绦虫（*Taenia solium*）和牛无钩绦虫（*Taenia saginata*）的幼虫。囊尾蚴可引起猪、牛的囊虫病（cysticercosis），猪囊尾蚴也引起人的囊虫病。囊尾蚴可侵入人体各种组织和器官，如皮下组织、肌肉及中枢神经系统引起病变，其中以脑囊尾蚴病最为严重，甚至危及生命，危害性极大。

囊尾蚴病原体的成虫有猪肉绦虫和牛肉绦虫，这两种绦虫属于带状绦虫，幼虫阶段是囊尾蚴，也称为囊虫。囊虫呈椭圆形，乳白色，半透明。人因食入含猪/牛带绦虫囊尾蚴的肉品而引发猪/牛带绦虫病。囊尾蚴在全世界分布广泛，主要流行于欧洲、中美洲及东南亚等国。在我国带状绦虫的流行较为广泛，涉及全国 27 个省、市、自治区，据 2005 年公布的数据，囊尾蚴的感染率为 0.28%。

（一）致病机制和临床症状

猪囊尾蚴主要寄生在骨骼肌，其次是心肌和大脑。经口感染为主要传播途径。感染方式有异体感染与自体感染两种，异体感染指本人无肠绦虫病，因食用污染绦虫卵的蔬菜、瓜果、水等或与猪带绦虫患者密切接触而感染。自体感染可分外来性与内源性，自体感染外来性者是患者手指污染本人粪便中虫卵经口感染；内源性者则由于患者呕吐等逆蠕动使绦虫妊娠节片反流至十二指肠或胃，虫卵受消化液作用，六钩蚴孵出引发感染。自体感染的感染度较重，囊尾蚴可布及全身肌肉、皮下组织和脑部。肠猪带绦虫病并发囊尾蚴病占肠猪带绦虫感染的 2.3%～25%，而囊尾蚴病患者中 55.6%伴有猪带绦虫寄生。人普遍易感，患者以青壮年为主，男性居多。牛带绦虫的终宿主也是人，感染过程与猪带绦虫相似，但中间宿主只有牛，且囊尾蚴只寄生在横纹肌中。

由于囊尾蚴侵犯的部位不同，因此临床表现复杂多样：寄生于皮下、肌肉组织时可无明显症状；寄生于脑部时可产生头痛、头晕、癫痫、瘫痪等；寄生于眼部则可致视力减退，甚至失明。潜伏期 1 个月到 5 年内者居多，最长可达 30 年。临床表现期有急性期和慢性期。急性期表现有发热、全身肌肉酸痛（以颈部和四肢肌肉为甚）、疲乏无力、食欲缺乏、体重减轻、末梢血液中性粒细胞和嗜酸性粒细胞数明显增多、血沉加快、血浆球蛋白量增多等。一般持续约半月至 1 个月，偶可更长。急性期未经恰当治疗而转入慢性期，或无明显急性期而直接进入慢性期。临床表现随虫体寄生部位及感染程度而异，主要是局部组织受虫体压迫引起的症状和体征。

（二）控制措施

控制的原则是要从保证食品安全的源头抓起，切断虫体对食品原材料的污染。根据我国目前囊尾蚴病流行的新特点，应该注意以下几个方面：第一，应加强肉品卫生检验，防止患囊尾蚴的猪肉或牛肉进入消费市场；第二，加强人粪便的处理和卫生间的管理，杜绝猪或牛吞食人粪便中可能存在绦虫的节片或虫卵；第三，不食用生肉或半生不熟的肉，坚持生熟分开的原则，对切肉的刀具、案板、抹布等及时清洗，防止发生交叉污染；第四，注意个人饮食卫生，生食的水果和蔬菜要清洗干净。

三、旋毛虫

旋毛形线虫简称旋毛虫（*Trichinella spiralis*），是一种严重危害人及动物健康的全球性疾病，被列为三大人畜共患寄生虫病之首。2004～2005 年，全球有 147 次人体旋毛虫病暴发，发病 5690 例，死亡 5 例。在亚洲 48 个国家中，18 个国家报道了人体旋毛虫病感染。目前，中国是世界上旋毛虫病危害最为严重的少数几个国家之一。郑德福等（2011）对 1964～2011 年中国大陆地区的旋毛虫病进行统计发现，旋毛虫病在我国大陆 15 个省（直辖市、自治区）的 121 个市、县暴发或散发已达 600 余次，发病 38 797 人，死亡 336 人。

旋毛虫为线虫，雌雄异体，一般形成囊包，囊包呈柠檬状，内含一条略弯曲似螺旋状的幼虫，幼虫寄生在宿主的横纹肌内，卷曲呈螺旋形，成虫寄生在宿主的小肠内，长 1～4mm。

（一）致病机制和临床症状

旋毛虫对人体及动物的致病程度与包囊中的幼虫数量及其感染力、侵犯部位和机体的功能状态等诸多因素有关，轻者可无明显症状，重者临床表现复杂多样。当含有旋毛虫幼虫的肉被食用后，旋毛虫幼虫在胃液的消化作用下脱囊而出，进入十二指肠及空肠，随即侵入肠黏膜，引起肠炎。幼虫在肠道里很快发育为成虫，雌雄交配后，产出新生幼虫，每条雌虫可产 1500 个以上幼虫，新生幼虫通过毛细血管及淋巴管经血液循环移行，到达全身横纹肌内。幼虫喜好寄生在舌肌、横膈膜、咬肌、肋间肌。幼虫的移行对机体造成机械性损害，分泌物的毒性造成所经组织发生严重的炎症反应，表现出急性全身性血管炎、水肿、发热等临床症状。

旋毛虫幼虫的主要寄生部位为骨骼肌细胞，所以其主要病变部位发生在肌肉，临床表现为肌纤维变性、肿胀、横纹消失，虫体周围肌细胞坏死、崩解。人感染后的典型症状是高热、浑身无力、关节疼痛、腹痛、腹泻、面部和眼睑水肿，严重者出现神经症状，如头昏眼花、局部麻痹。

（二）控制措施

控制旋毛虫病暴发的关键是避免旋毛虫幼虫对肉类及其制品的污染，也要避免将肉类下脚料饲喂动物，造成疾病在动物之间传播。本病在野生食肉动物和啮齿动物之间传播，如猫和鼠，熊、野猪、狼、狐等多种野生动物亦可感染，并通过相互残杀吞食含有旋毛虫囊包的动物尸体而感染。由于幼虫可以在腐败的肉中存活很长时间，即使肉已腐败也保持感染力，这也是本病难以控制的原因之一。目前，国外人体旋毛虫病主要是因食用马肉、野生动物肉类及进口的猪肉制品所致，如在阿拉斯加和加拿大曾发生因食用海象肉引起的人体旋毛虫病暴发（Gottstein et al.，2007）。

严格执行肉品检验规程，任何进入市场的猪肉和犬肉等肉制品都要进行严格的检验，不食用野生动物肉。食用肉制品之前，对肉制品进行高温处理，加热温度达 76.7℃可灭活肉中的虫体。冷冻储藏肉类对肉中的旋毛虫幼虫有致死作用，当冷冻温度为－17.8℃时，6～

10d 后死亡。

四、其他寄生虫

（一）弓形虫

弓形虫（*Toxoplasma gondii*）是一种原虫，属于机会性致病寄生原虫，整个生活史需两个宿主，猫科动物，如家猫为终末宿主，哺乳类或鸟类是中间宿主。弓形虫生活史中的包囊（内含缓殖子）、假包囊（含速殖子）、滋养体和卵囊等发育阶段均可感染人体，人如果摄入含有上述各个发育阶段弓形虫的生肉、生奶等动物源性食品均可受到感染。除消化道感染外，直接与宠物猫亲密接触，输血或器官移植也可感染，妊娠妇女感染后可通过胎盘垂直传播给胎儿。

虫体在人体内可寄生于各种有核细胞，并随血液循环系统移行于体内各器官，引起相应的组织器官发生病变，临床上表现为发热、夜间出汗、肌肉疼痛、咽部疼痛、皮疹，部分患者出现淋巴结肿大、肝炎、心肌炎、肾炎和脑病等。孕妇感染后严重危害胎儿的健康，可引起孕妇死产或怪胎，流产，亦可引发脑弓形虫病。同时弓形虫病与艾滋病关系密切，艾滋病患者该病感染率高达 30%～40%，是艾滋病患者死亡的原因之一。弓形虫病在世界范围内都有分布，感染人数在 5 亿～10 亿人之间，中国的人群感染率为 0.1%～47.3%。

（二）兰氏贾第鞭毛虫

兰氏贾第鞭毛虫（*Giardia lamblia*）简称贾第虫，单细胞原生动物，借助鞭毛运动，引起贾第鞭毛虫病。该病呈世界性分布，旅游者中发病率较高，故又称旅游者腹泻。贾第虫生活在水环境中，其细胞可形成包囊，包囊是兰氏贾第鞭毛虫存在于水和食品中的主要形式，也是其感染形式，25～100 个包囊便可引起人体的感染。贾第鞭毛虫病在俄罗斯特别严重，美国、英国、加拿大、澳大利亚、瑞典和新西兰等都曾因水源污染引起暴发流行。我国的感染率在 2%～10%。

贾第虫感染后大部分无特殊临床症状，无预防疫苗，绝大多数抗生素无效，治疗依赖于自身抵抗力。疾病可以持续 1～2 周，慢性病例可以持续数月到数年。人群感染主要与污染的水和食品有关。各种人群都发生感染，成年人慢性病例多于儿童，但儿童比成年人发病率高。

（三）微小隐孢子虫

微小隐孢子虫（*Cryptosporidium parvum*）是单细胞原生动物，水源性寄生虫。成熟卵囊内含 4 个裸露的子孢子和残留体，囊内子孢子排列不规则，形态多样，残留体为暗黑（棕）色颗粒。可感染多种动物，如牛、羊、鹿等。具有感染力的卵囊大小为 3μm，对大多数化学消毒剂不敏感，但对干燥和紫外线敏感。对人的感染剂量少于 10 个虫体。

人可通过污染的水、食品发生感染，通过与患者、患病动物排泄物接触导致感染。感染后引起肠道、气管和肺隐孢子虫病。人体隐孢子虫病是 1976 年首次报道的，隐孢子虫病是一种以腹泻为主要表现的寄生虫病，在免疫缺陷患者可引起难治性慢性腹泻，甚至发生肠外隐孢子虫病。隐孢子虫病已被列入世界最常见的 6 种腹泻病之一，世界卫生组织于 1986 年将人的隐孢子虫病列为艾滋病的怀疑指标之一（Joachim，2004）。患者食入被卵囊污染的食物或水而感染。正常人感染隐孢子虫多表现为自限性腹泻，主要发生于婴幼儿和免疫力低下者，也可表现为慢性间歇性腹泻。

（四）溶组织内阿米巴虫

溶组织内阿米巴虫（*Entamoeba histolytica*）为单细胞寄生动物，可分包囊和滋养体两个不同时期。成熟的4核包囊为感染期，主要感染人类和灵长类。滋养体借助单一定向的伪足运动，有透明的外质和富含颗粒的内质，具一个球形的泡状核，直径4～7μm。包囊滋养体在肠腔里形成包囊的过程称为成囊。成熟包囊有4个核，圆形，直径10～20μm，包囊壁厚125～150nm，光滑。

溶组织内阿米巴虫生活史包括包囊期和滋养体期，感染期为含4核的成熟包囊。被粪便污染的食品和饮用水中的感染性包囊经口摄入通过胃和小肠。包囊在外界潮湿环境中可存活并保持感染性数日至1个月，在干燥环境中易死亡。理论上一个活的包囊就可引起感染，当包囊被食用后在消化道中破囊，引起阿米巴病，表现为无症状感染、胃肠道功能紊乱、痢疾（粪便中有血和黏液）。滋养体可侵入肠黏膜，吞噬红细胞，破坏肠壁，引起肠壁溃疡，也可随血流进入其他组织或器官，引起肠外阿米巴病。

溶组织内阿米巴病呈世界性分布，但常见于热带和亚热带地区，如印度、印度尼西亚、撒哈拉沙漠等。人感染的主要方式是经口感染，食用被成熟包囊的粪便污染的食品、饮用水或使用污染的餐具均可导致感染。食源性暴发流行则是由不卫生的用餐习惯或食用由包囊携带者制备的食品而引起。所有人均可感染，皮肤上有损伤和免疫力低下的人症状严重。

（五）似蚓蛔虫

似蚓蛔虫（*Ascaris lumbricoides*）也称人蛔虫，引起人蛔虫病，为寄生人体的肠道线虫中体形最大者，其成虫寄生于人的小肠。虫卵为椭圆形，棕黄色。虫卵从粪便排出后，在荫蔽、潮湿、氧气充足及适宜温度（22～30℃）的土壤中发育2周后变成幼虫，1周（卵内幼虫蜕皮一次成为感染期虫卵）后经口感染人体。在小肠内孵出第二期幼虫，侵入小肠黏膜及黏膜下层，进入静脉，随血液到达肝、肺，后经支气管、气管、咽返回小肠内寄生，在此过程中，其幼虫逐渐长大为成虫。成虫在小肠里能生存1～2年，甚至有的可达4年以上。

人蛔虫的分布呈世界性，尤其在在温暖、潮湿和卫生条件差的地区，人群感染较为普遍。人蛔虫感染率，农村高于城市；儿童高于成人。目前，中国多数地区农村人群的感染率仍高达60%～90%。感染源主要是虫卵污染的土壤、饮水、食物。虫卵对外界环境的抵抗力较强，可生存5年或更长时间。虫卵不耐热，在阳光下数日可死亡。蛔虫病分为两个阶段，早期症状与幼虫在肺内移行有关，表现为发热、咳嗽、肺炎。后期为小肠内成虫阶段，轻者不表现症状，严重感染时可致消瘦、贫血、腹痛等症状，虫的数量大还可引起肠梗阻，甚至肠穿孔、阑尾炎。钻入气管可引起窒息，钻入胆管可引起胆道蛔虫病。

本章小结

本章主要讲述了食源性致病菌、可以通过食物途径传播的病毒、寄生虫等食品中常见的生物性危害物。食源性致病菌主要有沙门氏菌、致病性大肠埃希氏菌、金黄色葡萄球菌、单核细胞增生李斯特氏菌、空肠弯曲菌、志贺氏菌、副溶血弧菌、小肠结肠炎耶尔森氏菌、肉毒梭状芽孢杆菌；病毒主要包括肝炎病毒、轮状病毒、诺如病毒；寄生虫主要包括囊尾蚴、旋毛虫。对于每种生物危害物，重点介绍了其生物学特性、主要污染的食品、引发感染的原因、感染后的主要临床症状及生物性危害的防治措施。

思考题

1. 食品加工的过程中，威胁食品安全的生物性因素有哪些？

2. 生物性因素引起的食源性疾病有哪些，日常饮食中，可以采取哪些措施预防生物性因素对食品的污染？

3. 根据所学知识，如何控制食品在储藏、加工过程中沙门氏菌、金黄色葡萄球菌和肉毒梭状芽孢杆菌的污染？

4. 与食品安全密切相关的真菌毒素有哪些？采取什么措施能够避免真菌毒素的中毒？

5. 能够引起人畜共患病的寄生虫有哪些？寄生虫对人体的危害是什么？如何控制食品在加工、流通的环节中寄生虫的污染？

第 3 章 真菌毒素

第一节 概 述

真菌毒素（mycotoxin）源于希腊语“mykes”和拉丁语“toxicum”，是一类由真菌产生的毒性次级代谢产物，目前已确认化学结构的真菌毒素有 400 多种。常见的真菌毒素包括黄曲霉毒素（aflatoxin）、赭曲霉毒素（ochratoxin）、玉米赤霉烯酮（zearalenone）、伏马毒素（fumonisins）、脱氧雪腐镰刀菌烯醇（deoxynivalenol）、T-2 毒素（T-2 toxin）、杂色曲霉素（sterigmatocystin）、环匹阿尼酸（cyclopiazonic acid）、麦角生物碱（ergot alkaloids）、展青霉素（patulin）、细交链孢菌酮酸（tenuazonic acid）等。

公元前 430 年至公元 18 世纪的欧洲，因为食用严重污染了麦角菌的黑麦而发生麦角生物碱中毒，造成大量的人伤残、死亡。1950 年，科学家从导致真菌中毒的粮食和饲料中分离真菌，并进行动物实验，开始了真菌毒素的研究。1950～1975 年，科学家就已经分离了许多种真菌毒素。1960 年英国发生 10 万只火鸡中毒事件，经研究确定为由火鸡饲料中的花生粉的一种荧光物质引起，这种物质由黄曲霉产生，从而定义为黄曲霉毒素。这次事件，掀起了粮油食品饲料真菌毒素研究的高潮。大量研究表明，食用受真菌毒素污染的粮食及其制品，极易导致人或动物发病，如癌症、肝损害、肾功能障碍、大骨节病、克山病、动物流产、生殖障碍等。为此，全世界已有 100 多个国家规定了粮食中主要真菌毒素的限量，中国也规定了粮食中黄曲霉毒素 B1（AFB1）、脱氧雪腐镰刀菌烯醇（又称呕吐毒素，DON）、玉米赤霉烯酮（ZEN）和赭曲霉毒素 A（OTA）4 种真菌毒素的限量（GB2761—2011《食品中真菌毒素限量》）。

世界各国经常发生食品被真菌毒素污染的事件，这些污染通常会发生于农产品生产和储藏过程中。据联合国粮农组织（FAO）估计，全世界每年约 25%的粮食作物受到真菌毒素产毒菌的污染，每年因真菌毒素污染导致的粮食损失巨大。英国小麦中镰刀菌毒素的调查报告显示，在 2001～2006 年 5 年期间，镰刀菌毒素超过该国限量的样品比例为 0.4%～11.3%，超标的主要是呕吐毒素和玉米赤霉烯酮。中国的粮食也经常发生真菌毒素污染，2009 年小麦粉、玉米制品 DON、ZEN 检出率为 53.42%～100%，2010 年小麦粉、玉米样品 DON、ZEN 检出率为 69.3%～96.8%，与国家限量相比，玉米样品 ZEN 超标率较高，2009～2010 年分别为 15.56%和 10.70%。另外，粮食受多种真菌毒素协同污染现象普遍存在。

粮食及其他食品受真菌毒素污染是一个不可避免的问题，每年因真菌毒素污染而导致大量粮食及其制品损失，人畜致病。因此，世界各国非常关注真菌毒素的研究，研究内容包括真菌毒素的代谢机制，产生条件，检测技术与装备，预警、预测，致毒机制，风险分析与评估，监测管理，降解及处置技术等方面。近年来，分子生物学、生物工程学、分子毒理学、统计学、食品工程学、免疫化学、仪器分析、微生物代谢组学、风险评估等不断用于食品中真菌毒素的研究，真菌毒素的研究更加系统、成熟、深入，有利于人类更好地了解、预测、防控真菌毒素对人类的危害。

第二节　黄曲霉毒素

一、简介

黄曲霉毒素（aflatoxin，AF），也称作黄曲霉素，是一种有强烈生物毒性的化合物，常由黄曲霉及另外几种霉菌在霉变的谷物中产生，如大米、豆类、花生等，是目前为止最强的致癌物质，热稳定性强，加热至280℃以上才开始分解，所以一般的加热不易破坏其结构。黄曲霉毒素主要有B1、B2、G1与G2 4种，又以B1的毒性最强。食用大米储存不当，极容易发霉变黄，产生黄曲霉毒素。黄曲霉毒素与肝癌有密切关系，还会引起组织失血、厌食等症状。1960年在英国发生了因喂食黄曲霉毒素花生粕而导致大批火鸡暴毙事件。警惕黄曲霉毒素的危害，要注意剔除霉变的食物颗粒，还可采用以水淘洗的办法进一步净化易沾染的食物中的霉菌。当然，用高温烧、炸至280℃以上也可以达到分解毒素和去除污染的效果。

二、物理化学性质

黄曲霉毒素是结构相似的一大类化合物，均为二呋喃香豆素（difuranocoum）的衍生物（图3-1）。目前已分离鉴定出12种，包括B1、B2、G1、G2、M1、M2、P1、Q、H1、GM、B2a和毒醇。在紫外线下，黄曲霉毒素B1、B2发蓝色荧光，黄曲霉毒素G1、G2发绿色荧光。黄曲霉毒素的相对分子质量为312～346，难溶于水，易溶于油、甲醇、丙酮和氯仿等有机溶剂，但不溶于石油醚、己烷和乙醚中。一般在中性溶液中较稳定，但在强酸性溶液中稍有分解，在pH 9～10的强碱溶液中分解迅速。其纯品为无色结晶，耐高温。黄曲霉毒素B1的分解温度为268℃，故一般的加热烹调温度不能破坏黄曲霉毒素的毒性。紫外线对低浓度黄曲霉毒素有一定的破坏性。黄曲霉毒素的基本结构为二呋喃氧杂萘邻酮，但化学结构不同的黄曲霉毒素的毒性有所差异，其中B1最强，然后依次是M1＞G1＞B2＞M2。

三、分布与代谢

（一）分布

黄曲霉毒素存在于土壤、动植物、各种坚果特别是花生和核桃中。在大豆、稻谷、玉米、通心粉、调味品、牛奶、奶制品、食用油等食品中也经常发现黄曲霉毒素。一般在热带和亚热带地区，食品中黄曲霉毒素的检出率比较高。黄曲霉毒素进入机体后，在肝脏中的量较其他组织、器官为高，说明肝脏可能受黄曲霉毒素的影响最大。肾脏、脾脏和肾上腺也可检出，肌肉中一般不能检出。黄曲霉毒素如不连续摄入，一般不在体内积蓄。一次摄入后，约1周后，大部分经呼吸、尿、粪等排出。

（二）代谢

AFB1在动物体内经细胞内质网微粒体混合功能氧化酶系代谢，在微粒体混合功能氧化酶系的作用下 AFB1 发生脱甲基、羟化及环氧化反应，主要代谢产物为 AFM1、AFP1、AFQ1 和 AFB1-2,3-环氧化物。

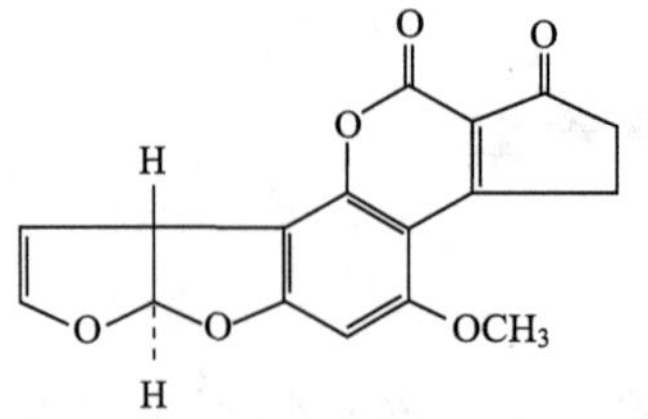

黄曲霉毒素B1

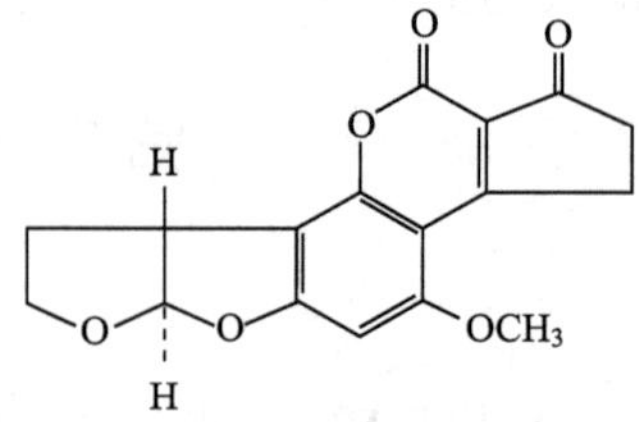

黄曲霉毒素B2

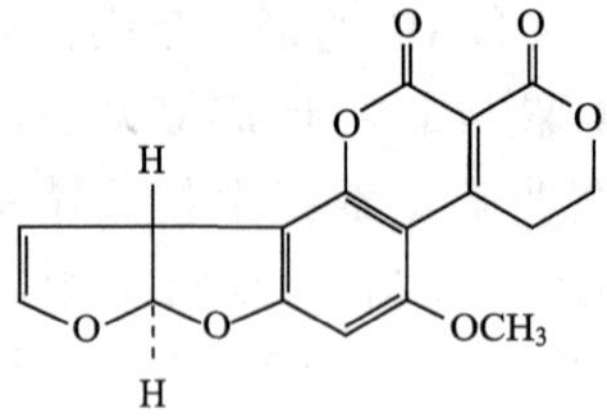

黄曲霉毒素G1

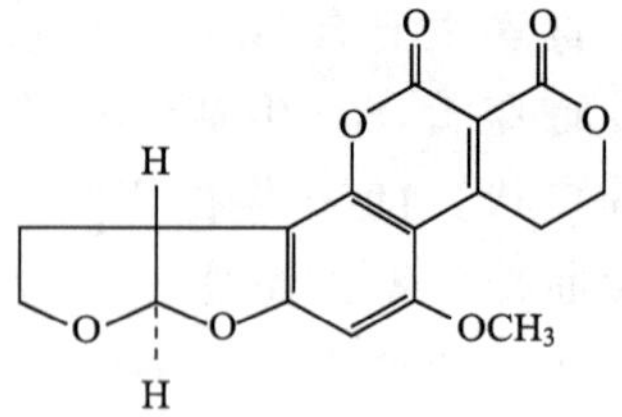

黄曲霉毒素G2

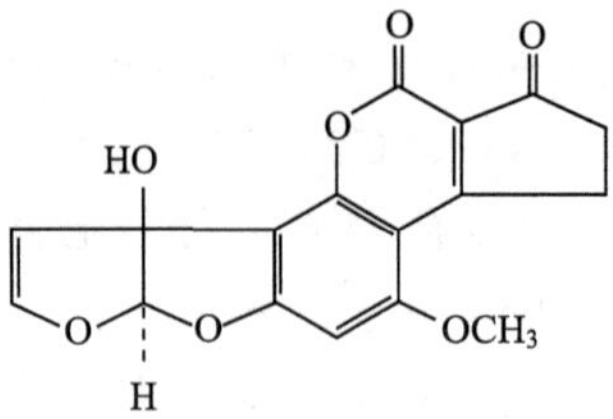

黄曲霉毒素M1

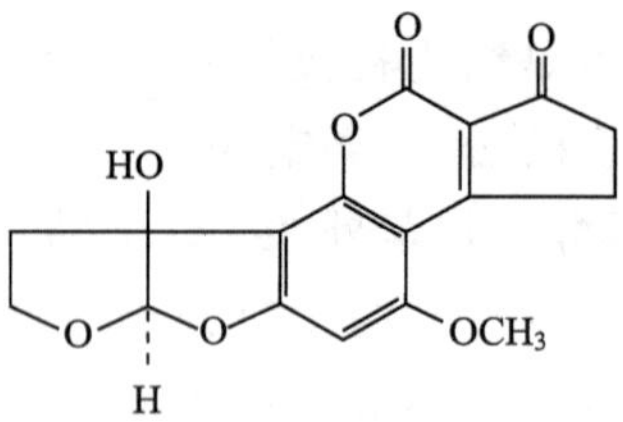

黄曲霉毒素M2

图 3-1　黄曲霉毒素的化学结构式

四、毒性

（一）急性毒性

黄曲霉毒素 Bl 的半数致死量为 0.36mg/kg 体重，属于剧毒物质，对鱼、鸡、鸭、大鼠、豚鼠、兔、猫、狗、猪、牛、猴及人均有强烈毒性。毒性比 KCN 大 10 倍，比砒霜大 68 倍，仅次肉毒毒素。对任何动物而言，它的毒害作用主要影响的器官是肝脏，呈急性肝炎、出血性坏死、肝细胞脂肪变性和胆管增生。脾脏和胰脏也有轻度的病变。人组织的体外试验也证实 AF 对人体有毒性。印度曾经用花生粉治疗一批蛋白质营养不良儿童，没想到这批花生粉含 AF 高达 300μg/kg，结果发现许多孩子出现肝脏疾患，活体组织检查发现肝细胞脂肪变性、坏死，并伴有炎症，继而出现肝纤维化变硬，一年半后 3 名死于肝昏迷。

（二）慢性毒性

长期摄入小剂量的黄曲霉毒素则造成慢性中毒，其主要变化特征为肝脏出现慢性损伤，如肝实质细胞变性、肝硬化等，并导致动物生长发育迟缓，体重减轻，母畜不孕或产仔少等系列症状。

（三）致癌性

实验证明，长期少量摄入或短期摄入较大剂量的AF，在大鼠、小鼠、豚鼠、鳟鱼、雪貂、狗、猫、兔、猴身上能诱发出实验性的肝癌，以大鼠和鳟鱼最敏感（郭俊生，2006）。大规模的流行病学资料显示，某些地区人群食物中AF水平与原发性肝癌的发病率呈正相关。例如，非洲撒哈拉沙漠以南的高温高湿地区，AF污染食物严重，当地居民肝癌发病较多。而埃及等干燥地区，AF污染不严重，肝癌发病也相对较少。人们对AF诱发肝癌的作用机制进行了大量研究。AF经过微粒体混合功能氧化酶代谢活化，形成8～9环氧化物而发挥致癌作用。被活化的中间代谢产物一方面转化成羟基化代谢产物排出体外，另一方面与生物大分子DNA、RNA、蛋白质结合发挥其毒性、致癌和致突变效应。

五、预防措施

对AF的控制措施有三种：一是防止食品生霉，控制好谷物、豆类和坚果类食品的储存环境，注意通风、干燥；二是在生产加工的过程中，严格控制好原料的质量，对于发生霉变的原料要彻底去除；三是提升检验技术，严格检验程序。

六、AF检测技术

目前美国分析化学家协会（Association of Official Analytical Chemists，AOAC）公布了41种检测食品和饲料样品中AF的方法，欧洲标准委员会也报道了6种AF检测方法。AOAC检测AF方法，如薄层色谱法（thin layer chromatography，TLC）、高效液相色谱法（high performance liquid chromatography，HPLC）和酶联免疫吸附法（enzyme-linked immunosorbent assay，ELISA）已广泛用于粮食和饲料中AF的检测。虽然HPLC法作为一种推荐方法被广泛使用，但以免疫学为基础的检测AF方法正逐步取代传统检测AF方法（罗小虎，2013）。

（一）薄层色谱法

TLC是传统的检测AF的方法，也是我国测定食品及饲料中AF的国家标准方法之一。其原理是针对不同样品，经溶剂提取、浓缩、纯化、薄层分离后，利用AF的荧光特性，在紫外线照射下，根据荧光大小和强弱来确定AF的含量。

TLC虽操作步骤繁琐，灵敏度、专一性、重现性较差，但由于其设备简单，易于普及，检测成本低，仍适合大批次样品的分离和筛选。因此，国内外，特别是一些发展中国家仍在使用。

（二）高效液相色谱-质谱联用法

HPLC常与其他检测器联用以期获得快速准确的检测结果，如高效液相色谱-质谱联用法（HPLC-MS）就是一种良好的检测AF方法。特别是随着大气压电离技术，尤其是电喷雾离子源技术发展逐步成熟，使HPLC-MS成为检测AF的强有力工具之一。

（三）酶联免疫吸附法

ELISA的原理是利用抗原与抗体的特异性反应将待测物与酶连接，然后通过酶与底物发生显色反应，可用于定量定性检测。大量研究结果表明，ELISA法具有快速、灵敏、干扰小、特异性强、样品前处理简单、成本低、检测结果准确等优点，适合于 AF 大批次样品的快速准确检测，目前已广泛用于食品、饲料、粮油、乳制品中 AF 的检测。

第三节　赭曲霉毒素

一、简介

赭曲霉毒素（ochratoxin）是一组结构类似的真菌毒素，有 A、B、C、D 4 种化合物，主要危及人和动物肾脏，其中毒性最大、与人类健康关系最密切、产毒量最高、对谷物污染最严重、分布最广的是赭曲霉毒素 A（ochratoxin A，OTA）。赭曲霉毒素 A 是被国际癌症研究机构（IARC）确定为 2B 类致癌物的一种真菌毒素，能致癌、致畸、破坏免疫系统，对肝脏、肾脏造成损害，还可导致神经中毒。OTA 最早在玉米中发现，随后相继从谷物和大豆中检出。粮谷类、水果、葡萄酒、啤酒、咖啡、可可和巧克力、中草药、调味料等多种植物产品和食品均可检出 OTA 存在。动物饲料中 OTA 的污染也非常严重，动物进食被 OTA 污染的饲料后导致体内 OTA 的蓄积，而且不易被代谢降解，也造成在动物体内的蓄积，动物性食品尤其是猪的肾脏、肝脏、肌肉、血液，以及乳和乳制品中常检出有赭曲霉毒素 A 的存在。在已发现的真菌毒素家族中，根据其重要性及危害性排序，OTA 毒性被认为是仅次于黄曲霉毒素而列第二位。到目前为止，巴西、德国、罗马尼亚、匈牙利及捷克斯洛伐克等国家已指定了食品、饲料及猪肾脏中 OTA 的限量标准。随着人们对食品健康和安全的高度重视，对赭曲霉毒素的研究越来越显得重要和迫切，研究得越来越深入（疏秀林，2008）。

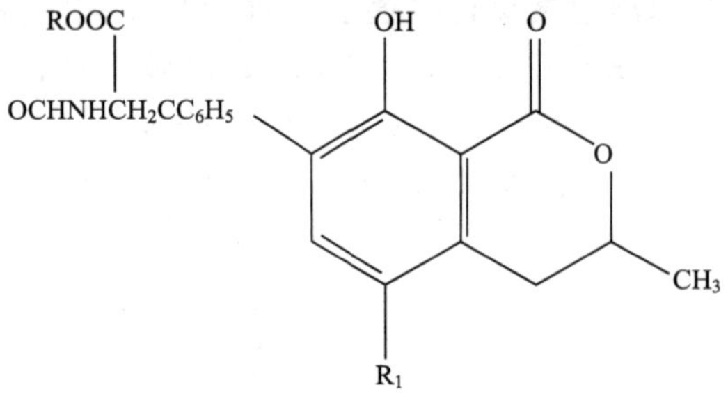

赭曲霉毒素 A：R_1=Cl，R=H

赭曲霉毒素 B：R_1=Hl，R=H

赭曲霉毒素 C：R_1=Cl，R=C_2H_5

图 3-2　赭曲霉毒素的分子结构式

二、物理化学性质

赭曲霉毒素 A 是赭曲霉毒素中的一种，而赭曲霉毒素（OT）是分子结构类似的一组化合物（图 3-2），包括 OTA、OTB、OTC、OTD 的甲酯，以及 OTB 的甲酯和乙酯等。在紫外线照射下赭曲霉毒素 A 呈绿色荧光，最大吸收峰为 333nm，其熔点为 165℃，其结构为苯甲酸异香豆素，其分子式见图 3-2。赭曲霉毒素 A 是一种稳定的无色结晶化合物，呈弱酸性，溶于极性溶剂和碳酸氢钠溶液，微溶于水，其甲醇溶液在冰箱中保存一年不会分解。OTA 的化学性质稳定，一般烹调和加工方法只能部分破坏（丁建英，2006）。

三、分布与代谢

（一）分布

自然界中产生 OTA 的真菌以赭曲霉（*Aspergillus ochraceus*）、纯绿青霉（*Penicillium*）和炭黑曲霉（*Aspergillus carbonarius*）为主。这三种主要的 OTA 产毒菌株生长繁殖所需的生态环境、污染农作物的种类、污染率等依地域不同而异（疏秀林等，2008）。

1. 赭曲霉 赭曲霉是最早发现能够产生OTA的产生菌，在8～37℃均能生长，最适生长温度为24～31℃，生长繁殖所需的最适水分活度为0.95～0.99，在含糖、含盐培养基上生长所需的最低水分活度分别为0.79和0.81，在pH 3～10时生长良好。因此在热带和亚热带地区，农作物在田间或储存过程中污染的OTA主要由赭曲霉产生。

2. 纯绿青霉 纯绿青霉生长所需的环境条件为0～30℃（最适20℃），水分活度0.8（相当于17%～19%的水分含量）。因此在诸如加拿大和欧洲等寒冷地区，粮食及其制品中OTA的产毒真菌主要为纯绿青霉。

3. 炭黑曲霉 炭黑曲霉是近几年新发现的一种能够产生OTA的真菌，以侵染水果为主，由于其形态与黑曲霉相似，因此对食品真菌菌相污染水平调查和分离鉴定时常误将其归为黑曲霉。与黑曲霉一样，炭黑曲霉也为腐物寄生菌，通常情况下不引起正常水果的腐败变质，水果如果因物理、化学和致病性微生物侵袭等原因导致外表受损伤时，炭黑曲霉将侵入果实内部生长繁殖并产生OTA。低pH、高糖、高温环境能够促进炭黑曲霉的生长繁殖。

（二）代谢

OTA主要在胃和小肠吸收，组织、器官分布次序为肾脏＞肌肉＞肝脏＞脂肪。OTA可与血清大分子结合，因此在动物体内的半衰期较长，大鼠为5～120h，猪为72～120h，猴子为510h（郭俊生，2006）。

四、毒性

由于OTA可以直接污染谷类、水果等农作物，人和动物通过摄入污染的植物性食物而吸收进入体内，同时也可因OTA在动物体内的蓄积作用而通过摄入动物性食物进入人体内，从而造成对人体组织的伤害（高翔等，2005）。

（一）肾毒性

巴尔干地方性肾病（Balkan endemic nephropathy，BEN）是一种病因未明的慢性肾脏疾病，主要病理表现为肾小管变形退化、间质纤维化和肾小球的玻璃样变，伴有蛋白尿和肾功能的损伤，但是没有肾病综合征的表现。OTA被认为可能是BEN的主要致病因素之一，部分研究已经发现食物中OTA含量与BEN临床表现之间的相关性，但亦有研究未发现这种相关性。

（二）肝毒性

在每千克饲料中加入0.3～1mg OTA喂饲小鸡后发现其肝糖原分解减少，并且肝脏内的肝糖原聚集与OTA有剂量效应关系。

（三）免疫毒性

在研究OTA及其代谢物对人单核细胞Ⅱ巨噬细胞系TPH21的免疫毒性时发现，当OTA浓度在10～1000ng/ml时，TPH21的代谢能力、细胞的增殖能力、细胞膜的完整性、细胞的分化、巨噬细胞的吞噬能力、氧化氮的合成及细胞表面标志物的形成均被抑制。而个别细胞系在OTA为1ng/ml时就出现了上述现象。

（四）致突变作用

对用OTA染毒的人源性肝细胞瘤（Hep G2）细胞进行微核试验和彗星试验时发现，

在 5μg/ml 及更高剂量组毒性作用与染毒剂量之间呈现明显的剂量效应关系，用25μg/ml OTA 处理 Hep G2 细胞后出现明显的 DNA 损伤（彗星形成），表明 OTA 对人源性细胞有诱变作用，亦即 OTA 对人肝组织可能有遗传毒性作用。

五、预防措施

防止赭曲霉毒素污染的手段主要有物理法、化学法和生物法。目前生物防治引起了人们很大的兴趣，Varga 等研究了曲霉中不同菌种降解赭曲霉毒素 A 的能力，发现黑曲霉 CBS120.49 在液体或固体培养基上都能有效将赭曲霉毒素 A 降解为 α 型。Abramson 等研究发现，在裸大麦储藏过程中，湿度、储藏时间和 CO_2 水平等均能影响赭曲霉毒素 A 的产生。Joosten 等研究发现，当水分活度从 0.99 降至 0.94 时，炭黑曲霉产赭曲霉毒素 A 的量显著下降，这就提示我们可通过调控这些因素来抑制赭曲霉毒素 A 的产生。但是，保护消费者免除赭曲霉毒素 A 毒害的最有效手段是在食品加工过程中抑制真菌生长和产生赭曲霉毒素 A（刘小杰等，2002）。

六、检测技术

OTA 是一种有机酸，可溶于碳酸氢钠和多种有机溶剂中，这是建立检测 OTA 方法的基础。目前报道用于检测 OTA 的定性方法主要是微柱法，定量分析方法有薄层色谱法（TLC）、高效薄层色谱法（HPTLC）、高效液相色谱法（HPLC）、酶联免疫吸附法（ELISA）和荧光比色法等（疏秀林等，2008）。

1. 薄层色谱法 原理：样品经提取、浓缩、薄层分离后，根据 OTA 在 333nm 紫外灯下产生黄绿色荧光，将在薄层板上显示荧光的最低检出量与标准溶液的荧光强度相比较来测定含量。在检测谷物中的 OTA 时，横展和纵展相结合，常用的横展剂为乙醚，纵展剂为甲苯-乙酸乙酯-甲酸。TLC 法是 AOAC 用于检测谷物中的 OTA 的最早方法，其检测限为 10μg/kg，后被推荐用于动物组织中 OTA 的检测时，用苯-甲醇-乙酸（18∶1∶1，*V/V/V*）作为展开剂，1985 年 Buchman 等发现 OTA 暴露于甲醇-氨水中其荧光可增强 10 倍，最大的激发限为 333～370nm，这个方法经改进后对动物组织中的检测限达到了 5μg/kg。

2. 高效液相色谱法 原理：用 C_{18} 柱净化分离样品提取液中的 OTA。目前常用的是反相 C_{18} 柱，乙腈、甲醇或磷酸是最常用的流动相，并用梯度洗脱的方法，以使 OTA 峰从干扰的基质中分离出来，用荧光检测器进行检测，激发波长 334nm，发射波长 464nm，根据峰高、峰面积、标准溶液浓度、进样体积、样品总体积计算出样品中 OTA 的浓度，这种方法的最低检出限可达 0.005～0.1μg/kg。

3. 酶联免疫检测法 原理：该方法结合了抗原抗体的特异性免疫反应和酶的高效催化显色反应。首先将 OTA 牛血清白蛋白连接物包被酶标板，加入含不同浓度的 OTA 标准品或样品提取液与单克隆抗体的混合液，然后加入酶标记的抗体，进行竞争免疫反应，之后加入底物溶液，最后根据 OTA 标准样品孔和样品孔的显色情况用目测或用仪器测量来确定样品中 OTA 的含量。目前市场上有各种 ELISA 试剂盒，如荷兰 Eum-Diagnostica 公司和美国 Neogen 公司生产的赭曲霉毒素检测试剂盒。我国江涛等在 2004 年利用 B 细胞杂交瘤技术建立了能够分泌抗 OTA 的单克隆抗体的杂交瘤细胞株，并获得了抗 OTA 单克隆抗体，利用抗 OTA 的单克隆抗体建立了具有自主知识产权的试剂盒（ELSIA 试剂盒），并用于大米、小麦中的 OTA 检测，最低检测限为 0.5μg/kg，与其他方法相比具有简便、快捷、灵敏和经济的特点，样品的提取不需要复杂的净化过程，并满足了世界卫生组织（WHO）对食品中 OTA 检测灵敏度的要求（丁建英，2006）。

第四节 橘 霉 素

一、简介

橘霉素是由青霉属和曲霉属的某些菌株产生的真菌毒素，经常出现于面粉、大米、玉米和饲料当中。实验证明红曲霉菌产橘霉素是普遍性的问题，橘霉素是红曲霉固有的次级代谢产物，这是由菌种本身特性（基因）决定的。近年来的调查研究发现，在许多食品和农产品，如玉米、大米、奶酪、苹果、梨和果汁等中都有可能检测到橘霉素和分离到产橘霉素的菌株，不同的菌株之间产毒能力和产毒条件差异很大，为预防和控制带来了困难。因此，橘霉素引起的食品污染问题越来越受到人们的关注（许艳丽等，2011）。

二、物理化学性质

橘霉素的分子式是 $C_{13}H_{14}O_5$，相对分子质量为 250（图 3-3），有离子态和非离子态（羧基和相邻的酮基及羟基形成分子内氢键）形式。常温下在无水乙醇或苯-环己烷中是一种黄色针状结晶物质，熔点为 172℃。在长波紫外线的激发下能发出黄色荧光，其最大紫外线吸收分别在 319nm、253nm 和 222nm 处。在适宜 pH 条件下，该毒素不溶解于水，能溶于热的乙醇、苯、丙酮、氯仿和乙酸乙酯等大多数有机溶剂，并很容易在冷乙醇溶液中结晶析出。在水溶液中，当 pH 下降到 1.5 时也会沉淀析出。因此，可以根据这些特征进行分离纯化。

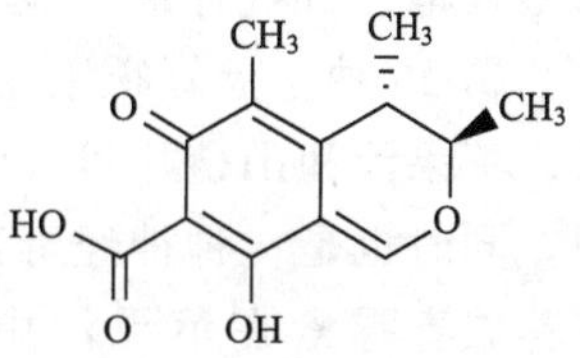

图 3-3 橘霉素分子结构式

三、自然分布及产毒菌株

某些青霉属真菌和曲霉属真菌能在自然或人工条件下产生橘霉素。其中橘青素是自然界中最重要的橘霉素产生菌。橘霉素在自然界中分布广泛，经常和纤维的降解，玉米、大米、面包等农产品或食品的霉变有关。红曲霉可产生色素、抑菌素等多种次级代谢产物，橘霉素是红曲霉发酵产物的次级代谢产物之一，目前采用的有机溶剂提取工艺得到的红曲色素可能含有橘霉素；橘霉素的存在也会污染红曲色素及红曲产品，如红曲红色素（粉状、液态）、红曲米粉、酶、酱、红曲米、酿酒用曲、功能性红曲、红曲黄色素（粉状）、红曲类保健食品等。近年来研究发现，在许多农产品如玉米、大米、奶酪、苹果、梨和果汁等中都有可能检测到橘霉素和分离到产橘霉素的菌株。

四、毒性

1995 年，法国 Blanc 证实某些红曲霉菌株产生毒性物质橘霉素。根据其 LC_{50} 值的大小，认为橘霉素的毒性与黄曲霉素 B1 的毒性处于同一水平（LC_{50} 位于 10～100μg/ml）。橘霉素是一种肾毒性毒素，能引起狗、猪、鼠、鸡、鸭和鸟类等多种动物肾脏病变。如在猪饲料中每天按 200mg/kg 的用量加入橘霉素，在 1～2 个月内会出现肾病。引起的肾脏损害主要表现为管状上皮细胞退化坏死、肾大、尿量增加，以及血氮和鸟氮升高等，并引起一系列的生理失常（钟耀广，2010）。最新研究结果表明，橘霉素还对基因有毒性效应。

五、检测方法

目前，对橘霉素的检测方法主要有比色法、薄层色谱法、酶联免疫分析法等。比色法的样品回收率低，灵敏度较差；薄层色谱法的灵敏度低且重现性差，所以多用于橘霉素的定性检测；酶联免疫分析的方法检测橘霉素灵敏度高，快速，多用于对橘霉素的半定量检测。目前的仪器检测方法（高效液相色谱法）多用于红曲及红曲制品中橘霉素的检测，对于检测其他农产品中橘霉素方法的报道较少。

第五节　展青霉素

一、简介

展青霉素（patulin）又称棒曲霉素，是一种有毒的真菌代谢产物。目前发现能产生展青霉素的真菌有扩张青霉、展青霉、产黄青霉、娄地青霉、棒曲霉、土壤青霉、新西兰青霉、棒型青霉、石状青霉、粒状青霉、梅林青霉、圆弧青霉、巨大曲霉、土曲霉和雪白丝衣霉等共 3 属 16 种。展青霉素主要生长在水果上，并污染水果制品，尤其是苹果、山楂、梨、番茄、苹果汁和山楂片等。毒理学试验表明，展青霉素具有影响生育、致癌和免疫等毒理作用，同时也是一种神经毒素。展青霉素的限量标准在大多数欧美国家为 0～50μg/kg；WHO 推荐展青霉素在苹果汁中的最高限量标准为 50μg/kg，果酒、罐头和果脯的限量标准为 50μg/kg。

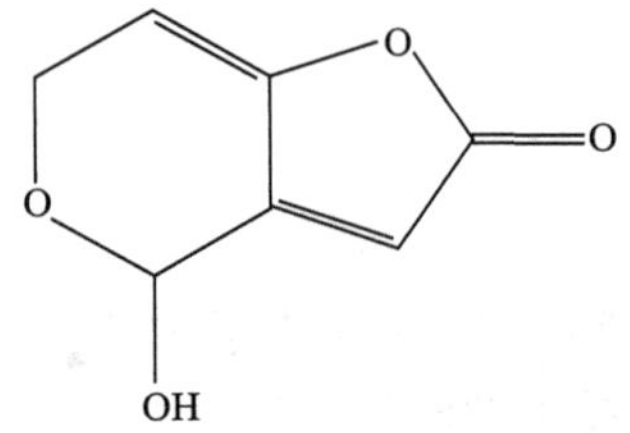

图 3-4　展青霉素化学结构式

二、物理化学性质

展青霉素的化学结构式如图 3-4 所示，分子式 $C_7H_6O_4$，相对分子质量为 154。易溶于水、氯仿、丙酮、乙醇及乙酸乙酯中，微溶于乙醚和苯，不溶于石油醚。晶体呈无色棱形，熔点为 110.5～112℃，在氯仿、苯、二氯甲烷等溶剂中能较长时期稳定。在水和甲醇中逐渐分解，且在碱性溶液中不稳定，易被破坏，而在酸性环境中稳定性增加，溶液蒸干后形成的薄膜则不稳定。具有抗革兰氏阳性、阴性菌活性，可抑制种子发芽。

三、自然分布与代谢

展青霉素是由部分曲霉、青霉和丝衣霉产生的有毒次生代谢产物，主要是存在于温度较高、通风不良的储存条件下的营养丰富的水果及蔬菜中，尤其存在于变质的苹果、梨、山楂、苹果汁和山楂片中，在多种水果、水果制品和果酒中均有发现。Norma 等在对来自南非本地零售代理店的 60 个苹果制品进行展青霉素检测分析发现，31 份苹果汁的样品中有 8 份检测出了展青霉素，6 份全果制品中有 2 份检出展青霉素，10 份婴儿苹果汁样品中有 6 份检出展青霉素（Norma 等，2001）。刘勇等调查了我国 5 个省市 136 份霉烂苹果、6 份霉烂梨、25份水果汁、5份果酒和5份果酱，对其进行展青霉素分析发现，展青霉素阳性检出率依序为48.5%、16.7%、73.3%、40%和0。其中，以霉烂苹果含量最高（刘勇等，1991）。鲁琳等在2005～2007年调查了广东省市场销售的苹果和山楂制品，对其进行了展青霉素含量的测定，结果显示：抽检的83份样品中有6份检出展青霉素，检出率占样品总数的7.2%（鲁琳等，2008）。

动物实验表明，动物体在摄入展青霉素的7d内，49%左右从粪便排出，36%左右从尿液排出，其中的大部分是在头24h中排出的。在体内主要存留于红细胞和脾、肾、肺、肝等血液丰富的器官中。

四、毒性

展青霉素是真菌的次生代谢产物，对人及动物具有广泛而强烈的毒性作用，可引起恶心、呕吐、便血、惊厥和昏迷等症状及体征，具有广泛的生物学活性。

（一）急性毒性

啮齿动物的急性中毒试验证明，其急性毒性常出像痉挛、肺出血、皮下组织水肿、无尿等症状，最后直至死亡。Ciegler等试验确定了展青霉素的小鸡胚胎孵化前细胞注射的LD_{50}为68.7μg，而4龄鸡胚的LD_{50}为2.35μg。试验还表明，展青霉素和展青霉素与半胱氨酸反应混合物对鸡胚的致畸的范围分别为每枚蛋1～2μg和15～150μg的展青霉素当量（周玉春等，2010）。1953年，日本发生一起奶牛中毒事件，致使100多头奶牛死亡，事后从饲料中分离出荨麻青霉，并检出了展青霉素（郭俊生，2006）。

（二）亚急性毒性

Speijers等进行了展青霉素的亚急性毒性研究，以0μg/L、24μg/L、84μg/L、295μg/L 4个浓度水平的展青霉素柠檬酸盐缓冲液溶液对大鼠给药。试验观察发现，中高剂量组的大鼠饮食和饮液减少，高剂量组的大鼠体重也减轻。高剂量组大鼠的肌酸酐清除率降低，且有胃基底溃疡和胰十二指肠淋巴结扩大与激活出现。而中高剂量组大鼠还出现了十二指肠绒毛状充血。试验结果表明，展曲霉素高剂量给药对肾和胃肠道有影响并直接导致了胃基底溃疡。

（三）致癌性

展青霉素可以在大鼠体内发挥终生的影响，大鼠通过每周三次在浓度为0.0mg/kg、0.1mg/kg、0.5mg/kg和1.5mg/kg 4个水平胃道插管注入展青霉素。用于这些研究的大鼠来自交配前、交配期和哺乳期F_0代，并同等比例注入展青霉素4周。展青霉素含量在0.5mg/kg和1.5mg/kg时，雄性大鼠组体重与对照组相比显著下降，而雌性大鼠组与对照组体重相近。各组在血液学、临床化学和尿液参数分析发现，各组没有很大的差异，展青霉素含量在1.5mg/kg时，相对对照组雄性和雌性大鼠的致死率有明显的提高，可能是由肺部和呼吸道炎症引起。试验并没有得到展青霉素有致瘤效应的结果。但有报道称，将展青霉素溶解在生油中，给两个月的雄性大鼠皮下注射展青霉素，每次0.2mg，每周两次。从58周起在皮下注射部位发生局部肉瘤。

（四）其他毒性

展青霉素能改变细胞膜的通透性，其对Na^+内流、K^+外流、膜电位、LDH释放和细胞学形态学变化的作用与其浓度和作用时间有关。此外，展青霉素还有生育毒性、遗传和细胞毒性、免疫系统毒性等。

五、预防措施

迄今为止，预防展青霉素危害的最佳措施是防霉和制定限量标准。食品添加剂联合专家委员会（JECFA）提出展青霉素的暂定最大每日允许摄入量（providional tolerable daily intake，PTDI）为 0.4μg/kg。我国 2011 年颁布的《食品中真菌毒素限量》（GB2761—2011）中规定水果及其制品（果丹皮除外）、果蔬汁饮料，以及苹果和山楂酒的展青霉素限量标准为 50μg/kg。

六、检测技术

展青霉素的检测方法很多，主要包括薄层色谱法、高效液相色谱法、气相色谱法和色谱联用技术等。样品提取溶剂主要是乙酸乙酯和乙腈与水的混合液。提取液的纯化是检测展青霉素的关键步骤，纯化主要采用无水碳酸钠、C_{18} 固相萃取柱、亲水亲脂平衡柱、串联 PVPP～C 柱和 Mycosep 多功能柱等净化方法。固体样品的酶解处理是由于大分子果胶质对展青霉素有包裹作用，从而阻碍了展青霉素的提取，因此，需要采用果胶酶对固体样品进行酶解处理以提高回收率。孟瑾等对山楂的固体样品分别进行了阴性和阳性两种样品酶解的对照试验，结果显示：进行果胶酶酶解处理的样品回收率明显高于未进行果胶酶酶解处理的样品。阴性样品经酶解的平均回收率为 87%，未酶解的样品平均回收率为 59%；阳性样品经酶解的平均测定值为 5μg/kg，未酶解的样品平均测定值为 3.7μg/kg。

第六节　脱氧雪腐镰刀菌烯醇

一、简介

脱氧雪腐镰刀菌烯醇（DON）又名呕吐毒素，主要由禾谷镰刀菌（*Fusarium graminearum*）黄色镰刀菌（*F. culmorum*）产生，具有很强细胞毒性、胚胎毒性、一定的致畸性、弱致癌性，并且影响免疫系统。人畜食用严重污染该毒素的粮谷类食品和饲料后，将严重危害健康。脱氧雪腐镰刀菌烯醇中毒是人或动物采食被这种毒素污染的粮食等原料而引起的，是以食欲废绝、呕吐为特征的中毒性疾病。在各种动物中均可发生，其中人、猪、犬、猫敏感，家禽、牛和羊有一定的耐受性。

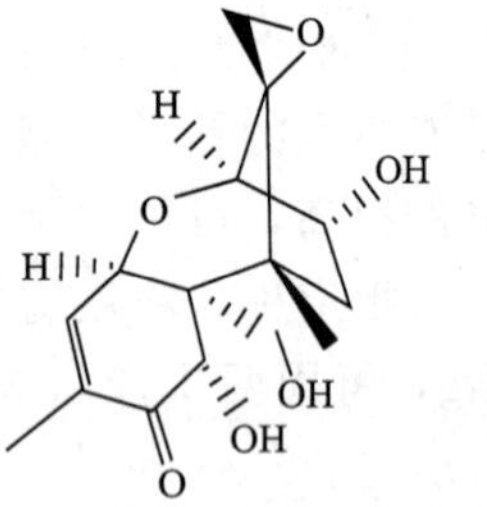

图 3-5　脱氧雪腐镰刀菌烯醇分子结构式

二、物理化学性质

脱氧雪腐镰刀菌烯醇是雪腐镰刀菌烯醇的脱氧衍生物，它由一个 12,13-环氧基、三个—OH 功能团和一个 α,β-不饱和酮基组成，其化学名称为 3,7,15-三羟基-12,13-环氧单端孢霉-9-烯-8-酮，是四环的倍半萜。分子式为 $C_{15}H_{20}O_6$，相对分子质量为 296.32，化学结构式如图 3-5 所示。DON 为无色针状结晶，熔点为 151～153℃。它可溶于水和极性溶剂，如含水甲醇、含水乙醇或乙酸乙酯等，在乙酸乙酯中可长期保存，不溶于正己烷和乙醚。DON 具有较强的热抵抗力和耐酸性，在乙酸乙酯中可长期保存，120℃时稳定。但是加碱或高压处理可破坏部分毒素。例如，DON 在 pH 4.0 条件下，100℃和 120℃加热 60min 均不被破坏，170℃加热 60min 仅少量被破坏；在 pH 7.0 条件下，100℃和 120℃加热 60min 仍很稳定，170℃加热 15min 部分被破坏。

三、产毒菌株与分布

DON 是一种单端孢霉烯族毒素，主要由某些镰刀菌产生，如尖孢镰刀菌、禾谷镰刀菌、串珠镰刀菌、粉红镰刀菌、雪腐镰刀菌和拟枝孢镰刀菌等。

许多粮谷类都可以受到污染，如小麦、大麦、燕麦、玉米等。DON 对于粮谷类的污染状况与产毒菌株、温度、湿度、通风、日照等因素有关。DON 污染粮谷的情况非常普遍，中国、日本、美国、前苏联、南非等均有报道。2008～2009 年，我国动物抗病营养教育部重点实验调查全国 11 个省的 1081 份饲料样品的毒素污染情况发现，DON 毒素的检出率达 95.8%，超标率达 17.7%。2008 年 12 月～2009 年 5 月，江苏省农业科学院樊平声和安徽省农业科学院张勇等对南京市场上随机抽取的 74 份小麦食品（包括方便面、饼干、面包和蛋糕等）中 DON 的含量进行了测定，结果发现有 37 份样品中 DON 的含量高于 1mg/kg 的限量标准，产自福建、上海、广东、浙江、安徽、江苏和河北的小麦食品中 DON 毒素含量的平均值分别为 2.12mg/kg、2.39mg/kg、3.50mg/kg、1.86mg/kg、1.72mg/kg、1.22mg/kg 和 1.55mg/kg，均超过 1mg/kg 的限量标准。2007 年，Binder 等对亚太地区采集的 290 份代表性样品分析发现，DON 的检出率达 71%，其中毒素含量最高的样品来自中国的小麦，其 DON 含量为 8.99mg/kg，超标近 18 倍。

四、毒性

DON 具有很强的细胞毒性，在体内可能有一定的积蓄，但无特殊的靶器官，且不同的动物对 DON 的敏感程度不一，猪最敏感。

（一）急性毒性

DON 的急性中毒与动物的种属、年龄、性别、染毒途径有关，雄性动物比较敏感，主要引起动物站立不稳、反应迟钝、竖毛、食欲下降、呕吐等，严重者可造成死亡。6 周龄小鼠经口 DON 的 LD_{50}＝70mg/kg；9～10kg 体重的猪致呕剂量经口为 0.1mg/kg，腹腔注射为 0.05mg/kg。动物摄入了被 DON 污染的食物后，会导致厌食、呕吐、腹泻、发烧、站立不稳和反应迟钝等急性中毒症状，严重时损害造血系统造成死亡。人误食 DON 后急性中毒症状一般出现在 0.5h 后。快的可在 10min 后出现，主要症状是头昏、腹胀、恶心、呕吐，以及白细胞缺乏症。一般在 2h 后可自行恢复。老人和幼童，或大剂量中毒者，症状较重，呼吸、脉搏、体温及血压均略有升高。

（二）慢性毒性

DON 的慢性中毒主要表现为对神经系统的影响，引起拒食、体重下降等；DON 还具有很强的细胞毒性，对原核细胞、植物细胞、肿瘤细胞等均具有明显的毒性作用。DON 既可以抑制翻译，又可以通过正常调解机制促进动物免疫，所以它既是一种免疫抑制剂，又是一种免疫促进剂，其作用与剂量有关。DON 对于谷物种子细胞也有毒性作用。因为它可以损伤植物细胞壁，促进其释放钠、钾离子（樊平声等，2010）。

（三）致癌作用

近年来，有关DON在肿瘤发生发展中的作用，日益受到重视。目前的实验研究表明，DON可能是一种潜在的弱致癌剂，但研究结果冲突较多，尚无确凿的证据。流行病学调查发现，在食管癌高发区的玉米和小麦中均检测到DON，其检出率是低发区的10倍（朱小明等，2010）。

（四）细胞毒性

DON具有很强的细胞毒性，它对于原核细胞、植物细胞、肿瘤细胞等均具有明显的毒性作用。它对于生长较快的细胞如胃肠道黏膜细胞、淋巴细胞、胸腺细胞、脾细胞、骨髓造血细胞等均有损伤作用，并且可以抑制蛋白质的合成。

（五）免疫毒性

有研究表明，DON既是一种免疫抑制剂，又是一种免疫促进剂，其作用与剂量有关。免疫抑制作用表现为DON通过其倍半萜烯结构抑制转录、翻译过程；而免疫促进作用是与机体正常免疫调节机制有关。在体内，DON可以抑制对病原体的免疫应答，同时又可以诱发自身免疫反应。DON引起实验动物免疫系统的疾病与人类免疫球蛋白A（IgA）肾病极其相似，同时DON还可以诱发辅助性T细胞超诱导产物——细胞因子，激活巨噬细胞、T细胞产生炎症前细胞因子。DON引起的自身免疫反应与人类IgA肾病极其相似，应当引起人们的重视。

五、检测技术

DON的检测方法有多种，主要包括薄层色谱法、酶联免疫吸附法、气相色谱法、液相色谱法、近红外光谱分析法、荧光极性免疫分析法等。

第七节　麦角毒素

一、简介

麦角毒素又称麦角生物碱（ergot alkaloids，EA，简称麦角碱），是由麦角菌属（*Claviceps*）侵染黑麦、大麦、小麦、裸麦、燕麦及多种禾本科植物而产生的生物碱毒素。麦角菌是一种真菌，它属于子囊菌中的一员，通常多寄生在黑麦上，菌丝经过一段时间的发育，在麦粒上形成菌核。这种菌核的外形呈角状，紫黑色或黑褐色，人们把它称作麦角。麦角中含多种有毒化学物质，统称为麦角碱。麦角毒素的活性成分主要是以麦角酸为基本结构的一系列生物碱衍生物，如麦角胺（ergotamine）、麦角新碱（ergonovine）、麦角毒碱（ergotoxin）、麦角生碱（ergosine）、麦角克碱（ergocristine）等。动物食入含麦角的植物和人食用含麦角的面粉制品后，均可引起中毒。麦角菌病主要分布在潮湿的温带地区，所以麦角碱的污染广泛存在于全球。

麦角碱主要污染黑麦、小麦、大麦、燕麦、高粱等谷类作物及牧草，也污染粮食制品，如面包、饼干、麦制点心等。另外，在动物的奶、蛋中均发现有麦角碱残留。

二、物理化学性质

（一）化学结构

麦角碱的活性成分主要是以麦角酸为基本结构的一系列生物碱衍生物。目前已经从麦角中提取了 40 多种生物碱。天然的生物碱结构都是相似的，都有四核环——麦角灵（ergoline），在 N6 位甲基化，C8 位被不同的取代基取代，这也是生物碱的不同之处。大部分麦角生物碱在 C8、C9（A8,9-ergolenes）或者在 C9、C10（A9,10-ergolenes）有双键，新麦角烯（ergolene）派生物在 C5、C10 或者在 C5、C8 有两个不对称中心。由于在 C8 位有不对称原子，可发生异构化（由 8*R* 转变成 8*S*）形成不具生理活性的差向异构体。根据在 C8 位的取代基的结构不同可将麦角碱分为 4 类：主要由雀稗麦角菌和 *C. fusiformis* 产生的棒麦角生物碱；简单麦角酸衍生物，由雀稗麦角菌产生；肽型生物碱，由黑麦麦角菌产生；酰胺类麦角生物碱（麦角它曼）。

（二）理化性质

麦角碱为白色结晶，具有碱的所有化学性质，与酸反应生成盐；对热不稳定，见光易分解，在紫外灯下发蓝色荧光且随光照时间的延长其荧光强度减弱；特异性的反应为与二甲氨基甲醛反应生产蓝色溶液。麦角胺是一种肽型生物碱。分子式 $C_{33}H_{35}N_5O_5$。无色晶体。熔点 213～214℃（分解），比旋光度－160°（氯仿）。易溶于氯仿、吡啶、冰醋酸，可溶于乙酸乙酯，稍溶于苯。麦角胺很不稳定，对光和空气都敏感，遇酸很易异构化。麦角胺盐酸盐的熔点 212℃（分解）；硫酸盐熔点 207℃（分解）；磷酸盐熔点 200℃（分解）。

三、毒性

麦角碱的危害非常广泛，主要引起作物减产、人和家畜中毒，造成巨大的经济损失。麦角毒素的毒性效应主要是外周围和中枢神经效应。麦角中毒的症状主要有两类，即坏疽性麦角中毒和痉挛性麦角中毒。坏疽性麦角中毒的症状包括剧烈疼痛，肢端感染和肢体出现灼焦和发黑等坏疽症状，严重时可导致断肢。痉挛性麦角中毒的症状是神经失调，主要包括麻木、抽搐、运动失调、呼吸困难、脉搏加快、流涎、呕吐、失明、瘫痪和痉挛等症状，有的还会因感觉神经紊乱而出现幻觉。

麦角毒素的毒性效应根据其作用的位置可分成三组：外周围效应、神经体液的效应和对中枢神经系统的效应。最明显的外周围效应是可使子宫平滑肌收缩，因此麦角生物碱可引起生育能力的降低和坏疽。麦角碱引发的疾病在德国、爱尔兰、美国、英国等地均有报道，它主要发生于牛、猪、绵羊、家禽和马，而且也发生于人。畜禽发生中毒时，急性病例主要表现为无规则的阵发性惊厥、步态蹒跚、运动失调、有的视力减弱或失明、心律不齐等，重的昏迷死亡。慢性病例主要表现为神经末梢组织发生干性坏疽，表现出跛行、步态不稳的症状，重的发生腹泻。人食入麦角毒素后会引起呕吐、腹痛及头痛、头晕、耳鸣、乏力等，重者知觉会发生异常。由于麦角中毒是人畜共患的疾病，因此在进行卫生评价与处理时要考虑中毒的方式、剂量、毒物在体内的代谢情况，以及有无继发感染或并发症等。

对神经受体有不良作用。麦角碱与 α 肾上腺受体结合可抑制 β 受体而使血管收缩，还可通过刺激多巴胺受体而抑制催乳素的分泌。麦角具有类似生物胺的物质，对生物胺受体有作用，因而可影响神经系统的传导功能。

四、预防措施

由于麦角毒素广泛存在于农作物和一些食品原料中，即使在非致害水平下，也会对人体健康产生潜在危害。及时监测并制定相关的限量标准已成为世界各国关心的问题，但由于麦角生物碱种类繁多，并且各个生物碱的含量不同，因此没有建立统一的限量标准。德国和瑞士规定总麦角碱在谷物和人们消耗品中的限量分别是400～500μg/kg、100μg/kg。我国规定麦角碱在粮食作物的检测限量为0.01％。欧盟规定麦角碱在黑麦中的检测限量为0.1％。

为了防止麦角毒素中毒，要积极采取预防措施，清除食用粮谷及播种粮谷中的麦角，加大检验、检疫力度，严防中毒事件的发生。麦角是名贵的中医药材，因此清除麦角并利用其价值可起到互利互惠的作用。麦角清除可用机械过筛净化法或用20％～30％食盐水浮选漂出麦角，同时科学合理规定谷物及面粉中麦角的允许量标准，检查化验面粉中是否含麦角碱及其含量是否符安全卫生标准等均可有效防止中毒事件的发生。

第八节　蘑菇毒素

一、简介

蘑菇，又称伞菌，亦称蕈菌，通常是指那些能形成大型肉质子实体的真菌，包括大多数担子菌类和极少数的子囊菌类。蕈菌广泛分布于地球各处，在森林落叶地带更为丰富。它们与人类的关系密切，其中可供食用的种类就有2000多种，目前已利用的食用菌约有400种，其中约50种已能进行人工栽培，如常见的双孢蘑菇、木耳、银耳、香菇、平菇、草菇和金针菇、竹荪等，少数有毒或引起木材朽烂的种类则对人类有害。

毒蘑菇中毒在全国各地均有发生，但以山区、林区更为多见；就季节性而言，多发生在气温高的夏秋阴雨季节；以家庭散发为主，往往由于个人或家庭采集野生鲜蘑，缺乏经验，误食而引起；虽多为散发，但也有部分地区出现大规模中毒和死亡的事例。也有报道，由于集体食堂购买混杂有毒蘑菇的鲜蘑菇，加工后供应就餐人员，引起集体食堂就餐人员的毒蘑菇中毒暴发事件。

案例　蘑菇中毒事件

2013年8月21日晚，来自湖南、山西等地的7名患者在泰安市某小区一同进食在野外采摘的野生蘑菇时，相继出现中毒症状。因肝脏损害严重，病情危重，转诊至济南市传染病医院进行紧急抢救。经过救治，其中4人基本脱离生命危险，3人经抢救无效死亡。

针对此事件，济南市疾控中心派遣流行病学及实验室检验等6名专业人员奔赴泰安市，采集蘑菇样本50多份，经中毒患者确认后，确定所食蘑菇为有毒蘑菇。经全国毒蘑菇检测权威单位广东省微生物研究所进行的形态学鉴定、毒性成分测定和基因序列测定，确定引起本次中毒事件的毒蘑菇为淡玫红鹅膏菌。

二、中毒类型及毒素

由于毒蘑菇种类繁多，所含的毒素更是复杂，因此，毒蘑菇中毒的机制及表现也是差异较大，一般根据所含有毒成分和中毒的临床表现，大体可将毒蘑菇中毒分为5种类型。

（一）胃肠毒型毒素

胃肠毒型毒素中毒主要是由摄入含胃肠毒型毒素的毒蘑菇引起。能引起该型中毒的毒蘑菇大约有30种，最常见的有毒粉褶蕈、毒红菇、虎斑菇、红网牛肝蕈及墨汁鬼伞等。

中毒的潜伏期比较短，一般为0.5～6h。主要症状为胃肠炎症状，剧烈腹泻，水样便，恶心、呕吐，阵发性腹痛，以上腹部和脐部疼痛为主，体温不高。病程短，经过适当对症处理可迅速恢复，一般病程2～3d，死亡率低。较重者可因剧烈呕吐、腹泻导致严重脱水、电解质紊乱、血压下降，甚至导致休克、昏迷或急性肾衰竭。

（二）神经精神型毒素

导致此型中毒的毒蘑菇主要含有神经精神型毒素，可引起神经精神型中毒的蕈菌约有30种，临床症状除有胃肠反应外，主要有精神神经症状，如精神兴奋或抑制、精神错乱、交感或副交感神经受影响等症状。一般潜伏期短，病程也短，除少数严重中毒者由于昏迷或呼吸抑制死亡外，很少发生死亡。引起该型中毒的毒素包括以下4类。

1. 毒蝇碱 毒蝇碱（muscarine）主要存在于丝盖伞属（*Inocybe*）和杯伞属（*Clitocybe*）蕈类中，在某些毒蝇伞（*Amanita muscaria*）和豹斑毒伞（*A. pantherina*）中也存在。毒蝇碱具有拮抗阿托品的作用，毒性作用机制为能兴奋副交感神经，降低血压，减慢心率，增强胃肠平滑肌蠕动，使腺体分泌增多。

中毒症状出现在食用后15～30min，很少延至1h之后。最突出的表现是大量出汗。严重者发生恶心、呕吐和腹痛症状。另外，还有流涎、流泪、脉搏缓慢、瞳孔缩小和呼吸急促症状，有时出现幻觉。汗过多者可输液，用阿托品类药物治疗效果好。重症和死亡病例较少见。

2. 毒蝇母、毒蝇酮和蜡子树酸 毒蝇母（muscimol）、毒蝇酮和蜡子树酸（ibotenic acid）也存在于毒伞属的一些毒蕈中，各蕈中含量差别较大。在毒蝇伞中平均含量约0.18%，在干豹斑毒伞中约为0.46%。此类毒素的主要物质为异噁唑氨基酸-蜡子树酸，以及其脱羧产物毒蝇母。毒蝇酮为蜡子树酸经紫外线照射的重排产物。

摄食毒蕈后，通常20～90min出现症状，也有迟至食后6h者。开始可能有胃肠炎表现，但较轻微。约1h后，患者有倦怠感，头昏眼花，嗜睡。但也可能出现活动增多，洋洋得意之感，随后可出现视觉模糊，产生颜色和位置等的幻觉，还可出现狂躁和谵妄。严重中毒的儿童，可呈现复杂的神经型症状，并可发展为痉挛性惊厥和昏迷。但一般不经治疗，上述症状也可于24～48h后自行消失。必要时可给活性炭吸附，并注意检测呼吸道是否通畅，酸碱是否平衡和循环系统及排泄系统是否正常。

3. 光盖伞素及脱磷酸光盖伞素 某些光盖伞属（*Psilocybe*）、花褶伞属（*Panaeolus*）、灰斑褶伞属（*Copelandia*）和裸伞属（*Ctymnopilus*）的蕈类含有能引起幻觉的物质，如光盖伞素（psilocybin）及脱磷酸光盖伞素（psilocin）。

经口摄入4～8mg光盖伞素或约20g鲜蕈或2g干蕈即可引起症状。一般在口服后半小时即产生症状。反应因人而异。可有紧张感、焦虑或头晕目眩。也可有恶心、腹部不适、呕吐或腹泻，服后30～60min出现视觉方面的症状，如物体轮廓改变，颜色特别鲜艳，闭目可看到许多影像等，很少报告有幻觉。但特大剂量，如纯品35mg也可引起全身症状，可有心律及呼吸加快、血糖及体温降低、血压升高等。这些症状与中枢神经及交感神经系统失调有关，很少造成死亡。一般认为如有可能应尽量避免给药，给以安静环境使之恢复。必要时可给镇静剂。儿童如有高烧则宜输液和降体温。

4. 幻觉原　幻觉原（hallucinogen）含于橘黄裸伞（*Gymnopilus spectabilis*）。摄入该蕈后15min发生如醉酒样症状，视力模糊、感觉房间变小、物体颜色奇异、脚颤抖并有恶心，数小时后可恢复。我国黑龙江、福建等省均有此蕈生长。

在我国云南地区常因食用牛肝菌类毒素而引起一种特殊的“小人国幻视症”。除幻视外，部分患者还有被迫害妄想症（类似精神分裂症）。经治疗可恢复，死亡甚少，一般无后遗症。

（三）溶血型毒素

鹿花蕈（*Gyromitra esculenta*），也叫马鞍蕈，含有马鞍蕈酸，属甲基联胺化合物，有强烈的溶血作用。鹿花蕈毒素具有挥发性，对碱不稳定，可溶于热水，烹调时如弃去汤汁可去除大部分毒素。这种毒素抗热性差，加热至70℃或在胃内消化酶的作用下可失去溶血性能。

中毒潜伏期多数为6～12h。先有恶心、呕吐、腹泻等胃肠道症状，发病3～4d后出现溶血性黄疸、肝大、脾大，少数患者出现血红蛋白尿。病程2～6d，一般死亡率不高。

（四）肝肾损害型毒素

引起此型中毒的毒素有毒肽类、毒伞肽类、鳞柄白毒肽类、非环状肽类等。这些毒素主要存在于毒伞属蕈、褐鳞小伞蕈及球生盔孢伞蕈类。此类毒素为剧毒，如毒肽类对人类的致死量为0.1mg/kg体重，因此一旦发生中毒，应及时抢救。

此型中毒最严重，可损害人体的肝、肾、心脏和神经系统，其中对肝损害最大，可导致中毒性肝炎。病情凶险而复杂，病死率相当高。按其病情发展一般可分为6期。

1. 潜伏期　多为10～24h，短者6～7h，长者可达数日，潜伏期长短与中毒轻重有关。

2. 胃肠炎期　患者初期出现恶心、呕吐、脐周围腹痛、腹泻水样便等胃肠炎的症状，多在1～2d后缓解。但也有少数患者出现霍乱样症状，并迅速死亡。

3. 假愈期　胃肠炎症状缓解后，患者暂时无症状，或仅有轻微乏力，食欲下降等症状。而实际上毒肽已进入内脏，肝细胞损害已经开始。有的患者入院后自动要求出院或医生劝其出院，因而延误治疗造成严重后果。轻度中毒患者肝损害不严重，可由此期进入恢复期。

4. 脏器损害期　严重中毒患者在发病后2～3d出现肝、肾、脑、心等实质性脏器损害。以肝和肾损害最严重，可出现肝大、黄疸、肝功能异常，严重者可出现肝坏死，甚至肝昏迷。侵犯肾可发生少尿、无尿或血尿，出现尿毒症、肾衰竭。

5. 精神症状期　患者出现烦躁不安，表情淡漠、思睡，继而出现惊厥、昏迷，甚至死亡。有些患者在胃肠炎期后立即出现烦躁、惊厥、昏迷，但见不到肝大、黄疸，属于中毒性脑病。患者可死于肝昏迷、肾衰竭或休克、中毒性脑病。一般中毒后5～12d死亡。

6. 恢复期　经及时治疗后的患者在2～3周后进入恢复期，各项症状好转并痊愈。

（五）光过敏性皮炎型毒素

可引起该型中毒的毒蘑菇是胶陀螺（又名猪嘴蘑），潜伏期一般为24h左右，暴露于日光部位的皮肤可发生皮炎。颜面肿胀、疼痛、嘴唇肿胀外翻；双手、双脚背部皮肤发红、疼痛、麻木，置于凉风环境中感觉舒适；皮肤肿胀严重部位可出现水疱。

本章小结

真菌毒素是一类由真菌产生的毒性次级代谢产物，目前已确认化学结构的真菌毒素有400多种。可能污染食品的常见真菌毒素包括黄曲霉毒素、赭曲霉毒素、玉米赤霉烯酮、伏马毒素、脱氧雪腐镰刀菌烯醇、T-2毒素、杂色曲霉素、环匹阿尼酸、麦角生物碱、展青霉素、细交链孢菌酮酸等。真菌毒素污染多发于小麦、稻谷、玉米等谷物，以及蔬菜、水果中，受产毒真菌污染的谷物和水果中一般会有毒素残留。本章重点介绍了常见的8种毒素的产毒菌株、毒素的化学结构及理化性质、毒性及中毒症状等方面的内容，同时也对蘑菇中的毒素及中毒症状与危害进行了介绍。

思考题

1. 什么是真菌毒素？常见真菌毒素包括哪些？
2. 谷物真菌毒素污染在哪些条件下容易发生？
3. 谷物中常见真菌毒素有哪些？其产毒菌和危害有哪些？
4. 哪些真菌容易感染水果，产生哪些毒素，有哪些危害？
5. 蘑菇中有哪些毒素？
6. 如何控制真菌毒素的污染？

第4章 动植物中的天然有毒物质

第一节 概　述

一、存在于天然食物中有毒物质的种类

动植物天然有毒物质就是指有些动植物中存在的某种对人体健康有害的非营养性天然物质成分，或因贮存方法不当在一定条件下产生的某种有毒成分。

有的消费者错误地认为，许多化学物质都是有毒的，只有天然食物才是安全的。其实，许多天然食物中也含有有毒的化合物，这些有毒物质主要包括以下几种类型。

（一）生物碱

生物碱是一类含氮的有机化合物，绝大多数存在于植物中，少数存在于动物中，有类似碱的性质，可与酸结合成盐，在植物体中多以有机酸盐的形式存在。它们大多具有复杂的环状结构，如吲哚、嘌呤等，且氮素大多包含在环内。

生物碱大多为无色味苦的结晶形固体，少数为液体。游离的生物碱一般不溶于或难溶于水，易溶于醇、醚、氯仿等有机溶剂中，但其盐酸盐或小分子有机酸盐可溶于水。

生物碱分布于100多个科的植物中，如罂粟科、茄科、毛茛科、豆科、夹竹桃科等植物中含有生物碱，甚至有的植物含很多种生物碱，如金鸡纳树含30多种，长春花含70多种。在动物中，海狸含海狸碱，蟾蜍分泌的毒汁中亦含有生物碱。此外，烟草的叶、茎中含10余种生物碱，其中主要成分为烟碱。

（二）苷类

在植物中，糖分子中的环状半缩醛形式的羟基和非糖类化合物分子中的羟基脱水缩合而成具有环状缩醛结构的化合物称为苷。苷类一般味苦，可溶于水及醇中，而且极易被酸或共同存在于植物中的酶水解，水解的最终产物为糖及苷元。

苷元是苷中的非糖部分。由于苷元化学结构类型不同，因而所生成的苷生理活性亦不相同，将苷分为多种类别，如黄酮苷、蒽苷、强心苷、皂苷、生氰糖苷等。生氰糖苷和皂苷常引起天然动植物食物中毒。

1. 生氰糖苷　生氰糖苷是结构中有氰基的苷类，水解后产生氢氰酸（HCN），能麻痹咳嗽中枢，所以有镇咳作用，但过量则可中毒。因其对中枢神经先兴奋后抑制，而且氰基易与细胞色素氧化酶结合，因而阻断细胞呼吸时氧化与还原的电子传递，使细胞代谢停止，导致呼吸麻痹致死。

生氰糖苷在植物中分布较广，禾本科、豆科和一些果树的种子、幼枝、花、叶等部位含有生氰糖苷，一些鱼类，如青鱼、草鱼、鲢鱼等的胆中也含有生氰糖苷。

2. 皂苷　皂苷是一类比较复杂的苷类，为无定形粉末或结晶，由于其水溶液振摇时能产生大量泡沫，似肥皂，故名皂苷，又称皂素。皂苷对黏膜，尤其对鼻黏膜的刺激性较大。内服量过大可伤肠胃，发生呕吐，并引起中毒。

（三）有毒蛋白质和肽

蛋白质是生物体内最复杂，也是最重要的物质之一。异体蛋白质注入人体组织可引起过敏反应，内服某些蛋白质也可产生各种毒性。由于蛋白质的分子质量大，在水中呈胶体溶液，加热处理可使其凝结变性并丧失其毒性。

植物中的硒蛋白、蓖麻毒素、巴豆毒素、刺槐毒素等都属于有毒蛋白质。有些鱼类，如青海湖裸鱼、鲶鱼等，它们的卵中含有有毒物质，鱼卵毒素属于球朊型蛋白质。此外，毒蘑菇中的毒伞菌、白毒伞菌、褐鳞环柄菇等含有毒肽和毒伞肽。另外，在豆类和谷类及其他作物中存在的蛋白酶抑制剂，如大豆中的胰蛋白酶抑制物可抑制胰脏分泌的胰蛋白酶的活性，降低大豆蛋白质的营养价值。植物红细胞凝集素，简称凝集素或凝血素，是有些植物，特别是豆类种子中一种能使红细胞凝集的蛋白质，对一定的糖分子有特异亲和能力，是一种糖蛋白，食用过量还可中毒，这从大白鼠的试验中已得到证明。因此，食用生大豆，不仅降低了大豆的营养价值还有可能中毒。

（四）酶

生物体内的酶也属于蛋白质类化合物，某些植物体中含有对人体健康不利的酶。有一些酶能通过分解维生素等释放出有毒化合物。

如蕨类中的硫胺素酶可破坏动植物体内的硫胺素，引起人和动物的硫胺素缺乏症。豆类中的脂肪氧化酶可氧化降解豆类中的亚油酸、亚麻酸产生众多的降解产物。

（五）其他有毒物质

1. 草酸及草酸盐　草酸在人体中可与钙结合形成不溶性的草酸钙，不溶性的草酸钙可在不同的组织中沉积，尤其在肾脏。

家畜的草酸中毒较普遍，因为含草酸盐的植物对动物具有某种适口性，如新鲜的甜菜叶。人食用过多的草酸也有一定的毒性。主要含草酸的植物有盐生草、苋属植物、滨藜、酢浆草、马齿苋及一些蔬菜，如菠菜。

2. 酚类及其衍生物　包括简单酚类、鞣酸、黄酮、异黄酮、香豆素等多种类型化合物，是植物中最常见的成分。棉酚存在于棉花的叶、茎、根和种子中，它是一种细胞原浆毒，对心脏、肝、肾及神经、血管等均有毒性。棉籽饼和粗制棉籽油中的棉酚含量都较高，如未经脱酚处理，且食用量过多时，有可能引起人畜中毒。

3. 硝酸盐和亚硝酸盐　叶菜类蔬菜中含有较多的硝酸盐和极少量的烟硝酸盐。一般来说，蔬菜能主动从土壤中富集硝酸盐，其硝酸盐的含量高于粮谷类，尤其叶菜类蔬菜含量更高。蔬菜中的硝酸盐在一定条件下可还原成亚硝酸盐，当其蓄积到较高浓度时，食用后可能引起中毒。

4. 动物器官及其分泌物　肾上腺皮质激素、甲状腺激素、动物肝脏中都含有有毒物质。如果摄食过量或误食其体内的腺体、脏器和分泌物，可干扰人体正常代谢，引起食物中毒。

二、天然有毒物质引起中毒的原因

（一）遗传原因

食物成分和食用量都正常，但会因个人的遗传原因而引起中毒症状。如牛奶，对绝大多数人来说是营养丰富的食品，但有些人由于先天缺乏乳糖酶，不能将牛奶中的乳糖分解为葡萄糖和半乳糖，因而不能被人体吸收利用，而且饮用牛奶后还会发生腹胀、腹泻等症状。

（二）过敏反应

一些日常食用而无害的食品，有些人食用后因体质敏感而引起局部或全身症状时，称食物过敏。

引起过敏的食物称过敏原食物。各种肉类、鱼类、蛋类及各种蔬菜、水果都可能成为某些人的过敏原食物。

菠萝是很多人喜欢的水果，但有人对菠萝中含有的一种蛋白酶过敏，当食用菠萝或菠萝汁后出现恶心、呕吐、腹泻等症状，同时伴有头痛、四肢及口舌发麻、呼吸困难等现象，严重者可引起休克、昏迷。

在日常生活中，并不是每个人都对致敏性食物过敏，相反的，大多数人并不过敏。即使是食物过敏的人，也是有时过敏，而有时又不过敏。

延伸阅读

花生过敏

花生过敏来源于人体的免疫机制。当非身体的“异物”闯入的时候，人体的免疫机制就会做出相应的反应来“消灭”入侵者。花生过敏就源于身体对花生的“入侵”反应太过激烈。

大多数人吃下花生的时候，身体就是把它消化、吸收，不会把它当作“敌人”。而对于过敏体质的人来说，花生中的某些蛋白质在第一次进入的时候，人体如临大敌，经过层层动员和一系列连锁反应，最后产生了一种被称为IgE的蛋白质。等到下一次花生中的那些蛋白质再次光临，IgE就会启动相应的“反恐机制”来应对。而这种反应太过“小题大做”了，产生的一些物质如组胺等，对人体自身的损伤却远远比“敌人”还大。花生引发的IgE和过敏的蛋白质被称为抗原，而因为“小题大做”对自身的损伤就是“过敏”。

在美国，大约有1%的人对花生过敏，大致相当于300万人。在婴儿中过敏的比例要高于成人，不过约有20%的过敏婴儿长大后过敏反应会消失。

花生过敏的症状主要表现在皮肤、胃肠和呼吸道上。皮肤症状通常有风疹、水肿和瘙痒等；胃肠症状包括急性呕吐、腹痛和拉稀；呼吸道症状则有喉头水肿、咳嗽、嗓音改变，以及气喘等。这些症状不一定全部都发生，可能只是其中一些，也可能还有其他症状，比如低血压和心率障碍之类。这些初期症状可能在吃下花生后立刻发生，也可能晚至2h。在初期症状消退之后，大约还有1/3的过敏者会发生次级症状。次级症状更难恢复，而且可能危及生命。

在医学上，皮试可以提供是否过敏的可能性，但是不能提供过敏有多严重的信息——花生过敏会带来体内特定的 IgE 升高，通过抗体反应检测 IgE 的浓度才是另一条重要依据。不过，这种检测有相当的“假阴性”——检测结果是不过敏，但是实际可能过敏。在良好的控制条件下吃花生来测试是否过敏是最可靠的，不过这多少有点“以身试法”的感觉，具有相当的危险性，需要在医生的指导下进行。

(三) 食用量过大

食品的成分正常，但食用量过大也会引起各种症状。如荔枝是我国的著名水果，含维生素 C 较多。但连续多日大量吃鲜荔枝，可引起“荔枝病”。发病时有饥饿感、头晕、心悸、无力、出冷汗等症状，重者抽搐、瞳孔缩小、呼吸不规则，甚至死亡。

(四) 食物成分不正常

食物成分不正常，食后引起相应的症状。在丰富的自然界资源中有许多含有有毒物质的动物、植物和微生物，如河豚、鲜黄花菜、毒蘑菇等，少量食用亦可引起中毒。蜜蜂从有毒植物上采集花粉而制成的蜂蜜也含有该种植物的有毒物质，食用后亦引起相应的中毒症状。

第二节　食物中的天然植物性毒素

一、概述

植物是人类最重要的食物资源。世界上约有 30 多万种植物，但可作为人类主要食品的不过数百种，这是由于植物体内存在的天然有毒物质限制了它们的应用。植物中的天然有毒物质就是指植物体本身存在的或者由于储存条件不当形成的某种对人体健康有毒害的非营养性天然物质成分，不包括那些污染的和吸入植物体内的外源化合物，如农药残留和重金属污染物等。据研究报道，我国有毒植物约有 1300 种，分属于 140 个科。由于含有毒物质的植物外形、色泽与无毒的品种相似，因而在食品加工和日常生活中应引起人们的足够重视。

与食品安全关系密切且比较常见的植源性天然有毒物质主要有苷类、生物碱、棉酚、毒蛋白、草酸及其盐类、芥酸、紫质及其衍生物等。

二、苷类

(一) 皂苷

皂苷是类固醇或三萜系化合物的配糖体的总称。因其水溶液经振荡后即起泡如肥皂液一样，故称之为皂苷，又称皂素。

含有皂苷的植物主要有豆科、五加科、蔷薇科、菊科、葫芦科和苋科。其中菜豆（四季豆）和大豆是食源性皂苷的主要植物来源，易引起人的中毒，并且一年四季皆可发生。

案例　油豆角中毒

2015年5月13日，甘肃省兰州市的部分市民在食用从蔬菜市场购买的豆角后，先后出现头晕、恶心、呕吐等症状，经初步诊断为食物中毒。因食用豆角出现不适症状到医院接受治疗的大约有20人，患者呕吐物里面有豆角残余，经过医院积极治疗后，患者症状减轻并离开医院。

由于烹调不当，炒煮不够熟透的菜豆、大豆等豆类中含有的皂苷对消化道黏膜有强烈刺激作用，容易产生一系列肠胃刺激症状，从而引起中毒。其中毒症状主要是胃肠炎，潜伏期一般为2～4h，有呕吐、腹泻（水样便）、头痛、胸闷、四肢发麻症状，病程为数小时或1～2d，恢复快，愈后良好。

预防皂苷中毒的主要措施有以下两点。

(1) 加强宣传教育：对宾馆、学校、工厂等人数较多单位的炊事员应进行有关食物中毒知识的培训，以避免菜豆、豆浆等皂苷类集体中毒事件的发生。

(2) 采取去毒措施：①使菜豆等豆类充分炒熟、煮透，最好是炖食，以破坏其中所含有的全部毒素；炒时应充分加热至青绿色消失，无豆腥味，无生硬感，勿贪图其脆嫩口感。②不宜水焯后做凉拌菜，如做凉拌菜必须煮10min以上，熟透后才可拌食。③应注意煮生豆浆时防止“假沸”现象。由于80℃左右时，皂苷受热膨胀，形成泡沫上浮，造成“假沸”现象，而此时豆浆中的毒素并未被有效破坏；“假沸”之后应继续加热至100℃，泡沫消失，表明皂苷等有害成分受到破坏，然后再小火煮10min以彻底破坏豆浆中的有害成分，达到安全食用的目的。亦可以在93℃加热30～70min或121℃加热5～10min，可有效消除豆浆中的有毒物质。若一旦发生菜豆或生豆浆中毒，应及时排毒，并对症治疗。

（二）生氰糖苷

生氰糖苷是由氰醇衍生物的羟基和D-葡萄糖缩合形成的糖苷，广泛存在于豆科、蔷薇科、稻科等1000余种植物中。植物中存在的生氰糖苷物质经水解后会生成高毒性的氢氰酸，从而危害人体健康。含有生氰糖苷的食源性植物有木薯、杏仁、枇杷、豆类等，玉米和高粱的幼苗中生氰糖苷的毒性也较大，而植物生氰糖苷中与食物中毒有关的化合物主要是苦杏仁苷和亚麻仁苦苷。食物中常见的生氰糖苷见表4-1。

表4-1　常见食用植物中的生氰糖苷

苷类	存在植物	水解产物
苦杏仁苷	蔷薇科植物，包括杏仁、苹果、梨、桃、杏、樱桃、李子等	龙胆二糖＋HCN＋苯甲酸
洋李苷	蔷薇科植物	葡萄糖＋HCN＋苯甲酸
荚豆	野豌豆属植物	荚豆二糖＋HCN＋苯甲酸
蜀黍苷	高粱属植物	D-葡萄糖＋HCN＋对羟基苯甲酸
亚麻仁苦苷	菜豆、木薯、白三叶草等	D-葡萄糖＋HCN＋丙酮

生氰糖苷的毒性很强，其中苦杏仁含量最高，平均为3%，比甜杏仁中高20～30倍，其他果仁平均为0.4%～0.9%。木薯中的亚麻仁苦苷也可释放游离的氰化物。

食用新鲜植物容易引起氢氰酸中毒，主要是由于生氰糖苷在β-葡萄糖苷酶的作用下分解生成氰醇和糖。氰醇不稳定，自然分解为相应的酮、醛化合物和氢氰酸，羟腈分解酶可加速这一降解反应。例如，果仁或木薯的生氰糖苷被人体摄入后，在果仁或木薯自身存在的生氰糖苷酶（如苦杏仁酶）的作用下，经胃酸及肠道中的微生物的分解作用，产生 2 分子葡萄糖和苦杏仁腈，后者又分解为苯甲酸和游离的氢氰酸。木薯所含生氰糖苷 90%存在于皮内，因此食用时通过去皮、蒸煮等方法可使氢氰酸挥发掉。

氢氰酸是一种高活性、毒性大、作用快的细胞原浆毒。当其被胃黏膜吸收后，氰酸根离子可与细胞色素氧化酶中的铁离子结合，使呼吸酶失去活性，氧不能被组织细胞利用而导致细胞缺氧窒息；另外，氢氰酸对呼吸中枢和血管运动中枢也具有麻痹作用。氢氰酸对人的最低致死剂量经口测定为 0.5～3.5mg/kg 体重，苦杏仁生氰糖苷为剧毒，对人的最小致死量为 0.4～1.0mg/kg 体重，相当于 1～3 粒苦杏仁。

苦杏仁中毒多发生在杏子成熟的初夏季节，儿童中毒较多见，常因儿童不知道苦杏仁的毒性误食后引起中毒；还有因为吃了加工不彻底未完全消除毒素的凉拌杏仁造成中毒。

苦杏仁与木薯两者中毒表现相似，主要症状为口中苦涩、流涎、头晕、头痛、恶心、呕吐、心悸、四肢无力等；较重者表现为胸闷、呼吸困难、呼吸时可嗅到苦杏仁味；严重者则意识不清、呼吸微弱、昏迷、四肢冰冷、常发生尖叫，继而意识丧失、瞳孔散大、对光反射消失、牙关紧闭、全身阵发性痉挛，最后因呼吸麻痹或心脏停搏而死亡。此外，还可引起多发性神经炎。

苦杏仁中毒的潜伏期短者 0.5h，长者达 12h，一般为 1～2h。木薯中毒的潜伏期短者 2h，长者也达 12h，一般为 6～9h。

（三）芥子苷

芥子苷又称硫苷、硫代葡萄糖苷，主要存在于十字花科植物，如油菜、野油菜、中国甘蓝、芥菜、白芥、黑芥、萝卜等种子中，是引起菜籽饼中毒的主要有毒成分。如果人或家畜食用处理不当的油菜、甘蓝或其菜籽饼，则会发生中毒。

榨油后的菜籽饼，其营养价值与大豆饼相近。菜籽饼中本身含有无毒的芥子苷，但在潮湿情况下（或遇水后），经种子本身含有的芥子酶的作用，将其水解生成芥子油，其主要有效成分是烯丙基异硫氰酸盐和噁唑烷硫酮。烯丙基异硫氰酸盐易挥发，具备刺鼻的辛辣味和强烈的刺激作用，能使皮肤发红、发热，甚至起水泡。食用有毒的菜籽饼后，可引起甲状腺肿大，导致生物代谢紊乱，阻抑机体生长发育，出现各种中毒症状，如精神萎靡，食欲减退，呼吸先快后慢，心跳慢而弱，并有肠胃炎、粪恶臭、血尿等症状，严重者死亡。

预防芥子苷中毒的措施主要有：采用高温（140～150℃）或 70℃加热 1h 破坏菜籽饼中芥子酶的活性；采用微生物发酵中和法将已产生的有毒物质除去；选育出不含或仅含微量芥子苷的油菜品种等。这种油菜的菜籽饼不仅可以直接作为畜禽的精饲料，而且还可作为人类食品的添加剂。

三、生物碱

生物碱（alkaloid）是一类含氮的碱性有机化合物，主要存在于双子叶植物中，如毛茛科、罂粟科、茄科、夹竹桃科、芸香科、豆科植物中。生物碱的种类很多，已发现的就有 2000 种以上，分布于 100 多个科的植物中。不同种类生物碱的生理作用差异很大，引起的中毒症状各不相同。食用植物中的生物碱主要为龙葵碱（solanine）、秋水仙碱（colchicine）及吡啶烷生物碱。其他常见的有毒生物碱有烟碱、吗啡碱、罂粟碱、麻黄碱、黄连碱和颠茄碱等。

生物碱大多数有复杂的环状结构，氮素多包含在环内。大多数生物碱为无色味苦的结晶形固体，少数有色或为液体。游离的生物碱难溶于水，而易溶于乙醇、乙醚、氯仿等有机溶剂中。生物碱有显著的生物活性，如镇痛、镇痉、镇静、镇咳、收缩血管、兴奋中枢、兴奋心肌、散瞳和缩瞳等作用，是中草药中重要的有效成分之一。

（一）龙葵素

龙葵素又称龙葵碱，是最早于 1920 年由 Desfososses 从龙葵（*Solanum nigrum*）中首先分离出来的一类胆甾烷类生物碱，广泛存在于马铃薯、番茄及茄子等茄科植物中。

马铃薯中龙葵素的含量随品种和季节的不同而有所不同，在新鲜组织中的含量一般为 20～100mg/kg。在贮藏过程中逐渐增加，如将马铃薯暴露于阳光下 5d，其表皮中的龙葵碱量可达到 500～700mg/kg。马铃薯发芽后，其幼芽和芽眼部分的龙葵素含量高达 0.3%～0.5%。

龙葵素经口毒性较低，小鼠 LD_{50} 为 1000mg/kg 体重，兔子 450mg/kg 体重，绵羊 500mg/kg 体重。人食入龙葵素 0.2～0.4g 即可引起中毒，尤其以春末夏初季节更为常见。

龙葵素经水解后生成茄啶及鼠李糖（Rham）、半乳糖（Gal）、葡萄糖（Glu）各一分子。龙葵碱糖苷有较强的毒性，主要通过抑制胆碱酯酶的活性引起中毒反应，还对肠胃道黏膜有较强的刺激作用，对呼吸中枢有麻痹作用，并能引起脑水肿、充血。龙葵素吸收进入血液后有溶血作用。此外，龙葵素的结构与人类的甾体激素，如雄激素、雌激素、孕激素等性激素相类似。对生物碱敏感的孕妇，长期食入含龙葵素的马铃薯，可能生出畸形儿。而且马铃薯中的龙葵素不易被破坏，鉴于此，孕妇吃马铃薯更应小心注意。

龙葵素中毒潜伏期为数十分钟至数小时，多数为 2～4h。开始的症状为咽喉抓痒感及烧灼感，并伴有上腹部烧灼感或疼痛，其后出现胃肠炎症状，如剧烈吐、泻导致脱水，电解质紊乱和血压下降。轻者 1～2d 自愈。此外可有头晕、头痛、轻度意识障碍、呼吸困难，重症者可因心脏衰竭、呼吸麻痹而致死。

治疗龙葵素中毒的措施：发现患者后可立即采用吐根糖浆催吐，用 4%鞣酸溶液、浓茶水或 0.02%高锰酸钾溶液洗胃；停止食用并销毁剩余的中毒食品；对重症患者积极采取对症治疗，如输液等。预防措施：妥善贮存马铃薯，防治其生芽，如可将其放入低温、无阳光直射的地方贮存；对于发芽较少的马铃薯，加工食用时应彻底挖去芽、芽眼及芽周部分，在加工时可加些食醋以加速龙葵素的破坏；加强宣传教育，教育居民不吃发芽过多、黑绿色皮的马铃薯。

案例　发芽马铃薯中毒

2006 年 10 月 17 日，一名 39 岁的女士在食用未熟的马铃薯后出现恶心呕吐、腹痛腹泻，且伴头晕头痛 2h。到医院就诊后，通过询问及一些例行检查，诊断为发芽马铃薯中毒。立即给予 10 000ml 清水洗胃，硫酸镁导泻，同时给予吸氧 3L/min；0.9%氯化钠注射液 500ml，盐酸纳洛酮注射液 1.6mg 滴斗入 0.8mg/次。每隔 20min 1 次。维生素 C，极化液静脉滴注。患者在 2d 后症状完全消失出院。

（二）秋水仙碱

秋水仙碱又称秋水仙素，是不含杂环的生物碱，因最初从百合科植物秋水仙（*Colchicum autumnale*）中提取出来而得名，其主要存在于鲜黄花菜等植物中，为灰黄色针状结晶体，易溶于水，对热稳定，煮沸 10～15min 即可充分破坏。

秋水仙碱本身并无毒性，但当它进入人体并在组织间被氧化后，会迅速生成毒性较大的二秋水仙碱。这是一种剧毒物质，对人体胃肠道、泌尿系统具有毒性并产生强烈刺激作用。秋水仙碱的毒性较大，对肾脏损害可见血尿、少尿，对骨髓有直接抑制作用，引起粒细胞缺乏、再生障碍性贫血。成年人如果一次食入 0.1～0.2mg 秋水仙碱（相当于 50～100g 鲜黄花菜）即可引起中毒，一次性摄入 3～20mg 即可导致死亡。

秋水仙碱中毒潜伏期为 0.5～4h，表现为头痛、头晕、恶心、呕吐、口渴、咽干、腹痛、腹胀、水样腹泻等，重者则出现血尿、血便、尿闭与昏迷等症状。

秋水仙碱中毒的治疗与预防措施有：食用鲜黄花菜一定要用开水焯，浸泡后再烹调。可食用干黄花菜，因为黄花菜在干制过程中，所含的秋水仙碱已被破坏，所以食用干黄花菜不会引起中毒。一旦发生鲜黄花菜中毒，立即用 4%鞣酸或浓茶水洗胃，口服蛋清、牛奶，并对症治疗。

（三）吡咯生物碱

吡咯生物碱是存在于多种植物中的一类结构相似的物质，这些植物中包括许多食用植物（如千里光属、猪屎豆属、天芥茶属等）。许多含吡咯生物碱的植物被用作草药和药用茶。这种生物碱可引起肝脏静脉闭塞及肺部中毒。而且有关研究表明，许多种吡咯生物碱具有致癌性。

四、棉酚

棉籽中的棉酚是毒酚的代表物质。棉酚是棉子中的一种芳香酚，存在于棉花的叶、茎、根和种子中，其中棉子含游离棉酚 0.15%～2.80%。

棉酚存在于棉子色素腺体中，在加工棉籽油时可将棉酚带入油中。棉酚在冷榨棉籽油、棉籽、棉籽饼中多呈游离状态存在，故称游离棉酚。游离棉酚对大鼠经口 LD_{50} 按体重计为 2510mg/kg。棉籽油中含 0.02%游离棉酚对动物健康无影响，0.05%时对动物有危害，高于 0.15%时可引起动物严重中毒。冷榨棉籽油时，大部分棉酚移到油中，毛棉油含棉酚量可高达 1%～1.3%，因此不可食用。

游离棉酚是一种血液毒和细胞原浆毒，人食入后，由胃肠道吸收，但对胃肠道黏膜有明显的刺激作用。吸收后随血液分布于全身各个脏器。棉酚对心血管、肝、肾、神经等均有毒性，还影响性腺和生殖细胞，使男性睾丸损伤、精子减少，使女性经血减少和子宫萎缩。但是目前棉酚的具体中毒作用机制尚不十分清楚。

棉酚急性中毒潜伏期，短者 1～4h，一般 2～4d，长者 6～7d。初有头晕、头痛、疲乏、恶习、呕吐，继有绞痛、腹泻或便秘、胃部烧灼感，重者有血便、四肢发麻、行走困难、嗜睡、昏迷、抽搐等。体温一般在 38℃以下，而皮肤温度显著增高，无汗或少汗，出现难以忍受的皮肤烧灼感，肢体软瘫、低血钾等，甚至死亡。部分患者可出现心率加快、血压下降、心力衰竭、黄疸、肝大及肾功能异常等。此外，女性有月经不调，子宫萎缩；男性发生睾丸萎缩，精液中无精子或大量减少，所以游离棉酚亚慢性或慢性中毒症状之一可表现为男性不育症。

慢性中毒可有皮肤潮红干燥，日光照射后更明显。女性和青壮年发病率高，治疗不及时可引起死亡。实验室检查，部分重症患者可有低血钾和低血钠症；心电图检查，有心肌损害，男性有精子减少或缺乏。

棉酚中毒的治疗及预防措施主要有：①发现患者后应及时催吐、洗胃、导泻以排除毒物；并进行对症治疗与支持治疗，如积极补液以调节电解质紊乱，对重症者进行保肝、护肾等治疗。②在产棉区，宣传生棉籽粗制油和榨油后的棉籽饼粕的毒性，禁止食用冷榨棉籽油或毛棉籽油。教育企业、个体户及农民，将棉籽粉碎，蒸炒后再榨油，粗制油加碱精炼后才能食用。食品卫生监督人员，要对棉籽油加强管理，棉籽油必须符合《食用植物油卫生标准》（GB2716—2005）的规定，棉籽油中游离棉酚超过标准规定（0.02%）的，不得出厂销售。

五、毒蛋白

异体蛋白质注入人体组织可引起过敏反应，内服某些蛋白质亦可产生各种毒性。植物中的胰蛋白酶抑制剂、红细胞凝集素、蓖麻毒素、巴豆毒素、刺槐毒素、硒蛋白等均属于有毒蛋白质或复合蛋白质。如存在未煮熟透的大豆及其豆乳中的胰蛋白酶抑制剂，对胰脏分泌的胰蛋白酶的活性具有抑制作用，从而影响人体对大豆蛋白质的消化吸收，导致胰脏肿大和抑制食用者（包括人类和动物）的生长发育。在大豆和花生中含有的红细胞凝集素还具有凝集红细胞等作用。

（一）外源凝集素

外源凝集素是豆类和某些植物种子（如蓖麻）中含有的一种有毒蛋白质，因其在体外具有凝集红细胞的作用，故名外源凝集素，又称植物性红细胞凝集素。外源凝集素广泛存在于各种豆类，如大豆、菜豆、蚕豆、豌豆、刀豆等和蓖麻子中。来源于不同种子的凝集素的毒性有很大差别，有的仅能影响到肠道对营养物的吸收，有的摄入大量可以致死。毒性较大的是从蓖麻籽中分离出来的蓖麻凝集素，小鼠经腹腔注射的 LD_{50} 为 0.05mg/kg 体重，大豆和菜豆凝集素的毒性大约是蓖麻凝集素的 0.1%。但是由于它们都是蛋白质，加热会使其凝固而失去毒性，因此，可通过蒸汽加热处理钝化凝集素的活性达到去毒目的。

凝集素的毒性主要表现在它可以和小肠细胞表面的特定部分发生结合作用。此结合可对肠细胞的生理功能产生明显的不良影响，最为严重的是损害胃肠细胞从胃肠道中吸收蛋白质、糖类等营养成分，从而导致营养素缺乏，生长抑制，严重时可引起死亡。

含有凝集素的食品在生食或烹调不充分时，不仅消化吸收率低，而且还可以使人恶心、呕吐，造成中毒，严重时可致人死亡。

凝集素中毒主要表现为（以蓖麻籽中毒为例）：潜伏期长，可在 1～3d，多数在食后 3～24h 开始发病。患者临床表现为咽喉刺激、灼热感、恶心、呕吐、腹痛及急性胃肠炎症状。便中可见蓖麻籽外皮碎屑。严重者出现便血、发热、脱水和酸中毒，中枢神经系统症状有头痛、嗜睡、昏迷、抽搐等。肝、肾受损害者出现黄疸、蛋白尿、血尿和尿闭等。中毒数日后可出现凝血、溶血现象。死亡可出现在中毒后 1 周左右，主要是因为呼吸抑制、心力衰竭或急性肾衰竭。

案例　小学生蓖麻籽集体中毒事件

2009 年 10 月 15 日下午 6 时左右，某小学 47 名学生在半夜均出现恶心、呕吐、腹泻并伴有不同程度的发热症状，送入医院后，进行了紧急治疗，其中两名病情较重，被迫转院治疗，15 名病情较轻，在当地医院接受治疗，还有 30 名学生接受治疗后痊愈出院。

事件发生后，昆明市疾控中心、宜良县疾控中心、宜良县食品执法局等相关部门专家，先后到学校调查，证实学生们的确是误食了蓖麻籽才导致中毒的。

凝集素中毒症状轻者不需治疗，症状可自行消失；重者应对症治疗。吐、泻严重者，可静脉注射葡萄糖盐水和维生素 C，以纠正水和电解质紊乱，并促进毒物的排泄。有凝血现象时，可给予低分子右旋糖酐、肝素等。

外源凝集素不耐热，受热很快失活，因此豆类在食用前一定要彻底加热。例如，扁豆或菜豆加工时要注意翻炒均匀、煮熟焖透，使扁豆失去原有的生绿色和豆腥味；吃凉拌豆角时要先切成丝，放在开水中浸泡 10min，然后再食用；豆浆应煮沸后继续加热数分钟才可食用；用蓖麻作动物饲料时，必须严格加热，以去除饲料中的蓖麻凝集素。

（二）酶抑制剂

酶抑制剂（enzyme inhibitor）是一类可以结合酶并降低其活性的分子。酶抑制剂常存在于豆类、谷类、马铃薯等食品中。比较重要的有胰蛋白酶抑制剂和淀粉酶抑制剂两类。前者在豆类和马铃薯块茎中较多，后者见于小麦、菜豆、芋头、生香蕉、芒果等食物中。其他食物如茄子、洋葱等也含有此类物质。这类物质实质上是植物为繁衍后代、防止动物啃食的防御性物质。

在豆类、棉籽、花生、油菜籽等 90 余种植物源性食物中，特别是豆科植物中含有能抑制胰蛋白酶、糜蛋白酶、胃蛋白酶等 13 种蛋白酶的特异性物质，通称为蛋白酶抑制剂（protease inhibitor）。其中最重要的是胰蛋白酶抑制剂，在上述 90 余种食物中都含有。其次是糜蛋白酶抑制剂，在 35 种植物中均含有。

蛋白酶抑制剂的毒性作用主要表现在：胰蛋白酶抑制剂可与小肠液中胰蛋白酶、糜蛋白酶结合，生成无活性的复合物，消耗和降解胰蛋白酶，导致肠道对蛋白质的消化、吸收及利用能力下降。同时，胰蛋白酶抑制剂与肠内胰蛋白酶结合后随粪便排出体外，使肠内胰蛋白酶数量减少，引起胰腺反射性亢进，分泌量加大，增加内源性氮损失。因胰蛋白酶中含有丰富的含硫氨基酸，若出现这种内源补偿性分泌和排泄，必然会造成体内含硫氨基酸的内源性散失，导致机体内含硫氨基酸的耗散性缺乏，造成体内氨基酸代谢失调或不平衡。当食糜中胰蛋白酶与其抑制因子结合而减少时，肠促胰酶肽分泌也增加，这种双重地过分刺激胰腺分泌，势必造成胰腺分泌失调性肥大和增生，出现食物性消化吸收功能失调或紊乱，严重时出现头晕、恶心、腹泻等症状。其潜伏期为数分钟到 1h，可很快自愈。

淀粉酶抑制剂可以使淀粉酶的活性钝化，影响人体对糖类的消化作用，从而引起消化不良等症状。

含有蛋白酶抑制剂的植物源性食物，一定要经过有效钝化后方可食用或作饲料用。去除蛋白酶抑制剂最简单有效的方法是高温加热钝化。采用常压蒸汽加热 30min 或 1MPa 加热 15～20min，即可破坏大豆中的胰蛋白酶抑制剂。大豆用水泡至含水量 60％时，水蒸 5min 也可，但干热效果较差。

（三）其他毒蛋白

巴豆中的有毒成分主要是巴豆素，它是一种毒性球蛋白，对胃肠黏膜具有强烈的刺激、腐蚀作用，可引起恶心、呕吐与腹痛。巴豆毒素耐热性差，遇热后即失去毒性。服巴豆油1/4滴即有强烈的腹泻，内服20滴即可致死。

相思豆的叶、根和种子均含有毒素，以种子最毒。种子含相思子毒蛋白（红豆毒素），这种毒蛋白在非常低的浓度（1∶1 000 000）时，即可使细胞发生凝集反应。中毒后的症状为恶心、呕吐、肠绞痛，严重者昏迷、呼吸与循环衰竭及急性肾衰竭，甚至致死。

六、草酸及其盐类

草酸及其盐类是常见并且典型的毒酸成分，主要为草酸钠和草酸钾。其广泛地存在于植物中，草酸及其盐类在菠菜、豆类、黄瓜、食用大黄、甜菜中的含量比较高，有时可达到1%～2%。

草酸盐对黏膜具有较强的刺激作用，故大量摄入草酸盐时可刺激胃肠道黏膜，从而引起腹泻，甚至导致胃肠炎。草酸盐可被反刍动物瘤胃微生物降解，经代谢转化为碳酸盐和重碳酸盐。因此反刍动物对草酸盐的耐受力较非反刍动物强。反刍动物只有在短时间内大量摄入草酸盐时（如饥饿时），由于一部分草酸盐来不及转化而进入皱胃并被动物吸收后才引起中毒。草酸盐也可在血管中结晶，并渗入血管壁，引起血管坏死，导致出血。草酸盐晶体有时也能在脑组织内形成，从而引起中枢神经系统的功能紊乱。草酸盐与钙结合形成不溶性草酸钙，不仅影响人体对钙的吸收，而且会沉积于组织中，尤其肾脏，可引起肾结石。

过多地食用含草酸或草酸盐多的蔬菜，会产生急性草酸中毒，其表现包括口腔及消化道糜烂、胃出血、血尿等症状，严重者会出现惊厥。

当发生草酸盐中毒时，可立即服用一些钙剂，如乳酸钙溶液、葡萄糖溶液或稀释的石灰水等，以减少草酸的吸收。此外可给一杯（普通水杯即可）牛奶或清水，减轻对消化道的损伤。应注意的是，水和牛奶不必多喝，以免引发呕吐，造成二次伤害。同时应及早就医治疗。

七、芥酸

菜籽油中含有大量的芥酸。大量摄入含芥酸的油脂，可使心肌中脂肪积聚并且大部分为芥酸组成的三酰甘油，严重者可导致死亡。其预防措施为食用油脂中的芥酸含量不得超过5%。

八、紫质及其衍生物

紫质及其衍生物是植物中所含的对光过敏性物质，灰菜、刺菜、马齿菜、杨树叶、柳树叶、洋槐叶等植物中都含有较多该类物质。紫质及其衍生物进入体内，可导致机体对日光的敏感性增强，在日光照射的部位引起皮炎。预防紫质及其衍生物中毒措施有：在食用含紫质及其衍生物植物前先用开水过一下，再用水泡，勤换水；晒成干菜食用。

第三节　食物中的天然动物性毒素

一、水产品中的毒素

（一）河豚毒素

河豚是无鳞鱼的一种，全世界有200多种，我国有70多种。其鱼肉鲜美，但含有剧毒物质。我国沿海从南到北均有河豚分布，黄海、渤海和东海是世界上河豚种类和数量最多的海区。

河豚毒素的毒性极大，对热相当稳定，食用后极易引起食物中毒。河豚毒素无色、无味、无臭，稳定性好，在中性及弱酸性环境中比较稳定，在强酸性的溶液中分解，在弱碱性的溶液中部分分解，pH 达到 14 时，河豚毒素失去毒性。河豚毒素是一种毒性强烈的非蛋白质类神经毒素，分子式为 $C_{11}H_{17}O_8N_3$，相对分子质量为 319.27。

河豚毒素存在于河豚的卵巢、肝脏、肾脏、血液、皮肤、眼睛、鳃及卵子中。河豚毒素含量的多少因部位及季节而异。卵巢和肝脏有剧毒，其次为肾脏、血液、眼睛、鳃和皮肤。一般精巢和肉无毒，但个别种类河豚的肠、精巢和肌肉也有毒性，如鱼死亡时间较长，内脏和血液中的毒素也会慢慢渗入到肌肉中。每年 2～5 月是河豚的卵巢发育期，毒性较强，6～7 月产卵后卵巢退化，毒性减弱。引起人类中毒的河豚毒素有河豚素、河豚酸、河豚卵巢毒素及河豚肝毒素等。

河豚毒素是已知的毒性最强的小分子非蛋白质神经毒素，其毒性为马钱子碱或者箭毒的 60 倍、氰化物的 1250 倍。0.5mg 毒素就能毒死一个体重 70kg 的人。河豚毒素的理化性质比较稳定，120℃以上才能分解，采用加热和盐腌的方法均不能破坏其毒性。现已证明河豚毒素的毒理作用主要是阻碍神经和肌肉的传导，使骨骼肌、横膈肌及呼吸神经中枢麻痹，导致呼吸停止。

河豚毒素中毒的临床特点为：口、舌、唇和四肢感觉异常，流涎，支气管黏液分泌，麻痹，颅神经功能障碍，漂浮感等。典型病例在 1h 内出现不适、口感异常、无力、恶心、呕吐，随后几小时症状发展为：感觉异常扩展至全身，全身无力并可能累及呼吸肌。一些患者进展很快，在进食后 17min 病发。

为预防河豚毒素中毒，应向社会广泛宣传河豚的毒性及其危害，提高群众的食品卫生知识水平和自我保护意识，学会识别河豚的方法，不食用河豚。加强对市场和饮食业海杂鱼的卫生监督检查，防止河豚混入杂鱼中一同销售。

案例　河豚毒素中毒

2009 年 6 月 1 日下午，来自外地的祁先生带两位同事回到宿舍，将从家乡带来的河豚干煮来吃。晚 6 时多，晚餐做好后，三个人迫不及待地品尝了河豚。1h 后饭罢，祁先生的两个同事分别返回自己住处。晚 7 时左右，祁先生感觉出现了头晕、四肢无力（伴麻木）、舌尖麻木、恶心、呕吐等症状。呕吐后，症状有所缓解，凌晨 1 时左右，他再次出现呕吐症状，四肢麻木渐重。这时，祁先生突然想到自己可能是食物中毒，便立即打电话给两个同事，结果同事的症状与之相似。熬过了一夜，6 月 2 日早上 9 时，祁先生已经不能走路，呕吐不断。三个人相继被送到中国人民解放军第 97 医院急救科抢救。入院时祁先生已出现昏迷症状，历时两个半小时，共置换血浆 2L，换回一条命。

河豚毒素中毒的临床表现分为 4 个阶段。中毒的初期阶段，首先感到发热，接着便是嘴唇和舌尖发麻，头痛、腹痛、步态不稳，同时出现呕吐。第二阶段，出现不完全运动麻痹，运动麻痹是河豚中毒的重要特征之一。呕吐后病情的严重程度和发展速度加快，不能运动，直觉麻痹，语言障碍，出现呼吸困难和血压下降。第三阶段，运动中枢完全受到抑制，运动完全麻痹，生理反射降低，由于缺氧，出现发绀，呼吸困难加剧，各项反射渐渐消失。第四阶段，意识消失，河豚毒素中毒的另一个特征是患者死亡前意识清楚，当意识消失后，呼吸停止，心脏很快停止跳动。

发现中毒者，以催吐、洗胃和导泻为主，尽快使食入的有毒食物及时排出体外。对出现呼吸困难的患者，可经静脉注射或滴注，还可采用机械通气的方法以保护脑组织，对血压下降者采用强心剂或升压药。

（二）组胺

摄入含有大量组胺的鱼类可引起食物中毒，属于过敏性食物中毒。青皮红肉鱼类引起过敏性食物中毒主要是因为此类鱼含有较高量的组氨酸。当受到富含组氨酸脱羧酶的细菌污染，并在适宜的环境条件下，组氨酸即被组氨酸脱羧酶去羧基而产生组胺，当组胺积蓄到一定量时，食后便有中毒危险，大肠埃希氏菌、产气杆菌、变形杆菌、无色菌等均能使组氨酸分解产生组胺。青皮红肉的鱼类主要有金枪鱼、刺巴鱼、沙丁鱼等。

组胺中毒主要是刺激心血管系统和神经系统，促使毛细血管扩张充血，使毛细血管通透性增加，血浆进入组织，血液浓缩，血压下降，心率加快，平滑肌发生痉挛。组胺中毒的特点是发病快、症状轻、恢复快。潜伏期一般为0.5～1h，短者只有5min，长者4h，表现为脸红、头晕、头痛、心跳加快、脉快、胸闷和呼吸促迫、血压下降，个别患者出现哮喘。部分患者眼角膜充血、瞳孔散大、脸发胀、四肢麻木，出现荨麻疹。

对中毒患者治疗首先催吐、导泻以排出体内毒物；抗组胺药能使中毒症状迅速消失，可口服苯海拉明、曲吡那敏，或静脉注射10%葡萄糖酸钙，同时口服维生素C。

预防组胺中毒的措施有：防止鱼类腐败变质，避免食用不新鲜或者腐败变质的鱼类；有过敏性疾病患者、服用异烟肼的结核病患者不宜过多食用组氨酸含量高的鱼类。

案例　鱼罐头中的组胺

2013年9月26日～10月3日，日本静冈市羽衣食品公司接到3名消费者投诉，称食用该公司产品后“舌头发麻”，但问题产品没有剩下，未能进行检查。由于此后的4～6日又有3名消费者投诉，羽衣食品公司开始着手调查库存产品。据日本共同社10月13日报道，日本静冈市羽衣食品公司发表声明，开始召回该公司生产的“清淡型海味鸡肉”鲣鱼罐头三种同系列产品，总计约672万罐。羽衣食品公司说明称，“消费者投诉说出现口腔发痒等不适症状，但并无大的健康危害”。决定召回的三类产品的保质期皆至2016年7月7日～8月27日。这批产品于2013年7月8日～8月28日由该公司位于静冈县烧津市的委托工厂生产。

（三）肉毒鱼类中的毒素

肉毒鱼类的主要有毒成分为一种称作“雪卡”的毒素。常存在于鱼体肌肉、内脏和生殖腺等组织或器官中，脂溶性物质，耐热，不易被胃酸破坏。肉毒鱼类毒素是一种外因性和累积性的神经毒素，它具有胆碱酯酶阻碍作用。

案例　雪卡毒素中毒

八岁的亮亮从小生活在海边，酷爱吃鱼，没想到就因吃了一条石斑鱼的鱼卵，竟导致他全身瘫痪。据广州日报2010年5月22日报道，亮亮妈妈在菜市场看到一条大石斑鱼的鱼卵又大又新鲜，便买回家做菜。可餐后大约半小时，亮亮就出现全身发软、手脚发麻，接着开始呕吐，吐完直接躺在家中地板上不省人事。父母立即将他送医，没想到刚把亮亮交给医生，亮亮爸爸也一头栽地，昏迷不醒，而吃得最少的亮亮妈妈直到夜里十点半才开始呕吐。可怜的亮亮由于吃得最多，年纪又最小，因此中毒颇深，后经重症加强护理病房（ICU）深度治疗，进行血清置换等方法抢救，还是出现了语言障碍、视物模糊、全身瘫痪、四肢僵硬等症状，头颅电子计算机断层扫描（CT）显示亮亮患了“缺氧缺血性脑病”。随后亮亮被转送广州，确诊为“雪卡毒素中毒”。

此种毒素的中毒机制目前还不是十分清楚。中毒者初期感觉口渴，唇舌和手指发麻，并伴有恶心、呕吐、头痛、腹痛、肌肉无力等症状。致死原因较复杂，患者大多死于心脏衰竭。

肉毒鱼类毒素不能在日常烹调、蒸煮中去除，食用前需在专业人员指导下，确认鱼无毒后才可以食用。

（四）蛤类中的毒素

蛤的种类很多，多为无毒，有少数种类有毒。如果食量过多或吃法不当会引起中毒。在蛤的肝脏和消化腺内有一种麻痹性贝类毒素，蛤类毒素含有石房蛤毒素，是一种分子质量较小的非蛋白质类神经毒素。该毒素呈白色，可溶于水，易被胃肠道吸收；对热稳定，100℃加热0.5h毒性仅减少1/2；若pH升高会迅速分解，但对酸稳定。其毒性极强，当食物中毒素含量达75μg以上时就足以引起人体中毒，人经口致死量为0.54～0.90mg。

石房蛤毒素主要存在于石房蛤、文蛤与花蛤等蛤类，以及海蟹中。石房蛤毒素属于典型的麻痹性毒素，该毒素可以阻滞钠传递、抑制轴突和肌细胞膜的神经肌肉传导、抑制房室结传导，因此为强神经阻断剂，能阻断神经和肌肉间神经冲动的传导。

中毒症状的特点为其潜伏期短，仅几分钟，最长不超过4h。症状初期为口、唇、舌之间麻木，随后向四肢、颈部扩展，运动失调，伴有头晕、恶心、胸闷、乏力、颅神经和肢体肌肉无力、呼吸衰竭等，其死亡率为5%～8%。典型病例在食用后20～60min内出现症状。

中毒无解药，应尽早采取催吐、洗胃、导泻的方法排除毒素，做好抢救呼吸抑制、低血压、心动过速、心动过缓的治疗准备。

预防中毒的措施是食用蛤类前应该彻底清洗，制作时应先除去内脏及周围的暗色部分，并采取水煮后捞肉、弃汤的烹调方法，使毒素含量降低至最低程度；在pH为3的条件下煮沸3～4h可破坏石房蛤毒素。

（五）海兔毒素

海兔又名海珠，是生活在浅海中的贝类，其贝壳已退化，仅剩一层薄而透明的角质层，软体几乎全部裸露。它的种类很多，其卵含有丰富的营养，是我国东海沿海地区人们喜爱的食品，并可入药。

海兔能分泌一种酸性乳状液体，气味难闻。海兔体内的毒腺称为蛋白腺，可分泌海兔毒素等有毒物质。海兔毒素是神经毒素，其药理活性与乙酰胆碱相似。根据生物活性和溶解性的不同，可将毒素分为醚溶和水溶两部分。其中醚溶性部分的毒素具有升血压特性，它使动物兴奋、致敏、瘫痪、缓慢死亡；而水溶性部分具有降血压的特性，可使动物惊厥、呼吸困难、流涎、突然死亡。

中毒患者多表现为多汗、流泪、流涎不止、腹泻、腹痛、呼吸困难，严重者全身痉挛，甚至死亡。

对中毒患者以催吐、洗胃和导泻为主，使有毒食物排出体外；应及时进行治疗并对症下药，用10%葡萄糖酸钙溶液静脉注射，可减轻神经系统症状；局部疼痛时用冷水冲洗或冷敷，全身剧痛时用吗啡，呼吸困难时吸氧；严重者进行气管插管或气管切开。

为预防海兔毒素中毒，在食用贝类食品时，要反复清洗、浸泡，并采取适当的烹饪方法，以清除或减少食品中的毒素；制定该类毒素在食品中的限量标准。

（六）螺类毒素

螺类已知有8万种，其中少数种类含有有毒物质。螺类毒素是一种非蛋白质类神经毒素，可溶于水，耐酸耐热，且不被消化酶分解破坏。

主要来自于螺的肝脏、鳃下腺、唾液腺内。其中毒机制与蛤类毒素类似。中毒症状分为麻痹型和皮炎型。麻痹型毒素来自节棘骨螺、蛎敌荔枝螺（俗称辣螺）、红带织纹螺，此种毒素对神经起作用，阻断神经传导。皮炎型症状为食毒螺（如泥螺）后经日光照射，颜面、颈部、四肢等暴露部位出现皮肤潮红、水肿，随即呈红斑和荨麻疹症状。

发现中毒患者以催吐、洗胃和导泻为主，使有毒食物排出体外。为预防中毒，在食用螺类食品时，要反复清洗、浸泡，并采取适当的烹饪方法，以清除或减少食品中的毒素；定期对海水进行检测，当海水中大量存在有毒的藻类时，应同时检测捕捞的螺类所含的毒素量。

（七）鲍类毒素

我国自古以来，就把鲍列为海产“八珍”之冠。肉细味鲜，营养丰富，非其他海味所能比拟，素有“海中黄金”的美称，可分为杂色鲍、皱纹盘鲍、耳鲍。

鲍的肝及其他内脏中含不定型的有光感力的色素毒素。人食用其肝和内脏后再经日光曝晒会出现不适反应。鲍的中肠里也常积累一些毒素，这主要是由于在赤潮时，鲍进食了藻类所含的有毒物质，人食用后也可致病。中毒症状主要是皮炎症状。

（八）海参毒素

海参贵为海味“八珍”之一，营养丰富，味道鲜美。有毒海参30多种，我国有20多种，如紫轮参、荡皮海参、刺参。

海参毒素是一类皂苷化合物，具有类似苷变态的羊毛甾醇。海参毒素具有很强的溶血作用，这可能是脊椎动物中毒致死的主要原因。此外，海参毒素还具有细胞毒性和神经肌肉毒性。人除了误食海参发生中毒外，还可因接触由海参排出的毒黏液引起中毒。

中毒时常表现局部症状，即局部有烧灼样疼痛、红肿，呈皮炎反应；当毒液接触眼睛时可引起失明。食用海参前需要确定无毒后方可食用，食用时先煮沸1h，或用水浸泡3d以减少毒性。

二、两栖类动物中的毒素

两栖类动物中最常见的毒素是蟾蜍毒素。蟾蜍科有13个属，其中以蟾蜍种类最多，全世界有 250 种以上。蟾蜍又称为蛤蟆，在我国分为中华大蟾蜍和黑眶蟾蜍两种。从它身上提取的蟾酥及蟾衣则是我国紧缺的药材。蟾蜍为两栖类动物，以肺呼吸，辅以皮肤呼吸。蟾蜍皮肤由表皮和真皮组成，具有保护、防御、感觉、防止水分蒸发、辅助呼吸等功能。

蟾蜍的耳后腺及皮肤腺能分泌一种具有毒性的白色浆液，有 30 多种成分，主要的毒性部分是蟾蜍毒素。其中毒机制是作用于神经中枢或末梢，或直接作用于心肌。其病理变化表现为心脏呈舒张状态，心肌纤维断裂，外膜水肿及有出血斑点，心、脑、肺、肝、脾、肾和肾上腺血管显著扩张、充血等。

中毒特点一般为食后 0.5～4h 发病，中毒多表现为恶心、呕吐、腹胀、头痛、出汗，严重者抽搐、昏迷，甚至死亡。蟾蜍中毒的死亡率较高，而且无特效的治疗方法。

为预防中毒尽量不食用蟾蜍；如用蟾蜍治病，须在有经验的医生指导下服用。中毒后，应及时催吐、洗胃、导泻，此外应补液，促进毒素的排泄，并给予维生素 B_1、维生素 C 等。

三、动物中的其他毒素

家畜肉，如猪、牛、羊等的肉是人类普遍食用的动物性食品。在正常情况下，它们的肌肉是无毒的，可安全食用。其体内的某些腺体、脏器或分泌物可用于提取医用药物，但如摄食过量，可扰乱人体正常代谢。牲畜腺体所分泌的激素，其性质和功能与人体内的腺体大致相同，所以可作为医药治疗疾病。但如摄入过量，就会引起中毒。

（一）甲状腺激素

在牲畜腺体中毒中，以甲状腺中毒较为多见。人和一般动物都有甲状腺，甲状腺所分泌的激素称为甲状腺素，甲状腺素的理化性质非常稳定，在 600℃以上的高温时才能被破坏，一般的烹调方法不可能去除毒害。它的生理作用是维持正常的新陈代谢。人一旦误食动物甲状腺，会因过量甲状腺素扰乱人体正常的内分泌活动，出现类似甲状腺功能亢进的症状。

猪甲状腺位于气管喉头的前下部，是一个椭圆形颗粒状肉质物，附在气管上，俗称“栗子肉”。猪的屠宰者应事先将甲状腺取下，不得与“碎肉”混在一起出售。如果有人食用未摘除甲状腺的血脖肉可引起中毒。

由于突然大量外来的甲状腺激素扰乱了人体正常的内分泌活动，特别是严重影响了下丘脑功能，会造成一系列神经精神症状。体内甲状腺激素增加，使组织细胞氧化速率增高，代谢加快、分解代谢增高、产热增加、各器官系统活动平衡失调，因而出现各种症状，既有与甲状腺功能亢进相似之处，又有其中毒的特点。潜伏期可从 1h 到 10d，一般为 12～21h。临床主要症状为：头晕、头痛、胸闷、恶心、呕吐、便秘或腹泻，并伴有出汗、心悸等。部分患者于发病后 3～4d 出现局部或全身出血性丘疹，皮肤发痒，兼有水泡、皮疹，水泡消退后普遍脱皮。少数人下肢和面部水肿、肝区痛、手指震颤。严重者发高热，心动过速，从多汗转为汗闭、脱水，10 多天后脱发。个别患者全身脱皮或手足掌侧脱皮。也可导致慢性病复发和流产等。病程短者仅 3～5d，长者可达月余。有些人较长期遗留有头晕、头痛、无力、脉快等症状。

最有效的防治措施是，屠宰者和消费者都应特别注意检查并摘除牲畜的甲状腺。对于甲状腺中毒者，可用抗甲状腺激素及促肾上腺皮质激素急救，并对症下药。

（二）肾上腺皮质激素

人和猪、牛、羊等动物一样，也有自身的肾上腺，它也是一种内分泌腺。肾上腺左右各一个，分别跨在两侧肾脏上端，所以称为肾上腺，俗称“小腰子”。大部分被包在腹腔油脂内。肾上腺的皮质能分泌多种重要的脂溶性激素，现已知有20余种，它们能促进体内非糖化合物（如蛋白质）或葡萄糖代谢、维持体内钠钾离子间的平衡，对肾脏、肌肉等功能都有影响。

一般都因屠宰牲畜时未摘除肾上腺或肾上腺髓质软化在摘除时流失，被人误食，使机体内的肾上腺素浓度增高，引起中毒。

此病的潜伏期很短，食后15～30min发病。血压急剧升高、恶心呕吐、头晕头痛、四肢与口舌发麻、肌肉震颤，重者面色苍白、瞳孔散大，高血压、冠心病患者可因此诱发中风、心绞痛、心肌梗死等，危及生命。

（三）病变淋巴结

人和动物体内的淋巴结是保卫组织，分布于全身各部，为灰白色或淡黄色如豆粒至红枣大小的“疙瘩”，俗称“花子肉”。

当病原微生物侵入机体后，淋巴结产生相应的反抗作用，甚至出现不同的病理变化，如充血、出血、肿胀、化脓、坏死等。这种病变淋巴结含有大量的病原微生物，可引起各种疾病，对人体健康有害。

应强调指出，鸡、鸭、鹅等的臀尖不可食。鸡臀尖是位于鸡肛门上方的那块三角形肥厚的肉块，其内是淋巴结集中的地方，是病菌、病毒及致癌物质的大本营。虽然淋巴结中的巨噬细胞能吞食病菌、病毒，但对3,4-苯并芘等致癌物却无能为力，它们可以在其中贮存。

无病变的淋巴结，即正常的淋巴结，虽然因食入病原微生物引起相应疾病的可能性较小，但致癌物仍无法从外部形态判断。所以，为了食用安全，无论对有无病变的淋巴结，消费者应一律将其废弃为好。

四、动物肝脏中的毒素

动物肝脏是人们常食的美味，它含有丰富的蛋白质、维生素、微量元素等营养物质。此外，肝脏还具有防治某些疾病的作用，因而常将其加工制成肝精、肝粉、肝组织液等，用于治疗肝病、贫血、营养不良等症。但是，肝脏是动物的最大解毒器官，动物体内的各种毒素，大多要经过肝脏来处理、排泄、转化、结合。因此，肝脏中暗藏着毒物。此外，进入动物体内的细菌、寄生虫往往在肝脏生长、繁殖。肝吸虫病、包虫病在动物中较常见。而且动物也可能患肝炎、肝癌、肝硬化等疾病。

在各种动物肝脏中维生素A的含量都较高，特别是狗肝、鲨鱼肝、熊肝、狼肝、狍子肝中都含有大量维生素A。

据《英汉营养科学词典》，一次摄入大剂量维生素A（成人数百万国际单位，婴儿35万IU）可引起急性中毒，长时间连续食用小剂量维生素A（成人日服4万IU至数十万国际单位，数月，婴儿日服2万～6万IU，1～3个月），可引起慢性中毒。100g狗肝中含有30万IU维生素A，连续食用数日至数十日即可引起食用者的慢性中毒。

总之，动物肝脏有营养，可食，但必须善于选择和烹调。一般来说，食用动物肝脏时应注意以下三点：①要选择健康肝脏。肝脏淤血，异常肿大，内包白色结节、肿块或干缩，坚硬或胆管明显扩张，流出污染的胆汁或见有虫体等，都可能为病态肝脏，不可食用。②对可食肝脏，食前必须彻底清除肝脏内毒物。一般方法是，反复用水浸泡3～4h，如急用，可在肝脏表面切上数刀，以增加浸泡效果，缩短浸泡时间。③当彻底除去肝脏内的积血之后，方可烹调。而且要加热充分，使之彻底熟透，不可半生带血食用。要慎重食用，不可一次过量食用，或小量连续食用，防止过量维生素 A 中毒。

本章小结

植物中的天然有毒物质就是指植物体本身存在的或者由于储存条件不当形成的某种对人体健康有毒害的非营养性天然物质成分。与食品安全关系密切且比较常见的植物天然有毒物质主要有苷类、生物碱、棉酚、毒蛋白、草酸及其盐类、芥酸、紫质及其衍生物等。食物中的天然动物性毒素按照动物种类主要可分为水产类、两栖类，水产类动物毒素主要有河豚毒素、组胺、肉毒鱼类毒素、蛤类毒素、海兔毒素、螺类毒素、鲍类毒素、海参毒素。两栖类毒素主要有蟾蜍毒素，另外一些动物也会产生毒素。

思考题

1. 什么是动植物天然有毒物质？其种类都有哪些？
2. 试述河豚毒素中毒的机制，以及河豚毒素中毒的临床特点。
3. 试述鱼类组胺形成的过程及引起鱼类组胺中毒的关键因素。
4. 毒蕈中毒可分为哪几种类型？如何预防？
5. 麦角中毒的症状有哪些？怎样预防麦角中毒？

第 5 章　化学污染物

第一节　概　　述

随着人类生活水平的提高，化学药品、化学试剂被广泛使用，食品的化学污染问题越来越引起人们的关注。人类对化学物质的食品安全性问题经历了一个长时期的探讨过程：自食品添加剂开始应用以来，就得到了世界卫生组织（WHO）的广泛高度重视，从 1953 年第六届世界卫生大会的倡议，到 1956 年首次召开由 WHO 和联合国粮农组织（FAO）组成的食品添加剂联合专家委员会（JECFA），都对食品工业使用的添加剂进行了一系列的毒性学评价。1961 年美国食品药品监督管理局（FDA），首先对全膳食中残留的农药、化工产品、有害元素及营养成分等开展研究。1963 年，FAO/WHO 成立了农药残留联席会议（JMPR），从事有关粮食中农药残留毒理学评价方面的工作，审议了食品中农药残留问题。1967 年波多黎各自由联邦在马亚斯召开的关于“食品的重要性和安全性”国际会议，使人们对食品安全性的认识有了新的进展。1976 年 WHO、联合国环境规划署与 FAO 共同努力设立了全球环境监测系统/食物项目（GEMS/Food），将总膳食（或全膳食）研究列为重要内容，其目的是对全球范围内的食物污染作出评价，并提出有效的控制和防止污染的方法。1983 年 5 月，FAO/WHO 食品安全联合专家委员会在日内瓦召开，探讨食品安全性有关问题，明确提出了原料、生产、加工、贮存、分配、消费等系列过程中出现的食品安全性问题。1997 年 6 月在日内瓦召开的食品法典会议进一步明确了食品添加剂、农药残留、兽药残留等化学污染物的安全问题。所有这些都意味着人类对应用化学物质对食品安全性的影响的不断探索和关注程度。

食品中化学物质的残留可直接影响到消费者身体健康。因此，降低食物化学污染程度，防止污染物随食品进入人体，是提高食品安全性的重要环节之一。

第二节　农药残留

一、农药的概念

根据我国《农药管理条例》（1997）的定义，农药（pesticide）是指用于预防、消灭或者控制危害农业、林业的病、虫、草和其他有害生物，以及有目的地调节植物、昆虫生长的化学合成或者来源于生物、其他天然物质的一种物质或者几种物质的混合物及其制剂。农药主要以其毒性作用来消灭或控制虫、病原菌的生长。在讨论农药对食品安全性的影响时主要指化学合成农药。

食品安全的重要基础是农产品的安全，农产品中的农药残留危害是广大消费者关注的热点问题。管理者和生产者面临的更加突出的问题是：农业生产水平的发展速度如何满足人口日益增长和物质消费水平不断提高的问题。

我国作为世界人口大国，要用占世界 7%的耕地，养活占世界 24%的人口，提高产量，保证质量安全，是我国农业生产长期面临的主要任务。我国耕地因受草害每年作物产量损失超过 10%，仅粮食损失近 70 亿 kg。农业生产上如果离开了农药的使用是不可想象的。

以农药残留危害问题突出的蔬菜为例，我国蔬菜栽培面积约为 2.48 亿亩（1 亩≈666.7m^2），总产量大于 4.6 亿 t，人均蔬菜占有量约 300kg，而世界平均水平为 102kg。如果不使用化肥农药，想通过低产型有机农业来满足快速增长的世界人口对农产品的需求，则必须再开垦出 1.47 亿 hm^2 的耕地才能实现，其结果将严重破坏地球生态环境，与可持续发展背道而驰。目前，我国已经成为世界第二大农药生产国。2009 年总产量达到 226.2 万 t。施用药剂防治面积达 48 亿亩以上，通过使用农药，每年可挽回粮食损失 4800 万 t、棉花 180 万 t、蔬菜 5800 万 t、水果 620 万 t，总价值在 550 亿元。

由于大量使用有机物农药，我国农药中毒人数越来越多，据 2009 年的报道，我国每年农药中毒人数有 10 万之众，致死率约 20%，其中生产性中毒和非生产性中毒比例为 1∶1，非生产性中毒除了误食农药外，大部分是由于食物农药残留引起的。为了严格管控食品中农药残留，预防农药残留给人民身体健康带来的危害，我国颁布了《食品安全国家标准　食品中农药最大残留限量》(GB2763—2012)，并于 2013 年 3 月 1 日起实施。

二、农药的分类

目前，全世界实际生产和使用的农药品种有上千种，其中绝大部分为化学合成农药。为了使用和研究方便，常从不同的角度对农药进行分类。

(1) 按化学组成及结构可将其分为有机磷、氨基甲酸酯、拟除虫菊酯、有机氯、有机砷、有机汞等类型。

(2) 按农药的作用方式可分为触杀剂、胃毒剂、熏蒸剂、内吸剂、引诱剂、驱避剂、拒食剂及不育剂等。

(3) 按农药毒性和杀虫效率又可分为高毒、中毒、低毒农药，以及高效、中效、低效农药等。

(4) 按用途可将其分为杀虫剂、杀菌剂、除草剂、杀线虫剂、杀螨剂、杀鼠剂、落叶剂和植物生长调节剂等。

三、农药的特殊作用

植物体的外源物质会对植物产生一种生长激发作用，许多化学物质在一定的剂量下都会对植物产生激发作用。许多不以调节农作物生长为目的的农药，在杀虫灭害的同时，也会对作物生长发育产生激发作用，被称为刺激生长作用。农药在一定的使用剂量下，通过多种不同方式对作物产生的生长激发作用，最终会使作物产量有所提高。有许多生产中使用有机磷农药提高作物产量的报告，其原因通常被解释为有机磷农药所含的磷元素对于作物起到肥效作用。例如，甲拌磷之所以在韭菜生产中屡禁不止，固然与甲拌磷的高性价比有关，但甲拌磷对韭菜的生长有激发作用，使韭菜的叶片肥厚浓绿、增产增收效果显著是其另一重要原因。

四、主要农药

（一）有机磷农药

有机磷农药是一类有相似化学结构的化合物，但在具体结构组分、物理性质和药理作用等诸多方面有差异。大多数有机磷农药多为磷酸酯类或硫代磷酸酯类化合物，其结构通式如图 5-1 所示。

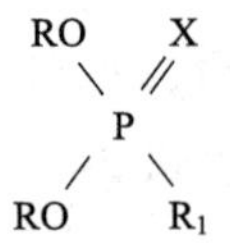

图 5-1　有机磷农药结构通式

大多数有机磷农药为无色或呈黄色油状液体，有大蒜味，可溶于多种有机溶剂，少数可溶于水；大多数有机磷农药性质不稳定，容易光解、碱解和水解等，也容易被生物体内有关酶系分解。

有机磷农药对食品的污染主要表现在植物性食品中，尤其是含有芳香物质的植物，如水果、蔬菜等最易吸收有机磷，且残留量也高。

有机磷农药的毒性主要是以急性中毒为主，属于神经毒素，可竞争性地抑制乙酰胆碱酯酶的活性，导致神经传导递质乙酰胆碱的积累，从而引起中枢神经中毒，表现出一系列的中毒症状，如流涎、流汗、流泪、恶心、呕吐、腹痛、腹泻、心动过缓、瞳孔缩小等。严重者可出现呼吸麻痹、支气管平滑肌痉挛，甚至窒息死亡。

有些中毒者可出现迟发性神经病。较重者肢体远端出现肌萎缩，少数可发展为痉挛性麻痹，病程可持续多年。

不同种类的有机磷农药，其毒性有所差异。部分有机磷农药对大鼠经口 LD_{50} 见表 5-1。

表 5-1　部分有机磷农药对大鼠经口 LD_{50}　　单位：mg/kg 体重

名称	LD_{50}	名称	LD_{50}
甲拌磷	1.0～4.0	马拉硫磷	1634～1751
倍硫磷	190～375	久效磷	8～23
敌百虫	450～500	乐果	185～245
辛硫磷	1845～2170	敌敌畏	450～630

由于使用的农药品种和数量不同，因此食品中有机磷农药的残留也不一样。目前有机磷残留常在蔬菜作物中检出，表 5-2 为江汉平原湖北潜江农村蔬菜中农药残留调查结果。

表 5-2　江汉平原湖北潜江农村蔬菜中有机磷农药残留量　　单位：μg/kg

项目	甲胺磷	辛硫磷	马拉硫磷	甲基对硫磷	敌敌畏
样品数	31	19	17	9	3
辣椒	0.43	28.5	n.d	—	—
茄子	n.d	n.d	n.d	4.0	—
豇豆	16.0	n.d	n.d	—	—
四季豆	n.d	40.0	n.d	n.d	—
西红柿	n.d	n.d	n.d	—	—
黄瓜	n.d	n.d	n.d	—	—

续表

项目	甲胺磷	辛硫磷	马拉硫磷	甲基对硫磷	敌敌畏
萝卜	189.0	554.6	n. d	n. d	—
菜花	n. d	79.0	n. d	n. d	—
花菜	n. d	61.0	n. d	—	—
大白菜	231.0	46.0	n. d	1.0	1.0
包菜	n. d	—	—	n. d	—
最大值	477.0	1650.0	0.0	4.0	3.0
平均值	36.5	89.9	0.0	0.83	1.0
检出率/%	16.1	47.7	0.0	22.2	33.3
大于 MRL/%	16.1	26.3	0.0	0.0	0.0
MRL 值	0.0*	50.0*/**	0.0*	—*/200.0**	200.0*
污染指数 P	>1	1.80	>1	<1	<1

资料来源：王晶，1996。

注：n. d，未检出；—，未进行此项目检测；*，中国标准；* *，FAO/WHO 标准；P，某污染物含量的平均值/某污染物的食品卫生标准，$P>1$ 表示污染，P 越大污染越严重。

从表 5-2 中可以看出，蔬菜中检测的 5 种有机磷农药，共检出 4 种，未检出马拉硫磷。而甲胺磷、辛硫磷、甲基对硫磷含量均超过国家标准农药最大残留限量。

（二）有机氯农药

有机氯是早期使用的最主要的杀虫剂。根据化学结构，有机氯农药可分为滴滴涕（DDT）及其同系物、六六六（BHC）类、环戊二烯类及有关化合物、毒杀芬及有关化合物。各类有机氯农药的化学结构及药理作用相似，但毒性却有较大差别，其中 DDT 及其同系物和 BHC 类农药的毒性最大。

有机氯农药在环境中很稳定，不易降解，如 DDT 在土壤中消失 95%的时间为 3～30 年（平均为 10 年）；脂溶性强，故在生物体内的蓄积具有高度选择性，主要蓄积于脂肪组织或脂肪多的部位。

随食物摄入人体内的有机氯农药，对人体的损害主要是肝脏、肾脏等的实质性损害和中枢神经系统损害，当人体摄入量达到 10mg/kg 体重时，即可出现中毒症状。中毒者中枢神经应激性显著增加，可引起头晕、恶心、肌肉震颤等症状，严重者可造成心肌损伤，肝脏、肾脏和神经细胞的变性，常伴有不同程度的贫血、白细胞增多、淋巴细胞减少等病变，有些中毒者可出现发热、昏迷，甚至呼吸衰竭而死亡。

有机氯可通过胎盘屏障进入胎儿，部分品种及其代谢产物有一定致畸性。人群流行病学调查表明，使用此类农药较多地区的畸胎率和死胎率比使用此类农药较少的地区高 10 倍左右。

由于有机氯农药具有高度的物理、化学、生物学稳定性，易于在环境中长期蓄积，并可通过食物链而逐级浓缩，还有一定的潜在危害和“三致”作用（致突变、致癌、致畸），故在许多国家已停止使用。我国于 1983 年停止生产，1984 年停止使用六六六和 DDT 等有机氯农药。但由于其性质稳定，在水域、土壤中仍有残留，因此会在相当长的时间内继续影响食品的安全性，继续危害人类健康。

王晶等对湖北潜江农村食品和饲料中农药残留情况曾进行研究，结果见表 5-3，有机氯的残留量均低于国家标准。

表 5-3 各种食品和饲料中有机氯农药残留量 单位：μg/kg

分析项目	食品中农药残留量						饲料
	粮谷	蔬菜	肉类	蛋类	植物油	鱼类	
采样数	16	24	5	5	3	8	5
α-BHC	1.40	0.20	1.79	0.33	1.07	2.13	3.05
β-BHC	n.d	0.11	0.74	n.d	n.d	n.d	0.00
γ-BHC	n.d	n.d	n.d	n.d	n.d	n.d	6.25
δ-BHC	n.d	n.d	n.d	0.96	23.00	n.d	2.33
总-BHC	1.40	0.31	2.53	1.29	24.07	2.13	11.65
pp′-DDE	1.55	0.22	3.11	25.11	30.87	3.14	0.27
pp′-DDD	1.40	n.d	0.12	n.d	31.67	0.19	0.00
ap′-DDT	n.d	n.d	n.d	n.d	n.d	n.d	5.00
pp′-DDT	n.d	0.16	3.26	1.74	n.d	n.d	0.00
总-DDT	2.95	0.38	6.49	26.85	62.54	3.33	5.27

资料来源：王晶，1996。

注：n.d 为未检出。

（三）氨基甲酸酯类农药

氨基甲酸酯为氨基甲酸 N-甲基取代酯类，化学结构通式为 RO—CONH—CH_3，其中的活性基团为：—O—CONH—CH_3，R 为酚类、脂肪烃类或其他环烃。该类农药大多为无色或白色晶状固体，在水中的溶解度低，可溶于多数有机溶剂。在碱性条件下易水解，加热可加速其水解。

用于农业上的氨基甲酸酯类农药可分为两类：一类是 N-烷基化合物，用作杀虫剂；另一类是 N-芳香基化合物，用作除草剂。氨基甲酸酯类农药和有机磷农药一样是一种抑制胆碱酯酶的神经毒物，但氨基甲酸酯类和胆碱酯酶作用不形成氨基甲酰酯。它是一种可逆性抑制剂，水解后可复原成酯酶和氨基甲酸酯，因此它的中毒症状消失快，并且没有迟发性神经毒性。部分氨基甲酸酯类的杀虫剂毒性见表 5-4。

表 5-4 部分氨基甲酸酯类杀虫剂对大鼠经口的 LD_{50} 单位：mg/kg 体重

名称	LD_{50}	名称	LD_{50}
涕灭威	0.98	叶蝉散	260～500
速灭威	268～600	西维因	500～850
巴沙	410～635	呋喃丹	8～245

氨基甲酸酯类农药具有高效、低毒、低残留的特点，在作物上的残留时间一般为 4d，在动物的肌肉和脂肪中的明显蓄积时间约为 7d，残留量很低。在植物性食品中通常可以

检出呋喃丹（克百威）、西维因等氨基甲酸酯类杀虫剂，除了特殊情况外，一般含量均不超过国家标准。不同品种的氨基甲酸酯类农药的急性毒性差别很大。在我国常用的几种氨基甲酸酯类农药中呋喃丹、涕灭威属高毒性，西维因、叶蝉散、速灭威属中等毒性。

（四）拟除虫菊酯类农药

拟除虫菊酯类是近年发展较快的农药，该类农药是模拟天然杀虫剂天然菊酯的化学结构而合成的有机化合物。自 20 世纪 70 年代初合成第一个光稳定性拟除虫菊酯杀虫剂——氯菊酯以来，拟除虫菊酯类农药得到了迅速的发展，常用作杀虫剂和杀螨剂，目前大量使用的品种已达数十个，其中主要有氰戊菊酯、溴氰菊酯、氯氰菊酯、杀灭菊酯（速灭杀丁）、苄菊酯（敌杀死）和甲醚菊酯等。

五、食品中农药残留的危害

农药残留是指动植物体内或者体表残存的农药化合物及其降解代谢产物，以农药占本体物的质量比来表示，单位为 mg/kg。残留的质量称为残留量。

当农药施用过量或长期施用，导致食物中农药残留量超过最大残留限量时，将对人和动物产生不良影响，或通过食物链对生态系统中其他生物造成毒害作用。大量流行病学调查和动物实验研究表明，农药对机体有不同程度的危害，可概括为以下几个方面。

（一）急性毒性

急性中毒主要由于职业性（生产和使用）中毒，自杀或他杀，以及误食、误服农药，食用刚喷洒高毒农药的蔬菜和瓜果，或者食用因农药中毒而死亡的畜禽肉和水产品而引起。中毒后常出现神经系统功能紊乱和胃肠道症状，严重时会危及生命。

（二）慢性毒性

目前使用的绝大多数有机合成农药都是脂溶性的，易残留于食品原料中。若长期食用农药残留量较高的食品，农药会在人体内逐渐蓄积，可损害人体的神经系统、内分泌系统、生殖系统、肝脏和肾脏，引起结膜炎、皮肤病、不育、贫血等疾病。这种中毒过程较为缓慢，症状短时间内不是很明显，容易被人们所忽视，因而其潜在的危害性很大。

（三）特殊毒性

目前动物实验已经证明，有些农药具有致癌、致畸和致突变作用，或者具有潜在“三致”作用。

第三节　兽药残留

一、兽药残留的概念

兽药是指在畜牧业生产中，用于预防、治疗、诊断畜、禽等动物疾病，有目的地调节其生理机能并规定作用、用途、用法、用量的物质（其中含饲料药物添加剂）。

根据 FAO/WHO 联合组织的食品中兽药残留立法委员会所给的定义，兽药残留是指动物产品的任何可食部分所含兽药的母体化合物和（或）其代谢物，以及与兽药有关的杂质残留。所以，兽药残留既包括原药，也包括原药在动物体内的代谢产物及兽药生产中所伴生的杂质。广义上的兽药残留是指化学物残留，除兽药外还包括通过食物链进入畜禽体内的农药和环境污染物在动物的细胞、组织、器官或可食性产品中蓄积、贮存。另外，药物或其代谢产物与内源大分子共价结合产物称为结合残留。动物组织中存在的共价残留则表明药物对靶动物具有潜在毒性作用。各类兽药都有可能在动物源性食品中发生残留，其中以抗生素类和激素类药物残留对人体健康的影响最大，是食品中较大的安全隐患之一。

为了预防和治疗家畜、家禽和养殖鱼患病而大量投入抗生素、磺胺类等化学药物，往往造成药物残留于食品动物组织中，伴随而来的是对公众健康和环境的潜在危害。随着膳食结构的不断改善和对动物性蛋白质需求的不断增加，人们对肉制品、奶制品和鱼制品等动物性食品的要求也越来越高，对食品的兽药残留也越来越关注。世界卫生组织已经开始重视这个问题的严重性，并认为兽药残留将是今后食品安全性问题中重要问题之一。1984 年，在国际食品法典委员会（CAC）的倡导下，由 FAO 和 WHO 联合发起并组织的食品中兽药残留立法委员会（CCRVDF）于 1986 年正式成立。食品中兽药残留立法委员会每年在华盛顿召开一次全体会议，根据制定世界或地区性“法规标准”的步骤，来制定动物组织及产品中兽药残留的最高残留限量（MRLVD）法规和休药期法规。欧共体建立了兽药产品委员会（Committee for Veterinary Medicinal Product，CVMP）来配合兽药产品的许可证程序的执行。我国的兽药使用和兽药残留问题由农业部管理，1991 年我国国务院办公厅提出了加强农药、兽药管理的通知，1994 年农业部发布了《动物性食品中兽药的最高残留量（试行）》的通知，要求各级农牧行政管理机关的兽药管理、监察机构要积极开展动物性食品中兽药残留的监测、检查工作。

二、兽药残留的来源与管理

（一）兽药残留的来源

1. 不正确使用兽药和滥用兽药 为了防治疾病、保障生产或维护动物的健康，在使用兽药时，在用药部位、给药途径、用药动物的种类和用药剂量等方面要严格符合用药规定。如果用药不当或不遵守休药期规定，药物就会在动物体内残留，造成兽药残留。

2. 不遵守休药期的有关规定 休药期是指从畜禽最后一次用药到该畜禽许可屠宰或其产品（乳、蛋）许可上市的间隔时间。经过休药期的休养，畜禽可通过新陈代谢将大多数残留的药物排出体外，使药物的残留量达到安全浓度。一般添加的药物都应按照休药期规定进行，但实际中有一些畜禽饲养人员不按照休药期规定，一直使用到屠宰前，这样肯定会使残留超标。

3. 非法使用违禁药物 我国农业部在 2003 年第 265 号公告中明文规定，不得使用不符合《兽药标签和说明书管理办法》规定的兽药，其他法令也明文规定不得使用进口国明令禁用的兽药，畜禽产品中不得检出禁用药物。2011 年农业部根据《兽药管理条例》的规定，制定了《食品动物禁用的兽药及其他化合物》清单（表 5-5）。但由于经济利益的驱使，不遵守上述规定，使用违禁兽药的情况十分普遍。

4. 无意带入的污染 在食品加工操作过程中，有些操作人员为了预防疾病而使用某些药物，也可能无意地造成对食品的污染。在我国的某些虾加工厂中，工人使用氯霉素眼药水擦手，以预防虾壳刺激造成手的糜烂，导致我国出口虾仁中检测出氯霉素残留。

表 5-5　农业部第 193 号公告《食品动物禁用的兽药及其他化合物》

禁用动物	禁止用途	兽药及其他化合物名称
所有食品动物	所有用途	β-兴奋剂类：克伦特罗，沙丁胺醇，西马特罗及其盐、酯及制剂
所有食品动物	所有用途	性激素类：己烯雌酚及其盐、酯及制剂
所有食品动物	所有用途	雌激素样作用物质：玉米赤霉醇、去甲雄三烯醇酮、醋酸甲羟孕酮及制剂
所有食品动物	所有用途	氯霉素及其盐、脂（包括琥珀氯霉素）及制剂
所有食品动物	所有用途	氨苯砜及制剂
所有食品动物	所有用途	硝基呋喃类：呋喃唑酮、呋喃它酮、呋喃苯烯酸钠及制剂
所有食品动物	所有用途	硝基化合物：硝基酚钠、硝呋烯腙及制剂
所有食品动物	所有用途	催眠、镇静类：甲苯喹唑酮及制剂
水生食品动物	杀虫剂	林丹（丙体六六六）
水生食品动物	杀虫剂、清塘剂	毒杀芬（氯化烯）
水生食品动物	杀虫剂	呋喃丹（克百威）
水生食品动物	杀虫剂	杀虫脒（克死螨）
水生食品动物	杀虫剂	双甲脒
水生食品动物	杀虫剂	酒石酸锑钾
水生食品动物	杀虫剂	锥虫胂胺
水生食品动物	抗菌、杀虫剂	孔雀石绿
水生食品动物	杀螺剂	五氯酚酸钠
所有动物	杀虫剂	汞制剂：氯化亚汞（甘汞）、硝酸亚汞、乙酸汞、吡啶基乙酸汞
所有食品动物	促生长	性激素类：甲基睾丸酮、丙酸睾酮、苯丙酸诺龙、苯甲酸雌二醇及其盐、酯及制剂
所有食品动物	促生长	催眠、镇静类：氯丙嗪，地西泮（安定）及其盐、酯及制剂
禁用动物	禁止用途	兽药及其他化合物名称
所有食品动物	促生长	硝基咪唑类：甲硝唑，地美硝唑及其盐、酯及制剂

5. 环境污染　动物用药后，兽药常以药物原形或代谢产物的形式随粪便、尿液等排泄物排到环境中。绝大多数兽药在环境中仍具有活性，通过陆生食物链与水生食物链甚至食物网，逐步转移、积累、富集，可以提高到千百万倍后进入人体，威胁人体健康。

（二）兽药残留的管理

1. 加强药物的合理使用规范　解决兽药残留问题必须从源头抓起，从兽药生产、经营、使用环节入手，严格按照《兽药管理条例》、《兽药标签、说明书管理办法》和《饲料药物添加剂使用规范》等规范要求去做，合理使用兽药和饲料药物添加剂，是减少和避免兽药残留的有效途径。

2. 严格规定休药期　为保证给予动物内服或注射药物后药物在动物组织中残留浓度能降至安全范围，必须严格规定药物休药期。

3. 制定动物性食品中兽药的最高残留限量标准并加强监测　兽药残留限量标准是兽药残留监控的依据。我国兽药残留限量标准的制定开始于 1994 年，经历了 4 次修订，一次比一次完善，现行的兽药最高残留限量标准是 2002 年农业部第 235 号文件发布的。

建立完善的管理监控系统，普及快速、准确、简便的检测方法，是解决兽药残留的有限手段；同时禁止在饲料中添加未经批准的治疗药物，还应关注被批准使用药物的潜在危害，一旦发现应立即采取相应解决措施。

4. 选择合适的食品食用方式　消费者可通过烹调加工、冷藏等加工方法减少食品中的兽药残留。如 WHO 估计肉制品中的四环素类兽药残留经加热烹调后，5～10mg/kg 的残留量可减低至 1mg/kg。氯霉素经煮沸 30min 后，至少 85%失去活性。

三、食品中主要兽药残留及危害

（一）抗生素

抗生素类多为微生物天然发酵产物或采用化学半合成方法制造的相同或类似的物质，在浓度较低的情况下就能抑制或杀灭某些特异性微生物，是临床应用最多的一类抗菌药物，广泛应用于治疗人和动物的多种细菌性感染。目前已知天然抗生素有万余种。

在畜禽动物体使用的抗生素药物包括以下几类。

（1）氨基糖苷类。包括庆大霉素、链霉素、双氢链霉素、卡那霉素、新霉素等。

（2）四环素类。包括四环素、金霉素、土霉素、多西环素等。

（3）磺胺类。包括磺胺嘧啶、磺胺二甲基嘧啶、磺胺甲基嘧啶等。

（4）β-内酰胺类抗生素。即青霉素类，包括氨苄西林、青霉素、阿莫西林等。

（5）头孢菌素类。包括头孢氨苄、头孢噻吩类。

（6）大环内酯类。如红霉素、螺旋霉素等。

（7）多肽类。包括杆菌肽、维吉尼亚霉素。

（8）氯霉素。

（9）呋喃类。

作为临床治疗用药的抗生素类，常常在短期内使用，主要是通过注射、口服、饮水等方式进入动物体内。如在蜂业生产中，为防治蜜蜂幼虫腐臭病等细菌性病害，常超量使用四环素、土霉素、红霉素等抗生素药剂而造成蜂产品中抗生素残留超标。另外，在兽医临床用药时，还常常将不同的抗生素联合起来使用（如青霉素与链霉素联合使用），更容易造成抗生素类药物在动物体内残留，导致动物性食品污染。

自 20 世纪中叶抗生素被发现对动物有促生长作用以来，抗生素添加剂得到了广泛应用，这类抗生素主要通过添加于饲料经口进入动物体内，如土霉素添加剂、金霉素添加剂等。由于抗生素在动物体内需要一定的时间才能完全排出体外，因此长期使用，极容易在动物体内蓄积，造成动物性食品中的兽药残留。

由于在消费人群中存在对抗生素过敏者，因此食品中抗生素的残留可能对这些消费者的安全构成严重威胁。而普通人食用含有抗生素残留的动物性食品后，一般不表现急性毒理作用。但长时间摄入低剂量的抗生素残留的动物性食品，则可在人体内蓄积而产生多种危害。产生的危害主要有以下几个方面。

1）引发过敏反应　过敏反应是一种急性反应，其中青霉素类是最容易引发过敏反应的一类抗生素。此外，四环素、链霉素等抗生素有时也能引起过敏反应。

青霉素、四环素类抗生素具有抗原性，能刺激机体形成抗体，当被致敏人体再接受这些抗生素治疗时，该抗生素就会与抗体结合，生成抗原抗体复合物而引发过敏反应，轻者表现为荨麻疹、皮炎和发热等，严重者可导致呼吸困难和过敏性休克，甚至危及生命，但发生率极低。

2）使肠道菌群失调　正常条件下，人体消化道内的微生态环境中存在着多种微生物，相互拮抗且保持动态平衡，某些菌群还能合成维生素供机体使用。长期食用有抗生素残留的动物性食品后，敏感菌受到抑制，而不敏感菌在体内可大量繁殖生长，从而导致肠道菌群失调，同时使肠道内能够合成人体所需的 B 族维生素和维生素 K 的细菌受到抑制，从而引起维生素缺乏。由于抗生素抑制了有益菌的生长，为一些耐药的致病菌提供了生存空间，甚至造成“二重感染”，危害人体健康。

3）产生毒性作用　长期摄入氨基糖苷类抗生素残留严重超标的动物性食品可以引起药物性耳聋，还会损伤肾脏近曲小管上皮细胞，出现蛋白尿、血尿，甚至导致肾功能失调；氯霉素对骨髓造血机能有抑制作用，能使白细胞减少，特别是杀伤颗粒性白细胞，影响红细胞成熟，长期摄入含有氯霉素残留的动物源性食品，可引起再生障碍性贫血和溶血性贫血，对敏感人群、新生儿、早产儿及肝功能不全的患者影响更大；四环素类经口服可直接刺激机体，出现恶心、呕吐、腹部不适、食欲减退等症状，还能影响骨骼和牙齿的生长，抑制婴儿的骨髓生长。

4）导致病原菌产生耐药性　动物在反复摄入某一种抗菌药物后，体内将有一部分敏感菌株逐渐产生耐药性，形成耐药菌株。耐药基因可通过转导、转化、结合和溶原性转换等方式在细菌之间传播，也可通过食物链的传递进入人体，由此引起人类和动物感染性疾病的治疗失败。据美国《新闻周刊》报道，仅 1992 年就有 13 300 名患者死于抗生素耐药性的细菌感染。现已证明，耐药的致病性大肠杆菌的质粒可以传递给敏感的大肠杆菌，使之变为耐药菌株。

（二）磺胺类药物

磺胺类药物是一类具有广谱抗菌活性的化学合成药物，具有价廉、使用方便的特点，广泛应用于兽医临床及动物饲料添加剂等领域。常用的磺胺类药物有磺胺嘧啶、磺胺脒、磺胺甲基嘧啶、磺胺甲基异噁唑（新诺明）、磺胺异噁唑（菌得清）等。另外，磺胺药也经常与一些抗菌增效剂合用。所谓的抗菌增效剂是一类新型广谱抗菌药，能显著增强磺胺药效，称之为磺胺增效剂，如复方新诺明、增效磺胺嘧啶钠等。

磺胺类药物根据其应用情况可分为三类，即用于全身感染的磺胺药、用于肠道感染的内服的难吸收的磺胺药和用于局部的磺胺药。磺胺类药物大部分以原形态自机体排除，且在自然环境中不易被生物降解，从而容易导致再污染，通过各种给药途径进入动物体后，可造成药物在动物组织中的残留，并可转移到肉、蛋、乳等各类动物性食品中。人类经常食用有磺胺类药物残留的动物性食品，可能引起磺胺类药物在体内的逐渐蓄积，对人体产生各种毒性作用，除了产生耐药菌株、破坏肠道微生态环境外，甚至造成器质性损伤，也可引发过敏反应。磺胺类药物的危害主要有以下几点。

1）过敏反应　经常食用含低剂量磺胺类药物的食品能使易感的个体出现过敏反应，患者出现药物热和皮疹，严重者可引起血管性水肿，甚至出现死亡。

2）造血系统损害　长期摄入含磺胺类药物的动物性食品，可破坏人的造血系统，造成再生障碍性贫血、溶血性贫血、白细胞减少症、粒细胞减少症、血小板减少症等，对人体健康产生极大的影响甚至危及生命。

3）“三致”毒性　磺胺二甲基嘧啶等磺胺类药物在连续给药中能够诱发啮齿动物甲状

腺增生，并具有致肿瘤倾向。磺胺类药物还可穿过血胎盘屏障进入胎儿体内，并且有“三致”的可能性。

4）*泌尿系统损害*　长期摄入含磺胺类药物残留的动物性食品后，药物可不断在体内蓄积。磺胺类药主要以原形及乙酰磺胺的形式经肾脏排出，在尿中浓度较高而溶解度又较低，尤其当尿液偏酸性时，可在肾盂、输尿管或膀胱内析出结晶，产生刺激和阻塞，造成泌尿系统损伤，引起结晶尿、血尿、管型尿、尿痛、尿少甚至尿闭。

此外，磺胺类药物残留还可引起消化系统障碍，使人出现食欲缺乏、恶心、呕吐、腹泻等症状；磺胺类药物的激素样效应也正在进一步研究中。

（三）激素

激素是由内分泌腺体和散在于其他器官内的分泌细胞所分泌的微量具生物活性物质，它们有调节、控制组织器官的生理活动和代谢功能的作用。正常时激素在动物和人体内含量甚微，但对机体的作用强，影响大，因此即使在食用组织中痕量残留，一旦进入人体，也将对人体产生很大影响。

激素类药物通常被埋植在动物的皮下或通过深部肌肉注射进入动物体内，也可以饲料添加剂的方式使用。如果使用激素后不久将动物急宰，则在动物埋植部位或注射部位可能残存大量的激素类药物。人食入激素残留的肌肉或其他组织后，会使大量激素进入人体而危及消费者的健康。性激素（尤其是雌激素）和同化激素在畜牧业生产中应用最多，对人类健康的危害也最大。

激素类药物，如甾体类激素和非甾体类激素在促进动物生长、提高饲料转化率、促进动物发情、提高受胎率等方面效果明显。但这类药物可扰乱人体内分泌系统，导致异性化，引起儿童早熟、肥胖。

第四节　重金属及其他危害元素

一、食品中有害化学元素的来源

重金属是指相对密度比 5 大的金属，常见的有金（Au）、银（Ag）、汞（Hg）、铜（Cu）、铅（Pb）、镉（Cd）、铬（Cr）等 45 种，其中对人体危害最大的有 Hg、Pb、Cd、As 等。这类金属元素通过食物进入人体，干扰人体正常生理功能，危害人体健康，被称为有毒重金属。当重金属在人体中累积达到一定程度，就会造成慢性中毒，危害人类身体健康。

食品中的有害化学元素主要通过以下方式污染食品：①食品本身含有或自身变化产生的有毒有害物质。有些植物性农产品在生长阶段，吸收空气或土壤中的有毒有害物质，并不断积蓄，从而造成食品污染。②食品加工、储存、处理不当过程中自身形成的有害物质。③食品在生产、运输、贮存、销售过程中受到外界有毒有害物质的污染，即食品污染。在食品加工过程中使用的机械、管道等与食品摩擦接触，会造成微量的金属元素掺入食品中，引起污染，贮存食品的大多数金属容器含有重金属元素，在一定条件下也可污染食品。④食品加工过程中有意加入的成分。

案例 湘江重金属污染事件

1971年湘江流域出现部分江段饮用水重金属严重超标现象，湖南省衡阳市区发生停水事故，这是国内环境史上第一次因江河重金属严重超标而出现的居民饮用水供应被迫停供事件。1978年，中科院地理研究所的报告指出，湘江已成为国内污染最为严重的河流之一。重金属污染湘江直接威胁着流域附近4000万人口的饮用水安全及生产安全。湘江流域局部的正常供水被打断，同时，因重金属超标危害人体健康的事故时有发生，鱼类大幅减少，数以千亩的农田不能耕种，有很多地域的鱼类、粮食、蔬菜不能食用。

湖南省是“有色金属之乡”，世界已发现的160多种矿藏中，湖南省就有140多种，其中钨、锑、铋、锌、铅、锡等储量均在全国前列。20世纪80年代以来，湖南省有色金属开采与冶炼提速，成为不少地区经济发展的支柱产业。湘江流域富矿很少，选冶复杂，需要大量的选冶药剂，这就造成了有色金属和选冶药剂的复合污染，污染也就更严重。此外，废渣随意堆放，废渣中的重金属就随着流水、空气蒸发慢慢迁移，周边生态环境严重破坏。

二、食品中有害化学元素的毒性和毒性机制

有害金属的毒性作用主要有三个特点：①阻断了生物分子表现活性所必需的功能基；②置换了生物分子中必需的金属离子；③改变了生物分子构象或高级结构。

（一）铅

重金属铅（Pb）相对原子质量为207.2，密度为11.3437g/cm^3，硬度为1.5，熔点为327.502℃，是一种蓝白色重金属，质柔软，延性弱，展性强，在自然界中广泛存在，溶于硝酸、热硫酸、有机酸和碱液，不溶于稀酸和硫酸。铅及其化合物主要应用于现代工业、交通运输业，如冶金、印刷、军事、医学、电子、陶瓷、颜料等工业中，在使用过程中往往能够通过多种途径对食品造成污染。

1. 食品中铅的来源

1）食品包装和盛放过程造成的铅污染　日常生活中人们广泛使用的陶瓷餐具、茶具等含有彩色图案的瓷器都存在铅污染，这种瓷是用含铅颜料制成的图案贴到釉表面。这类瓷餐盛放酸性饮料时，釉中的铅化物能够溶解到酸中渗透出来，因此人们在饮用饮料的同时就已经摄入了铅。同时，由外包装造成的食品铅污染也随处可见，用含铅油墨印制的食品包装塑料袋，在使用过程中，极易造成铅污染食物。

2）食品制作过程中出现的铅污染　在众多受人们青睐的食品中也存在铅污染，常见的有爆米花和松花蛋。由于爆米花的制作过程是密闭加热，爆米花机炉膛和炉盖中的铅极易在高温中挥发形成铅蒸气污染爆米花。同时，松花蛋在传统制作过程中需加入黄丹粉，其成分是Pb_3O_4，故采用此方法制作的松花蛋中铅含量极高。

3）环境中铅对食品的污染　环境的铅污染主要来自两方面：一是铅矿的开采、冶炼及铅制品制造业产生的“三废”排入环境造成污染；二是来自汽车的尾气，它是我们日常生活中最为明显的铅污染源。例如，2000年1月1日前，上海市大气中铅污染物92%来自机动车含铅废气，含铅汽油中四乙基铅比无机铅毒性大100倍，且挥发性较强。

4）含铅农药对食品的污染　农作物生长过程中，施用的含铅农药和化肥使农作物蓄

积一定量的铅，比如砷酸铅，因其具有良好的杀虫作用，曾被广泛用作水果的杀虫剂，从而造成水果皮含铅量较高。

5）*生物对铅的富集作用*　重金属铅还可以通过生物链的富集作用进入食品。目前最常见的污染途径为用工厂、矿山排出的含铅废水灌溉农田，植物通过根部从土壤中吸收溶解性的铅。

6）*饮用水中的铅污染*　饮用水中铅污染途径主要是含铅的自来水管或是铅焊料焊接，水龙头几乎都含有铅，随着使用时间的推移，这些材料中的铅会通过水循环进入到千家万户。

我国于 1985 年 8 月颁布实施《生活饮用水卫生标准》（GB5749—85），即对自来水中的铅含量做出了规定：可接受的铅最大浓度为 0.05mg/L。在 2006 年颁布实施的《生活饮用水卫生标准》（GB5749—2006）中将铅的限量值规定为 0.01mg/L。

2. 危害

1）*对神经系统的危害*　铅是一种很强的神经毒物，神经系统对铅的毒害作用非常敏感，当铅进入脑组织，会损伤大脑和小脑的皮质细胞，影响脑组织代谢活动，最终造成弥散性脑损伤。当血铅浓度达到 60～80μg/100ml 时，人体会表现出头晕、疲乏、失眠等神经衰弱症状，同时铅还能导致神经纤维功能缺陷，引起末梢性周围神经炎，出现感觉和运动障碍。

2）*对骨髓造血机能的影响*　铅能够通过干扰血红蛋白的重要组成部分亚铁血红素的合成来阻滞血红蛋白生物合成，进而能够引起机体贫血。另外，铅还能通过引起溶血造成贫血，这是因为铅与红细胞膜上的腺苷三磷酸酶结合并对它产生抑制作用，该酶可以控制红细胞膜 K^+、Na^+、H_2O 的分布；当酶的作用被抑制时，K^+、Na^+、H_2O 的分布失控，红细胞皱缩，细胞膜弹性降低，脆性增大，红细胞在血液循环中易受伤破碎，造成溶血，最终引起贫血。

3）*对消化系统的影响*　过量的铅能够和口腔中少量的 H_2S 形成硫化铅，在牙龈、口唇、颊等处沉积形成灰蓝色的颗粒线——“铅线”。铅能使消化道平滑肌、肠系膜血管发生痉挛，出现腹绞痛、胃肠道出血、局部贫血、溃疡等症状。

4）*对其他功能的影响*　铅能引起小动脉血管痉挛形成高血压；影响骨骼肌内磷酸肌酸的合成，出现肌肉麻痹；还能引起肝功能减退，肾功能障碍。

案例　铅对儿童生长发育的影响

2009 年陕西省凤翔县长青镇马道口村数百名孩子检查出血铅含量异常，部分儿童血铅含量达到了每升 239～242μg，大大超出了 0～100μg 的正常值，导致儿童出现腹痛、情绪烦躁、发育迟缓等症状。由于儿童大脑处于神经系统快速发育阶段，对铅有特殊敏感性，铅又易在脑中积蓄，不断地毒害神经系统，从而导致发育迟缓，出现智力上的缺陷，且这种影响是不可逆和永久性的。在一定浓度范围内儿童体内血铅升高对儿童智力和行为的影响表现不明显，所以儿童铅中毒具有较强的隐蔽性和更大的危害性。

（二）汞

汞（Hg）是一种毒性很强的重金属污染物，常温下呈银白色液态金属，俗称水银。汞在室温下易挥发，汞蒸气易被墙壁或衣物吸附，在自然界中以金属汞、无机汞和有机汞的形式存在，极易由环境中的污染物通过各种途径对食品造成污染，直接影响人们的饮食安全，危害人体的健康。

1. 食品中汞的来源　在自然界中，汞是一种不常见的金属元素。金属汞通常以化合物的形式进入到食品中，其污染食品的主要途径为含汞农药的使用、污水灌溉及含汞废水养鱼，从而造成谷物、蔬菜和鱼类的污染。由于金属汞在室温下易挥发，可经过呼吸道进入人体产生危害，人体吸收的汞分布于全身组织和器官，肝、肾、脑等器官含量最高。体内的汞可以通过尿、粪和毛发排出。

汞是蓄积作用较强的元素，湖泊、沼泽中的水生植物、水产品易蓄积大量的汞。因此，汞可以通过食物链富集作用污染食品，通过食物链的传递而在人体蓄积，蓄积于体内最多的部位为骨髓、肾、肝、脑、肺、心等。汞对人体的神经系统、肾、肝等可产生不可逆的损害。

此外，通过食品包装材料和容器，以及使用劣质食品添加剂等都可引起食品重金属的污染。

2. 危害　食品中汞的化学存在形式不同，其对人的危害程度也不同。在汞的三种存在形式中，有机汞的毒性要远远高于其他两种，如 $Hg(CH_3)_2$等，不仅毒性高能够伤害到人体大脑，造成神经系统异常，而且其性质比较稳定，在人体内的半衰期能够达到 70d，这种剧毒重金属即使很少的剂量也可累积致毒。

汞在机体内多积蓄在肾、肝、脑中，如甲基汞主要侵犯神经系统，特别是中枢神经系统，严重损害大脑和小脑，同时还能破坏蛋白质和核酸，甲基汞中毒可分为急性、亚急性、慢性和潜在性四种。

案例　日本“水俣病”

1956 年，日本水俣湾附近发现了一种奇怪的病。这种病症最初出现在猫身上，被称为“猫舞蹈症”。病猫步态不稳、抽搐、麻痹，甚至跳海死去，被称为“自杀猫”。随后不久，此地也发现了患这种病症的人。患者由于脑中枢神经和末梢神经被侵害，轻者口齿不清、步履蹒跚、面部痴呆、手足麻痹、感觉障碍、视觉丧失、震颤、手足变形，重者精神失常，或酣睡，或兴奋，身体弯弓高叫，直至死亡。当时这种病由于病因不明而被称作“怪病”，这就是轰动世界的“水俣病”。

含有汞的废水进入水体后，这些金属汞或无机汞在水中某些微生物的作用下转变为毒性更大的有机汞（主要是甲基汞），由于食物链的生物富集作用而最终在水生生物的体内达到很高的浓度，尤其在贝类体内为甚。这种剧毒物质只要有挖耳勺的一半大小就可以置人于死地。当时日本水俣湾的甲基汞含量达到了足以毒死日本全国人口两次都有余的程度。

（三）镉

镉（Cd）是一种银白色有延展性的金属，密度非常大，能够达到 $8650kg/m^3$，同时沸点也非常高，为 765℃。镉在湿度较高的空气中缓慢氧化并失去金属光泽，在加热时也能发生氧化反应形成棕色的氧化层物，因此镉通常以硫化镉、硫酸镉、氯化镉、硝酸镉、乙酸镉、半胱胺酸镉络合物和碳酸镉等离子形式存在于自然界。

由于镉具有良好的性能，在电镀、电池、汽车、航空、颜料、油漆、印刷、塑料等行业中发挥着重要的作用，但是随着工业的发展，镉污染也变得越来越严重，已经成为环境污染的公害之一。自 20 世纪 50 年代日本暴发了由 Cd^{2+} 引起的“骨痛病”事件后，Cd^{2+} 污染问题引起了世界各国的普遍关注，联合国粮农组织（FAO）和世界卫生组织（WHO）将镉列为第三位优先研究的食品污染物。

1. 食品中镉的来源

1）自然本底　镉是环境中普遍存在的金属元素，广泛分布在岩石、沉积物和土壤之中，地壳中镉的平均浓度为 0.2mg/kg。自然界中的镉可以通过植物的吸收作用而进入食物链，从而污染食品，形成从土壤、大气到餐桌的污染模式。

2）工业污染　随着工业的发展，生活中镉的污染也越来越严重。有色金属冶炼和使用 Ni-Cd 电池等人类活动使释放到环境中镉的数量为自然源的 3～10 倍，从而极大地增加了环境中镉的数量。人们在使用未经处理的含镉污水进行灌溉的过程中已经从源头上造成了食品的污染。

3）食品容器及包装材料的污染　食品的二次加工（如添加各种添加剂及各种包装）等已成为农产品重金属污染的主要污染源。在加工和包装贮存中，采用电镀（含镉）的容器、蓄水池及水管或者污水的水源是使食品中镉含量偏高的主要原因。

4）施肥和农药的污染　在生产过程中农用化学品不合理地大量使用及菜地、农田直接施用未经处理达标的城市污泥和垃圾泥等都是使植物性食品中镉含量超标的主要原因。

2. 镉对人体的危害　镉不是人体必需元素，可通过食物链富集作用危害人类健康，对人体具有危害作用。镉中毒主要损害肾脏、骨骼和消化系统，临床上可出现蛋白尿、氨基酸尿、糖尿和高钙尿，造成钙、蛋白质等营养素的流失，因骨钙迁出而发生骨质疏松和病理性骨折。

案例　日本“骨痛病”

1956 年，日本富山县神通川下游出现一种全身骨痛的患者，病因不明，故称“骨痛病”。患者多是年过 40 岁的妇女，生育过子女，并在流行地区生活居住长达 30 年以上。1967～1982 年正式诊断 132 例，其中 90 例已死亡。

案例分析：1961 年查明该病是由于长期食用含 Cd 高的稻米中毒所造成的一种公害病。神冈炼锌厂排放的废水中含大量镉，造成该地区的水源和稻米中含有大量的镉。

镉具有致畸、致突变和致癌性，镉的致癌作用与镉能损伤 DNA、影响 DNA 修复，以及促进细胞增生有关。镉可引起肺、前列腺和睾丸的肿瘤。在实验动物体中，镉能引起皮下注射部位、肝、肾和血液系统的癌变。因此，1987 年国际抗癌联盟（IARC）将镉定为 2A 类致癌物，1993 年被修订为 1A 类致癌物。

（四）砷

砷是一种以有毒而著名的类金属，并有灰色、黄色和黑色三种同素异形体。砷元素广泛存在于岩石、土壤和水中，共有数百种的砷矿物质已被发现。砷在环境中由于受到化学作用和微生物作用，大都以无机砷和有机砷的形态存在。无机砷包括亚砷酸盐和砷酸盐，其中砷化氢是一种无色、具有大蒜气味的剧毒气体；有机砷包括单甲基砷酸盐、二甲基砷酸盐、砷甜菜碱、砷胆碱和砷糖等。在砷的众多存在形态中，一部分存在形态具有较强的毒性，同时存在急性毒性和致癌致畸效应，因此，1973 年联合国粮农组织和世界卫生组织所确定的 17 种最优先研究的食品污染物中将砷排在第二位。

1. 食品中砷的来源

（1）砷分布于自然环境，一般土壤中都存在砷。食品中微量的砷主要来自于土壤、空气和水中，在没有受到砷污染的食品中也含有一定量的砷，如蔬菜 0～1.3mg/kg、谷类 0～2.4mg/kg、肉 0～1.4mg/kg、乳制品 0～0.23mg/kg 等。

（2）工业“三废”及含砷农药的污染。使用未经处理的含砷的工业废水灌溉农田和工厂排出的废气、堆放的废渣使土壤的砷含量急剧增加，而后经多种途径污染食品，这些都在一定程度上造成食品中砷的含量超标。同时，因在农业中大量使用含砷化合物作为除草剂、杀虫剂、杀菌剂、杀鼠剂，造成了农作物的严重污染，使农作物中砷的含量严重超出正常标准，进而导致食品中砷含量增高。据报道，正常海水含砷为 2～30mg/kg，而工业城市毗邻的沿海水域可达 140～1000mg/kg。砷在我国大部分地区的蔬菜中检出率近 100%。砷在粮食、水果、蔬菜、肉、乳、蛋、鱼类及其制品、茶叶等食品中均有检出，有的超过食品安全卫生标准。

（3）在动物饲料中大量掺入含砷化合物作为促生长剂，对动物性食品安全性造成严重影响。在动物生产上，有机砷制剂作为促生长性饲料添加剂，能提高猪、鸡的生长速度和饲料利用效率，同时砷制剂能够舒张毛细血管、增加毛细血管的通透性，对治疗和防治猪的下痢、腹泻有疗效，因而比较受养猪户的喜爱，助长了砷制剂的大量添加。由于砷制剂在动物体内不易吸收，排出体外变成毒性更大的无机砷。

（4）在食品原料、辅料、食品加工、储存、运输和销售过程中使用和接触的机械、管道、容器、包装材料，以及因工艺需要加入的食品添加剂，也可造成砷对食品的污染。

2. 砷对人体的危害　砷也是人体必需的微量元素，有生血和促进组织细胞生长等功能；同时，砷在临床上对肿瘤也有一定的治疗作用。但是，过量摄入砷容易引起砷急性中毒而致死，然而砷在体内有较强的蓄积性，皮肤、骨骼、肌肉、肝、肾、肺是体内砷的主要贮存场所，长期低剂量摄入也会在人体蓄积进而引起慢性砷中毒和诱发各类皮肤病，以及肝、肾损伤。

砷的毒性与其存在形态有着密切的关系，不同形态的砷，其毒性相差很大。元素砷基本无毒，三价砷化合物的毒性大于五价砷化合物，砷化氢和三氧化二砷（俗称砒霜）毒性最大。

人体砷中毒主要分为急性中毒和慢性中毒。通常砷的急性中毒通常是由于误食而引起，如误服三氧化二砷后，主要表现为急性胃肠炎、呕吐、腹泻、休克、中毒性心肌炎、肝病等，严重者可表现为兴奋、烦躁、昏迷，甚至呼吸麻痹而死亡。而砷慢性中毒是由于长期少量经口摄入受污染的食品引起的。主要表现为食欲下降、体重下降、胃肠障碍、末梢神经炎、结膜炎、角膜硬化和皮肤变黑。长期受砷的毒害，皮肤出现白斑，后逐渐变黑，角化增厚呈橡皮状，出现龟裂性溃疡。

三、重金属及其他危害元素控制措施

食品问题是关乎民生的问题，为了减少食品中重金属及其他危害元素的污染，我国针对不同的重金属及其他危害元素颁布了相应的法规和允许限量。目前，我国食品中的重金属残留限量由《国家食品安全标准　食品中污染物限量》(GB2762）进行规定。但要彻底解决食品中重金属及其他危害元素污染的问题还要从以下几个方面进行。

第一，消除污染源。控制重金属及其他危害元素对食品的污染首先要从源头上把关，严格控制工业“三废”和城市生活垃圾对农业环境的污染，加大对污染企业的监控力度，把危害降到最低点。

第二，加快推行标准化生产，加强农产品质量安全关键控制技术研究与推广，加大无公害农产品生产技术标准和规范的实施力度，禁止使用含有毒重金属及其他危害元素的农药、化肥等化学物质，如含汞、含砷制剂；严格管理农药、化肥的使用。

第三，加强卫生质量检测和监督。强化质量管理，完善食品安全检验检测体系。

第四，限制使用含砷、含铅等重金属及其他危害元素的食品加工用具、管道、容器和包装，以及含有此类重金属及其他危害元素的添加剂和各种原材料。

最后，做到严格管理，防止误食、误用、投毒和人为污染食品。加强食品安全教育，提高公众环保意识，加强群众监督，同时加大食品生产企业责任心的培养，共同保护自然生态环境，维护人体健康。

第五节　持久性有机污染物

一、持久性有机污染物的概念与种类

持久性有机污染物（POPs）是指能够在各种环境介质（大气、水、生物体、土壤和沉淀物等）中长期存在，并能通过有关介质远距离迁移，以及通过食物链网富集，进而对人类健康和生态环境产生严重危害的天然或人工合成的有机污染物。

《斯德哥尔摩公约》首批列入的 POPs 有三大类 12 种物质。第一类：有机氯杀虫剂，包括艾氏剂（aldrin)、狄试剂（dieldrin)、异狄试剂（endrin)、滴滴涕（DDT)、氯丹(chlordane)、七氯（heptachlor)、灭蚁灵（mirex)、毒杀芬（toxaphene)。第二类：工业化学品，包括多氯联苯（PCBs）和六氯苯（HCB)。由于其良好的化学性质、热稳定性、惰性及介电特性，常被用作增塑剂、润滑剂和电解液。第三类：化工生产中的副产品二噁英(PCDFs）和呋喃（PCDFs)，将多氯代二苯并对二噁英（PCDDs）与多氯代二苯并呋喃(PCDFs）一起统称为二噁英类，合记为 PCDD/Fs。PCDD/Fs 是化学产品的衍生物杂质和含氯废物焚烧产生的次生污染物。图 5-2 为目前被列入持久性有毒污染物（PTS）清单的物质。

二、多氯联苯和多溴联苯

(一) 多氯联苯性质及危害

多氯联苯（polychlorinated biphenyls，PCBs）是一类重要的环境污染物。从结构上看，每个联苯分子的氢能置换 1～10 个氯，理论上它有 209 种同类物。然而实际上每个分子只有 2～6 个氯，目前已确定结构的有 102 种。其结构式如图 5-3 所示。

多氯联苯是一氯联苯、二氯联苯、三氯联苯等的混合物，呈现无色或淡黄色的黏稠液体状，其黏度和氯的数目多少有关，随氯的数目的增加其黏稠性和稳定性提高。多氯联苯易溶

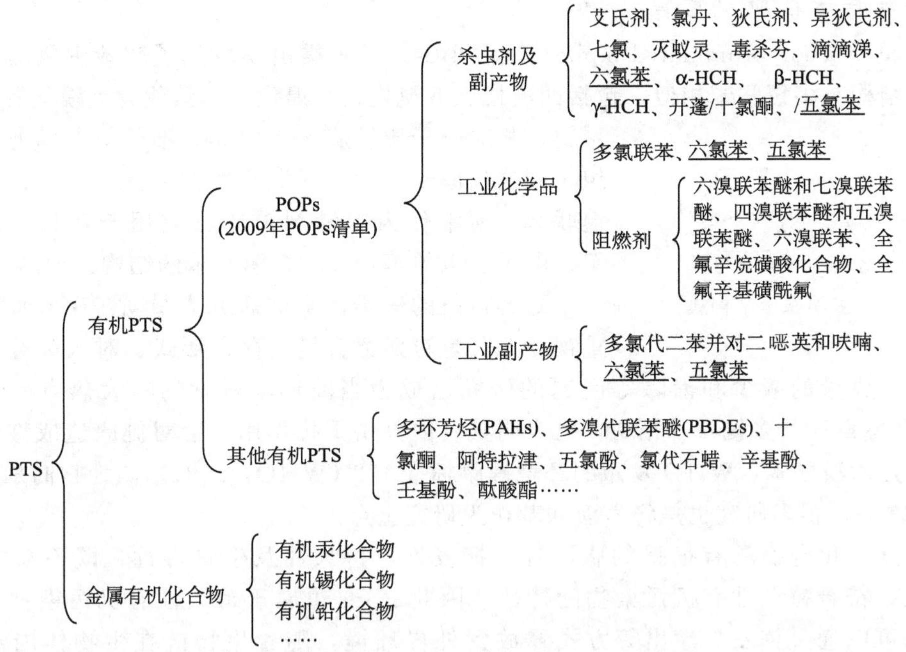

图 5-2　持久性有毒污染物清单

于脂肪、有机溶剂，极难溶于水，极难分解，可以通过水体中生物食物链的富集作用，在鱼类体内浓度累积到几万甚至几十万倍。PCBs 含氯原子越多，越易在人和动物体的脂肪组织和器官中蓄积，越不易排泄出，毒性就越大。

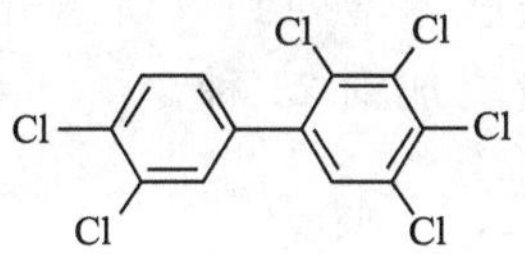

图 5-3　多氯联苯结构式

由多氯联苯造成的环境污染早在 20 世纪 50 年代就已存在，最早是在 1966 年由瑞典科学家证实，至 1970 年，多氯联苯广泛的环境污染，以及由水生系统食物链富集造成的食物污染的可能性已被充分证实。

食品中的多氯联苯主要来源于食物链的生物富集、纸包装材料的迁移、泄露等意外事故。其中鱼、畜、禽肉类及其蛋类和乳制品成为主要污染的食品。

案例　日本“米糠油事件”

1968 年 3 月，在日本的九州、四国等地，突然发生了几十万只鸡集体死亡的事件。当年 6～10 月，相继有许多人身患原因不明的皮肤病，甚至是整个家庭都出现这种情况。这些患者的初期症状为痤疮样皮疹，指甲发黑，皮肤色素沉着，眼结膜充血等；接着便是手掌出汗，肝功能下降，全身肌肉疼痛，咳嗽不止，有的最终痛苦地死亡。至 1977 年，因患该病死亡的人数达 30 余人。至 1978 年，确诊患者累计达 1684 人。由于波及范围广，这一事件曾使整个日本陷入恐慌之中。

该事件发生是由于多氯联苯泄露造成米糠油的污染，它作为世界的“八大公害事件”之一受到广泛关注。

（二）多溴联苯性质及危害

多溴联苯（polybrominated biphenyls，PBBs）是一类由溴取代了联苯中氢的溴代碳氢化合物，结构与多氯联苯相似，包括四溴代、五溴代、六溴代、八溴代、十溴代等 209 种同系物，相对分子质量从 233 到 943 不等。市场上一般以一组不同溴代原子数的联苯混合物作为商品出售，总称为多溴联苯。通常作为阻燃剂被广泛应用于建材、纺织、化工、电子、电器等行业。多溴联苯的结构式如图 5-4 所示。

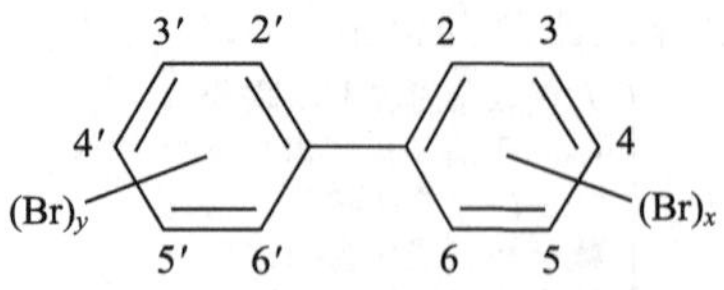

图 5-4　多溴联苯结构式

随着科技的进步，全球研究人员对 PBBs 研究越来越重视，尤其是对残留含量、存在形式、对人类健康和环境的影响、排放量的减少和消除等问题的研究已成为当前环境科学的一大热点。研究发现 PBBs 的环境毒性与多氯联苯相似，已表明其有内分泌干扰作用，会对健康造成许多有害影响，尤其是六溴联苯，WHO 发布的环境健康标准 152（WHO，1994）认为它们是毒性最大的 PBBs 之一，很多研究也是将六溴联苯作为研究重点。

由于这类化合物具有很强的脂溶性、挥发性、持久性及生物毒性，既不易溶于水也不易挥发，符合持久性有机污染物的特征，因此 PBBs 也属于持久性有机污染物。其在使用过程中可以通过挥发、渗出等方式释放到外界环境，随着生物链在生物体内富集和放大，对人类健康和外界环境可能造成许多有害影响。国际癌症研究机构已经将十溴联苯、八溴联苯和六溴联苯列为可能的人体致癌物。2009 年 5 月，联合国环境规划署正式将六溴联苯增列到《斯德哥尔摩公约》中，使得列入禁止生产和使用的持久性有机污染物数量增加到 21 种。

三、二噁英

（一）二噁英性质

二噁英（dioxins，DXN）是多氯二苯并二噁英（polychlorinated dibenzo-p-dioxins，PCDDs）和多氯二苯并呋喃（polychlorinated dibenzofurans，PCDFs）两类近似平面状芳香族杂环化合物的统称。在 PCDDs 和 PCDFs 分子中因苯环上的氯原子取代数目不同而各有 8 类同系物，每类同系物又随着氯原子取代位置的不同而存在众多的异构体，共有 210 种异构体，其中 PCDDs 有 75 个异构体、PCDFs 有 135 个异构体。

（二）二噁英危害

PCDD/Fs 具有很强的毒性，极难溶于水，但却有很强的脂溶性，容易在生物体内积累，而且难以排出，在生物链中具有极强的富集作用，对人体危害极大。PCDD/Fs 的毒性因氯原子的取代位置不同而有差异，其中以 2,3,7,8-四氯-二苯并-对-二噁英（2,3,7,8-T_4CDD）的毒性最强，其分子结构式如图 5-5 所示。

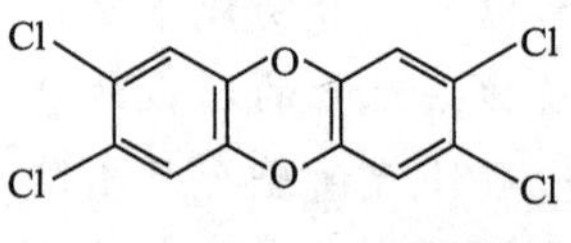

图 5-5　2,3,7,8-T_4CDD 结构式

二噁英能够影响人体激素、受体、生长因子调节的水平，其中最常见的是固醇类激素和受体（雄性激素、雌性激素、肾上腺皮质激素）、胸腺激素、胰岛素等。二噁英对人体具有强烈的致癌性，能够对细胞和体液免疫抑制，增强对传染源的敏感性和自身免疫反应。二噁英造成免疫系统缺陷，引

发免疫先天缺陷，引发胎儿死亡，影响神经系统发育，产生智力障碍和性别发育异常。对人体生殖系统同样有严重的影响，能够使人体血清性激素偏离正常水平，导致睾丸萎缩，生殖器大小异常，生育能力下降，流产、死胎，卵巢功能下降、消失，子宫内膜异位等。例如，越战时期，美军在越南大量喷洒含大量二噁英的“橙剂”，致使500万人深受其害，60万人身患绝症。

（三）二噁英来源

二噁英主要来源：①有机氯制造工业的副产品或废气，如生产杀草剂2,4,5-T（2,4,5-三氯苯氧乙酸）的副产品TCDD（2,4,5,7-四氯二苯并二噁英）。②垃圾焚烧产生二噁英，如1994年美国环保署公布，美国每年垃圾燃烧产生二噁英40kg，占二噁英总量的99%。垃圾中的塑料袋、含氯有机物、多环芳烃等废物是产生二噁英的主要来源。③纸浆漂白、汽车尾气可产生二噁英，如纸浆漂白剂中含氯，可进一步产生二噁英；汽车尾气中含多环芳烃，也可进一步产生二噁英。

（四）二噁英污染食品的途径

二噁英污染食品的主要途径有：①二噁英污染空气、土壤、水源后，再通过食物链污染食品。1998年德国从巴西进口的乳牛饲料柑橘浆中含有高浓度的二噁英，用这种柑橘浆饲养的乳牛所产乳和乳制品中均含高浓度的二噁英，人食用可对人产生毒害。②通过加工污染食品。食品加工时，用含氯有机化合物作脱色剂，可产生二噁英，并造成对食品的污染。

（五）二噁英的控制措施

我国十分重视二噁英对食品的污染，1999年9月6～16日，卫生部（现国家卫生计生委）向全国接连发出三次禁止经销比利时等国受二噁英污染食品的紧急通知，并责成北京食品研究所严格监测。

有效预防二噁英污染需采取的措施：①开展重点区域二噁英及其类似物环境影响背景调查，并建立相应的环境影响及风险评价手段。②加强国际技术合作，提高二噁英及其类似物处置的技术水平，尽快建立处置全过程的技术规范。③开展污染场地修复的示范工程研究，制定符合中国国情的二噁英等持久性污染物防治规划及技术经济政策框架。

本章小结

食品中的化学污染物主要来自于农作物种植过程中使用的农药，畜禽、水产养殖过程中使用的兽药残留，以及从土壤、水体、空气中迁移到作物、畜禽、水产中的各种化学危害物残留，是食品中主要的安全风险因素之一。食品中主要的化学危害物包括农药残留、兽药残留、重金属及其他危害元素、环境持久性有机污染物等。这些污染物进入食品链的途径、危害特点及安全限量是需要重点掌握的内容。

思考题

1. 农药的概念及其分类。
2. 兽药残留的概念。
3. 兽药残留的来源。
4. 兽药残留的控制措施。
5. 食品中污染的重金属元素主要有哪些？其污染来源及危害是什么？
6. 食品中铅污染的途径有哪些？
7. 简述苯并芘污染食品的来源及其危害。
8. 简述多氯联苯和多溴联苯污染食品的来源及其危害。
9. 简述二噁英的概念及我国二噁英的污染现状。

第6章 食品加工过程产生的化学危害物

第一节 概 述

随着食品工业的发展，食品生产规模不断扩大，食品产业链的延长，食品安全的风险逐步增加。

传统的食品加工技术在我国的食品加工领域占到了很大的比例，比如烟熏、油炸、焙烤、腌制等常用的食品加工技术，在改善食品的外观和质地、增加风味、延长保质期、钝化有毒物质（如酶抑制剂、红细胞凝集素等）、提高食品的可利用度等方面发挥了很大作用，但是这些传统的加工手段可能会由于加工工艺本身的特征等因素，产生一些危害物。比如，在油炸食品中会在其加工过程中产生丙烯酰胺，腌制食品中存在亚硝酸盐，熏制食品中存在多环芳烃等。这些危害物的产生及其危险性评估是近些年来我国食品安全领域研究者的研究热点之一。

食品热加工过程产生的有害物是人们研究关注的重点领域。食品的热加工包括烧、煮、烘、烤、巴氏杀菌等过程。食品中的蛋白质、碳水化合物、脂肪、维生素、矿物质、水分都是人体所必需的物质。前三种物质是人体能量的主要来源。热加工时，三者都发生相当复杂的化学变化。

蛋白质在热加工过程中发生的化学反应主要包括：Maillard 反应、蛋白质的热变性、蛋白质的聚集、降解以及其他的热诱导反应等。Maillard 反应是一种非酶褐变反应。烘烤食品大多有一层棕褐色外皮，并有烘烤后所独有的香味，这就是这种褐变反应的结果。Maillard 反应对食品有好处，如改善食品的色、香、味，但反应进行过度也是有害的，它会使某些氨基酸尤其是赖氨酸受到损失，从而降低了蛋白质的营养特性。有时还会产生不良气味，甚至产生有害物质，如丙烯酰胺、杂环胺、呋喃等。有人曾以小鼠进行试验，发现仅以褐变食物喂养时，生长速度明显变慢。

碳水化合物在热加工过程中会发生焦糖化反应，使食品具有特殊的焦糖香味。但是碳水化合物的氧化会产生糖末端氧化产物，已经有相关研究证明该类产物对人体健康存在不利影响，甚至有致癌作用。脂类在加热时会发生一系列的降解反应，缺氧时，主要发生热解反应，富氧时，除了非氧化性热解反应外，同时还发生氧化反应。在这些反应过程中会产生脂质过氧化物、丙二醛及二聚体等有害产物。近年来引发广泛关注的反式脂肪酸是不饱和脂肪酸在加氢硬化过程中产生的。

发酵食品是受到消费者喜爱的一类食品，但在发酵过程中会产生强致癌物。例如，腌肉制品腌制时，在加盐的同时加入了发色剂亚硝酸盐，亚硝酸盐再与蛋白质分解产生的胺反应形成亚硝胺。腌制的咸鱼也会含有大量的亚硝基化合物，如果鱼在腌制时已不新鲜，其中的蛋白质分解产生大量的胺，加之腌制用含有杂质亚硝酸盐的粗食盐，则其中的亚硝基化合物可高达每千克几十乃至上百微克。绿叶蔬菜由于田间施用硝酸盐氮肥，会使植株中含有较多的硝酸盐，这些硝酸盐在蔬菜腌制时受微生物等的作用也可转化为亚硝基化合物。

由此可见，深入了解食品加工过程中产生的有害化合物的种类、形成机制及危险性评估，掌握必要的预防措施能，以及最大限度地降低有害化合物产生的手段，对于保持食品的营养价值和安全性控制有着十分重要的意义。

第二节　丙 烯 酰 胺

一、食品中丙烯酰胺的形成

丙烯酰胺是国际癌症研究中心（IARC）认定的 2A 类致癌物质，在瑞典国家食品局的报告发表前，人们对它产生的条件及生成机制了解甚少，但是，随着油炸食品中丙烯酰胺的发现，科学家加快了对其生成机制的研究进程。近几年来，国内外已有大量相关的食品中丙烯酰胺研究报告发表，基本上认为：还原糖、游离氨基酸、加热温度是生成丙烯酰胺的三大主要因素。

科学家的研究结果表明，在食品中由于有葡萄糖等还原糖与天冬酰胺等游离氨基酸，以及其他小分子物质的存在，在 100℃以上时丙烯酰胺开始生成，在 175℃左右丙烯酰胺的生成量最大，而在 185℃时丙烯酰胺含量开始减少，相关研究结果表明丙烯酰胺最适宜生成的温度区域为120～175℃。食品中天冬酰胺与还原糖反应生成丙烯酰胺的机制如图 6-1 所示。

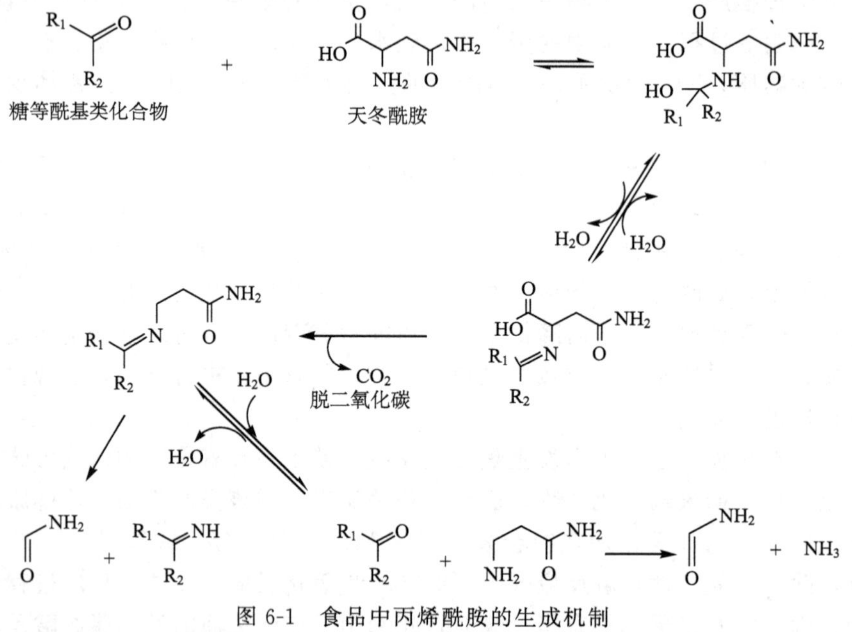

图 6-1　食品中丙烯酰胺的生成机制

丙烯酰胺的形成与加工烹调方式、温度、时间、水分等有关。因此不同食品加工方式和加工条件，其形成丙烯酰胺的量有很大差异，即使不同批次生产出的相同食品，其丙烯酰胺含量也存在差别。研究表明，丙烯酰胺主要在高碳水化合物与蛋白质含量的植物性食物加热烹调过程中形成；当加工温度较低时，食品中丙烯酰胺的水平低。瑞典国家食品管理局报道，食物在水中煮沸时最高温度不会超过 100℃，这时很少形成丙烯酰胺，或无丙烯酰胺形成。烘烤、油炸食品在最后阶段水分减少、表面温度升高后，其丙烯酰胺形成量更高。

二、丙烯酰胺的毒理学

丙烯酰胺（acrylamide）系结构简单的小分子化合物，是聚丙烯酰胺合成中的化学中间体（单体），结构式为 $CH_2CHCONH_2$。丙烯酰胺纯品为白色晶体，相对分子质量 71.08，相对密度 1.122，熔点 84.7℃，可溶解于水、甲醇、乙醇、乙酸乙酯及丙酮等极性溶剂，不溶于庚烷和苯。在加热至熔点时（84.7℃）或在紫外线照射下很容易聚合，在酸性溶液中稳定，在碱性溶液中易分解。丙烯酰胺晶体在室温下稳定，热熔或与氧化剂接触时可以发生剧烈的聚合反应。

根据近年对动物进行的试验，丙烯酰胺被认为是一种致癌物质，并能引起神经损伤，具有中等毒性。皮肤接触可致中毒，症状为红斑、脱皮、眩晕、动作机能失调、四肢无力等。常人每天允许的最大暴露量不超过 0.05g/kg，鼠一次经口量 LD_{50} 为 150～180mg/kg。在食品中检测出丙烯酰胺之前，饮水和吸烟是人们已知的获取丙烯酰胺的主要途径。WHO 和欧盟曾分别规定饮水中丙烯酰胺限量值为 0.5g/L 和 0.1g/L，该数据可为食品中丙烯酰胺危险度评价提供参考。

案例　化工厂工人丙烯酰胺中毒事件

北京市郊区的一家主要生产聚丙烯酰胺的化工厂，2003 年 3 月新添置了一条丙烯酰胺单体的生产线，当年 4 月份开始生产，每班 5 名工人，分 2 个班次，6 月初陆续有 7 名工人出现恶心、手指无力、手部脱皮、四肢乏力等症状，其中 2 名严重者出现了喝水时呛水、走路步态不稳、双手颤抖、用餐持筷或书写持笔困难等症状，被送入医院治疗，后经北京市职业病鉴定委员会专家组诊断为“职业性慢性中度丙烯酰胺中毒”。经现场调查，此次发生事故的结晶车间建筑面积 $1000m^2$，车间内无整体机械通风设施。车间内安装了 4 条丙烯酰胺生产线，设备均配有局部排风系统，生产线用密封式生产，接触丙烯酰胺等职业病危害因素部位主要在包装岗位，位于车间入口处。车间内设有更衣室及淋浴设备，配有防护用品（橡胶手套、防毒口罩）。该事故发生后，相关部门对该车间作业环境进行现场模拟检测，酰胺类化合物现场检测方法为气相色谱分析法。

三、丙烯酰胺的危险性评估

对丙烯酰胺的非致癌效应进行评估，动物实验结果显示，引起神经病理性改变的未观察到有害影响的最大计量（NOAEL）值为 0.2mg/kg 体重。根据人类每天平均摄入量为 1μg/kg体重，高消费者为 4μg/kg 体重进行计算，则人群平均摄入的暴露边界比（MOE）分别为 200 和 50。丙烯酰胺引起生殖毒性的 NOAEL 值为 2mg/kg 体重，则人群平均摄入和高摄入的 MOE 分别为 2000 和 500。FAO/WHO 食品添加剂联合专家委员会（JECFA）认为按估计摄入量来考虑，此类副作用的危险性可以忽略，但是对于摄入量很高的人群，不排除能引起神经病理性改变的可能。

对丙烯酰胺的危险性评估重点为致癌效应的评估。由于流行病学资料及动物和人的生物学标志物数据均不足以进行评价，因此根据动物致癌性试验结果，用 8 种数学模型对其致癌作用进行分析。最保守估计，推算引起动物乳腺瘤的基准剂量可信限的低限水平（BMDL）为 0.3mg/(kg·d)，根据人类平均摄入量为 1μg/(kg 体重·d)，高消费者为 4μg/(kg 体重·d) 计算，平均摄入和高摄入量人群的 MOE 分别为 300 和 75。JECFA 认为对于一个具有遗传毒性的致癌物来说，其 MOE 值较低，也就是诱发动物的致癌剂量与人的可能最大摄入量之间的差距不够大，比较接近，其对人类健康的潜在危害应给予关注，建议采取合理的措施来降低食品中丙烯酰胺的含量。目前，欧洲有些食品生产企业在减少食品加工过程中丙烯酰胺的产生方面已取得了很好的效果。

第三节　氯　丙　醇

一、氯丙醇的来源

食品加工贮藏过程中很容易受到氯丙醇污染，其中酱油、蚝油等调味品加工过程中产生氯丙醇是其污染食品主要途径。传统方法生产天然酿造酱油中并没有发现产生氯丙醇，某些酱油等调味品之所以被检出有氯丙醇，是添加了不符合卫生条件的酸水解蛋白质液的缘故。

由于酸水解蛋白质液成本低，且具有氨基酸系列物质和呈味性成分，能增加食品中营养成分，因此成为近年来蓬勃发展起来的新型调味品原料。酸水解蛋白质液是指在酸或酶作用下，水解富含蛋白质组织所得到产物。其中若以动物性原料水解，就是水解动物蛋白（hydrolyzed animal protein，HAP）；若以植物性原料水解，就是水解植物蛋白（hydrolyzed vegetable protein，HVP），两者总和简称 HP。传统工艺水解 HP 是将 HP 用浓盐酸在 109℃下回流酸解，在这过程中，为了提高氨基酸得率，需加入过量盐酸。此时若原料中还留存油脂，则其中三酰甘油就同时水解成丙三醇（甘油），并进一步与盐酸中氧离子发生亲核取代作用，生成一系列氯丙醇类化合物。在实际生活中，大量产生的是 3-氯丙醇（3-MCPD），少量产生的是 1,3-二氯-2-丙醇（1,3-DCP）和 2,3-二氯-1-丙醇（2,3-DCP）及 2-氯-1,3-丙二醇（2-MCPD）。

除以酸水解蛋白质为原料食品（如汤、预制的肉、鲜美小食品和速溶汤等）可检出氯丙醇类物质外，在饮用水中少量检出。其来源是自来水厂和某些食品厂用阴离子交换树脂进行水处理时，所采用交换树脂含有 1,2-环氧-3-氯丙烷（ECH）成分。在水处理过程中，从树脂中溶出 ECH 单体，与水中氯离子发生化学反应形成 3-MCPD。用 ECH 作交联剂强化树脂生产的食品包装材料（如茶袋、咖啡滤纸和纤维肠衣等）也是食品中 3-MCPD 来源之一。此外，某些发酵香肠如腊肠中也被发现含有 3-MCPD，经高温加工的谷物制品及麦芽提取物等也发现含有少量 3-MCPD（含量低于 0.1mg/kg）。2001 年对食品中氯丙醇残留调查扩大到其他食品后发现，较易受氯丙醇污染食品还包括饼干、面包、经烧煮的鱼和肉制品。在对膨化食品的检测中发现，所测膨化食品中也含有氯丙醇类化合物。

二、氯丙醇的毒性

3-MCPD 对大鼠肾脏、肝脏、神经系统皆有一定的毒性，对生殖系统的危害较大，尤其是对雄性，可改变精子的形态结构，降低精子的活性并损害生育能力，在其他哺乳类动物中也观察到同样的现象。

（一）一般毒性

3-MCPD 对大鼠经口 LD_{50} 为 150mg/kg 体重。在大鼠和小鼠的亚急性毒性试验中发现，肾脏是 3-MCPD 的毒性作用靶器官。一项大鼠 4 周喂养试验表明，在摄入剂量达到 30mg/kg 体重时，3-MCPD 使试验动物肾脏相对重量增加。3-MCPD 代谢产物草酸钙晶体沉积于肾小管内膜造成大鼠肾脏损伤，引起大鼠多尿和糖尿。

慢性毒性试验发现，大鼠从饮水中摄入 3-MCPD 后（浓度分别为 0.2mg/kg、100kg/kg、200mg/kg），试验组大鼠随着 3-MCPD 的摄入量增加，肾脏绝对重量显著增加，组织学检验发现有肾小管增生，试验动物 3-MCPD 染毒剂量与一些器官的良性肿瘤发生率呈正相关。虽然最低剂量试验组［1.1mg/(kg · d)］肿瘤发生率和对照相比较没有统计学显著差异，但是发现引起肿瘤的 3-MCPD 摄入剂量远远大于导致肾小管增生的剂量。因此，FAO/WHO 联合专家组委员会将 1.1mg/(kg · d) 作为可观察肾脏损伤作用的最低剂量。人类 3-MCPD 每日最大允许摄入量为 2μg/kg。

1,3-DCP 对大鼠经口 LD_{50} 为 120～140mg/kg 体重。Haratake 检测一个工人血清中二氯丙醇同分异构体为 1,3-DCP 和 2,3-DCP。大鼠试验证明，1,3-DCP 能引起肝脏损伤，2,3-DCP 肝细胞毒性比 1,3-DCP 弱。1,3-DCP 和 2,3-DCP 都会引起小鼠肾脏损伤，且 2,3-DCP 比 1,3-DCP 引起损伤严重得多。大鼠毒性试验中，1,3-DCP 摄入剂量达到 10mg/kg 体重以上时会出现显著肝毒性，这与其氧化代谢相关，因为氧化代谢中间产物消耗大量的谷胱甘肽。

2,3-DCP 对大鼠经口 LD_{50} 为 218mg/kg 体重，兔子经皮为 529mg/kg 体重，豚鼠经口 LD_{50} 为 720mg/kg 体重。小鼠连续 15 次吸入剂量为 250mg/kg 体重的 2,3-DCP，每次 6h 后，表现为嗜睡、体重异常增加、肺部充血、血管周围水肿；剂量为 100mg/kg 体重时仅见肺部充血、血管周围水肿；剂量为 30mg/kg 体重时则没有影响。连续 21d 经口服 7.6mg/kg 体重、25.4mg/kg 体重、76mg/kg 体重剂量，未见系统性毒性。

（二）生殖毒性

早在 20 世纪 70 年代，人们发现 3-MCPD 具有使精子数减少、精子活性降低，并干扰体内性激素平衡而使雄性动物生殖能力减弱作用。研究表明：重复给小鼠口服剂量≥1mg/kg体重的 3-MCPD，会出现精子活力降低，雄性生育能力损伤；当小鼠口服剂量≥20mg/kg体重时，精子发生形态学改变和附睾损伤。其他哺乳类动物引起损伤剂量略高于小鼠。2,3-DCP 和 1,3-DCP 对大鼠睾丸毒性没有明显不同，但睾丸质量都下降，此外，2,3-DCP可使附睾质量明显降低，2,3-DCP 和 1,3-DCP 处理组精子数量分别由 177.4×10^6 个下降为 138.9×10^6 个和 153.8×10^6 个，表明 2,3-DCP 和 1,3-DCP 是大鼠睾丸毒物，对生殖系统有一定潜在影响。

（三）致突变性

对 1,3-DCP、2,3-DCP 混合液（按照体积比 75∶25 配制）做短期试验以测试其遗传活力。对剂量为 0.527～167.25mg/kg 体重的氯丙醇进行鼠伤寒沙门氏菌微粒体测定（Ames 试验），发现氯丙醇对 TA1535 和 TA100 菌株呈剂量效应关系，代谢活化系统能增加这两种菌株致突变性，尽管无论是否存在活化系统，氯丙醇对 TK 小鼠淋巴瘤都具有致突变作用，但无明显剂量效应关系。连续 5d 经口服剂量为 10mg/kg 体重、31mg/kg 体重、100mg/kg 体重的上述混合液时，可出现染色体畸变，并有剂量效应关系。

（四）遗传性毒性

体外试验表明，3-MCPD 具有使 M2 成纤维细胞株恶性转变的作用。大鼠骨髓微核试验及肝脏 UDS 试验均未发现 3-MCPD 的遗传毒性。目前认为体外试验中 3-MCPD 呈现的遗传毒性，是由 3-MCPD 和培养基成分发生化学反应生成的产物所致，而不是生物转化的结果。目前大多数研究者认为 3-MCPD 属于非遗传毒性致癌物。而一系列的细菌和哺乳动物体外细胞培养试验证实，1,3-DCP 有明显的致突变性。

（五）致癌性

美国食品药品监督管理局/世界贸易组织（FDA/WTO）第 837 号技术报告中报道了 1,3-DCP致癌性问题，指出 1,3-DCP 会引起肝脏、肾脏、甲状腺等癌变。

小鼠口服 3-MCPD 会引发部分器官产生良性肿瘤，引起肿瘤剂量高于引起肾小管增生的剂量。只有在 19mg/kg 体重高剂量下，1,3-DCP 才具有明显致癌性，肿瘤发生在肝脏、肾脏、口腔、上皮细胞和甲状腺。

（六）神经毒性

小鼠和大鼠对 3-MCPD 的神经毒性作用敏感性相同，尤其是对脑干的对称性损伤。最早的神经中毒性改变局限在神经系统的胶质细胞中，主要是星状细胞的严重水肿、细胞器严重破坏。当 3-MCPD 染毒剂量大于 25mg/kg 体重时，实验动物中枢神经系统损伤呈现显著的剂量效应关系。

三、氯丙醇的危险性评估

以肾脏肾小管增生为敏感的终点确定膳食耐受摄入量。观察到最低作用剂量（LOEL）按体重计为 1.1mg/kg，常接近最大无作用剂量（NOEL）。考虑到 LOEL 外推到 NOEL 以及动物种间、人群个体差异，以 500 的安全系数，JECFA 提出暂定每日耐受量（PMTDI）按体重计为 2μg/kg。这一安全系数也考虑了雄性生殖毒性数据不足的问题。2001 年，JECFA 认为由酱油摄入的 3-MCPD 可能达到或超过 PMTDI。但由于酱油中 3-MCPD 呈现高度的偏态分布，消费者可能对品牌有高度选择性，通过建立强制性限量标准可以显著降低酱油消费者对 3-MCPD 的暴露量。JECFA 评估认为，1,3-DCP 为遗传毒性致癌物，现有数据难以确定 PMTDI，应按 ALARA 原则进行管理。

第四节 N-亚硝基化合物

一、N-亚硝基化合物前体物及其来源

硝酸盐和亚硝酸盐对人体的主要危害是形成 N-亚硝基化合物，这类物质对人和动物有强的致癌性及致畸、致突变作用。迄今为止，已发现的 N-亚硝基化合物有 300 多种，根据其化学结构可分为两大类：亚硝胺和亚硝酰胺，亚硝胺在中性和碱性环境中较稳定，但在酸性溶液及紫外线照射下可缓慢分解；亚硝酰胺性质活泼，在酸性及碱性溶液中均不稳定。

（一）N-亚硝基化合物的前体物

N-亚硝基化合物是由两类前体化合物在适合的条件下合成的：一类为仲胺和酰胺（蛋

白质的分解产物)，另一类为硝酸盐和亚硝酸盐。这两类前体广泛存在于各种食物中，硝酸盐主要来源于蔬菜，很多蔬菜，如萝卜、大白菜、芹菜、菠菜中含有较多的硝酸盐。亚硝酸盐主要存在于腌菜、泡菜及添加亚硝酸盐用于发色的香肠、火腿中。仲胺、酰胺主要来自动物性食品，如畜禽肉、鱼、虾等的蛋白质分解物，尤其当这些食品腐败变质时，仲胺等可大量增加。这些前体物质广泛存在于食品中，经过消化道进入人体中会形成 N-亚硝基化合物，对人类健康构成潜在的威胁。

（二）N-亚硝基化合物前体物的来源

N-亚硝基化合物的前体物质广泛存在于人类生活环境中。含氮肥料和农药的使用、从自然环境中摄取的和生物机体内的氮、土壤中的硝酸盐含量高引起其在植物体内蓄积，以及食品生产加工过程中使用的食品添加剂等导致 N-亚硝基化合物的前体物质存在于水、土壤、植物及食品中。

1. 植物性食品中硝酸盐及亚硝酸盐　在农作物生长过程中，植物通过根系从土壤中摄取硝酸盐和铵以满足植物体内细胞物质，如蛋白质、DNA 等的合成。作物吸收的硝酸盐在作物体内硝酸盐还原酶的作用下，生成亚硝酸盐，又在亚硝酸盐还原酶的作用下转化成含氮化合物。当土壤大量使用氮肥，光照不足或土壤缺锰、钼等微量元素时，作物体内硝酸盐还原酶的活力降低，硝酸盐的代谢过程受阻，不能正常合成蛋白质，造成硝酸盐的积累。在对蔬菜等进行加工处理和贮藏过程中，硝酸盐在硝酸盐还原菌的作用下，转化为亚硝酸盐，亚硝酸盐在适宜条件下可与食品蛋白质的分解产物——胺反应，生成 N-亚硝基化合物。

2. 动物性食品加工过程中的亚硝酸盐　硝酸盐和亚硝酸盐是腌制食品，如腊肠、灌肠和午餐肉中的常用防腐剂，对肉毒梭菌有很强的抑制作用，可以有效地防止肉类腐败变质。此外，亚硝酸盐还是一种发色剂，亚硝酸盐和肉类的肌红蛋白反应生成亚硝基肌红蛋白，形成一种可增进食欲的桃红色。亚硝酸盐还赋予香肠、火腿和其他肉制品一种诱人的腌肉风味。在鱼和肉类食物腌制和烘烤加工过程中，加入的硝酸盐和亚硝酸盐可与蛋白质分解产生的胺反应，形成 N-亚硝基化合物，如吡咯亚硝胺和二甲基亚硝胺等。尤其是腐烂变质的鱼和肉类，可分解产生大量的胺类，其中包括二甲胺、三甲胺、腐胺、吡咯烷等。这些化合物与添加的亚硝酸盐等作用生成 N-亚硝基化合物。腌制食品如果再烟熏，则 N-亚硝基化合物的含量将会更高。

3. 腌制品中亚硝酸盐　蔬菜在腌制过程中亚硝酸盐的含量与盐浓度、温度和腌制的时间密切相关。蔬菜腌渍时如盐分不够，被细菌污染，蔬菜容易腐败变质生成亚硝酸盐。腌制时间 7～8d 的蔬菜、泡菜中含有较多的亚硝酸盐。

4. 环境和食品中的胺类　胺类化合物广泛存在于环境和食物中。胺类化合物是蛋白质、氨基酸、磷脂等生物大分子合成的必需原料。另外，大量的胺类物质也是药物、农药和许多化工产品的原料。在胺类化合物中，以仲胺合成 N-亚硝基化合物的能力最强。在蔬菜中以胡萝卜的仲胺含量较高，此外，玉米、小麦、黄豆、面包、鱼等食品中亦有较多的仲胺。

二、N-亚硝基化合物及其前体物的毒理学

N-亚硝基化合物是一类毒性和致癌性很强的物质，其主要有亚硝胺、亚硝酰胺两种。N-亚硝基化合物对人和动物具毒性，致畸、致突变性和致癌性。

1. 毒性　N-亚硝基化合物的急性毒性表现为头晕、乏力、肝大、腹水、黄疸及肝脏

病变。高剂量摄入亚硝酸盐会产生较大毒性，摄入0.3～0.5g的亚硝酸盐即可引起中毒甚至死亡。亚硝酸盐进入人体，氧化血液中的血红蛋白为高铁血红蛋白，后者无携氧功能，导致组织缺氧，中毒者头晕、无力、心率快，严重者可因呼吸衰竭导致死亡。N-亚硝胺进入人体后主要引起肝小叶中心性出血坏死，还可引起肺出血及胸腔和腹腔血性渗出，对眼、皮肤及呼吸道有刺激作用。

2. 致畸、致突变性　N-亚硝基化合物在多种致突变试验中出现阳性结果，还有致畸及胚胎毒性。亚硝酰胺对动物具有致畸作用，并存在剂量效应关系。

3. 致癌性　N-亚硝基化合物具有广谱而强烈的致癌性，在已研究的N-亚硝基化合物中，约有80%以上对动物有致癌性。食管癌、胃癌、肝癌、结肠癌、膀胱癌、肺癌等的发病均与N-亚硝基化合物有关。长期摄入或过量摄入会使成年和幼年动物的多种靶器官产生肿瘤。亚硝胺是间接致癌物，亚硝酰胺是直接致癌物。

三、预防措施

（一）消除腌制食品中的亚硝基化合物

腌制食品食用前采用先水煮后烹调的方法，能有效去除其中亚硝酸盐含量；对香肠和咸肉，食用时应避免油煎烹调，因为油煎可促进亚硝基化合物的合成，使致癌物含量升高。

（二）添加抑制剂

常用的抑制剂有维生素C和维生素E。维生素C可阻断亚硝胺的合成，特别是在服用含胺类药物时，应同时服用维生素C、维生素E，谷胱甘肽和脯氨酸有同等作用。美国制定法规，要求腌猪肉中一定添加抗坏血酸钠。另据研究表明，番茄红素、黄酮类物质、草莓、大蒜汁、甘蓝等均能减少N-亚硝基的形成，抑制亚硝胺诱导的肿瘤生成。

（三）采用正确合理的烹调、加工操作

要改进食品加工方法，加工腊肉、腌制鱼、制泡菜类食品时，在加工工艺可行的情况下，尽可能不用或少用硝酸盐和亚硝酸盐，以减少N-亚硝基前体量从而减少亚硝胺的合成。

（四）减少传统食品腌菜和豆腐乳的食用量

蔬菜腌制时间在7～14d内，腌菜中的亚硝酸盐含量很高，随后慢慢呈下降趋势，21d之后食用较安全。豆腐乳（俗称霉豆腐、臭豆腐）是风味独特的传统食品，但在加工过程中如发酵过度，蛋白质降解的产物氨基酸在微生物分泌的脱羧酶作用下，易产生较多的胺类化合物，形成潜在的风险。

（五）合理而有效地使用氮肥

避免用化工污水灌溉农田，在土壤缺钼的地区，应在施用氮肥时施用适量的钼肥，既可提高产量，又能减少硝酸盐在农作物中富集。

第五节　反式脂肪酸

一、食品中反式脂肪酸的形成

油脂的加工是食品加工中常见和使用非常广泛的加工方式，油脂在烹调过程中能够改善

食品风味和品质，给食品带来很好的口感，提供给人体必需的脂肪酸，但是在油脂的加工过程中，油脂的酸败及氢化等加工工艺对消费者的健康存在的潜在危害性，也引起大家对油脂安全的关注。

组成人体脂肪中的脂肪酸分为饱和脂肪酸和不饱和脂肪酸，其中饱和脂肪酸（saturated fatty acid，SFA）是不含双键的脂肪酸，易引起肥胖症及动脉硬化等心血管方面的疾病。不饱和脂肪酸可以明显地缓解饱和脂肪酸的一些致病缺点。最新的研究发现，不仅脂肪酸的饱和度的不同能够影响人体的健康，而且脂肪酸构象的不同也与人体的健康有一定的关系。

反式脂肪酸（trans fatty acid，TFA）是加工油脂类或含油脂类的加工食品中常见的一种组成成分，有很多研究都报道了 TFA 与心血管疾病存在密切关系。人体过量摄入反式脂肪酸会引起血清总胆固醇和低密度脂蛋白胆固醇的升高，有导致或加重冠心病的可能性，有增加心血管疾病和糖尿病的危险。

TFA 是分子中含有一个或多个反式双键的非共轭不饱和脂肪酸。空间结构的改变使 TFA 的理化性质也发生极大的变化，最显著的是熔点。TFA 表现出的一些特性是介于饱和脂肪酸和顺式脂肪酸之间的性质。一般认为，TFA 中的单不饱和脂肪酸的形成途径是自由基链式反应，而多数不饱和脂肪酸形式途径则包括自由基和分子内重排两种途径。TFA 进入食品主要有三种不同的渠道：一是一些动物脂肪中自然存在；二是植物油脂经氢化加工；三是植物油脂经高温处理。但不管哪种渠道，TFA 都是由不饱和脂肪酸异构化反应而来。

（一）反式脂肪酸的天然形成

天然的 TFA 主要来自反刍动物（如牛、羊）脂肪组织及其乳制品，主要由饲料中的不饱和脂肪酸经反刍动物瘤胃中的丁酸弧菌属菌群的酶促生物氢化作用生成。生物氢化作用是将不饱和脂肪酸转变为饱和度较高的终产物的过程，是反刍动物瘤胃内优势菌群的一个独特的生化反应。瘤胃中共生的多种瘤胃细菌共同参与完成这个生物转化过程。在这些酶的催化过程中，反式脂肪酸作为不饱和脂肪酸转变为硬脂酸的中间体而大量产生。Mosley 等在体外研究时发现，在生物氢化过程中，单不饱和脂肪酸，如油酸（C18：1）要生成硬脂酸，也必须先转化成 TFA 中间体，目前普遍的结论是这类来源的 TFA 对人体的危害较小。

（二）油脂的加工和使用过程中产生反式脂肪酸

1. 油脂的氢化　油脂氢化改性是工业中为了增加油脂塑性和稳定性、延长货架期而采用的增大油脂饱和度的一种加工方法。在氢化过程中，油脂中不饱和的双键转变为单键的同时，产生部分异构化产物——反式脂肪酸。反式脂肪酸的含量和种类由于氢化条件、氢化深度和原料中不饱和脂肪酸含量的不同会存在较大的波动，一般以反式 C18：1 为主。在人造奶油、黄油和起酥油制作过程中，不饱和脂肪酸双键被氢所还原，大量变成饱和脂肪酸的同时也部分异化成了 TFA。超声波氢化和电化学氢化等新工艺所产生的反式脂肪酸比传统工艺产生的低，而酶技术的应用更能大大提高产物的选择性。

2. 油脂的精炼　天然植物油均由顺式不饱和脂肪酸构成，基本不含反式脂肪酸或含量很少。但油脂在进行精炼脱臭处理时，油脂中的不饱和脂肪酸会暴露在空气和高温环境中，油脂中的二烯酸酯、三烯酸酯等会发生热聚合反应，更易发生异构化，使反式脂肪酸含量增加。反式脂肪酸主要产生在脱臭阶段，通常在脱臭过程中会形成 3%～6%反式异构体，形成反式异构体的多少与加热温度、保持时间和植物油种类有关，脱臭温度越高，高温状态保持时间越长，反式脂肪酸形成量也就越多。

3. 食品加工和保藏 未添加氢化油脂的焙烤食品中，反式脂肪酸主要产生于加热过程中。当煎炸油或加工原料中含有较多的反式脂肪酸时，产品中便会有较多的反式脂肪酸。

经部分氢化的植物油具有较长的货架期，在高温煎炸过程中具有较好的稳定性。氢化植物油常温下呈固态或半固态，可增加食物的口感和风味。然而氢化过程中油脂的不饱和双键转变为单键的同时，也发生不饱和双键的异构化反应，产生 TFA，主要是 n-9 反式油酸。传统油脂氢化是在镍催化条件下进行的。由于 TFA 具有比顺式脂肪酸更稳定的结构，因此在高温、高压的催化条件下能够大量生成。

二、反式脂肪酸的毒理学

自 20 世纪 90 年代，Mensink 和 Katan 关于反式脂肪酸与血脂关系的报告引发了学术界和政府团体的激烈争论后，反式脂肪酸的营养与安全评价一直备受关注。营养专家认为，食品中的 TFA 对人体的危害甚至大于饱和脂肪酸，摄入 TFA 食品对人类健康造成极大危害。

（一）TFA 导致心血管疾病的发生

反式脂肪酸能提高低密度脂蛋白胆固醇水平，降低高密度脂蛋白胆固醇水平，促进动脉硬化，同时具有增加血液黏稠度和凝聚力的作用，导致血栓的形成。TFA 通过肝脏代谢而导致血浆中总胆固醇、三酰甘油和血浆脂蛋白升高。它们含量的升高是动脉硬化、冠心病和血栓形成的重要危险因素。TFA 的大量存在，可能在一定程度上降低了细胞膜的组织通透性，使得一些营养组分及信号分子难以通过细胞膜，从而降低细胞膜对胆固醇的利用。由于 TFA 导致了血液中胆固醇的增加，这不仅加速了心脏动脉和大脑动脉的硬化，还会造成大脑功能的衰退。

（二）TFA 易导致妇女患Ⅱ型糖尿病

Salmeron 等在为期 14 年的研究中分析了 84 000 多例妇女的资料，在此期间共有 2507 例被诊断为Ⅱ型糖尿病。分析结果表明，TFA 导致血清脂蛋白浓度增加，摄入量多可引起心血管疾病；TFA 会导致血糖不平衡，减少红细胞对胰岛素的灵敏性，对糖尿病有潜在的副作用。但是，并不是所有的 TFA 都是有害的。研究表明，具有反式结构的共轭亚油酸对人体就有潜在的益处。

（三）TFA 可能导致癌症的发生

妇女在绝经后患乳腺癌的几率和 TFA 摄入量存在正比关系。Enig 等在 1978 年研究 TFA 对营养的作用，发现饮食摄入总油脂量与植物油量和总癌症死亡率存在一个正相关系，动物油摄入量与总癌症死亡率呈负相关。

（四）TFA 可抑制人类的正常生长发育

母体能够通过胎盘将 TFA 传输给胎儿，因此母乳喂养的婴幼儿会因母亲摄入氢化油而间接摄取 TFA。Homstra 等采用多重线性回归分析 TFA 对新生婴儿的影响，结果表明脐血浆的磷脂中的 t-C18：1 对婴儿的身长和头围有明显不利影响，同样婴儿体重也与孕妇早期血浆中的 t-C18：1 有关。母乳中 TFA 含量占脂肪酸含量的 1%～18%，对胎儿影响表现为缺乏必需脂肪酸，影响生长发育；抑制前列腺素的合成，对中枢神经系统发育产生不良影响，干扰婴儿的生长发育。刘小如等将氢化植物油中的 TFA 对孕期母体及胎儿、泌乳过程、新生儿出生参数及儿童早期发育等方面的影响做了详细综述，认为高水平的 TFA 严重影响妊娠、哺乳期母婴生长发育。

TFA 对生长发育的抑制作用可能通过以下几个途径实现：①TFA 能干扰必需脂肪酸的代谢，抑制必需脂肪酸的功能，从而使机体对必需脂肪酸的需要量增加。胎儿和新生儿由于生长发育迅速，体内多不饱和脂肪酸储备有限，与成年人相比更容易患必需脂肪酸缺乏症，更易受干扰必需脂肪酸代谢因素的影响，从而影响生长发育。②TFA 能结合于机体组织脂质中，特别是结合于脑中脂质，抑制长链多不饱和脂肪酸合成，从而对中枢神经系统的发育产生不利影响。③TFA 抑制前列腺素的合成。母体中的前列腺素可通过母乳作用于婴儿，通过调节婴儿胃酸分泌、平滑肌收缩和血液循环等功能而发挥作用，因此 TFA 可通过对母乳中前列腺素含量的影响而干扰婴儿的生长发育。④有研究指出，TFA 还会减少男性荷尔蒙分泌，对精子产生负面影响，中断精子在身体内的反应。

科研人员对反式脂肪酸引起的疾病进行了深入的研究，其结果表明反式脂肪导致心血管疾病的概率是饱和脂肪酸的 3～5 倍，并影响婴儿的生长发育，还会导致妇女患Ⅱ型糖尿病。随之而来的是，各国纷纷出台政策限制 TFA 的应用。

(五) 影响血小板功能

由于 TFA 对血小板聚集的抑制程度比顺式脂肪酸小得多，因此 TFA 可能能够为机体提供一个更有效的血栓形成环境，或更低效的抗血栓形成环境。离体全血凝集实验证明，摄食 TFA 占能量 6%的人群的全血凝集程度比 2%的人群增加，表明 TFA 可能与机体血栓形成增加及相应的栓塞性心脑血管疾病有关。

三、反式脂肪酸的危险性评估

世界卫生组织/粮农组织的联合专家委员会指出，TFA 对人体健康会产生副作用，比如危害心脏，以及对胎儿构成危害等。

TFA 对人体产生危害的原因可能是 TFA 在一定程度上降低细胞膜的组织通透性，不仅使一些营养组分及信号分子难以通过细胞膜，还会降低细胞膜对胆固醇的利用率。一些研究表明，氢化油脂中的 TFA 有增加血浆胆固醇的作用，所以在低于生理温度时，富含 TFA 的细胞膜脂质双层比富含多不饱和脂肪酸的脂质双层更容易钢化，形成不利于组织在低温状态下维持和代谢的“晶体”。

2009 年世界卫生组织曾预言此后 10 年冠心病（CHD）将是危害世界的第三大杀手。近年来调研发现，中国冠心病的发病率也呈逐年快速上升趋势。例如，IP-TFA 的摄入量仅仅增加 2%，就会导致冠心病发病率的风险增加 23%。摄入高剂量的 IP-TFA 还可促使缺血性心脏病、肥胖率、Ⅱ型糖尿病、乳腺癌、结肠癌、全身炎症高发，甚至可能诱发阿尔茨海默病等。2010 年，WHO 营养指导条例建议委员会第一次会议就呼吁全体成员国积极开展与营养相关物质（包括 TFA）的监测与摄入安全风险评估研究。

反式脂肪酸饮食是目前值得引起我们注意的不良饮食习惯，其危害很大，故合理的膳食和良好的生活方式对于预防糖脂代谢紊乱具有重要的意义。人们日常饮食中，TFA 的主要来源是那些使用氢化油的食物，如植物性固体油脂；某些烘烤食品，如炸薯条、炸鸡块等快餐食品等。因此限制 TFA 摄入、改善生产工艺和食品配方是减少 TFA 危害的重要途径。

延伸阅读

反式脂肪酸的发现与研究

100多年前，西方出现了让液态植物油变成固态油脂的“油脂氢化技术”。由于这一技术便利了植物油的运输和保存，并且可以用来制造各种口感诱人的食品原料，欧美油脂工业界迅速采用这一技术并大力进行市场推广。第二次世界大战期间，黄油供应限量，用氢化植物油制成的人造黄油受到了欧美主妇们的欢迎。战后，氢化植物油的销量更是持续上升。这一方面是因为氢化植物油价格便宜，做出来的食品口感好且保质期长，比使用黄油和精炼牛油更合算；另一方面是因为当时人们对胆固醇深恶痛绝，认为植物奶油和植物起酥油不含胆固醇，对健康更有好处。

然而，一些科学家逐渐对油脂氢化过程中产生的大量反式脂肪酸产生了质疑。他们发现，反式脂肪酸大量进入人类食物的历史，正好与欧美国家的心脏病发病率增长过程相吻合。20世纪80年代就有研究发现，心脏病患者的体脂当中，反式脂肪酸的含量显著高于健康人。1990年荷兰的一项研究证明，反式脂肪酸会增加人体血液中的“坏胆固醇”即低密度脂蛋白含量，降低“好胆固醇”即高密度脂蛋白含量，从而显著增加心血管疾病风险。这引起了全球科学界的高度重视。此后的研究又进一步证实反式脂肪酸会引发其他众多疾病。

在认识到反式脂肪酸的危害之后，世界卫生组织和联合国粮农组织在《膳食营养与慢性疾病》(2003年版)中建议“为了增进心血管健康，应该尽量控制膳食中的反式脂肪酸，最大摄取量不超过总能量的1%”。各国政府都积极行动起来控制食物中的反式脂肪酸。2003年，丹麦发布政府规定，从2007年6月1日起，凡是反式脂肪酸含量超过2%的油脂不能用于食品加工。美国、加拿大和韩国要求食品标签上必须标注反式脂肪酸的含量，加拿大还同时出台了食品中反式脂肪酸的限量。日本和欧洲大多数国家提醒消费者要减少反式脂肪酸的摄入。

2013年7月，在国家食品安全风险评估中心发布的《中国居民反式脂肪酸膳食摄入水平及其风险评估》中，巧克力糖果类反式脂肪酸平均含量最高，这主要是因为部分巧克力中使用了反式脂肪酸含量最高的原料——代可可脂。在37个代可可脂巧克力样本中，有7份的反式脂肪酸含量在9.00g/100g以上，最高的达到15.60g/100g。评估报告中指出，“反式脂肪酸的摄入量增多以后，它可以升高低密度脂蛋白，降低高密度脂蛋白，增加了心血管疾病的风险，增加患动脉粥样硬化和冠心病的危险性。”2013年11月，美国食品药品监督管理局于当地时间11月7日宣布，决定初步禁用对人体健康不利的人造反式脂肪，并要求美国食品行业逐步淘汰人造反式脂肪酸。这一消息在中国引起了很大的关注。

第六节 其他加工过程产生的有害化合物

一、多环芳烃

在多达1000多种的致癌物质中，多环芳烃(PAHs)及其衍生物种类已超过400种，结构特点是含有两个或两个以上苯环的芳香族烃类有机物。目前研究较多的是被美国环保署（USEPA）确认为优先控制的、全部总量不得超过 0.2μg/L 的 16 种多环芳烃。多环芳烃可以经大气沉降、污水灌溉、土壤传输等途径直接或间接地进入作物体内。

多环芳烃是含有两个或两个以上苯环的芳香族烃类有机物，根据苯环的连接方式可分为联苯类、多苯代脂肪烃和稠环芳香烃三类。2～3 环的多环芳烃相对分子质量低，在常温下呈气态，水中溶解度较大，对植物有一定毒性；3～4 环的多环芳烃在气相和固相中都有分布；5 环以上高相对分子质量的多环芳烃多为无色或淡黄色结晶，个别具有深色，熔沸点高，水溶性较低，辛醇-水分配系数高。

（一）食品中多环芳烃的来源

食品中的 PAHs 污染有不同的来源，主要是环境和食品加工过程的污染。其中，加工过程又被认为是最主要的方式，包括食品的烟熏、烘干和烹饪过程。

PAHs 的形成机制至今没有确切解释，一些研究表明自由基反应、小分子的聚合和内部反应可能与 PAHs 形成有关。虽然反应体系的多样性和复杂性，使 PAHs 没有确切形成机制，但一定与两个基本反应路径有关，即热裂解和热聚合。

1. 环境污染　PAHs 是含碳燃料及有机物热解的产物，煤、石油、天然气、木材等不完全燃烧都会产生多环芳烃，而这些物质在工农业生产、交通运输和人民生活等方面的大量应用，导致其在大气、水体、土壤中广泛分布。这些污染物伴随食品生长和生产的各个环节，使得食品本身就含有多环芳烃中的多种物质。

2. 加工过程中产生　加热干燥处理（如炭烤、烟熏）的火焰、烟气中含有大量的多环芳烃，能够直接污染食品，并可能渗透到食品内部。有人对木材燃烧时所产生的高温裂解产物进行了分析，其含有多种多环芳烃。另外，由于烘烤温度高，食品中的脂肪、胆固醇等成分，可在烹调加工时经高温裂解或热聚，形成多环芳烃化合物。

3. 间接污染　肉类在烧烤、烟熏过程中，由于燃料的不完全燃烧，产生大量的 PAHs，再通过空气、接触等途径污染食品。

（二）多环芳烃的危害

PAHs 的致癌性已被人们研究了 200 多年。PAHs 具有高度的致癌性，严重威胁人体健康。油脂食物的煎炸等烹调过程中产生大量的 PAHs，从而导致食用人群胃癌发病率提高。PAHs 在暴露于太阳光中受紫外线辐射时具有光致毒效应的危险。

由于 PAHs 多属于低毒和中等毒，加工过程中产生的 PAHs 含量不足以造成急性中毒，因此 PAHs 对健康的影响多是慢性损伤。试验中观察到的对动物的慢性损伤是引起动物肿瘤，其中 26 个 PAHs 具有致癌性或可疑致癌性，苯并（a）芘［benzo(a)pyrence］是常见的多环芳烃类典型代表，其污染普遍，致癌性最强。苯并（a）芘的化学性质稳定，在烹调过程中也不易被破坏。它具有强致癌性，可导致胃癌和消化道癌等，它可通过皮肤、呼吸道及被污染的食品等途径进入人体，或沉积于肺泡，或进入血液，并可蓄积于乳腺和脂肪组织中，严重危害人体健康。多环芳烃不仅能影响动植物正常的生理活动，而且具有致癌、致畸、致突变的三致效应。

由于多环芳烃的化学性质是惰性的，因此常需先经过体内代谢，被微粒体中混合功能氧化酶（MFO）激活形成活跃的亲电子物后，才能与细胞大分子（蛋白质、DNA、RNA 等）

亲核基形成共价结合物，产生致癌作用。而含有硝基和羟基硝基的多环芳烃，不需要经过代谢活化，即能产生直接的致突变作用。多环芳烃还在动物试验中表现出致畸作用，能破坏造血和淋巴系统，使脾、胸腺和隔膜淋巴结退化，抑制骨骼形成等。

延伸阅读

多环芳烃的发现与研究

多环芳烃的致癌性已被人们研究了 200 多年。早在 1775 年，英国医生波特就确认烟囱清洁工阴囊癌的高发病率与他们频繁接触烟灰（煤焦油）有关。然而直到 1932 年，最重要的多环芳烃——苯并芘才从煤矿焦油和矿物油中被分离出来，并在实验动物中发现有高度致癌性。多环芳烃的种类很多，其致癌活性各有差异。

多环芳烃最早是在高沸点的煤焦油中发现的。后来证实，煤、石油、木材、有机高分子化合物、烟草和许多碳氢化合物在不完全燃烧时都能生成多环芳烃。当温度在 650～900℃，氧气不足而未能深度氧化时，最易生成多环芳烃。多环芳烃中有一些化合物可使实验动物致癌。因此它们对人也可能有致癌作用，引起人们的关注。

环境中的多环芳烃主要来源于煤和石油的燃烧。其生成量同燃烧设备和燃烧温度等因素有关，如大型锅炉生成量低，家庭用煤炉的生成量很高。柴油机和汽油机的排气中，以及炼油厂、煤气厂、煤焦油加工厂和沥青加工厂等所排出的废气和废水中，都有多环芳烃。多环芳烃还存在于熏制的食物和香烟烟雾中。

2008 年 8 月 4 日，应欧盟委员会要求，欧盟食品安全局污染物危害性专家小组公布食物多环芳烃污染事件及对多环芳烃毒性指示物的科学意见。意见认为，PAHs 具有遗传毒性及致癌性，食源性污染主要的暴露途径是消费受多环芳烃污染的食物、工业性加工食品及某些家庭烹饪食物（如烧烤）。目前以苯并(a)芘作为多环芳烃化合物污染事件控制管理的指示物是不合理的，建议采用 4 环或 8 环芳烃作为多环芳烃化合物指示物，切实保护消费者健康。

二、杂环胺

杂环胺（HCAs）是一类高温热解形成的低分子有机胺化合物，食源性 HCAs 来源较广，环境中也存在 HCAs。化学结构是带有杂环的伯胺，包括氨基咪唑氮杂芳烃和氨基咔啉两大类。目前已鉴定了 20 多种 HCAs，其中 2-氨基-1-甲基-6-苯基咪唑(4,5-b)吡啶（PhIP）是主要成分之一，且毒性较大、组织中易吸收、分布多。研究表明，HCAs 具有致突变性，HCAs 摄入量与胃癌、直肠癌、乳腺癌等疾病的发生有关。目前，杂环胺对食品的污染及所造成的健康危害已经成为食品安全领域关注的热点问题之一。

（一）食品中杂环胺的形成

食品中杂环胺形成的前体物氨基酸、肌酸、肌酐等普遍存在于鸡肉、鱼肉、猪肉等肉类食品中，所以几乎所有经过高温加工烹调的肉类食品都可能有致突变性。杂环胺的合成主要受前体物含量、加工温度和时间的影响。有实验证明，肉类在油煎之前添加氨基酸，其杂环胺生成量比不加氨基酸高许多倍；而许多高蛋白质低肌酸的食品，如动物内脏、牛奶和豆制品等产生杂环胺的数量远低于含有肌酸的肉类食品。在食品加工过程中，加热温度和时间对杂环胺形成影响很大。

（二）杂环胺的生物毒性

1. 致突变性 在人体内，杂环胺是通过细胞色素氧化酶 P450IA2 和 N-乙酰转移酶激活产生致突变性。自由基引发的生物膜氧化损伤是一种新的致病因素，与有毒物质引起的遗传毒性有关。这说明 HCAs 形成的自由基是其引发遗传毒性和致突变性的重要原因。

2. 致癌性 在 Ames 测试中表现出高度致突变性的化合物不一定是致癌物。致癌性必须通过细胞培养或动物试验来进行测定。有研究表明，IQ、MeIQ、MeIQx、PhIP 能引起啮齿类动物产生肿瘤。这些肿瘤在肝脏、前胃、大小肠、乳腺、皮肤与结肠中发现。由于杂环胺普遍存在于肉类食品中，它们与人类癌症病因的关系不容忽视。而且这类食品除在烹调加工过程中形成杂环胺外，还可能产生其他的致癌物质，如亚硝基化合物、多环芳烃等，这些致癌物共同作用就有可能导致人类的肿瘤。因此，即使膳食中的杂环胺含量不足以造成人类肿瘤的发生，但有可能对癌症的发生起推波助澜的作用。

3. 风险评估 人类饮食中包含复杂的成分，其中既有有害的也有有益的，两者相互作用。在常用的烹调方法中煎烤、烧烤、烘烤能促进包含杂环胺在内的致突变物的形成。

在肉品加工过程中，最常见的杂环胺为 PhIP、AaC、MeIQx、DiMeIQx 和 IQ 等。1993 年，国际癌症研究中心（IARC）将 IQ 归类为对人类很可疑致癌物（2A 类），而 MeIQ、MeIQx、PhIP、Glu-P-1、Glu-P-2、Trp-P-1 和 Trp-P-2 等为潜在致癌物（2B 类）。Felton 等研究表明，计算癌症风险很难，但对于平均人群来说可能处于 1∶10 000 水平，而对于大量摄入熟肉制品的个体来说，可能处于 1∶50 的水平。要对这些风险进行详细的解释就必须对这些试验中的基因差异，食品的类型与加工方法，每日暴露量进行分析。

本章小结

食品加工过程中，在加工条件的作用下，食品组分会发生非常复杂的化学变化，其中会有一些有害物化学物质产生。目前食品加工过程中产生的、已知的化学有害物主要有丙烯酰胺、氯丙醇、杂环胺类物质、N-亚硝基化合物、多环芳烃，以及呋喃、反式脂肪酸等物质。本章主要讲述了丙烯酰胺、氯丙醇、杂环胺类物质、N-亚硝基化合物、多环芳烃、反式脂肪酸的来源、化学性质、健康危害等。

思考题

1. 简述丙烯酰胺的形成机制。
2. 影响丙烯酰胺形成的影响因素有哪些？
3. 食品中的氯丙醇来源途径有哪些？
4. 简述酱油等调味品检出有氯丙醇的原因。
5. 简述氯丙醇的毒性。

第7章 食品接触材料的安全性

第一节 概　　述

一、食品接触材料的定义

食品接触材料（food contact materials，FCM）是欧美发达国家普遍使用的概念，其定义各国略有不同，一般认为是：在可预见的正常使用情况下可能与食品接触，或可能将其成分迁移至食品中的材料和制品，也包括生产这些材料和制品所使用的原辅材料。

我国于2009年6月1日起实施的《中华人民共和国食品安全法》总则中，将用于食品的包装材料、容器、洗涤剂、消毒剂和用于食品生产经营的工具、设备统称为“食品相关产品”，并在附则中说明了这些食品相关产品的含义。

“用于食品的包装材料和容器，指包装、盛放食品或者食品添加剂用的纸、竹、木、金属、搪瓷、陶瓷、塑料、橡胶、天然纤维、化学纤维、玻璃等制品和直接接触食品或者食品添加剂的涂料”；

“用于食品生产经营的工具、设备，指在食品或者食品添加剂生产、流通、使用过程中直接接触食品或者食品添加剂的机械、管道、传送带、容器、用具、餐具等”；

“用于食品的洗涤剂、消毒剂，指直接用于洗涤或者消毒食品、餐炊具，以及直接接触食品的工具、设备或者食品包装材料和容器的物质”。

显然，上述三类“食品相关产品”都属于广义的食品接触材料范畴，但通常所说的食品接触材料一般指前两类产品，尤其是第一类产品，即食品包装材料和容器，大多数是与人们日常生活密切相关的消费品。

随着经济的快速发展，消费模式的变化带来与食品接触材料及制品产业的迅猛发展，在一定程度上，食品包装已经成为食品不可分割的重要组成部分，对食品质量产生直接或间接的影响。新产品、新材料不断涌现，大量化学物质应用于与食品接触材料及制品的生产，从而也带来了这些材料及制品的质量安全问题。近年来，由食品容器、包装材料、餐厨具等食品接触材料导致的食品安全事件不断发生，引发人们对食品接触材料安全性的高度关注。

二、食品接触材料的分类

欧盟在其关于食品接触材料的框架法规（EC）No 1935/2004中具体列出17类食品接触材料，包括活性与智能材料及制品、黏合剂、陶瓷、软木、橡胶、玻璃、离子交换树脂、金属与合金、纸和纸板、塑料、印刷油墨、再生纤维素、硅有机化合物、纺织品、清漆与涂料、蜡、木头。

美国对食品接触材料则是依据其是否属于食品添加剂而进行管理。如果材料或物质按合理的预期用途直接或间接与食品接触，会成为食品的成分或影响食品特征，则作为食品添加剂受有关法规约束。如果与食品接触的物品中所用的物质迁移或有理由认为可能迁移至食品中的量是微不足道的，则可依据相关规定，通过一定程序免除食品添加剂法规的限制。

20 世纪 80 年代以来，我国卫生部门相继颁布了一系列有关食品接触材料的国家卫生标准和管理办法。但由于缺乏风险交流，多年来消费者及企业本身对食品接触材料可能引起的食品安全风险不了解，食品接触材料和制品通常被视为一般工业产品，不重视其卫生安全质量。产品生产由行业归口管理，在 21 世纪之前作为国家标准和行业标准发布的食品接触材料和制品的产品标准中，大多只规定物理机械性能，而没有卫生理化指标，产品标准与卫生标准脱节，众多生产厂家甚至根本不知道卫生标准的存在，更谈不上对产品的卫生质量检验。有关卫生监督部门对食品接触材料生产企业的卫生质量，相对食品生产企业而言，重视程度和监管力度明显不足。

2006 年，我国国家质检总局启动了建立进出口食品接触材料行业标准体系的规划，该标准体系正式引入了“食品接触材料”的概念，并划分为八大类：活性和智能材料及制品类、辅助材料类（黏合剂、涂料、油墨及蜡等）、无机非金属材料类（陶瓷、玻璃等）、木质品类（包括竹、木、软木等材料及制品）、高分子材料类（橡胶、塑料、有机硅等）、金属类、纸和纸板类、纺织材料类，形成通用安全卫生技术规范、各类材料检验规程（包含合格评定标准）及各类材料检测分析方法三个层次，初步构建出该行业标准体系的框架。

本章就目前使用较广泛的纸、塑料、金属、玻璃、橡胶、搪瓷和陶瓷等食品接触材料的安全性作介绍。食品接触材料在使用过程中源于机械、电气等方面性能的安全问题不在本章讨论范围之内。

第二节　纸质包装材料

一、纸质主要特性及应用

纸质食品包装容器是一类传统的食品接触材料，是人们日常生活中不可或缺、息息相关的日用消费品。自 1978 年我国改革开放以来，特别是近几年来，我国纸业的生产和出口增长迅速，在我国食品包装工业体系中占有非常重要的地位，纸包装材料占包装材料总量的 40%左右，从长远趋势来看，纸包装材料的用量会越来越大。

纸类包装材料具有来源广泛、品种多样、成本低廉、加工和印刷性能好、具有一定的机械性能和缓冲性能、废弃物可回收利用的特点，因此在包装领域独占鳌头。

用作食品包装的纸类包装材料性能主要体现在以下几方面。

（一）机械性能

纸和纸板具有一定的强度、挺度和机械适应性，它的强度大小主要决定于纸的材料、质量、厚度、加工工艺、表面状况及一定的温、湿度条件等。另外，纸还具有一定的折叠性、弹性、撕裂性等，适合制作成型包装容器或用于裹包。

（二）阻隔性能

纸和纸板属于多孔性纤维材料，对水分、气体、光线、油脂等具有一定程度的渗透性，且其阻隔性受温、湿度的影响较大。单一纸类包装材料一般不能用于包装水分、油脂含量较高及阻隔性要求高的食品，但可以通过适当的表面加工来满足其阻隔性能的要求。

（三）印刷性能

纸和纸板吸收和黏结油墨的能力较强，所以印刷性能好，因此在包装上常用作印刷表面。纸和纸板的印刷性能主要决定于表面平滑度、施胶度、弹性、黏结力等。

（四）加工性能

纸和纸板具有良好的加工性能，可折叠处理，并可采用多种封合方式，容易加工成具有各种性能的包装容器，容易实现机械化加工操作，目前已经有成熟的生产工艺。良好的加工性能为设计各种功能性结构（如开窗、提手、间壁、设计展示台等）制造了条件。

另外，通过适当的表面加工处理，可以为纸和纸板提供必要的防潮性、防虫性、阻隔性、热封性、强度、物理性能等，扩大其使用范围。

二、纸质包装主要应用

现在常用的纸质食品包装材料主要有牛皮纸、半透明纸、涂布纸、玻璃纸、复合纸等几类。

（一）牛皮纸

牛皮纸是用硫酸盐木浆抄制的高级包装用纸，具有高施胶度，因其坚韧结实似牛皮而得名，可经纸机压光或不压光。根据纸的外观，有单面光、双面光、条纹等品种，有漂白与未漂白之分，多为本色纸，色泽为黄褐色。

牛皮纸机械强度高，有良好的耐破度和纵向撕裂度，并富有弹性，抗水性、防潮性和印刷性良好。大量用于食品的销售包装和运输包装，如包装点心、粉末等食品，多采用强度不太大、表面涂树脂等材料的牛皮纸。

（二）羊皮纸

羊皮纸又称植物羊皮纸或硫酸纸。羊皮纸具有良好的防潮性、气密性、耐油性和机械性能。适于油性食品、冷冻食品、防氧化食品的防护要求，可以用于乳制品、油脂、鱼肉、糖果点心、茶叶等食品的包装。

（三）鸡皮纸

鸡皮纸是一种单面光的平板薄型包装纸，不如牛皮纸强韧，故戏称“鸡皮纸”。鸡皮纸纸质坚韧，有较高的耐破度、耐折度和耐水性，有良好的光泽。可供包装食品、日用百货等，也可印刷商标。

鸡皮纸生产过程和单面光牛皮纸生产过程相似，要施胶、加填和染色。用于食品包装的鸡皮纸不得使用对人体有害的化学助剂，要求纸质均匀、纸面平整、正面光泽良好及无明显外观缺陷，其卫生要求应符合《食品包装用原纸卫生标准》（GB11680—1989）的规定。

（四）食品包装纸

据食品包装纸标准（QB1014—91）规定将食品包装纸分以下三种类型。

Ⅰ型为糖果包装原纸，为卷筒纸，经印刷、上蜡加工后供糖果包装和商标用纸。分 A、B、C 三个等级，A 和 B 等供机械包糖用，C 等供手工包糖用。

Ⅱ型为冰棍包装原纸，分 B、C 两个等级，B 等供机械包装冰棍和雪糕用，C 等供手工包装用，有平板纸和卷筒纸。

Ⅲ型为普通食品包装纸，有双面光和单面光两种，分 B、C、D 三个等级。

食品包装纸直接与食品接触，必须严格遵守其理化卫生指标（表 7-1），纸张纤维组织应均匀，不许有明显的云彩花，纸面应平整，不许有褶子、皱纹、破损裂口等纸病。

表 7-1 食品包装纸理化卫生指标

项目	指标
铅（以 Pb 计）/(mg/kg)	≤5
砷（以 As 计）/(mg/kg)	≤1
荧光性物质（254nm 及 365nm）	合格
脱色试验（水，正乙烷）	阴性
大肠杆菌/(个/100g)	≤30
致病菌（系统肠道致病菌，致病性球菌）	不得检出

注：摘自《食品包装用原纸卫生标准》(GB11680) 规定 2。

（五）半透明纸

半透明纸是一种柔软的薄型纸，是用漂白硫酸盐木浆，经长时间的高黏度打浆及特殊压光处理而制成的双面光纸。质地紧密坚韧，具有半透明、防油、防水、防潮等性能，且有一定的机械强度。半透明纸可用于马铃薯片、糕点等脱水食品的包装，也可作为乳制品、糖果等油脂食品包装。

（六）玻璃纸

玻璃纸又称赛璐玢，是一种天然再生纤维素透明薄膜，它是用高级漂白亚硫酸木浆经过一系列化学处理制成黏胶液，再成型为薄膜而成。

玻璃纸是一种透明性最好的高级包装材料，可见光透过率达 100%，质地柔软、厚薄均匀，有优良的光泽度、印刷性、阻气性、耐油性、耐热性，且不带静电。多用于中、高档商品包装，主要用于糖果、糕点、化妆品、药品等商品美化包装，也可用于纸盒的开窗包装。但它的防潮性差，撕裂强度较小，干燥后发脆，不能热封。用于直接接触食品的玻璃纸不得使用对身体有害的助剂，卫生要求符合 GB11680 的规定。

（七）涂布纸

涂布纸主要是在纸表面涂布沥青、高压低密度聚乙烯（LDPE）或聚偏二氯乙烯（PVDC）乳液、改性蜡（热熔黏合剂和热封蜡）等，使纸的性能得到改善。例如，PVDC 涂布纸表面非常光滑，无臭无味，可用于极易受水蒸气损害，特别是需要隔绝氧气的食品包装。此外，还可以涂布防锈剂、防霉剂、防虫剂等制成防锈纸、防霉纸、防虫纸等。

（八）复合纸

复合纸是另一类加工纸，是将纸与其他挠性包装材料相贴合而制成的一种高性能包装纸。常用的复合材料有塑料及塑料薄膜［如聚乙烯（PE）、聚丙烯（PP）、聚对苯二甲酸乙二醇酯（PET）、聚对苯二甲酸乙二醇酯（PVDC）等］、金属箔（如铝箔）等。复合方法有涂布、层合等方法。复合加工纸具有许多优异的综合包装性能，从而改善了纸的单一性能，使纸基复合材料大量用于食品包装等场合。复合纸要求无毒、卫生、安全，内层 PE 的卫生要求必须符合 GBn88 和 GBn84 标准规定。

三、食品包装用纸的安全性

目前，我国与食品接触纸和纸板的强制性标准共有五项，见表 7-2。

表 7-2　我国与食品接触纸和纸板的强制性标准

序号	标准编号	名称
1	GB11680—1989	食品包装用原纸卫生标准
2	GB9685—2008	食品容器、包装材料用添加剂使用卫生标准
3	GB19341—2003	育果袋子
4	QB2294—2006	纸杯
5	QB1013—2005	玻璃纸

（一）纸中有害物质的来源

纯净的纸是无毒的，但由于原料受到污染，或经过加工处理，纸和纸板中通常会有一些杂质、细菌和某些化学残留物，从而影响包装食品的安全性。纸中有害物质来源于造纸原料中的污染物、造纸过程中添加的助剂残留、彩色颜料污染、纸表面杂质及微生物污染、纸在加工处理时使其含有较多的化学污染物。

（二）纸对食品安全的影响

纸质包装材料可以制成袋、盒、罐、箱等容器，在食品行业被广泛应用，食品包装纸对食品安全性的影响主要与生产包装纸的纸浆、助剂、油墨有关。

1. 纸浆　造纸用纸浆有木浆、草浆和棉浆等，其中以木浆最佳，但从经济和目前实际情况出发，用木浆制作食品包装纸的极少，多数是采用稻草、麦秆、甘蔗渣等制成的草浆和棉浆。这些作物在种植过程中使用农药、化肥等物质造成制纸原料中往往含有残留农药及重金属等有毒化学物。有的还掺入了一定比例的回收纸，其中含有铝、镉、多氯联苯等物质，因此制作食品包装用纸，不应采用废旧回收原料。

2. 助剂　造纸过程中添加的助剂有硫酸铝、氢氧化钠、亚硫酸钠、次氯酸钠、松香等。一些造纸厂为了防止循环水中微生物作用而添加杀菌剂和防霉剂，造成其在包装纸中残留。此外在废旧再生纸的处理中，为增加其洁白度，往往添加荧光增白剂，这些荧光增白剂具有致癌的可能性。

3. 油墨　在包装袋上印刷的油墨，与食品的卫生安全和人体健康有着密切的关系。油墨所使用的颜料中，存在着重金属、苯胺或多环芳烃类等物质。苯胺类或多环芳烃类染料，对人体的健康威胁很大。目前我国尚无食品包装材料印刷专用油墨颜料，一般工业印刷用油墨及颜料中含有铅、镉等有害金属和甲苯、二甲苯或多氯联苯等有机溶剂，这些物质均有一定毒性。苯类溶剂早就不在 GB9685 标准中被许可使用，但实际情况却仍被大量使用，为了防止其污染食品，应对油墨的配方加以审查，选用安全的颜料和溶剂。并要求食品包装纸印刷油墨牢固，不脱落并印在包装纸的正面，印在反面时在油墨处应涂塑或包装食品时内垫符合卫生要求的衬纸。

案例 薯片苯污染事件

2005 年年初，甘肃省某食品厂发现生产的薯片有股很浓的怪味，经过检测，怪味来自食品包装袋印刷油墨里的苯，甘肃省产品质量监督检验中心检测结果表明，该产品包装袋中苯的实测值为每平方米 9.7mg，而国家标准对苯类溶剂要求是≤3.0mg/m^2，该包装袋的苯含量是国家允许量的 3 倍，严重超标。

苯的残留量如果超标对人体危害极大。苯可引起慢性中毒，主要对神经系统、造血系统造成损害，表现为头痛、头昏、失眠，白细胞持续减少，血小板减少而出现出血倾向。这些损害进展较慢，不会在短期内出现，容易被忽视。

食品接触材料发生卫生质量问题，印刷油墨是关键因素之一。许多食品包装上都印有五颜六色的精美图案，可很少有人知道，印制图案的油墨大多含有对人体有害的苯类物质。部分油墨含有有毒的重金属离子，有些颜料和染料含致癌成分，对人体健康有很大害处。

第三节 塑料包装材料

一、塑料的分类

塑料是一种以高分子聚合物——树脂为基本成分，再加入一些用来改善其性能的各种添加剂制成的高分子有机材料。塑料用作包装材料是现代包装技术发展的重要标志，因其原材料来源丰富、成本低廉、性能优良，经过半个世纪的高速发展，塑料以它优异的性能逐步替代了许多已经使用了几十年、几百年的材料和器皿，使食品包装的面貌发生了巨大的改变，成为食品销售包装中最主要的包装材料之一。

塑料食品接触材料是目前涵盖种类、数量最多，使用最频繁的一类包装容器。塑料的品种很多，分类方法也很多，通常按塑料在加热、冷却时呈现的性质不同，把塑料分为热塑性塑料和热固性塑料两类。

（一）热塑性塑料

热塑性塑料（thermo plastic）主要以加聚树脂为基料，加入适量添加剂而制成。在特定温度范围内能反复受热软化流动和冷却硬化成型，其树脂化学组成及基本性能不发生变化。这类塑料成型加工简单，包装性能良好，可反复成型，但刚硬性低，耐热性不高。包装上常用的塑料品种有聚乙烯、聚丙烯、聚氯乙烯、聚乙烯醇、聚酰胺、聚碳酸酯、聚偏二氯乙烯等。

（二）热固性塑料

热固性塑料（thermosetting plastic）主要以缩聚树脂为基料，加入填充剂、固化剂及其他适量添加剂而制成。在一定温度下经一定时间固化，再次受热，只能分解，不能软化，因此不能反复塑制成型。这类塑料具有耐热性好、刚硬、不熔等特点，但较脆且不能反复成型。包装上常用的有氨基塑料、酚醛塑料、环氧塑料等。

二、塑料包装材料分类及安全性

塑料产品多年来一直未列入实施检验检疫的出境商品目录内，导致我国长期以来对出口塑料食品接触材料卫生安全处于失于监管的状况。面临我国相关出口产品因安全质量问题而被禁止入境、退货或销毁事件增多，负面影响扩大的局势，国家质检总局在2006年开展了对食品接触材料的专项整治行动，当年9月发布了《关于对食品用塑料包装、容器、工具等制品实施市场准入制度的公告》，2007年8月又与海关总署联合发布公告，将塑料餐厨具等4类商品纳入强制实施出口检验范围。2009年，塑料餐厨具等产品正式列入出口法检目录。

（一）塑料包材中的加工助剂

塑料及合成树脂都是由很多小分子单体聚合而成，小分子单体的分子数目越多，聚合度越高，塑料的性质越稳定，当与食品接触时，向食品中移溶的可能性就越小。塑料中用到的低分子物质或添加剂主要包括以下几类。

1. 增塑剂 这是一类可提高树脂可塑性和柔软性的添加剂，通常是一些有机低分子物质。聚合物分子间夹有低分子物质后，加大了分子间距，降低其分子间作用力，从而增加大分子的柔顺性和相对滑移流动能力。因此，树脂中加入一定量增塑剂后，在黏流态时黏度降低，流动塑变能力增高，从而改善塑料成型加工性能。

2. 稳定剂 用于防止或延缓高分子材料的老化变质。引起塑料老化变质的因素很多，主要有氧气、光、热等。稳定剂主要有三类：第一类为抗氧剂，有胺类抗氧剂和酚类抗氧剂，酚类抗氧剂其抗氧能力虽不及胺类抗氧剂，但因具有毒性低、不易污染的特点而被大量应用，如抗氧剂1076、抗氧剂330等因其安全无毒可用于食品包装用塑料；第二类为光稳定剂，用于反射或吸收紫外线，防止塑料树脂老化，延长其使用寿命，效果显著且用量极少，光稳定剂品种繁多，用于食品包装应选用无毒或低毒的品种；第三类为热稳定剂，可防止塑料在加工和使用过程中因受热而引起降解，是塑料等高分子材料加工时不可缺少的一类助剂，目前应用最多的是用于聚氯乙烯的热稳定剂，其中铅稳定剂和金属皂类热稳定剂因含重金属而毒性大，因此，用于食品包装应选用有机锡稳定剂等低毒性产品。

3. 填充剂 它的功能是弥补树脂的某些性能不足，改善塑料的使用性能，如提高制品的尺寸稳定性、耐热性、硬度、耐气候性等，同时可降低塑料成本。常用填充剂：碳酸钙、陶土、滑石粉、石棉、硫酸钙等，其用量一般为20％～50％。

4. 着色剂 用于改变塑料等合成材料固有的颜色，有无机颜料、有机颜料和其他染料。塑料着色可使制品美观，提高其商品价值，用作包装材料还可起屏蔽紫外线和保护内容物的作用。

5. 其他添加剂 根据其功能和使用要求，在塑料中可加入润滑剂、固化剂、发泡剂、抗静电剂、阻燃剂等。塑料所用各种添加剂应具有与树脂很好的相溶性、稳定性、不相互影响其作用等特性，对用于食品包装的塑料，特别要求添加剂具有无味、无臭、无毒、不溶出的性征，以免影响包装食品的品质、风味和卫生安全性。

以上这些物质都是易从塑料中迁移的物质，是塑料包装材料对食品安全性造成影响的主要原因。

（二）聚乙烯

聚乙烯（PE）树脂是由乙烯单体经加成聚合而成的高分子化合物，为无臭、无毒、乳白色的蜡状固体；大分子为线型结构，简单规整且无极性，柔顺性好，易于结晶。聚乙烯塑料是由PE树脂加入少量的润滑剂、抗氧化剂等添加剂构成。

1. 主要包装特性　阻水、阻湿性好，但阻气和阻有机蒸气的性能差；具有良好的化学稳定性，常温下与一般酸碱不起作用，但耐油性稍差；有一定的机械抗拉和抗撕裂强度，柔韧性好；耐低温性很好，能适应食品的冷冻处理，但耐高温性能差，一般不能用于高温杀菌食品的包装。

2. 主要品种及应用

1）高压低密度聚乙烯　高压低密度聚乙烯（LDPE）在包装上主要制成薄膜，用于包装要求较低的食品，尤其是有防潮要求的干燥食品。利用其透气性好的特点，可用于生鲜果蔬的保鲜包装，也可用于冷冻食品包装，但不宜单独用于有隔氧要求的食品包装。经拉伸处理后可用于热收缩包装，由于其热封性、卫生安全性好，价格便宜，常作复合材料的热封层，大量用于各类食品的包装。

2）低压高密度聚乙烯　低压高密度聚乙烯（HDPE）也大量用于薄膜包装食品，与LDPE 相比，相同包装强度条件下可节省原材料。由于其耐高温性较好，可作为复合膜的热封层用于高温杀菌食品的包装，也可制成瓶、罐容器盛装食品。

3. 聚乙烯的安全性　聚乙烯塑料属于聚烯烃类长直链烷烃树脂，本身是一种无毒材料，对大白鼠口服 $LD_{50}>7.95g/kg$ 体重，受试动物体重增长正常，无中毒症状及病理学变化。其 LD_{50} 大于最大可能灌胃量，在许多经口亚急性毒性试验、慢性毒性试验、致畸试验和致癌试验中均未见明显的毒性作用。

聚乙烯塑料的残留物主要包括聚乙烯中的单体乙烯、低相对分子质量聚乙烯、回收制品污染物残留，以及添加色素残留。乙烯单体有低毒，在塑料包装材料中残留量极低，而且加入的添加剂量又很少，因此一般认为聚乙烯塑料是安全的包装材料。但低聚合度 PE 易溶于油脂，若使用聚乙烯制品长期盛装油脂含量高的食品，可将低聚合度 PE 溶出，使油脂或油脂多的食品带有哈喇味，从而影响产品质量。

此外，聚乙烯塑料回收再生制品不安全性较大。由于回收渠道复杂回收容器上常残留有许多有害污染物，难以保证清洗处理完全，从而造成对食品的污染，为掩盖回收品质量缺陷往往添加大量涂料，从而使涂料色素残留污染食品。因此，一般规定聚乙烯回收再生品不能再用于制作食品的包装容器。

（三）聚丙烯

聚丙烯（PP）塑料的主要成分是聚丙烯树脂，线型结构，密度为 $0.90\sim0.91g/cm^3$，是目前最轻的食品包装用塑料材料。

1. 主要包装特性及应用　阻隔性优于 PE，水蒸气透过率和氧气透过率与高密度聚乙烯相似，但阻气性仍较差；机械性能较好，具有的强度、硬度、刚性都高于 PE，尤其是具有良好的抗弯强度；化学稳定性良好，在一定温度范围内，对酸、碱、盐及许多溶剂等有稳定性；耐高温性优良，可在 100～120℃范围内长期使用，无负荷时可在 150℃使用，耐低温性比 PE 差，−17℃时性能变脆；光泽度高，透明性好，印刷性差，印刷前表面需经一定处理，但表面装潢印刷效果好；成型加工性能良好但制品收缩率较大，热封性比 PE 差，但比其他塑料要好；卫生安全性高于 PE。

PP 主要制成薄膜材料包装食品，适宜包装含油食品，在食品包装上可替代玻璃纸包装点心、面包等，也可制成透明的其他包装容器或制品，同时还可制成各种形式的捆扎绳、带，在食品包装上用途十分广泛。

2. 聚丙烯的安全性 PP属于高分子的碳氢化合物，毒性极低。溶出试验证明其耐油性优于聚乙烯，正己烷溶出液中，蒸发残渣一般不大于10mg/L。用^{14}C标记的PP喂饲大白鼠，证明可完全排出体外。PP制成的容器分别用有机酸、食盐、砂糖及乙醇等溶液90℃浸提14d，大白鼠口服浸提液13个月，无病理及组织学变化。一般认为PP作为食品包装材料较安全，其安全性高于PE塑料。

PP塑料有害物质来源主要是添加剂和回收再利用品残留。PP塑料易老化，需要加入抗氧化剂和紫外线吸收剂等添加剂，造成添加剂残留污染。

（四）聚苯乙烯

聚苯乙烯（PS）由苯乙烯单体加聚合成，因大分子主链上带有苯环侧基，结构不规整，不易结晶，柔顺性很低，因此PS是线型、无定型、弱极性高分子化合物。

1. 主要包装特性及应用 PS阻湿、阻气性能差，阻湿性能低于PE；机械性能好，具有较高的刚硬性，但脆性大，耐冲击性能很差；能耐一般酸、碱、盐、有机酸、低级醇，其水溶液性能良好，但易受到有机溶剂，如烃类、酯类等的侵蚀软化甚至溶解；透明度好，有良好的光泽性；耐热性差，耐低温性良好；成型加工性好，易着色和表面印刷，制品装饰效果很好。

PS塑料在包装上主要制成透明食品盒、水果盘、小餐具等，色泽艳丽，形状各异，包装效果很好。

2. 聚苯乙烯的安全性 PS在兔或大鼠体内氧化成苯甲酸，在体内代谢后以葡萄糖醛酸的形式排出体外。其主要卫生问题是含有苯乙烯单体及甲苯、乙苯和异丙苯等挥发性成分，已证明在此类型聚合物中，每千克塑料有1000～1500mg的挥发性迁移物。这些挥发性物质的相对分子质量通常是小于200的化学物质，少部分的挥发性成分相对分子质量大于200。若每天给予400mg/kg体重苯乙烯单体可致动物肝、肾重量减轻，并可抑制动物的繁殖能力。苯乙烯单体最大无作用剂量（MNL）为每天133mg/kg体重，塑料制品中单体残留量应限定在1%以下。

（五）聚氯乙烯

聚氯乙烯（PVC）塑料以聚氯乙烯树脂为主体，加入增塑剂、稳定剂等添加剂混合组成。

1. 主要包装特性及应用 PVC树脂热稳定性差，在空气中超过150℃会降解而放出HCl，长期处于100℃条件下也会降解，在成型加工时也会发生热分解，这些因素限制了PVC制品的使用温度，一般需在PVC树脂中加入2%～5%的稳定剂。

PVC的阻气、阻油性优于PE塑料，硬质PVC优于软质PVC；阻湿性比PE差；化学稳定性优良，透明度、光泽性比PE优良；机械性能好，硬质PVC有很好的抗拉强度和刚性，软质PVC相对较差，但柔韧性和抗撕裂强度比PE高；耐高、低温性差，着色性、印刷性和热封性较好。

软质PVC增塑剂含量大，卫生安全性差，一般不用于直接接触食品的包装，可利用其柔软性、加工性好的特点制作弹性拉伸膜和热收缩膜，又因其价廉，透明性、光泽度优于PE且有一定透气性而常用于生鲜果蔬的包装。硬质PVC中不含或含微量增塑剂，安全性好，可直接用于食品包装。

2. 聚氯乙烯的安全性　虽然 PVC 树脂本身是一种无毒聚合物，但氯乙烯单体具有麻醉作用，可引起人体四肢血管的收缩而产生痛感。同时还具有致癌和致畸作用，它在肝脏中可形成氧化氯乙烯，具有强烈的烷化作用，可与 DNA 结合产生肿瘤。对人体的安全限量为每千克体重 1mg，故 PVC 用作食品包装材料时应严格控制材料中氯乙烯（VC）残留量。PVC 树脂中氯乙烯单体残留量≤3mg/kg，包装制品中氯乙烯单体残留量＜1mg/kg 时，符合食品卫生安全要求。

PVC 塑料残留物主要是氯乙烯单体、降解产物和添加剂（增塑剂、热稳定剂和紫外线吸收剂等）溶出残留。

PVC 易与低分子化合物相溶，所以需要加入增塑剂和稳定剂。增塑剂是影响 PVC 卫生安全性的一个重要因素，有些增塑剂可致动物畸形，如用 0.3～10mg/kg 体重苯二甲酸酯饲喂大白鼠，结果导致死胎率增加或产下无尾巴、无眼睛、后脚弯曲、头骨畸形等的小鼠。因此，用于食品包装的 PVC 应使用邻苯二甲酸等低毒品种作增塑剂，使用剂量也应控制在安全范围内。

除增塑剂以外，生产聚氯乙烯成型品时还要添加稳定剂。大多数稳定剂为金属盐类，如三盐基硫酸铅、二盐基硫酸铅或硬脂酸铅盐、钡盐、锌盐及镉盐，其中铅盐耐热性强。但铅盐、钡盐和镉盐对人体危害较大，不得在食品容器和工具用的塑料中使用。允许使用锌盐，其用量规定为 1%～3%。有机锡稳定剂工艺性能较好，毒性也较低（除二丁基锡外），一般二烷基锡碳链越长，毒性越小，二辛基锡可以认为经口无毒。

（六）聚对苯二甲酸乙二醇酯

聚对苯二甲酸乙二醇酯（PET）简称聚酯，俗称涤纶。

1. 主要包装特性及应用　PET 用于食品包装，具有优良的阻气、阻湿、阻油等高阻隔性，化学稳定性强；光亮透明并可阻挡紫外线；具有良好的耐高、低温性能，以及高强韧性能。但由于熔点高，成型加工和热封较困难。一般将 PET 制成容器或薄膜，可用来包装含油及肉类制品，还可用于碳酸饮料和果汁饮料的包装。

2. PET 的安全性　PET 树脂无毒，小鼠经口的 LD_{50}＞10g/kg 体重，致突变试验（Ames 试验、微核试验和精子畸变分析）均阴性。PET 树脂在缩聚过程中使用锑（三氧化二锑或乙酸锑）作为催化剂，故树脂中可能有锑的残留。锑为中等急性毒性的金属，三氧化二锑的大鼠 LD_{50}（腹腔）为 3.25g/kg 体重，100mg/kg 体重剂量喂养大鼠 12 个月，对心肌有损害作用。

（七）聚碳酸酯塑料

1. 聚碳酸酯包装特性及应用　聚碳酸酯（PC）树脂是分子链中含有碳酸酯的一类高分子化合物的总称。目前只有双酚 A 型的芳香族聚碳酸酯树脂可以用作食品包装材料和容器。在包装上 PC 可注塑成型为盆、盒，吹塑成型为瓶、罐等各种韧性高、透明性好、耐热又耐寒的产品，用途较广。在包装食品时因其透明而可制成透明罐头，可耐 120℃高温杀菌处理，是一种非常优良的包装材料。

2. 聚碳酸酯包装材料的安全性　PC 具有无味、无毒、耐油和透明度高等特性，可用于制作直接或间接接触食品的容器、包装材料及食品工业用设备、器具，如巧克力、糕饼等食品模具，婴儿奶瓶等。PC树脂本身无毒，经口 LD_{50}＞10g/kg 体重，致突变试验（Ames 试验、微核试验和精子畸变分析）阴性。但双酚 A 与碳酸二苯酯进行酯交换时有中间体苯酚产生，苯酚不仅具有一定的毒性，而且还会产生异味，影响食品的感官性状。此外，PC 树脂在高浓度乙醇溶液中浸泡后，其重量和抗张强度均有明显下降，因此 PC 容器和包装材料不宜接触高浓度乙醇溶液。

案例　食品塑化剂污染

2011 年 5 月底，台湾“卫生署食品药物管理局”发现某品牌饮料中含有工业塑化剂 DEHP（邻苯二甲酸酯的一种）。起初以为 DEHP 来自食品包装污染，经追查，才发现它被当作棕榈油的替代品加入了食品添加剂中。此次事件中，有超过 200 多家的生产厂商被证实使用了含有塑化剂的食品添加剂，超过 500 多项食品受到了污染。

2012 年 11 月，我国多家知名白酒企业生产的白酒中塑化剂含量严重超标，其中酒鬼酒经国家质检总局公布其 DBP（邻苯二甲酸二丁酯）含量为 1.04mg/kg，高出国家标准 247%，原因可能是酒在生产和销售过程中接触塑料导管和瓶盖引起塑化剂超标。

塑化剂，也就是我们常说的增塑剂，其中最常用是邻苯二甲酸酯类物质，这种物质是一种有毒的化工用料，能使塑料软化，被普遍应用于玩具、食品包装材料、医用血袋和胶管、指甲油等数百种产品中。塑化剂可干扰内分泌，抑制雄性激素生成，使男性精子数量减少、运动能力低下、形态异常，会导致男性绝育，严重者会引发睾丸癌，存在致癌风险，对于女性，则会导致性早熟。

美国食品药品监督管理局（FDA）只允许在一部分以水为主的食物的包装中使用含 DEHP 的材料。美国国会通过的《消费者产品安全促进法案》（CPSIA）中规定，在儿童玩具和用品中，包括 DEHP 在内的三种邻苯二甲酸酯，总含量不能超过 0.1%。美国环保局（EPA）规定饮用水中的 DEHP 不得超过 6ppb，即每千克水中 DEHP 的质量不得超过 6μg。

欧盟从 1999 年起做出限制，在所有儿童玩具中，包括 DEHP 在内的三种邻苯二甲酸酯，总含量不得超过 0.1%。在欧盟的《化学制剂的登记、评估、授权和限制》（REACH）这项法规中，DEHP 被评估为生殖毒性 2 类，列入第一批需授权物质清单，因此在欧盟境内，DEHP 要通过欧洲化学品管理局（ECHA）的授权才能被使用。

延伸阅读

食品级和非食品级的差别

随着塑料包装材料性能的改良，塑料包装薄膜材料成为包装材料领域中发展最快、用量最大的包装材料，尤其在食品领域，新材料、新工艺、新技术不断涌现，同时因食品的特殊性，对其包装更是提出了较为严格的要求。按照食品包装功能选择原材料十分重要，不适当的选择也会引起食品安全问题。例如，液态奶的包装，如果选择的包装材料阻隔性差，就会缩短液态奶的保质期甚至在短时间内引起变质。而对保鲜膜来说，如果没有适量的透气量又无法保证蔬菜的新鲜，会导致其腐败。相关塑料包装材料生产及应用企业均应按照相应规范要求对产品的应用性能与质量进行检验管理。在食品包装领域，国家质检总局于 2006 年启动食品包装 QS 认证工作，实施食品包装用塑料制品生产许可制度，食品用塑料包装产品应符合《食品用塑料包装生产许可实施细则》的要求，企业应根据产品应用功能特点对包装各项性能进行检测和评价，建立符合实际需要的企业产品技术规范。

购买塑料袋及塑料包装时可用望、闻、问、切的方法鉴别餐用塑料产品的安全性。首先要留意商品的名称以此辨别其用途及使用范围，其次是看商品标签上是否有 QS 标志，这是对接触食物的塑料制品的国家标准认证，观察产品时合格商品绝不会出现透有斑点、气雾、气泡等问题。如果有浓烈的塑料味道证明该容器不适合用于食品保存，质量过关的食品用塑料制品不应有任何异味。如果主要作用为装载食物那就要特别留心，应向销售人员了解塑料制品的用途，是否能用作食品保存。最后要仔细触摸塑料容器，如果在塑料开口处出现毛刺，属于不合格产品。

第四节　金属及橡胶接触材料

一、金属接触材料

（一）金属包装材料的主要特性

金属包装材料是传统包装材料之一，用于食品包装有近 200 年的历史，具有一些独特的理化性质。

1. 高阻隔性能　可阻隔气、汽、水、油、光等的透过，用于食品包装表现出极好的保护功能，使包装食品有较长的货架寿命。

2. 优良的机械性能　金属材料具有良好的抗拉、抗压、抗弯强度、韧性及硬度，用作食品包装表现出耐压，耐温、湿度变化和耐虫害，包装的食品便于运输和贮存，使商品的销售半径大为增加，同时适宜包装的机械化、自动化操作，密封可靠，效率高。

3. 容器成型加工工艺性好　金属具有优良的塑性变形性能，易于制成食品包装所需要的各种形状容器。现代金属容器加工技术与设备成熟，生产效率高，如马口铁三片罐生产线生产速度可达每分钟 1200 罐，铝质二片罐生产线生产速度达每分钟 3600 罐，可以满足食品大规模自动化生产的需要。

4. 良好的耐高、低温性，导热性及耐热冲击性　金属材料这一特性使其用作食品包装可以适应食品冷、热加工，高温杀菌，杀菌后的快速冷却等加工需要。

5. 表面装饰性好　金属具有光泽，可通过表面彩印装饰提供更理想、美观的商品形象。

6. 包装废弃物较易回收处理　金属包装废弃物的易回收处理减少了对环境的污染，同时，它的回炉再生可节约资源、节省能源，这在提倡“绿色包装”的今天显得尤为重要。

金属作为食品包装材料的缺点：化学稳定性差、不耐酸碱腐蚀，特别是用其包装高酸性内容物时易被腐蚀，同时金属离子易析出从而影响食品风味，这在一定程度上限制了它的使用范围。为弥补这个缺点，一般需在金属包装容器内壁施涂涂料。另一个缺点是价格较贵，但会随着生产技术的进步和大规模化生产而得以改善。

（二）金属包装材料的安全性

金属包装材料是传统包装材料之一，用于食品包装有近200年的历史。由于金属包装材料的高阻隔性，耐高、低温性，废弃物易回收等优点，在食品包装上应用广泛。食品包装常用的金属材料按材质主要分为两类：一类为钢基包装材料，包括镀锡薄钢板（马口铁）、镀铬薄钢板、涂料板、镀锌板、不锈钢板等；另一类为铝质包装材料，包括铝合金薄板、铝箔、铝丝等。

1. 镀锡的薄钢板　马口铁罐头罐身为镀锡的薄钢板，锡起保护作用，但由于种种原因，锡会溶出而污染罐内食品。过去使用的镀锡罐，其溶出的锡会形成有机酸盐，毒性很大，此类中毒事例较多。例如，1960年日本发生的果汁罐头中毒事件中，250ml的每盒罐头内，锡溶出量高达1000～1500mg，造成食源性疾病的物质是柠檬酸或苹果酸的锡盐。此外，焊锡也能造成铅中毒，在过去的几十年中，由于罐藏技术的改进，已避免了焊缝处铅的迁移，也避免了罐内层锡的迁移。例如，在马口铁罐头内壁上涂上涂料，这些替代品有助于减少锡、铅等溶入罐内。现在大部分罐头盒的内壁均有涂层，因此几乎不存在由于镀锡而引起的中毒事件。

金属容器内壁涂层的作用主要是保护金属不受食品介质的腐蚀，防止食品成分与金属材料发生不良反应，或降低其相互黏结能力。用于金属容器内壁的涂料漆成膜后应无毒，不影响内容物的色泽和风味，有效防止内容物对容器壁的磨损，漆膜附着力好，具有一定的硬度。金属罐头经杀菌后，漆膜不变色、软化和脱落，在金属罐头贮藏期间稳定性好。金属容器内壁涂料主要有抗酸涂料、抗硫涂料、防粘涂料、快干接缝涂料等。目前，食品金属内壁涂料的发展趋势是：采用价格低廉而且比较稳定的树脂和油类，如采用聚丁二烯作为制造涂料的原料；采用高固体含量的涂料，改善涂料烘干工艺环境条件；以单层涂料代替多层涂料，或开发多种功能和用途的涂料，提高生产效率等。

2. 铝接触材料　铝质包装材料主要是指铝合金薄板和铝箔。包装用铝材大多是合金材料，合金元素主要有锰、镁、铜、锌、铁、硅、铬等。铝制品主要的食品安全性问题在于铸铝中和回收铝中的杂质。目前使用的铝原料的纯度较高，有害金属较少，而回收铝中的杂质和金属难以控制，易造成食品的污染。

食物侵蚀铝质器皿因使用条件如pH、温度、共存物质的性质不同而存在差异。例如，用铝锅在100℃分别煮肉汤（pH 5.0）或掺水牛奶（pH 7.5）1h，牛奶中铝含量是肉汤中的1倍。又如，用铝壶煮含氟11mg/L的水（pH 4.0），煮沸10min，溶出铝200mg/kg；没有氟存在时，溶出铝含量为0.2mg/kg。新铝壶比旧铝壶煮咖啡所溶出的铝多1倍。铝锅煮饭，靠近铝壁的米饭里含有不少铝。

铝毒性表现为对脑、肝、骨、造血系统和细胞的毒性。临床研究证明，透析性脑痴呆症与铝有关；长期摄入含铝营养液的患者，会发生胆汁淤积性肝病，肝细胞有病理改变，同时动物试验也证实了这一病理现象。铝中毒时常见的是小细胞低色素性贫血。

3. 不锈钢食品容器　随着科学技术的发展，不锈钢食具以它精美、耐热、耐用等优点，日益受到人们的青睐。不锈钢的基本金属是铁，由于加入了大量的镍元素，能使金属铁及其表面形成致密的抗氧化膜，提高其电极电位，使之在大气和其他介质中不易被锈蚀。不锈钢不能与乙醇（酒精）接触，以防镉、镍游离。在盛装料酒或烹调使用料酒时，料酒中的乙醇也可将镍溶解，容易导致人体慢性中毒。

二、橡胶制品材料的安全性

在现代科学技术的有力推动下，橡胶作为一类重要的化工材料，在食品工业中的作用日益扩展，越来越多地应用在食品接触材料、制品领域中。相对于其他食品接触制品用材料，橡胶拥有独一无二的高弹性性能；同时作为有机高分子材料，橡胶还具备该类材料共有的特性，如密度小、绝缘性好、耐酸碱腐蚀、对流体渗透性低等。这些特性使得橡胶虽然较少直接用作食品包装材料，但广泛用于制造与食品接触的婴儿用品、传输带、管道、手套、垫圈和密封件等产品中。

与食品接触橡胶制品的相关国家标准包括卫生标准和产品标准，见表 7-3。

橡胶可分为天然橡胶与合成橡胶两大类，橡胶中的毒性物质来源于橡胶基料和添加的助剂。

天然橡胶是橡胶树上流出的胶乳，经过凝固、干燥等工艺加工而成的弹性固形物。它是以异戊二烯为主要成分的不饱和状态的天然高分子化合物，本身既不分解也不被人体吸收，一般认为对人体无害，但由于加工的需要，加入的多种助剂，如促进剂、防老剂、填充剂等，给食品带来了不安全的问题。

合成橡胶大多是由二烯类单体聚合而成的高分子化合物，在加工时使用了多种助剂。在对橡胶的水提取液作较为全面分析中，可以发现有 30 多种成分，其中 20 种具有毒性。这些成分包括硫化促进剂、抗氧化剂和增塑剂等，这些助剂可能对人体造成不良影响。橡胶制品在生产过程中所使用和产生的一些化学物质会在消费过程中超量迁移进入食品中从而危害消费者的健康。橡胶制品存在的问题主要有：天然橡胶制品存在的蛋白质对易感人群引发的不良致敏反应；橡胶制品用染料释放出超标有害的芳香胺和重金属元素；橡胶生产用添加剂超量迁移，如邻苯二甲酸酯增塑剂的超标迁移；橡胶最终制品残留的有害单体物、起始物和副

表 7-3　国家标准对食品接触橡胶制品规定的主要安全卫生指标

种类或适用范围	卫生标准	安全技术指标	限量要求	测试标准和依据
食品容器、包装材料用橡胶改性的丙烯腈-丁二烯-苯乙烯成型品	GB17326—1998 卫生标准	蒸发残渣		GB/T5009.60—2003 GB/T5009.152—2003
		水浸泡液	≤15mg/L	
		20%乙醇浸泡液	≤15mg/L	
		4%乙酸浸泡液	≤15mg/L	
		正已烷浸泡液	≤15mg/L	
		高锰酸钾消耗量（水浸泡液）	≤10mg/L	
		重金属（以 pb 计，4%乙酸浸泡液）	≤1.0mg/L	
		丙烯腈单体	≤11mg/L	

续表

种类或适用范围	卫生标准	安全技术指标	限量要求	测试标准和依据
食品用橡胶制品	GB4806.1—1989 食品用橡胶制品卫生标准	感官指标	成品外观色泽正常，无异臭，无异物；浸泡液不应有着色，无异臭，无异物	将样品和浸泡液放在室内自然光下用感官检查
		助剂要求	符合 GB9685—2008 的要求	
		蒸发残渣		
		水浸泡液	≤50mg/L（高压锅垫圈） ≤30mg/L（其他）	GB/T11332—1989 GB/T5009.60—2003 GB/T5009.64—2003 （注：乙醇或正己烷蒸发残渣不合格者，不得接触含醇或油脂类食品）
		65％乙醇浸泡液	≤40mg/L（其他）	
		4％乙酸浸泡液	≤2000mg/L（其他）	
		正己烷浸泡液	≤500mg/L（高压锅垫圈） ≤2000mg/L（其他）	
		高锰酸钾消耗量（水浸泡液）	≤40mg/L	GB/T11332—1989 GB/T5009.60—2003 GB/T5009.64—2003
		重金属（以 pb 计，4％乙酸浸泡液）	≤1.0mg/L	GB/T11332—1989 GB/T5009.60—2003 GB/T5009.64—2003
		锌（4％乙酸浸泡液）	≤100mg/L（高压锅垫圈） ≤20mg/L（其他）	GB/T11332—1989 GB/T5009.60—2003 GB/T5009.64—2003
		残留丙烯腈单体（注：含丙烯腈橡胶必须测定丙烯腈）	≤11mg/L	GB/T11332—1989 GB/T5009.64—2003 GB/T5009.152—2003
橡胶奶嘴	GB4806.2—94 橡胶奶嘴卫生标准	感官指标	成品外观色泽正常，无异臭、异味、杂质，浸泡液不应有着色、浑浊、沉淀	将样品和浸泡液放在室内自然光下用感官检查
		助剂要求	符合 GB9685—2008 的要求	
		蒸发残渣		GB/T5009.60—2003
		水浸泡液	≤30mg/L	GB/T5009.64—2003
		4％乙酸浸泡液	≤120mg/L	
		高锰酸钾消耗量（水浸泡液）	≤30mg/L	
		锌(4％乙酸浸泡液)	≤30mg/L	
		重金属（以 Pb 计，4％乙酸浸泡液）	≤1.0mg/L	

反应产物，如丙烯腈单体、苯乙烯单体、亚硝胺物等。

第五节　玻璃、陶瓷和搪瓷包装材料

一、玻璃接触材料

玻璃是一种古老的包装材料，3000 多年前埃及人首先制造出玻璃容器，由此玻璃成为食品及其他物品的包装材料。

玻璃是由石英石（构成玻璃的主要组分）、纯碱（碳酸钠、助熔剂）、石灰石（碳酸钙、稳定剂）为主要原料，加入澄清剂、着色剂、脱色剂等，经 1400～1600℃高温熔炼成黏稠玻璃液再经冷凝而成的非晶体材料。目前，玻璃材料的使用量占包装材料总量的 10%左右，是目前食品包装中的重要材料之一。

（一）玻璃的包装特性

1. 化学稳定性　具有极好的化学稳定性是玻璃作为食品包装材料的一个突出优点。一般说来，玻璃内部离子结合紧密，高温熔炼后大部分形成不溶性盐类物质且具有极好的化学惰性，可抗气体、水、酸、碱等侵蚀，不与被包装的食品发生作用，具有良好的包装安全性，最适宜婴幼儿食品、药品的包装。

2. 物理性能

（1）密度较大，包装常用的玻璃密度为 2.5g/cm^{3}左右，密度远大于除金属以外的其他包装材料。

（2）透光性好，玻璃具有良好的透光性，可充分显示内装食品的形色。

（3）玻璃的导热性能差，在高温时主要是辐射传热，低温时则以热传导为主。因此玻璃可耐高温，用作食品包装能经受加工过程的杀菌、消毒、清洗等高温处理，但承受急变温差能力差。

（4）玻璃具有对气、汽、水、油等各种物质的高阻隔性，其透过率为 0，这是它作为食品包装材料的又一突出优点。

3. 良好的成型加工工艺性　玻璃可加工制成各种形状、结构的容器，而且易于上色，外观光亮，用于食品包装美化效果好，但印刷等二次加工性差。

4. 原料来源丰富　玻璃制品的价格较便宜，还具有可回收再利用的特点，废弃玻璃制品可回炉焙炼，再制成成型制品，形状、质量合格的回收玻璃制品经清洗消毒可再使用。

（二）玻璃制品的安全性

玻璃是以二氧化硅为主要原料，一般来说，玻璃内部离子结合紧密，二氧化硅的毒性很小，经消化道摄入几乎不被人体吸收，高温熔炼后大部分形成不溶性盐类物质而具有极好的化学惰性，不与被包装的食品发生作用，具有良好的包装安全性。但有些玻璃辅料的毒性很大，如红丹粉、三氧化二砷，尤其是中高档玻璃器皿，如高脚酒杯的加铅量可达 30%以上。铅和砷的毒性都比较大，是玻璃制品的主要卫生问题，熔炼不好的玻璃制品可能发生来自玻璃原料的有毒物质溶出问题。所以，对玻璃制品应作水浸泡处理或加稀酸加热处理。对包装有严格要求的食品、药品可改钠钙玻璃为硼硅玻璃，同时应注意玻璃熔炼和成型加工质量，以确保被包装食品、药品的安全性。

玻璃制品有不少采用贴花，或把颜料混入原料中制成彩色玻璃，所用颜料多为金属盐类，其主要的安全性问题是从玻璃中溶出的迁移物。玻璃容器表面应光滑，厚薄均匀，无明显气泡，无裂缝；贴花应牢固不脱落或在不接触食品的部位。

二、陶瓷接触材料

陶瓷是以黏土为主要原料，加入长石、石英为原料，经过配料、细碎、除铁、炼泥、成型、干燥、上釉等工序，经高温烧结而成。我国是使用陶瓷制品历史最悠久的国家，与金属、塑料等包装材料制成的容器相比，陶瓷容器更能保持食品的风味。

(一) 陶瓷材料的特点

(1) 陶瓷制品的原料丰富，成型工艺简单，便宜。

(2) 耐火、耐热、耐药性好，可反复使用，废弃物对环境污染小。

(3) 具有高的硬度和抗压强度。

(4) 上彩釉陶瓷制品造型、色彩美观，装饰效果好，又增加了容器的气密性和对内装食品的保护作用。同时，其本身可作为精美的工艺品，具有很好装饰观赏作用。

(二) 陶瓷的安全性

一般陶瓷本身没有毒性，其食品包装的卫生安全问题主要是上釉陶瓷表面釉层中重金属元素铅或镉的溶出。一般认为陶瓷包装容器是无毒、卫生、安全的，不会与所包装食品发生任何不良反应。但有研究表明，釉料主要由铅、锌、镉、锑、钡、铜、铬、钴等多种金属氧化物及其盐类组成，多为有害物质。陶瓷在1000～1500℃下烧制而成，如果烧制温度低，彩釉未能形成不溶性硅酸盐，在使用陶瓷容器时易使有毒有害物质溶出而污染食品。例如，在盛装酸性食品（如醋、果汁）和酒时，这些物质容易溶出而迁入食品，引起安全问题。国内外对陶瓷包装容器铅、镉溶出量均有允许极限值的规定。

三、搪瓷接触材料

搪瓷是在金属表面涂覆一层或数层瓷釉，经高温烧结而成。搪瓷容器具有金属固有的机械强度和加工性能，又具有耐酸、耐高温、易于清洗等特性。其卫生问题主要来源于搪瓷表面的釉彩，为降低釉彩熔融温度，往往加入硼砂、氧化铝等。釉彩的颜料多采用金属盐类，如氧化钛、氧化锌、硫化镉、氧化铅、氧化锑等，与食品接触后，可向食品中迁移，造成污染。因此应尽量少用或者不用含铅、砷、镉、锑等有毒的金属氧化物的颜料。搪瓷容器铅、镉、锑的迁移量应分别控制在1.0mg/L、0.5mg/L、0.02mg/L以下。

第六节 容器内壁涂料

一、用于食品接触材料涂层的种类及应用范围

为了防止食品对包装材料和容器内壁的腐蚀，以及包装材料和食品容器中的有害物质向食品中的迁移，常常在包装材料和食品容器的内壁涂上一层耐酸碱、抗腐蚀的薄膜，如食品罐头内涂、不粘锅的特富龙涂层等。另外，根据有些食品加工工艺的特殊要求，也需要在加工机械上涂有特殊材料。

食品接触材料涂层的种类繁多，2004年欧盟理事会决议RES 1中列入的可以用于食品接触的涂料的添加剂就达数百种，美国FDA 175.300中也列出了数百种可用于食品接触塑料及涂料原料的物质清单。GB9685—2008《食品容器、包装材料用添加剂使用卫生标准》列出的能够用于食品接触涂料的添加剂就已经达到369种（表7-4）。

表7-4　我国国标中提及的食品接触材料用涂料

序号	涂料名称	用于制品	执行标准
1	过氯乙烯内壁涂料	食品容器	GB7105—1986
2	漆酚涂料	食品容器	GB9680—1988
3	食品罐头内壁脱膜涂料	食品罐头	GB9682—1988
4	食品容器内壁聚酰胺环氧树脂涂料	食品容器	GB9686—1988
5	有机硅防粘涂料	食品容器	GB11676—1989
6	水基改性环氧易拉罐内壁涂料	食品容器	GB11677—1989
7	食品容器内壁聚四氟乙烯涂料	食品容器	GB11678—1989
8	食品罐头内壁环氧酚醛涂料	食品罐头	GB4805—1994

随着涂覆工艺水平的提高和新型食品接触材料需求的不断增加，食品接触材料涂层的应用范围不断扩展，具体到产品，如不粘锅、电饭锅、高压锅等家用电器，打蛋器、烧烤叉、烧烤架、烤盘等餐具、厨具，易拉罐、马口铁罐、密封盖、食品用钢桶等食品容器，纸包装、一次性纸杯、烘焙纸等纸质用品。

二、用于食品接触材料涂层的安全性

（一）聚酰胺环氧树脂涂料

聚酰胺环氧树脂涂料属于环氧树脂类涂料。环氧树脂类涂料是一种加固化剂固化成膜的涂料，环氧树脂一般由双酚A与环氧氯丙烷聚合而成。根据聚合程度不同，环氧树脂的相对分子质量也不同，相对分子质量越大越稳定，越不易溶出迁移到食品中去，因此其安全性越高。聚酰胺作为聚酰胺环氧树脂涂料的固化剂，其本身是一种高分子化合物，未见有毒性报道。聚酰胺环氧树脂涂料的主要卫生问题是环氧树脂的质量、与固化剂的配比、固化度，以及环氧树脂中未固化物质向食品的迁移。

（二）过氯乙烯涂料

过氯乙烯涂料以过氯乙烯树脂为原料，配以增塑剂、溶剂等助剂，经涂刷或喷涂后自然干燥成膜。过氯乙烯树脂中含有氯乙烯单体，氯乙烯是一种致癌的有毒化合物。成膜后的过氯乙烯涂料中仍可能有氯乙烯的残留，按照GB7105—1986的规定，成膜后的过氯乙烯涂料中氯乙烯单体残留量应控制在1mg/kg以下。过氯乙烯涂料中所使用的增塑剂、溶剂等助剂必须符合国家有关规定，不得使用高毒的助剂。

（三）漆酚涂料

漆酚涂料是以我国传统的天然生漆为主要原料，经精炼加工成清漆，或在清漆中加入一定量的环氧树脂，并以醇、酮为溶剂稀释而成。漆酚涂料含有游离酚、甲醛等杂质，成膜后会向食品迁移。

（四）水基改性环氧涂料

水基改性环氧涂料以环氧树脂为主要原料，配以一定的助剂，主要喷涂在啤酒、碳酸饮料的全铝二片易拉罐的内壁，经高温烧结成膜。由于水基改性环氧涂料中含有环氧酚醛树脂，因此也含有游离酚和甲醛等。

（五）有机硅防粘涂料

有机硅防粘涂料是以含羟基的聚甲基硅氧烷或聚甲基苯基硅氧烷为主要原料，配以一定的助剂，喷涂在铝板、镀锡铁板等食品加工设备的金属表面，具有耐腐蚀、防粘等特性，主要用于面包、糕点等具有防粘要求的食品工具、模具表面，是一种比较安全的食品容器内壁防粘涂料。一般也不控制单体残留，主要控制一般杂质的迁移。按照 GB11676—1989 规定，蒸发残渣应控制在 30mg/L 以下。

（六）环氧酚醛涂料

环氧酚醛涂料为环氧树脂与酚醛树脂的共聚物，一般喷涂在食品罐头内壁。虽经高温烧结，但成膜后的聚合物中仍可能含有游离酚和甲醛等未聚合的单体和低分子化合物。与食品接触时可向食品迁移，按照 GB4805—1994 的规定，环氧酚醛涂料中游离酚的含量应低于 3.5%。

（七）氟涂料

氟涂料包括聚氟乙烯、聚四氟乙烯、聚六氟丙烯涂料等。这些涂料以氟乙烯、四氟乙烯、六氟丙烯为主要原料聚合而成，并配以一定助剂，喷涂在铝材、铁板等金属表面，经高温烧结成膜。具有防粘的特性，但耐酸性较差，主要用于不粘炊具、麦乳晶烧结盘等有防粘要求物的表面，其中以聚四氟乙烯最常用。聚四氟乙烯是一种高分子化合物，化学性质稳定，是一种比较安全的食品容器内壁涂料。由于坯料在喷涂前常用铬酸盐处理，从而造成涂膜中有铬的残留。

本章小结

食品接触材料的质量，对于食品安全有着双重意义：一方面是合适的包装材料或容器可以保护食品不受外界的污染，保持食品的水分、成分、品质等特性不发生改变；另一方面则是食品接触材料中的成分可能迁移到食品中，引起食品的感官性状、品质的改变，甚至影响人类健康。当食品包装材料在与食品接触时，某些成分可能迁移到食品中，造成食品的化学性污染，给人体带来危害，所以食品接触材料的安全性也是食品安全的一个重要组成部分。本章就目前使用较广泛的纸、塑料、金属、橡胶、玻璃、搪瓷、陶瓷和容器内壁涂层等食品接触材料的包装特点和安全性作了介绍。

思考题

1. 什么是食品接触材料？
2. 简述纸及其制品的安全性问题。
3. 食品包装用塑料的主要安全性问题是什么？
4. 橡胶制品中常用的助剂是什么？
5. 简述金属制品的安全性问题。
6. 常见的用于食品接触材料涂层的涂料有哪些？

第 8 章 转基因食品的安全性

第一节 概 述

转基因食品又称基因修饰食品（genetically modified food，GMF），是指利用基因工程技术改变动物、植物和微生物的基因结构而生产的食品和食品添加剂。全世界人口在短时间内迅速增长和环境条件的进一步恶化，加速了耕地沙漠化；另外，大量农药化肥的使用导致病虫害逐渐产生抗性、亩产下降，使环境进一步恶化。为了满足人类对粮食的需求，具有抗虫、抗病、高产特性的转基因作物的出现成为必然。但是到目前为止，有关转基因食品的安全性一直是各国科学家们争论的焦点。

自 20 世纪 70 年代以来，以基因工程技术为核心的现代生物技术产业蓬勃发展。1976 年，世界上第一家应用基因工程技术开发新药的 Genetech 公司建立，开创了现代生物技术产业发展的新纪元。1982 年世界上第一个基因工程药物重组人胰岛素获准生产销售。此后，以基因工程药物为主的各种生物技术产品层出不穷，并陆续商品化，生物技术产品的销售额迅速增长，特别在医药、农牧业、食品等方面，产生了巨大的经济效益和社会影响（颜国钦，2010）。

在过去的十几年中，60％～80％的生物技术研究和开发集中在医药领域，在美国进行人体临床试验的药品和疫苗超过 350 种，正在研究和开发的药品及疫苗达 2200 种，美国 1300 多家生物技术公司中 800 家以上、欧洲 700 多家生物技术公司中 300 家以上均从事基因工程药物的研究与开发，这被称为生物技术产业发展的“第一个浪潮”。近年来这种趋势开始发生改变，随着动植物转基因技术的不断成熟和完善，农业生物技术迅速发展起来，各国围绕转基因生物的研制和商业化生产的竞争日趋激烈，这又被称为生物技术产业发展的“第二个浪潮”（颜国钦，2010）。

转基因生物又称基因修饰生物（genetically modified organisms，GMO），是利用分子生物学手段将某些生物的基因通过载体转移到其他的生物物种中，改造生物的遗传物质使其在性状、营养物质、消费品质等方面向人们所需要的目标转变，包括转基因动物、植物和微生物。以转基因生物为食物或为原料加工生产的食品和食品添加剂即为转基因食品（GMF），又被称为新食品（novel food）。

微生物是转基因技术产业化的先锋。通过转基因微生物工业化生产抗生素、氨基酸、维生素、蛋白质药物、单克隆抗体、疫苗、分子诊断试剂、黄原胶、合成黑色素、合成靛蓝、可降解塑料和生物多聚体等产品，在医药和工业领域发挥了巨大作用，掀起了生物技术产业化的第一次浪潮。近年来，转基因微生物在生物防治、生物固氮、石油开采等领域也发挥着越来越重要的作用。

与转基因微生物相比，转基因动物的技术效率较低，所需的费用较高，但自 1980 年第一只转基因动物（小鼠）产生以来，转基因动物的研究与应用也得到了较快的发展，已有转基因的猪、羊、鱼和奶牛相继问世。目前，转基因动物主要应用于改良动物品种和生产性能，生产人药用蛋白和营养保健蛋白，建立疾病和药物筛选模型，生产新型生物材料。

目前转基因生物中发展最为广泛的是转基因作物（genetically modified crop，GMC）。转基因作物种植面积从1996年到2012年增长了100倍，由170万 hm^2 增长至1.7亿 hm^2，这是前所未有的突破（James，1998～2013）。在1996～2012年的17年中，不仅转基因作物的种植面积是成倍数增长的，种植转基因作物的国家数量也增加了近4倍，从1996年的6个国家（美国、阿根廷、加拿大、澳大利亚、墨西哥和中国），增加到2012年的28个国家。28个种植转基因作物的国家中，20个为发展中国家，8个为发达国家，排名前十位的国家种植面积均超过100万 hm^2。世界人口的60%即约42亿人居住在这28个转基因作物种植国家中，为将来转基因作物的多样化发展打下了广泛的基础。发展中国家转基因作物种植面积超过了发达国家。2012年，发展中国家转基因作物的种植面积（占全球的52%）超过了发达国家的转基因作物种植面积（占全球的48%）。2012年，发展中国家转基因作物种植面积增长了11%（或870万 hm^2），而发达国家仅增长3%（160万 hm^2）。1996～2011年，转基因作物为发展中国家带来的累计经济收益为490亿美元，为发达国家带来的累计经济效益为486亿美元。而2011年一年，转基因作物为发展中国家所带来的经济效益(101亿美元）也高出发达国家的96亿美元。2011年转基因作物带来的经济效益共计197亿美元。

全球数百万农民因利益可观而选择了种植转基因作物。1996～2012年，来自全球约30个国家的数百万农民种植了转基因作物。在这17年期间，全球超过1亿的农民种植了转基因作物，且累积种植面积超过了15亿 hm^2（超过美国或中国的50%陆地面积）。能够使得不愿冒险的农民对转基因作物产生如此信任的一个主要原因是转基因作物带来了可观的、可持续的社会经济及环境益处。2012年有1730万农民种植了转基因作物，值得注意的是，其中90%（即1557万农民）以上是发展中国家的资源匮乏的小农户。2012年，中国和印度各有720万的小农户种植了总共1500万 hm^2 的转基因作物，其中抗虫棉花平均每公顷使农民增加了250美元的收入。此外，种植转基因作物使得杀虫剂的喷洒数量降低了1/2(James，1998～2013)。

复合性状转基因作物种植面积占全球1.7亿 hm^2 转基因作物种植面积的1/4。复合性状是转基因作物的一个重要特点。2012年，13个国家种植了两种或更多性状复合的转基因作物。这13个国家中有10个是发展中国家。2012年复合性状转基因作物的种植面积是4370万 hm^2(约占总面积的26%)，而2011年，这个数字是4200万 hm^2（James，1998～2013）。

目前，转基因食品主要来源于转基因作物，其无论在数量上还是在品种上已具备了相当规模。美国是转基因作物种植面积最大的国家，其70%以上的加工食品含有转基因成分，转基因食品的销售额高达上百亿美元。英国有婴儿食品、巧克力、冷冻甜品、面包、人造奶油、香肠、肉类产品和代肉食品等7000种以上的日常必需品可能含有经过基因改造的农产品。

转基因作物对粮食安全、可持续性和气候变化作出贡献。1996～2011年，转基因作物通过以下方式为粮食安全、可持续性及气候变化作出贡献：增加价值982亿美元的农作物产量；节省4.73亿kg的杀虫剂，更好地维护了环境；仅2011年一年就减少231亿kg CO_2 排放，相当于从公路上移走大约1020万辆汽车；通过节省1.087亿 hm^2 土地，保护了生物多样性；改善了超过 1500 万小型农户即超过 5000 万人口的生计（James，1998～2013）。

转基因作物能够帮助实现 2015 年千年发展目标，将贫困人口减少 50%，同时优化作物产量。预计每年转基因作物种植面积将微幅上涨，无论是 2015 年这一千年发展目标年还是将来，转基因作物的前景令人振奋。亚洲有一些发展中国家在 2015 年之前将首次种植转基因作物；转基因抗旱玉米首次于 2013 年在北美上市，2017 年在非洲上市；巴西将在 2013 年首次种植抗虫和耐除草剂复合性状大豆；预计得到监管审批后，玉米于 2013 或 2014 年在菲律宾首次进入市场；印度尼西亚可能会种植耐旱转基因甘蔗；在未来，仅仅在亚洲，会有 10 亿贫困的水稻种植者从转基因水稻中获益（James，1998～2013）。

第二节　转基因食品安全性的认识

一、转基因食品的安全问题

转基因技术具有从本质上改变作物及食品性能的特性，它既可以使植物增强抗虫、抗病、抗逆能力，达到高产稳产；又可以改良植物食品的食用及加工品质，增强果蔬食品的保鲜性能，以及生产植物免疫食品等；还可以有效解决施放农药、化肥造成的污染问题，促进农业生产的可持续发展。但同时也必须清醒地认识到，由于目前的科学技术水平还不能准确地控制转基因技术产生的所有表现效应，因此，如何保证转基因生物的环境释放安全性及食用安全性是摆在我们面前的棘手难题。

1996 年第一例转基因产品商业化生产不久，1998 年就发生了普斯泰事件，当时英国科学家普斯泰（Pusztai）声称，发现食用转基因马铃薯的大鼠生长发育异常、免疫系统受损，这一结果虽然没有得到科学界的认可，但却奠定了欧洲民众对转基因食品持反对态度的基调。此后，科学界关于转基因食品安全性始终是众说纷纭，这也是造成消费者对转基因食品不置可否的原因之一。人们对转基因食品食用安全性的担忧主要有 5 个方面。

（一）转基因食品的营养性

人们担心转基因操作可能导致某种营养物质的减少甚至缺失，影响食用价值，尤其是转基因水稻等粮食作物，若长期大量食用对人体可能产生的影响难以预料。

（二）转基因食品的毒性

人们担心新引入的蛋白质可能有毒性，经常有人将转基因抗虫作物与化学农药作比较，提出“虫子不能吃，人能吃吗”的疑问。

（三）转基因食品的过敏性

转基因操作产生的蛋白质可能成为一种过敏原，从而使原来不具有过敏性的食品成为新的过敏原。例如，曾经有人将巴西坚果中的 2S 白蛋白转入大豆中，结果导致对巴西坚果过敏的人对这种大豆也产生过敏，最终这个产品终止研发。

（四）转基因食品中抗生素抗性标记基因的耐药性

转基因生物基因组中插入的外源基因通常连接了抗生素标记基因，用于帮助转化体的选择。转入的抗生素标记基因可能存在的安全隐患包括两个方面，一是标记基因的表达产物可能有毒或有过敏性，二是标记基因可能会水平转移。人们担心标记基因转移到人体胃肠道内有害微生物体内，导致微生物产生耐药性，从而影响抗生素的治疗效果。

（五）转基因食品的不可预料性

由于基因的插入是随机的，无法精确控制，因此可能会产生预料外的效果。例如，引起某种有用基因沉默，从而导致某种营养成分的减少，或者激发某种抗营养因子水平的增加。

案例　普斯泰事件

“普斯泰事件”被认为是引发转基因农作物安全性激辩的转折点。

1998年秋天，苏格兰Rowett研究所的科学家阿帕得·普斯泰（Arpad Pusztai）通过电视台发表讲话，称他在实验中用转雪花莲凝集素基因的马铃薯喂食大鼠，随后，大鼠“体重和器官质量严重减轻，免疫系统受到破坏”。此言一出，立即引起国际轰动，在绿色和平等环保非政府组织（non-governmental organization，NGO）的推动下，欧洲掀起了反转基因食品的热潮。然而时隔不久，普斯泰的实验遭到了质疑。据称，他是在尚未完成实验，并且没有发表数据的情况下，就贸然通过媒体向公众传播其结论的。他研究的转基因马铃薯是由他自己构建的，在当时根本没有上市的可能性。英国皇家学会对“普斯泰事件”高度重视，组织专家对该实验展开同行评审。1999年5月，评审报告指出普斯泰的实验存在6方面的失误和缺陷：①不能确定转基因与非转基因马铃薯的化学成分有差异；②对食用转基因马铃薯的大鼠，未补充蛋白质以防止饥饿；③供实验用的动物数量少，饲喂几种不同的食物，且都不是大鼠的标准食物，欠缺统计学意义；④实验设计差，未作双盲测定；⑤统计方法不当；⑥实验结果无一致性。不久之后，Rowett研究所宣布普斯泰提前退休，并不再对其言论负责。

二、转基因食品安全性的争论

转基因技术确实有它的两面性，在带给人类新的社会、经济效应的同时，也可能带来新问题。转基因技术可能带来的风险分为技术型风险，即技术本身可能给农产品的食用安全性及农业生产造成危害；以及技术外的社会型风险，即使用转基因技术可能带来的社会、生态及伦理等方面的问题。

人们担心转基因生物可能对人体健康产生的潜在影响主要有6个方面：①外源基因是否可能通过“异源重组”或“异源包装”进入人的遗传体系。目前专家们认为这种可能只是在理论上具有极小的概率。②抗生素标记基因是否可能通过“异源重组”或“异源包装”产生超级抗性的病原微生物。随着更安全的标记基因及标记基因删除技术的使用，这种担忧也可基本排除。③外源基因（特别是来自细菌、病毒等生物的基因）及其表达产物是否具有毒性。目前只有一些相关的动物试验报道，尚无关于人体的研究报告。④转基因食品是否会引起人体的过敏反应。外源基因的来源及序列或其表达蛋白质的氨基酸序列与已知的过敏原有没有同源性，甚至有没有产生新的过敏原。⑤抗虫转基因作物的蛋白酶活性抑制剂、抗昆虫内毒素，以及抗病毒转基因作物的病毒外壳蛋白可能对人体健康有害。⑥随着抗除草剂转基因作物的推广及除草剂的使用，导致食品中存在除草剂残留问题。

转基因作物对农业生产的影响主要包括两个方面：一是转基因品种不是自然产生，这些人工品种若干年后可能会干扰和破坏农业生产；二是基因的逃逸、泄漏和扩散产生具有多种抗性的超级杂草，以及具有多种抗性的农作物害虫或病原物。此类现象在自然界可能发生，在最近的田间试验中也获得了验证，如种植在距离转基因番茄地 1.1km 外的传统番茄，其后代约有 35%～72%的概率含有转基因成分。因此，有必要对此进行深入研究和长期跟踪调查。

从近年来国际上对转基因作物安全性的争论看，它已不是纯粹的科学技术问题，社会、生态、伦理，以及政治、经济等方面的问题也渗透其中：①转基因植物被推广种植后，释放到自然环境可能影响生态平衡。②对非目标生物有危害，对生物多样性形成威胁。③一些发达国家对发展中国家在技术上加以限制（如终止子技术），并在安全法规的制定上采取不平等的政策。④为减少转基因作物对本国可能产生的不良影响，一些发达国家将其研制的转基因作物及产品输出到发展中国家进行实验或经营。

目前，转基因生物对人类的影响主要可归结为外源基因在受体中的表达安全性问题，以及基因逃逸所造成的基因污染问题。以目前的科技水平还不能完全确定外源基因在受体遗传背景中的全部表达情况，同时对基因逃逸的控制能力也是有限的。此外，由于基因的强大增殖力，一旦发生转基因生物所造成的负面效应，那将会是不可逆的和难以控制的。在长期生产中，转基因作物的真正风险究竟有多大？这仍是今后安全性评价中应当考虑的重点问题之一。

总之，转基因技术在培育新的优良品种方面，正显示出独特的技术优势和全新的开发前景，同时转基因生物也可能会带来潜在威胁或目前尚不可预见的后果，正所谓“祸兮福之所倚，福兮祸之所伏”。因此，为了在人类的生存和发展中防范难以预测的未来苦果，应该用科学的方法评估转基因生物的利弊所在，加强对转基因食品的安全管理，以使其扬长避短，更好造福人类。

案例　帝王蝶（monarch butterfly）事件

1999 年 5 月，康奈尔大学昆虫学教授洛希（Losey）在 *Nature* 杂志发表文章，称其用拌有转基因抗虫玉米花粉的马利筋杂草叶片饲喂帝王蝶幼虫，发现这些幼虫生长缓慢，并且死亡率高达 44%。洛希认为这一结果表明抗虫转基因作物同样对非目标昆虫产生威胁。

然而，洛希的实验受到了同行多方面质疑。最重要的反对意见认为，这一实验是在实验室完成的，并不反映田间情况，且没有提供花粉量数据。不久之后，美国环境保护局（EPA）组织昆虫专家对帝王蝶问题展开专题研究。结论认为转基因抗虫玉米花粉在田间对帝王蝶并无威胁，原因是：①玉米花粉大而重，因此扩散不远。在田间，距玉米田 5m 远的马利筋杂草上，每平方厘米草叶上只发现有一粒玉米花粉。②帝王蝶通常不吃玉米花粉，它们在玉米散粉之后才会大量产卵。③在所调查的美国中西部田间，转抗虫基因玉米地占总玉米地面积的 25%，但田间帝王蝶数量却很大。另外，EPA 在一项报告中指出，评价转基因作物对非靶标昆虫的影响，应以野外实验为准，而不能仅仅依靠实验室数据。

第三节　转基因食品的安全性评价

一、转基因食品安全性评价的目的与原则

国际社会对转基因作物的安全性极为关注，做了大量的研究与组织工作，先后确立了转基因作物研究的指导方针和管理原则，建议了评价标准，推荐了实验方法，为转基因作物研

究的健康发展提供了管理措施与技术支撑。进行安全管理的总原则是：促进而不是限制转基因作物的发展，同时保障人类健康和生态环境。考虑到转基因植物种类、转基因性状及自然环境的多样性，应采取个案分析的原则（case-by-case）、逐步完善的原则（step-by-step），在积累数据和经验的基础上，使监控管理趋向宽松化和简单化。

针对转基因作物的大量推出和可能发生的意外后果，经济合作与发展组织（OECD）于1993年在世界上率先提出了“现代生物技术食品安全性评价的概念与原则”（即实质等同性原则），得到国际社会的认可和推广应用（OECD，1993）。联合国粮农组织（FAO）、世界卫生组织（WHO）于1996年召开了联合专家咨询会议，提出了在转基因作物安全评价中采用“实质等同性原则”，认同了由国际食物生物技术委员会和国际生命科学研究院提出的《树状决策法》在表达蛋白质潜在过敏性评价中的应用（FAO/WHO，1996）。1999年以后，世界各国对转基因食品安全性更加重视，根据FAO/WHO联合标准纲要，成立了政府间特别行动组织（CTFBT）。CTFBT于2000年讨论通过了“转基因植物食品安全性评价原则草案”，认为“实质等同性原则”可作为“转基因食品安全评价的基本框架”予以公布（FAO/WHO，2000）。2001年的FAO/WHO专家联席会议，对《转基因植物潜在过敏性评价草案》和《树状决策法》作了进一步的修改，并发布《关于转基因植物食品的安全性》文件（FAO/WHO，2001）。

生物多样性公约（CBD）、基因工程和生物技术国际中心（ICGEB）、联合国工业发展组织（UNIDO）和联合国环境计划署（UNEP）也都积极参与并组织了多次会议，讨论了生物技术研究的指导原则和管理措施。2000年1月，CBD在加拿大蒙特利尔召开了“生物多样性安全草约”专题会议，会议通过了《卡塔赫纳生物安全议定书》，提出了在预防和保护环境的原则指导下，允许缔约方限制或禁止进口活性转基因生物。ICGEB是一个国际生物学和生物技术研究与培训的机构，一直致力于转基因生物环境释放的生物安全、危险评价信息提供和人员培训。UNIDO和UNEP则主要侧重于生物技术的安全使用和转基因生物安全评定原则的制定，以及世界生物技术法规的制定与管理程序的协调。

目前在转基因生物安全性评价中应用较多的是实质等同性原则，即转基因生物与目前现有的传统产品在相同条件下进行比较，主要包括形态学（形态性状、生长发育、产量和抗逆性等）、关键营养成分（脂肪、蛋白质、碳水化合物或微量营养成分）、抗营养因子（外源凝集素、蛋白酶抑制剂）、有无毒性物质（该物种中固有的显著性的物质及其含量是否增加，如马铃薯中的茄碱、番茄中的α-番茄素、小麦中的硒等），以及有无过敏性蛋白等。如果某一转基因生物与传统产品具有等同性，应认为它与传统产品一样安全，可不作进一步的安全分析；否则将需要做进一步的安全分析。

1996年，欧洲国际生命科学学会（International Life Sciences Institute，ILSI）提出采用等同与相似的原则评价转基因食品的安全性（safety assessment of food by equivalence and similarity targeting，SAFEST），对转基因食品从营养与毒理学方面依个案进行评价。在对某一种转基因食品进行安全性评价时，先了解其背景资料，包括食品名称、来源（植物、动物或微生物）、所用方法（宿主、载体、插入基因和性状）、人体摄入量、使用目的及使用人群（是否包含孕妇、儿童等特殊人群）、加工方法和食品成分等。然后与传统食品进行分析评价，并依此划分安全等级：SAFEST-Ⅰ级，与传统食品极其相同或极为相似的转基因食品，不必进一步证明其安全性；SAFEST-Ⅱ级，与传统食品十分相似，但存在某个新成分与新特性或缺乏某个成分与特性的转基因食品，需要对不同的成分与特性做进一步的分析评价；SAFEST-Ⅲ级，与传统食品既不相同也不相似的转基因食品，需要做广泛的毒理学评价（ILSI，1996）。

由于“实质等同性”或“SAFEST”的安全性评价都是一种比较分析的过程，没有足够多的特性进行比较就难以分析不可预测的危害，而且对一些经长期食用后才表现出来的危害也无能为力，所以采用“实质等同性”或“SAFEST”评价转基因生物的安全性还存在一定的局限性。美国 Maharishi 大学 Fagan 博士提出了转基因生物的安全评价改良法，包括对已知毒素、过敏原、营养物质改变的检测，以及对未知新毒素、新过敏原的检测两方面，并增加了大量的动物试验、人类试验及市场释放检测和社会调查反馈，弥补了“实质等同性”等评价方法的缺憾。但在检测评价上花费的时间、财力巨大，难以在实际中推广应用。

2001 年在日本千叶举行的 CTFBT 第二次会议上，FAO/WHO 联合专家委员会对转基因植物食品安全性评价提出了新的要求。

（一）实质等同性原则

从全球来看，转基因作物具有满足粮食需求和应对气候变化挑战的潜力，获得了越来越多的支持。然而从 20 世纪 90 年代开始，科学研究结果对转基因食品的安全性提出了严峻的考验，这也引起了世界许多国家对转基因食品安全性的关注，对转基因食品的态度从狂热趋于理性。1990 年召开的第一届 FAO/WHO 专家咨询会议首次回顾了食品加工中生物技术的地位，讨论了进行转基因食品安全检测时的一般性和特殊性问题，认为传统的食品安全性检测毒理学方法不适用于转基因食品。1993 年经济发展合作组织（OECD）召开了转基因食品安全会议，提出了《现代转基因食品安全检测：概念与原则》的报告，该报告首次提出“实质等同性原则”，该原则得到了世界各国的认同。“实质等同性原则”即如果某个新食品或食品成分与现有食品或食品成分大体等同，那么它们是同等安全的；OECD 认为，转基因食品及成分是否与目前市场上销售的传统食品具有实质等同性，这是转基因食品及成分安全性评价最为实际的途径（OECD，1993）。

（二）国际食品生物技术委员会原则

国际食品生物技术委员会（IFBC）提出采用判定树（decision-tree）的原则对转基因食物进行安全性评价：

（1）了解被评价食品的遗传学背景与基因改造方法。

（2）检测食品中可能存在的毒素。

（3）进行毒理学试验。

IFBC 认为没有必要对这三个方面的内容同时进行试验，只有某一层次的分析表明它不存在安全问题时才进入下一层次的工作。

（三）FAO/WHO 联合专家评议会的原则

2001 年在日本千叶举行的 CTFBT 第二次会议上，FAO/WHO 联合专家评议会制定了转基因食品安全评价原则（FAO/WHO，2001），它包括以下几个方面。

（1）安全性评价应以科学为依据，慎重与灵活相结合，考虑适用性，适应生物技术的发展。不能高估该类食品存在的危害性，也不能低估该类食品可能存在的问题。

（2）任何转基因食品的安全评价应首先阐明它的 DNA 分子、生物学和化学特性。

(3) 由转基因生物制作的食品，如果它的分子、生物学和化学分析表明与传统食品一致，则强调在加工过程中实施危害分析和关键控制点（HACCP），以及良好制造规范（GMP）以评价其在加工过程中的安全性。

(4) 在转基因动物源性食品安全评价中，哺乳类动物本身的健康状况可作为安全性评价的指标。当然，有些鱼类和无脊椎动物可能会产毒素，需要进一步的安全性评价。

(5) 对已进行安全性评价并批准用于消费的食品，需进行有计划的使用后人群健康监测。

（四）我国转基因食品食用安全性评价的原则

我国针对转基因食品的食用安全性评价，已制定出一套较为完整的评价体系，主要评价依据是科学原则、实质等同性原则、预先防范原则、个案评价原则、逐步评估原则和熟悉性原则等（黄昆仑等，2009）。

1. 科学原则 转基因生物的商品化应用是否会带来不可预测的生物安全问题和风险，这需要相关科学数据来对转基因生物的安全性客观地做出判断和评价。科学原则是指在对转基因食品进行安全评价过程中应以科学的态度，采用科学的方法，利用科学实验获得的数据和实验结果来对转基因生物的安全性进行科学和客观的评价。

2. 实质等同性原则 实质等同性原则是世界经济合作与发展组织于1993年最早提出、FAO和WHO于1996年正式采用的。其本质是比较原则，即将转基因食品与传统非转基因食品从农艺性状、营养成分等方面进行比较。如果除了引入性状外，其他性状基本相似，则认为转基因食品与非转基因食品是一样安全的。否则，应实施进一步的动物实验证明其安全性（FAO/WHO，1996）。

3. 预先防范原则 由于科学证据无法充分证明转基因技术的安全性，即使目前没有确实证据证明该危害必然发生，也应该采取必要的评价和预防措施。这种不待相关科学知识的发展而先行采取措施的决定，即为“预先防范原则”。

4. 个案评价原则 由于转基因生物及其产品中导入的基因来源、功能各不相同，受体生物及基因操作也可能不同。因此，必须针对性地逐个进行评估，这也是目前大多数国家采取的评估原则。

5. 逐步评估原则 逐步评估原则要求对转基因生物及其产品必须依次在每个环节上进行风险评估，并以每一步实验累积的相关数据和结果，作为是否进入下一步安全评估的基准。根据逐步评估的原则，每一步生物安全评估均可能有三种结果：①转基因生物可以进入下一阶段的评估。②转基因生物暂不能进入下一阶段的评估，需进一步在本阶段补充必要数据和信息。③转基因生物由于生物安全性问题不能继续进入下一阶段评估。

6. 熟悉性原则 所谓“熟悉”是指对转基因生物受体种类和转入的目的基因的有关生物学性状、食用历史的背景知识，以及与其他生物种类或环境的相互作用等方面情况的熟悉和了解程度。“熟悉”是一个动态的过程，随着人们对转基因生物及其产品的知识和经验的不断积累，对其熟悉性也会逐步加深。

二、转基因食品安全性评价的内容

由于转基因技术打破了物种间的界限，确实有可能将新的有毒物质或者过敏原引入传统食物链中。因此，在进行转基因产品的研发及政府审批过程中，都要对新引入的基因及表达产物、获得的新品种进行严格的安全性评价，最大限度地减少危害发生，保护人类健康和生态安全。转基因食品的安全性评价应包括有无毒性、有无过敏性、抗生素抗性标记基因是否导致人体对抗生素产生抗性，以及营养成分是否改变等。

（一）营养学评价

对转基因植物的安全评价主要进行实质等同性评价。实质等同性分析实际上是一个比较原则，即将转基因食品与有长期安全食用史的对照物比较，分析它们的差别，在此基础上再决定是否进行进一步的评价分析。因此，它是转基因作物安全性评价的起点而不是终点。在此基础上，进一步进行逐步的、个案的分析。实质等同性评价在营养学上需要比较的主要内容有：主要营养因子、抗营养因子、毒素、过敏原等。主要营养因子包括脂肪、蛋白质、碳水化合物、矿物质、维生素等；抗营养因子主要是指一些能影响人对食品中营养物质吸收和对食物消化的物质，如豆科作物中的一些蛋白酶抑制剂、脂肪氧化酶、植酸等；毒素是对人有毒害作用的物质，如马铃薯茄碱、番茄碱等；过敏原是指能造成某些人群食用后产生过敏反应的一类物质。目前，依据国际食品法典委员会（CAC）的安全评价框架，美国、欧盟各国、日本等 24 个国家已完成包括玉米、水稻、棉花、大豆在内的 22 种转基因植物共 143 个产品的安全评价与审批。

食品的功能就在于它能给人类补充营养。因此，营养成分和抗营养因子是转基因食品安全性评价的重要组成部分。在评价一种转基因食物时，如果按照“实质等同性原则”考虑生物技术食品与传统亲本植物食品在营养学方面的不等同，还应充分考虑这种差异是否在这一类食品的营养范围内。如果在这一范围内，就可以认为在营养方面是安全的。对食品营养成分的评价主要针对蛋白质、淀粉、纤维素、脂肪、脂肪酸、氨基酸、矿物质元素、维生素、灰分等与人类健康密切相关的物质。

1. 营养成分安全评价　蛋白质、脂类和糖类是食物中重要的营养素，转基因食品多会改变这三种营养素的质量。例如，蛋白质工程技术改变蛋白质的含量和必需氨基酸的比例，糖类酶工程改变淀粉含量、直链淀粉和支链淀粉的比例等。水分的变化是对转基因作物和其原型对照进行成分分析时最常见的，改变一些基因的性状可能会影响到作物水分的变化。对矿物质营养的评价需要在遵循“实质等同性原则”的基础上，充分考虑与历史上或现在世界各国栽培品种的矿物质营养成分的比较。维生素是人体代谢的重要物质，当前有一些转基因食品本身就是以增加维生素含量为目的的。

2. 抗营养因子的安全性分析　食品中不仅含有大量的营养物质，也含有大量的非营养化学物质，有些物质超过一定量时是有害的。我们称这类物质为抗营养因子或抗营养素。目前已知的抗营养素主要是蛋白酶抑制剂、植酸、凝集素、芥酸、棉酚、单宁、硫苷等。在评价抗营养因子时，要根据植物的特点选择抗营养因子进行检测和分析。

3. 转基因食品表型　基因插入后对植物代谢过程酶的调节可能对其表型产生影响。对于食品而言主要指对风味、色泽和成分组成等的改变。这些改变是转基因食物营养学评价的重要内容。

4. 转基因食品营养素的生物利用率　食物营养素的生物利用率是指营养素被人体消化吸收利用的部分，常用来评价营养素的实际营养价值，是转基因食品营养学评价中不容忽视的一部分。

此外，动物实验和小规模人群实验也常被用来作为转基因食品营养学评价的手段。

（二）毒理学评价

对于转基因操作引入植物体的新表达蛋白质的毒理学评价，包括新表达蛋白质与已知毒蛋白质和抗营养因子氨基酸序列相似性的比较，新表达蛋白质热稳定性试验，体外模拟胃液蛋白消化稳定性试验。当新表达蛋白质无安全食用历史、安全性资料不足时，必须进行急性经口毒性试验；28d喂养试验（亚慢性毒性）取决于该蛋白质在植物中的表达水平和人群可能摄入水平；必要时应进行免疫毒性检测评价。新表达的物质为非蛋白质，如脂肪、碳水化合物、核酸、维生素及其他成分等，其毒理学评价可能包括毒物代谢动力学、遗传毒性、亚慢性毒性、慢性毒性或致癌性、生殖发育毒性等方面。具体需采用哪些毒理学试验，依据个案分析原则。目前，依据CAC的安全评价指南，美国、欧盟各国、日本等24个国家已批准包括抗除草剂基因、抗虫基因、抗真菌病害基因、抗细菌病害基因、抗干旱基因、抗盐碱基因、改良品质基因、控制雄性不育基因等55种转基因的安全性评价。

（三）过敏性评价

食物过敏是人们对某些食物产生的一种不良反应，在医学上属于一种变态反应。据国外的一些流行病学调查表明，占总人口4%的成年人以及6%～7%的3岁以下婴幼儿对某些食物产生过敏。食物过敏原是食物中的水溶性或盐溶性糖蛋白，分子质量为10～70kDa的酸性蛋白质，无生物化学和免疫化学的共性，也无统一的氨基酸序列，倾向于耐热、耐酸、耐酶解。

转基因食品中含有新基因所表达的新蛋白质，有些可能是过敏原，有些蛋白质经胃肠吸收后可能也有致敏性。因此，对转基因食品的致敏性评价日益受到人们的重视。转基因食品致敏性评价的重点内容有：新引入蛋白质和已知致敏原的氨基酸序列的同源性，新引入蛋白质的免疫反应性、对热和加工的稳定性，新引入蛋白质的表达水平等。

目前，国际上公认的转基因食品中外源基因表达产物过敏性评价的程序和方法，是CAC颁布的《重组DNA植物及其食品安全性评价指南》中附件1所述的程序和方法。该方法等同地采用了2001年由FAO和WHO颁布的过敏评价程序和方法。主要评价方法包括基因来源、与已知过敏原的序列相似性比较、过敏患者血清的特异IgE抗体结合试验、定向筛选血清学试验、模拟胃肠液消化试验和动物模型试验等。最后综合判断该外源蛋白的潜在致敏性的高低（FAO/WHO，2001）。

案例　巴西坚果事件

巴西坚果（*Bertholletia excelsa*）中有一种富含甲硫氨酸和半胱氨酸的蛋白质2S白蛋白。为提高大豆的营养品质，1994年1月，美国先锋（Pioneer）种子公司的科研人员尝试了将巴西坚果中编码蛋白质2S白蛋白的基因转入大豆中［文章摘要发表于*Journal of Cellular Biochemistry*（《细胞生物化学》杂志）］。但是，他们意识到一些人对巴西坚果有过敏反应，随即对转入编码蛋白质2S白蛋白基因的大豆进行了测试，发现对巴西坚果过敏的人同样会对这种大豆过敏，蛋白质2S白蛋白可能正是巴西坚果中的主要过敏原［研究结果发表于*The New England Journal of Medicine*（《新英格兰医学》杂志）］。

于是先锋种子公司取消了这项研究计划。“巴西坚果事件”也是迄今所发现的唯一因过敏而未被商业化的转基因食品案例。

其实，国际上已有关于产生过敏反应的食品及其有关基因的清单。在研究转基因作物时，研究人员首先不能采用这些过敏性食品的基因；对转基因作物制造的新蛋白质，需对其化学成分和结构与已知 500 多种过敏原作对比，如果具有相似性，也将会被放弃；另外，对外源基因形成的新蛋白质要进行消化速度检测，如果不能快速地被消化，也不能供食用。

（四）抗生素标记基因的安全分析

转基因植物基因组中插入的外源基因通常连接了标记基因，用于帮助转化子的选择。标记基因的安全性评价是转基因食品安全评价的重要环节。WHO 提出了关于标记基因的安全性评价原则：一是明确标记基因的分子、化学和生物学特性；二是将标记基因与转入基因一样进行评价；三是原则上，某一标记基因的资料一旦积累，应可用于任何一种植物，也可与任何一种目的基因连接。常用的标记基因有卡那霉素抗性基因（*NptⅡ*）、潮霉素抗性基因（*Hpt*）、草甘膦抗性标记基因（*Pat*）、草甘膦抗性基因（*Epsps*）等。目前认为可安全使用的标记基因是抗生素抗性基因（*NptⅡ*）及除草剂基因（*Epsps*）。

抗生素标记基因可能产生的不安全因素包括：一是标记基因的表达产物有毒或有过敏性，以及表达产物进入肠道内是否继续保持稳定的催化活性；二是在于基因的水平转移。

（五）转基因食品对有毒物质的富集能力评价

一些生物在生长期间，会对某种有毒物质有富集作用。如有的食用菌可富集重金属（螺旋藻富集三价铬）等。转基因技术是否会造成有害物质的富集，是人们关心的问题。目前没有研究发现转基因食品富集有害物质，但按照先预防的原则，需要对转基因作物是否富集有害物质作出评价。

（六）其他评价

目前，国际上普遍认为非预期效应，尤其是潜在的非预期效应，可能是影响包括转基因植物在内的所有现代生物技术产品食用安全的最重要的因素。在已颁发的管理法规、安全性评价原则及技术方案中，非预期效应的检验和评价都被列为重要内容。随着转基因技术的发展，对转基因植物的食用安全性评价的研究也在不断深入，如长期食用转基因植物对人体肠道菌群的影响，以及转基因操作可能造成的非期望效应的检测方法等。

案例　转基因玉米事件

2007 年，在奥地利政府的资助下，维也纳大学的泽特克（Jürgen Zentek）教授及其研究小组受奥地利政府委托，对孟山都公司研发的转基因玉米 NK603（抗除草剂）和转基因玉米 MON810（抗虫）的杂交品种进行了实验。他们声称，喂了 20 周的转基因杂交玉米的小鼠产下的第三窝和第四窝的后代数量较少、体重较轻。这一结论立刻被绿色和平组织等反转基因团体广泛传播，认为转基因作物的遗传毒性到第三代开始暴露。奥地利联邦卫生家庭及青年部对此展开了调查，并分别委托同行和欧洲食品安全局（European Food Safety Agency）对该研究进行评议。受奥地利政府委托的专家和欧洲食品安全局分别得出了结论，认为这一项研究对统计数据的分析是不正确的，因此其结论不可靠，不能用于回答该转基因作物是否安全的问题。2010 年 3 月，奥地利政府更是进一步宣布，不接受泽特克提交的研究结果。

就在泽特克研究引发争议的同时，2007 年，法国 Citoyennes 科学基金会的 Gilles-Eric Seralini 及其同事把欧盟转引的美国孟山都公司对转基因玉米 MON863 的安全性研究的实验数据重新做了统计分析，认为食用了 90d 转基因玉米的老鼠，与食用转基因玉米不到 90d 的老鼠，其肝、肾生化指标有差异。据此把这种差异解释成食用转基因玉米后造成的。为此，几个国家的相关政府机构都组织了专家委员会对他们的研究进行调查，包括欧盟食品安全局、法国生物技术最高管理委员会、法国食品安全与卫生局、澳大利亚与新西兰食品安全局、德国风险评估联邦研究院和日本食品安全委员会等。2009 年初，以上几个国家的食品安全相关部门的专家委员会相继发表了正式声明，明确指出了 Seralini 等的数据分析方法是错误的，最主要的一个错误是使用基本统计学的方法来处理生物统计学问题，也就是忽略了生物的个体差异性所产生的离散现象，他们的研究不符合世界公认的来自世界卫生组织颁布的生物统计学标准，按错误方法得到的结果是错误的，因而结论是不成立的，不能为产品安全评价提供依据。因此，上述国家的食品安全相关部门的专家委员会一致认为 Seralini 等的研究是无效的。

第四节　转基因食品的管理及检验

一、转基因食品的管理

转基因生物的安全性评价是一项很复杂而又耗时的系统工程，它涉及多学科（如化学、生物学、生态学、生理学、营养学、毒理学等）和大量的分析测试工作。我们应该看到，人类还难以预料转基因生物是否会带来某些危害，也就无法设计完整可靠的实验进行研究和验证，所以很难对其安全性进行全面的评价。因此，在远期安全性问题未得到明确结论之前，加强对转基因生物的管理是非常重要和合理的。对此，一是要加紧制定转基因生物的国际性安全标准；二是在有关标准和法规未出台之前，应遵循消费者知情权和选择权原则，要做到这一点，有效的办法就是为转基因生物贴上标签，让消费者自己决定是否购买。

跟踪及标识体系是以欧盟各国为代表的一些国家实行的一种对待转基因生物的制度。跟踪体系是传送、保留转基因相关信息，以便进行安全监控及发现问题后及时收回，即在环境释放到投放市场的各阶段（包括生产、流通全过程），以及进口农产品入境后，对转基因生物进行全面的跟踪监管。欧盟决定对大豆、玉米、油菜等商品化的转基因生物实行强制标签制度，规定以质量比 1%为标签制度的阈值，若食品及加工食品添加物中意外渗入转基因生物，其单项成分之一含量超过 1%以上者，则需标示“转基因产品或含有转基因成分”，并对标签的大小、颜色等作详细规定。标识的目的是为消费者提供完整准确的信息，保证消费者的知情权。此后，日本、韩国、澳大利亚、俄罗斯等国家也制定了阈值不同的标签制度，如澳大利亚和新西兰为 1%，韩国为 3%，日本、俄罗斯、中国香港与台湾为 5%（黄昆仑等，2009）。

由于转基因生物涉及的生物种类多、影响范围广、生态条件多变、材料方法不同、目标各异、认识理解有别，因此国际上尚无公认的或为各国普遍接受的转基因生物管理标准。不同国家、不同行业对转基因生物安全管理的目标要求也不相同，表现为以下两种完全不同的模式：一种是以美国、加拿大等转基因作物生产和出口大国为代表，认为转基因生物的安全性与传统产品没有本质区别，管理应针对转基因产品，而不是转基因技术本身；另一种是以欧盟为代表，认为转基因技术本身具有潜在的危险性，与此相关的活动，都应进行安全性评价并接受管理。

最早提出对转基因食品进行标识管理的是欧盟。欧盟从 1990 年就确立了转基因食品标识管理的框架，1997 年颁布的《有关新食品和新食品成分的管理条例》（第 258/97 号）进一步要求在欧盟范围内对所有转基因产品进行强制性标识管理。2002 年，欧盟再次对其转基因标识管理政策进行修改，要求对所有转基因植物衍生的食品及饲料进行标识，并将标识的最低限量降低到 0.9%。

中国也对转基因产品的标识管理制定了相应的法规。2001 年国务院发布第 304 号令，颁布实施《农业转基因生物安全管理条例》。2002 年 1 月 5 日，农业部颁布了《农业转基因生物标识管理办法》，并确定了第一批实施标识管理的农业转基因生物的目录。

二、转基因食品的检验

转基因产品的检测技术是贯彻实施标识管理制度的技术保障。世界各国在这方面均投入了大量的人力、物力和财力。涉及的方法主要包括基于 DNA 的检测方法、基于蛋白质的检测方法和基于脂肪酸的检测方法。

为了能够对转基因作物及其产品作出综合评价，除了需要各国政府和国际机构制定科学的安全评价体系，以及严格的管理法规外，建立有效的方法体系对转基因生物进行检测也很重要，这是对转基因生物进行安全性评价和和实施监管的基础，也是农产品国际贸易健康发展的重要保障。转基因生物的检测方法也是 1996 年以后逐渐发展起来的，与转基因作物的迅猛发展相比，检测方法的发展相对滞后，至今仍面临着一些严峻的挑战。

目前国际上针对转基因作物及其产品的检测技术路线通常为：第一步对样品进行筛选检测（screening/detection）来判定是否含有转基因成分；第二步对阳性结果进行验证鉴定（determination/identification）来判定转基因成分的性质；最后一步进行定量分析（quantification）来判定是否需要贴示标签。总体来说，转基因生物的检测方法可以分为两类：一种是以表达蛋白为目标的检测方法；另一种是以外源 DNA 为目标的检测方法。

以表达蛋白为目标的检测方法是根据抗原抗体特异性反应，针对某一特定转基因生物而设计的，其中包括免疫印迹法（Western blot）、酶联免疫吸附法（enzyme-linked immunosorbent assay，ELISA）和试纸条法（lateral flow strip）。Stave 等报道了应用 ELISA 法测定转基因玉米中重组蛋白质 CryⅠA。沈法富等建立了 Dot-ELISA 检测抗虫棉杀虫蛋白的方法。对原料而言，ELISA 法和试纸条法具有特异性好、操作简便、费用低、对仪器和人员要求不高等特点。但是该类方法仅针对一种特异蛋白，覆盖率低；对于加工食品，受到目标蛋白的构象和含量的限制，尤其是深加工食品中目标蛋白的变性，影响抗原抗体的特异性识别，而使检测的不确定性增加；有些转基因生物的蛋白质在新宿主内进行新的修饰，只在某些部位表达或根本无新蛋白质的表达，也就难以用该类方法来进行检测，如 Novertis

Bt176 玉米，抗虫蛋白只存在叶片中，而几乎不存在于玉米粒中（<0.005μg/g）。

以外源 DNA 为目标的检测方法包括 DNA 杂交法（Southern blot）和聚合酶链反应法（polymerase chain reaction，PCR）。DNA 杂交法准确可靠，但存在灵敏度低、操作繁琐等缺点。PCR 法是指模拟体内 DNA 复制方式在体外选择性扩增 DNA 某个特殊区域的技术，它包括引物、模板、dNTP 和 *Taq* 聚合酶等要素。与 ELISA 法相比，PCR 检测所需的 DNA 存在于各个器官和组织的细胞中，并且对热较稳定，因此，PCR 方法以其检测时间短、灵敏度高、可用于加工食品等优点而广泛应用于转基因生物检测中（表 8-1）。

表 8-1　转基因生物的检测方法比较

检测方法	基因检测-PCR	蛋白检测-ELISA
灵敏性	灵敏度高（<0.1%）	灵敏度较高（>0.1%）
检测时间	用时较少	用时较多
方法难易	操作较难	操作容易
适用范围	可用于加工食品	难用于加工食品

应用 PCR 方法检测转基因生物，首先要了解重组 DNA 信息，以便设计引物。不同的作物、不同的改良目标致使重组 DNA 不同。虽然转基因作物的种类及性状相当繁多，但其基本序列结构相似，即含启动子、目的基因、终止子和标记基因或抗生素抗性基因（黄昆仑等，2009）。启动子可被 RNA 合成酶识别以使目的基因在植株中转录表达，目的基因的表达产物则是所需要的农艺性状，终止子的作用是使目的基因表达时不影响其他基因的转录表达，标记基因或抗生素抗性基因的作用是为了便于转基因植株的筛选。

分离 DNA 的纯度和产量是 PCR 检测的两个关键问题。目前广泛用于农产品的 DNA 提取方法主要有 CTAB 法和 SDS 法。对于未加工的原料，采取这两种方法均可以获得满意结果。但是加工食品的 DNA 一般都已很大程度上降解成小片段；食品中含有的蛋白质、脂肪、多糖类物质、多酚类化合物（如单宁）和其他微量成分也成为分离 DNA 的主要障碍。所以，应用传统方法提取食品 DNA 很难达到要求。

目前食品 DNA 的提取和纯化方法有了较大的发展，并摸索出一些方法可在较短时间内获取转基因检测的 DNA 模板。如样品中的油分含量高，则先萃取以除去油分；若水分含量高，则先浓缩失水。Anklam 等报道了一种适用于卵磷脂的提取和纯化改良方法，取 10ml 已烷、1ml 胍硫氰酸和 2g 卵磷脂加入到提取缓冲液中并充分搅拌，经过两次离心分离，滤菌膜纯化。Meyer 报道了一种适用于低 DNA 含量食品的改良 CTAB 法，采用 QIA quick™ DNA 纯化剂代替氯仿，可将待测样品增加到 2g；Meyer 还提出在凝胶性食品的提取过程中，加入 α-淀粉酶恒温培养以增加溶液的流动性。

PCR 的类型很多，目前已用于转基因检测中的有常规 PCR、套式 PCR、PCR-GeneScan、竞争性 PCR 和实时 PCR 等，具体应用情况分别介绍如下。

通过 PCR 扩增转基因作物中的启动子和终止子序列，然后用琼脂糖凝胶电泳分析扩增产物，是目前最常用的转基因检测方法。Markus 等和 Meyer 等通过 PCR 检测 *CaMV* 35S 启动子、*Tnos* 终止子，筛选抗除草剂转基因大豆 Roundup Ready™和抗虫转基因玉米，特异性和灵敏性很高。黎昊雁等和黄东东等用 PCR 检测了转基因水稻种子、转基因食品中

CaMV 35S 与 *Tnos* 基因成分，检测限分别为 0.1％和 1％。常规 PCR 方法本身具有局限性，PCR 扩增的高灵敏度常伴随着假阳性现象；而操作上的误差，加上一些反应抑制因素亦可带来假阴性现象。因此该方法的检测结果往往需要用另一种方法进行验证。

套式 PCR（nested PCR）是由 Brockman 等 1996 年建立的先后用两套引物进行扩增的 PCR 技术。通常先用第一套引物（又称外引物）扩增 15～30 个循环，再用已扩增的 DNA 片段内设定的第二套引物（又称内引物）扩增 15～30 个循环。Köppel 等建立了用于转基因大豆 Roundup Ready™中 *cp4epsps* 基因的套式 PCR 检测方法，该方法具有很高的特异性和灵敏度，检测限为 20pg DNA，相当于一般原料中含有 0.01％～0.1％的转基因大豆。毛德倩等通过套式 PCR 扩增了转基因大豆 Roundup Ready™ 中 *Tnos* 终止子。采用套式 PCR，将外引物扩增的片段又经内引物扩增，提高了反应的特异性和灵敏度，能检测 DNA 含量低的转基因食品。但存在步骤多、易污染等缺点。

PCR-GeneScan 法的特点是在 PCR 扩增反应后，借助 DNA 测序仪中基因片段扫描（GeneScan）的功能替代琼脂糖凝胶电泳对 PCR 产物进行分析。该方法可以分辨出相差 5 个或 6 个碱基的 PCR 产物，从而准确地判定扩增片段大小。覃文等应用 PCR-GeneScan 法从进口食品和食用油脂中成功地检出 *CaMV* 35S 启动子、*Tnos* 终止子、*cp4epsps* 和 *Bt* 等转基因成分，检测灵敏度比传统电泳法高。该方法所需仪器昂贵，并需在 PCR 反应体系中加入荧光标记的 dCTP 进行扩增，限制了其推广应用。

竞争性 PCR（competitive PCR）法以待测的外源 DNA（如 *CaMV* 35S 启动子、*Tnos* 终止子等）与竞争 DNA（以缺失或插入几十个碱基对的外源 DNA 序列构建的质粒）作为相互竞争底物，在同一 PCR 反应体系中竞争引物和酶等，其相差几十个碱基对的 PCR 产物可以通过凝胶成像分析系统进行区分和定量，以系列转基因标准品 DNA（0％、0.1％、0.5％、1％、2％和 5％）制作“靶 DNA 浓度-靶 DNA 产物量/竞争 DNA 产物量”的标准曲线，即可依据“待测 DNA 产物量/竞争 DNA 产物量”求得样品中的转基因成分含量。Hardegger 等采用竞争性 PCR 法检测 *CaMV* 35S 启动子和 *Tnos* 终止子获得了转基因大豆的含量。郭兆奎等制备了用于 PCR 检测转基因烟草中 *Tnos* 终止子的竞争性 DNA 模板。竞争性 PCR 法在一个反应管中同时扩增待测样品与竞争模板，消除了实验中各种可变参数的干扰，获得了较为准确的结果。但存在操作繁琐（需构建竞争性 DNA）、易污染的不足。

实时 PCR（real-time PCR）法是在 PCR 反应体系中加入荧光标记探针，通过光电传导系统直接探测 PCR 扩增过程中荧光信号的变化以获得定量结果，所以具有 DNA 杂交的高特异性和光谱技术的高精确性。数据的采集和分析可自动完成，简化了实验过程，减少了污染和假阳性的机会。Hird 等报道了应用实时 PCR 定量检测大豆粉中的 Roundup Ready™大豆的含量，检测灵敏度达到 0.5％。黄文胜等建立了转基因大豆 Roundup Ready™中 *CaMV* 35S 启动子、*Tnos* 终止子的实时 PCR 定量检测方法，检测灵敏度达到 0.1％，误差为3％～5％。

以 PCR 为基础的检测方法虽然被国内外大多数实验室作为检测转基因生物的常用方法，但是实际应用中发现不同方法的优缺点也很明显，现将目前用于转基因检测中几种主要的 PCR 方法的优点及局限性总结于表 8-2。

表 8-2 转基因生物的 PCR 检测方法比较

检测方法	优点	不足
常规 PCR	对设备试剂要求不高，成本低，快速简便，可用作筛选试验	电泳分析粗略，灵敏度和特异性差，结果需验证，难以定量分析
套式 PCR	灵敏度增加，高度特异，结果准确性增加	步骤繁多，时间长，污染机会增加，不适合常规分析
PCR-GeneScan	灵敏度增加，可以分辨出相差 5 个或 6 个碱基的 PCR 产物	所需仪器昂贵，成本高，检测流程复杂，不适合常规分析
竞争性 PCR	准确性增加，可定量分析，成本较低	要求电泳分析，需构建内部标准 DNA，技术较复杂，污染机会增加
实时 PCR	灵敏度、特异性、准确性增加，可定量分析，自动化程度高	所需仪器昂贵，成本高，方法的标准化程度不高

本章小结

本章介绍了转基因食品安全性及其评价方面的有关基础知识和科学原理，内容要点包括转基因食品的概念，转基因食品的安全问题与争论，转基因食品安全性评价的目的、原则与内容，转基因食品的管理与检验。总的来说，从转基因食品发展的趋势中可以看到，转基因食品在节约农药、保护环境、减少劳动力等方面发挥了巨大的作用，在改善食品营养水平、改良加工性能、提高生物利用率、抗旱、抗逆、提高产量等方面则具有巨大的潜力。本章需要重点掌握的知识点有转基因生物及食品的概念，转基因食品的食用安全性问题，转基因食品安全性评价的主要内容，转基因食品的检验方法。

思考题

1. 什么是转基因生物、转基因食品？
2. 简述转基因食品的食用安全性问题。
3. 转基因食品安全性的争论主要包括哪些内容？
4. 简述转基因食品安全性评价的主要内容。
5. 我国转基因食品食用安全性评价的原则有哪些？
6. 简述转基因食品的标识管理制度。
7. 比较分析转基因食品的不同检验方法的优缺点。
8. 举例说明转基因食品的 PCR 检测方法及其优缺点。

第 9 章 食品流通过程安全控制

第一节 概 述

我国幅员辽阔，南北方物产和食品各有特色，随着人民生活水平的提高，人们对食品营养和花色品种的要求越来越高，只有通过运输才能达到调剂市场、满足供应、互补余缺的目的。大部分食品容易变质，而且存在着地区性和季节性限制，为了使食品在广泛流通的同时又能在某种程度上保持其质量，做到“好吃又安全”，从生产到消费者之间的整个流通过程，应采取各种措施和方法以保持食品的卫生、安全、风味、新鲜和营养。

食品运输是指采用各种工具和设备，通过多种方式使食品在区域之间实现位置转移的过程。它是食品流通过程中形成物流的媒介，是流通过程中的一个重要环节，也是联系生产与消费、供应与销售之间的纽带。运输过程很容易造成食品损失，主要是由运输工具不良、包装不善、装卸粗放和管理不当引起的。食品的运输业越发达，越能促进食品的商品化生产，加速食品的流通，扩大流量，对于均衡供应和活跃市场都有着重要意义。食品空间移动的基本要求是及时、准确、安全、经济。食品运输应考虑流通区域间的交通运输条件，选择适宜的运输工具及运输形式，力求用最少的时间、走最短的距离、花最低的成本、以最有效的质量安全控制、安全及时地将食品运达目的地。目前，世界上发达国家的食品大多采取“适地生产，运输供应”的办法，运输的意义更是显而易见。

一、食品流通的概念和形式

食品流通是指食品作为商品，从生产者手中所经过的以货币为媒介的交换过程。食品流通包括流通机构、流通路线、流通信息和流通技术。食品流通的环节和路线因产品和市场不同而有差异。食品的流通过程是商品价值和使用价值替换的统一，也是食品商品价值与商品实体流通的统一。食品从生产领域到消费领域是由价值运动和使用价值运动组成的。使用价值运动称物流，价值运动称商流。因此，食品的流通形式主要有物流形式和商流形式。

（一）物流形式

食品物流是食品流通过程中通过运输、转运、贮藏、分级和包装等活动，借助各种运输工具使商品实体发生空间的转移。它的形式也多种多样，如肩挑、手提、车运、船运和机运等。选择什么运输工具，必须根据食品的特性、运输数量、目标市场、交易时间等来定。

（二）商流形式

食品商流是通过买卖活动而发生的食品价值形成的变化和所有权的转移，主要在生产者和消费者之间起衔接作用，使产需双方达到各自目的。食品一般要经过以下几个主要环节才能完成整个流通过程，到达消费者手中。

1. 批发市场 批发市场是食品流通的枢纽。批发商有供销公司、各种联合体或个人，他们一方面从生产者手中批量购进食品，另一方面又向零售商或另一批发商销售食品，其经营的食品数量大、品种多，是食品流通的大动脉。

2. 零售商 零售商是指直接将食品出售给消费者的个人或部门，在时间、地点、服务项目等方面零售商都能为消费者提供更好的服务。

3. 拍卖市场 这是流行于一些市场经济比较成熟的欧美和中东国家的农产品和食品批发的主要环节。拍卖市场制定了统一的质量标准，拍卖样品进行展示后，公开显示拍卖资料（如食品的品种、规格、数量、产地等），由买主出价，经过几番竞价后成交，成交后立即打印交易传票，交易过程公开透明。我国也已建立了专业拍卖市场。

4. 自采销售 主要流行于北美和西欧，由于北美和西欧每个劳动力经营的农场面积大、机械化程度高、劳动力贵，而有些农产品（如草莓、葡萄等水果）的采收机械化比较困难，采收成本高，一些农场主就用自采销售的牌子来招揽顾客。我国也存在自采销售形式，一些城市居民周末或节假日到园艺场采摘新鲜园艺产品，同时又观赏了田园风光。

5. 连锁商店 若干零售商或超市组成的一个供货公司，直接从农民或生产联合体进货，实现“联购联销，风险共担”，减少了中间环节和成本，提高了竞争力。

6. 期货市场 这是农产品市场交易的一种创新，期货市场的交易只是合同，所以每天都是“买空卖空”，其好处是套期保值，分担风险。

7. 网上贸易 互联网上有各种各样的食品（特别是农产品和果蔬产品）及其经营者、贸易组织和拍卖市场。消费者或中间商可以在这里找到自己感兴趣的食品，并进行买卖交易。

二、食品流通过程及内容

研究食品流通常以流向、流速和流量等指标来反映流通过程的实际状况。

食品流向指流通中食品的空间转移方向，即食品的物流方向。食品的流向受多种因素和条件的影响和制约，如食品生产发展水平与布局情况、价格和消费水平高低及其变化、消费习惯、现行食品流通的管理体制等。合理流向是食品运输的必要条件，同时也是价值及时实现和迅速转让其使用价值的要求。

流速是食品在流通中停留的时间。流通时间短则流速快，反之则流速慢。流通时间由售卖时间和购买时间构成。售卖时间主要包括食品运往市场的时间和待售时间；购买时间是食品购买阶段所需时间。食品的流通时间受许多因素的制约，如食品的供求状况、市场容量、产销距离、交通运输条件、运输产品的保护等。同时还取决于食品的种类、特性和生产流通计划等。

流量是指处于商品流通过程中的食品数量。流通中的商品全部处于运动状态，而流量本身又由流向所区分，每一流向上的流量又受流速影响。

食品流通过程中的流向、流速和流量因各种因素的制约而呈现不同的运动状况。食品流通过程要求做到货畅其流。其标志是：流向合理；借以经济、及时、准确、安全的运输手段，实现食品由产地区域性向消费广泛性的转移，减少中间环节，不使食品流通中的任何中间环节发生沉滞；食品在销售中顺利快捷，不压库柜。

第二节　食品运输中的质量安全控制

一、食品的包装

对食品的质量安全控制，首先应该提到的就是包装，因为包装是对食品最直接有效的保护。严格地讲，食品没有包装就不能贮运和销售。

（一）食品包装的定义和功能

国家标准对包装的定义是“为在流通过程中保护产品，方便贮运，促进销售，按一定技术方法而采用的容器、材料及辅助物等的总体名称”。食品包装就是采用适当材料、容器和技术把食品裹包起来，以使食品在运输和贮藏过程中保持其价值和现有状态。包装对食品来说是非常重要的措施，食品包装的目的是保证食品的质量和安全，为消费者食用提供方便，突出商品包装外表及标志，以提高其商品价值。食品包装具有保护食品、方便贮运、促进销售三大功能，其中防止食品变质、保证食品质量是食品包装的最重要的目的。

1. 保护食品功能　食品的种类繁多、性状千差万别，而且多为有机物质，在贮存、运输、销售、消费等流通过程中易受外界各种不利条件及环境因素的破坏和影响。例如，微生物、虫害等生物引起的危害；在直射光、高温、有氧环境中引起的各种化学反应；由于吸收或散失水分使食物变质或失鲜等。合理包装可以减少因运输中相互摩擦、碰撞、挤压、震动而造成的机械损伤；减少病害蔓延和水分蒸发；也可以避免散堆食品发热而引起腐烂变质。

2. 方便贮运功能　包装能为生产、贮存、运输、消费等环节提供诸多方便，能方便生产厂家、运输部门搬运装卸，方便仓储部门堆放保管，方便商店陈列销售，也方便消费者的携带、取用和消费。现代食品包装还注重包装形态的展示方便、自动售货方便及消费时开启和定量取用方便。

3. 促进销售功能　包装是“无声的推销员”，是提高食品竞争力、促进销售的重要手段。精美的包装能在心理上征服购买者，增加其购买欲望，有利于宣传产品和树立企业形象。

（二）食品包装的分类

（1）按包装层次可分为个体包装（对单个食品的包装）、内包装（包装货物内部的包装）和外包装（包装货物外层的包装）。

（2）按包装食品的状态可分为液体包装和固体包装。

（3）按包装材料及容器性质可分为纸包装、金属包装、玻璃包装、陶瓷包装和塑料包装等。

（4）按包装技术可分为防潮包装、防霉包装、防虫包装、保鲜包装、真空包装、充气包装。

（5）按在流通中的功能和作用可分为贮藏包装、运输包装和销售包装。

（三）各类食品的包装

要根据各种食品的特性及其在流通过程中可能发生的质变及其影响因素，来选择适当的包装材料和包装方法。

1. 不同形态食品的包装　对液体食品，常用塑料瓶、玻璃瓶、金属罐、复合材料制作的袋、盒、杯等；对半流体食品，常用塑料或玻璃的广口瓶、复合材料制作的袋、盒、杯等；对粉体、散粒体及其与液体混合的食品，常用金属罐、塑料广口瓶、复合材料制作的袋、盒、罐等；对单个或多个集合的块状、片状、条状及类似于球状、半球状等固体食品，常用较大型的塑料盒、金属罐、复合材料制作的袋、盘、盒等。

2. 生鲜肉及肉制品的包装　生鲜冷却肉常用的包装方式主要为浅盘裹包。冷冻肉的包装主要是为了控制其冻藏过程中常出现的干耗、脂肪氧化和变色等，常用收缩包装、充气包装和真空包装。熟肉类食品的包装要求有良好的隔氧性、阻湿性、避光性和耐高低温的性能，常用的包装材料有聚偏二氯乙烯（PDVC）、聚碳酸酯（PC）、聚乙烯（PE）、聚氯乙烯（PVC）、聚丙烯（PP）、聚对苯二甲酸乙二醇酯（PET）、铝箔及复合薄膜等。鲜肉及肉制品的运输包装主要采用纸箱、编织袋或钙塑箱等。

3. 粮谷类食品的包装　粮谷类食品的包装考虑的主要是防潮、防虫和防陈化。

在贮运过程中，除了专用的散装粮仓和散装车厢、船舱外，对粮谷都要进行包装。过去一般使用麻袋、塑料编织袋包装，目前大多是在塑料编织袋中衬 PE 薄膜袋，既防潮，又有轻微的透气性。面包通常采用蜡纸、涂塑玻璃纸、塑料薄膜等软包装材料裹包。

含水分较低的饼干、酥饼、香糕、酥糖、蛋卷等要求防潮、阻气、耐压、耐油和耐撕裂，主要包装形式是塑料片材热成型浅盘，外裹包复合塑料薄膜。含水分较高的蛋糕、奶油、点心等包装主要是防霉、防失水和防氧化等，应选用具有较好阻湿、阻气性能的包装材料，档次较高的糕点可用真空包装或充气包装。

4. 生鲜水产品的包装　生鲜水产品的销售包装材料要求高阻隔、耐低温性能，以适应脱氧、真空及低温流通条件，并需在包装内放置吸水垫片吸收积蓄水滴和鱼汁。包装方式主要有 PE 薄膜袋、涂蜡或涂热熔胶的纸箱（盒）。高档鱼类、对虾、龙虾、鲜蟹等对保鲜要求比较高，可采用气调、真空包装。生鲜水产品的运输包装材料要求具有较高的强度，质量轻，有良好的隔热性能，容器顶盖应开有排水槽以便于排液。运输包装容器主要有铝合金箱、塑料箱、纤维板箱、钙塑泡沫片复合塑料保温箱等，可采用气调包装（modified atmosphere packaging，MAP）、充氧包装或假休眠包装进行活体运输。

5. 鲜蛋及蛋品的包装　鲜蛋包装的关键是防止微生物的侵染和防震缓冲。运输包装可采用瓦楞纸箱、塑料盘箱和蛋托等，也可采用收缩包装。松花蛋、腌制蛋、糟蛋等传统蛋制品，一般不进行包装而直接销售，如需包装则采用热成型盒或手提式纸盒。蛋粉极易吸潮和氧化变质，一般采用金属罐或复合软包装袋包装。

6. 液态乳及乳制品的包装　鲜乳依据加工产品的不同而有不同的包装要求。

巴氏灭菌乳常用玻璃瓶、复合纸盒、塑料袋和“自立袋”包装。超高温（UHT）杀菌乳经超高温灭菌后随即进行无菌包装，无菌灌装用的是多层复合材料制成的无菌盒。酸奶主要采用玻璃瓶或瓷瓶包装，也有用塑料热成型杯、屋顶形纸盒无菌包装的。乳粉保存的要点是防潮、防氧化、避免紫外线照射，一般采用真空充氮复合塑料或金属罐包装。奶酪包装主要是防止发霉和酸败，干酪一般在熔融状态下抽真空并充氮气包装，新鲜奶酪和干酪的软包装是用复合铝箔和涂塑纸制品，多采用真空包装。奶油中的脂肪含量很高，极易发生氧化变质，因此包装材料要求有良好的阻气性和耐油性，习惯上采用玻璃瓶和聚苯乙烯容器包装。

7. 饮料的包装　玻璃瓶是软饮料的传统包装容器，现已逐步被各种塑料瓶、金属罐、纸塑铝箔复合材料的包装盒所取代。含醇饮料主要有蒸馏酒、配制酒、发酵酒（啤酒、黄酒、果酒）三大类，主要用玻璃瓶和陶瓷器皿包装，啤酒则还有铝罐包装。

茶叶的包装主要是防潮、遮光、防串味，常用的包装有陶罐、马口铁罐，也可用单层膜和复合膜的塑料袋包装。咖啡、可可、果珍等固体饮料传统上用玻璃瓶和马口铁罐封装，现在正逐步改用塑料薄膜袋包装。

8. 油脂类食品和调味品的包装　豆油、菜籽油、芝麻油和色拉油等烹调油，传统上均采用玻璃瓶包装，近年来逐渐被塑料包装容器所取代，油脂大容量包装都是用铁桶。花生酱、芝麻酱、酱油、食醋、番茄酱等调味料传统包装是采用玻璃瓶、罐包装，并加入适量抗氧化剂，现代包装广泛采用塑料薄膜吸塑成型或热成型容器包装，并辅以真空或充气包装。

随着人们工作节奏的加快，营养保健食品的丰富，环保意识的增强，今后对食品及其包装必然会提出许多新的要求。包装的外形也会向规格化、标准化、模式化的方向发展，以便提高包装效率，利于装载和堆码的定型化、自动化，加速货物的流通。

二、运输前的预冷

这里的预冷主要指在装车、船运输之前，将易腐食品如肉及肉制品、鱼及鱼制品、乳及乳制品，特别是果品蔬菜等的品温降到适宜的贮藏或运输温度。这样可以降低食品内部的各种生理生化反应，减少养分消耗和腐烂损失，尤其对果品蔬菜来说，可以尽快除去田间热和呼吸热，抑制生理代谢，最大限度地保持食品原来的新鲜品质。例如，刚采集的牛乳温度是37℃，很容易受微生物的污染，将其快速降到 4℃以下时，微生物的生长和繁殖就非常缓慢，28h 内微生物保持初始水平，而 15℃以上的温度下微生物总数则快速增加。

在低温运输系统中，运输工具所提供的制冷能力有限，不能用来降低产品的温度，只能维持产品的温度不超过所要求保持的最高温度。所以，一般食品不放在冷藏运输工具上预冷，而是在运输前采用专门的冷却或冷冻设备，将品温降低到最佳贮运温度以下。这样可减少运输工具的热负荷，并保证冷藏过程中温度波动不至于过大，以便更有利于保持贮运食品的质量。经过彻底预冷的果蔬，用普通保温车运输，就能够达到低温运输的效果。反之，即使用冷藏车，若不经过预冷也难以发挥其冷藏车的效能。例如，未经预冷的广东香蕉装入火车冷藏箱中时，果箱内温度为 27～28℃，火车运行 5d 后，果箱内温度尚在 14℃；而经过预冷的香蕉，入箱 14h 后就可以将品温降到 12℃。

因此，低温贮藏或长距离大量运输鲜活和生鲜食品时，预冷是必不可少的一项措施。食品的预冷方法主要有真空预冷、空气预冷和水预冷三种。考虑到我国目前食品的产销实际状况和预冷效果，预冷设备和方式可结合现有的贮藏冷库，采用强制冷风预冷方式，也可采用差压冷风预冷方式。

三、运输的环境条件及其控制

食品运输可被看作是在特殊环境下的短期贮藏。运输中的温度、湿度、气体等环境条件对食品品质的影响与贮藏中的情况基本类似。然而，运输环境是一个动态环境，故在讨论上述环境的同时，还应当重点考虑运输环境的特点及其对食品的影响。

运输环境条件的调控是减少或避免食品破损、腐烂变质的重要环节，所以在运输中要考虑以下因素。

（一）震动

震动是运输环境中最为突出的因素，它直接造成食品的物理性损伤，也可以发生由震动引起的品质劣化的反应。震动的强度以普通震动产生的加速度（$g=9.8\mathrm{m/s}$）大小来计算，分为 1 级、2 级、3 级、4 级等。运输中产品的震动加速度长期达1级以上时，就会产生物理性损伤。

不同的运输方式、运输工具、行驶速度及货物所处的不同位置，其震动强度都不一样。一般铁路运输的震动强度小于公路运输，海路运输的震动强度又小于铁路运输。铁路运输途中，货车的震动强度通常都小于 1 级。公路运输的震动强度则与路面状况、卡车车轮数有密切的关系，高速公路上一般不会超过 1 级；震动较大，路面较差，以及小型机动车辆可产生 3～5 级的震动。就货物在车厢中的位置而言，以后部上端的震动强度最大，前部下端最小；因箱子的跳动还会发生二次相撞，使震动强度大大增强，造成食品损伤。海上运输的震动强度一般较小，然而，由于摇摆会使船内的货箱和食品受压，而且海运一般途中时间较长，这些会对一些新鲜易腐食品产生影响。此外，运输前后装卸时发生的碰撞、跌落等能够产生 10～20 级，甚至以上的撞击震动，对食品的损伤最大。

不同类型的食品对震动损伤的耐受力不同，表 9-1 所示为一些不同类型的新鲜果蔬对震动损伤的最大耐受力。运输时应该针对不同的食品种类因地制宜地选择运输的方式和路径，并做好食品的包装作业和在运输中的码垛，尽量减少食品在运输中的震动；另外要杜绝一切野蛮装卸，以保持食品品质和安全。

表 9-1　一些新鲜水果蔬菜的种类与其对震动损伤的抵抗力

类型	种类	能够忍耐的运输过程中震动加速度的临界点/级
耐碰撞、耐摩擦的	柿子、柑橘类、绿熟番茄、根菜类、甜椒	3.0
不耐碰撞的	苹果、红熟番茄	2.5
不耐摩擦的	梨、茄子、黄瓜、结球类蔬菜	2.0
不耐碰撞、不耐摩擦的	桃、草莓、西瓜、香蕉、柔软的叶菜类	1.0
易脱粒的	葡萄	1.0

资料来源：中村，1997。

（二）温度

与食品在贮藏时一样，运输温度对食品品质也同样有着重要影响，因此温度也是运输中最受关注的环境条件之一。采用适宜的低温流通措施对保持食品的新鲜度和品质，以及降低运输损耗是十分重要的。国际制冷学会规定，一般果蔬的运输温度要等于或略高于贮藏温度，而且该学会对一些新鲜果蔬的运输和装载温度提出了建议（表 9-2 和表 9-3），温度要求低而运输时间超过 6d 的果蔬，运输温度要与低温贮藏的适温相同。

表 9-4 所示为对一些新鲜畜产品的推荐运输温度。速冻食品除了具有对食品共同的质量的要求外，最重要的要求是在生产、运输和销售过程中的各个环节，食品中心温度应保持 －18℃以下，这是有效地保持速冻食品质量的特征值。

表 9-2　国际制冷学会推荐的新鲜蔬菜的运输温度

蔬菜种类	1～2d 的运输温度/℃	2～3d 的运输温度/℃	蔬菜种类	1～2d 的运输温度/℃	2～3d 的运输温度/℃
芦笋	0～5	0～2	菜豆	5～8	未推荐
花椰菜	0～8	0～4	食荚豌豆	0～5	未推荐
甘蓝	0～10	0～6	南瓜	0～5	未推荐
薹菜	0～8	0～4	番茄（未熟）	10～15	10～13
莴苣	0～6	0～2	番茄（成熟）	4～8	未推荐
菠菜	0～5	未推荐	胡萝卜	0～8	0～5
辣椒	7～10	7～8	洋葱	－1～20	－1～13
黄瓜	10～15	10～13	马铃薯	5～10	5～20

资料来源：国际制冷学会，1974。

表 9-3　国际制冷学会推荐的新鲜水果的运输温度

水果种类	2～3d 的运输温度		5～6d 的运输温度	
	最高装载温度/℃	建议运输温度/℃	最高装载温度/℃	建议运输温度/℃
杏	3	0～3	3	0～2
香蕉	≥15	15～18	≥15	15～16
香蕉（大密舍）	≥12	12～13	≥2	12～13
樱桃	4	0～4	建议运输小于 3d	
板栗①	20	0～20	20	0～20
甜橙	10	2～10	10	2～10
柑和橘	8	2～8	8	2～8
柠檬	12～15	8～15	12～15	8～15
葡萄	8	0～8	6	0～6
桃	7	0～7	8	0～3
梨②	5	0～5	3	0～3
菠萝	≥10	10～11	≥10	10～11
草莓	8	－1～2	建议运输小于 3d	
李	7	0～7	3	0～3

资料来源：国际制冷学会，1974。

注：①我国板栗运输温度≤4℃；②我国鸭梨在 5℃时可能发生冷害。

表 9-4　一些新鲜畜产品低温运输的推荐温度

产品及其特性	温度①	
	1～3d 的运输温度/℃	4～6d 的运输温度/℃
肉和生咸肉②③	－1～7	－1～7
肉制品④	－1～8	未推荐
生内脏②	－1～3	未推荐

续表

产品及其特性	温度①	
	1～3d 的运输温度/℃	4～6d 的运输温度/℃
猪油	≤12	≤10
家禽、兔②、野味②	−1～4	−1～4
带壳鸡蛋	0～15	0～15
冰镇鱼⑤	0～2	0～2
烟熏鱼	≤10	≤6
对虾⑥	0～4	未推荐
牛乳，生的或巴氏消毒的⑦	0～4	未推荐
牛乳，工业的	0～6	未推荐
奶酪，新鲜干酪，酸化的	0～4	未推荐
奶油和人造奶油	≤6	未推荐
硬干酪和加工过的干酪	0～15	0～15
软干酪，未成熟的	8～12	8～12
软干酪，成熟的⑧	4～7	未推荐
蓝干酪，精制的	0～10	0～6

资料来源：谢如鹤等，1998。

注：①产品的平均温度；②必须防止大气中水汽的凝结；③屠宰僵直后最高温度为 3℃；④屠宰僵直后最高温度为 6℃；⑤鱼必须足够新鲜；⑥运输温度下不超过 24h；⑦到达目的地的时间必须不超过 60h；⑧过分成熟的干酪不能运输。

理论上讲，把食品放在适宜的贮藏温度下运输是最安全的。但在运输中由于运输时间相对短暂，略高于最适贮藏温度对许多种果蔬的品质影响并不是很大，尤其在目前我国低温冷藏链的发展还远不能满足食品冷藏运输需要的情况下，采取略高的温度，在经济上有明显的好处，如可用保温车代替冷藏车。我国的实际情况是大部分食品尚需在常温中运输。现将运输中应该注意的一些事项介绍如下。

1. 常温运输　常温运输中，不论何种运输工具，其货箱和产品温度都会受到外界气温的影响，特别是在盛夏或严冬，这种影响更为突出。如果外界气温高，那么受外温和呼吸热（果蔬）的影响，食品温度一旦上升就不容易降下来，这使得大量食品质量劣变甚至腐烂；如果外温较低又易使食品受冻。假如只能采用常温运输，对于卡车要采取遮阳和防雨措施，尽量减少外界环境对食品的影响。但即使如此，一般夏季运输货垛上部或中部的货温与下部货温可有 5℃以上的温差。木箱与纸箱包装的温度也不同，由于纸箱堆得较密，在运输途中箱温比木箱高 1～2℃。常温运输时货箱内温度随外界条件的变化起伏很大，应注意保护，且不宜作长途运输。

2. 低温运输　在低温运输中，由于增加了制冷设备，因此可以相对保证运输工具内食品有较低的温度。其温度的控制不仅受冷藏车或冷藏箱的构造及冷却能力的影响，而且也与空气排出口的位置和冷气循环状况密切相关。要注意堆码不能太紧密，否则冷气循环不好，造成车厢上下部位的温差较大，特别是未经预冷的食品更是如此。冷藏船的船舱舱容一般较大，进货时间延长必然延迟货物的冷却速度，并使仓内不同部位的温差增大。如果以冷藏集装箱为货运单位，可避免上述弊端。

3. 防止食品在运输中受冻受热　原产于寒温带地区的苹果、梨、葡萄、核果类、猕猴桃、甘蓝、胡萝卜、洋葱、蒜薹等果蔬适宜贮运温度在 0℃左右。而原产于热带和亚热带地区的果蔬对低温比较敏感，应在较高温度下运输，如香蕉运输适温为 12～14℃，番茄(绿熟)、辣椒、黄瓜等运输温度为 10℃左右，低于 10℃就会导致冷害发生。对于冻肉，冻鱼，速冻包子、饺子、春卷、蔬菜等来说，要尽量防止运输过程中温度升高，以免引起食品质量下降和解冻。易腐食品最好采用冷藏或冷冻运输，如果没有上述条件，则要有通风、遮阳等条件，否则运输不得超过 4h。寒区冬季运输蔬菜、水果等应有草帘、棉被等保温防冻条件。

4. 防止运输中温度的波动　要尽量维持运输过程中恒定的适温，防止温度的波动。运输过程中温度的波动频繁或过大都对保持产品质量不利。生鲜食品的呼吸作用涉及多种酶的反应，在生理温度范围内，这些反应的速度随着温度的升高以指数规律增大，在较低温度下，温度每波动 1℃，对食品造成的品质影响要比较高温度下严重。另外，冷冻食品在运输中也要尽量控制温度不发生波动，在－18℃的冻藏温度下，环境温度上下波动 3℃左右时，会对多数食品造成危害；当温度高于－12℃时，解冻就会增强温度效应，重新冻结时水分就会从小冰晶体中融化出来，浸泡未融化的冰晶体，从而形成更大的冰晶体。

总之，不论使用何种运输工具，都要尽量调节和控制好温度，使之达到或接近食品的适宜贮运温度，以保证其质量和安全。

（三）湿度

食品腐败变质与环境中的湿度条件有很大关系，运输中也要求保持适宜的湿度条件。当运输环境中的相对湿度在 80％～95％时，对大多数食品的贮藏和运输是适宜的。但有些食品对贮藏和运输的湿度条件要求也有例外，如芹菜等鲜嫩蔬菜所需的相对湿度为 90％～95％，洋葱、大蒜为 65％～75％，瓜类为 70％～85％；一些散装食品、干燥或焙烤食品的运输则需要非常干燥的环境，如果湿度过大，则食品吸湿性增强，使其水分活度增加，质构发生改变，促进了细菌、霉菌等微生物的繁殖；乳粉、蛋粉及豆乳粉等干燥和粉状产品在冷藏温度下的贮藏期较长，但相对湿度高于 50％时，如果包装的阻湿性不好，也会发生成团或结块现象，此类产品应采用阻湿性较好的包装材料，并要求运输时环境适当干燥。

对于果蔬来说，新鲜度和品质的保持需要较高的湿度条件，新鲜果蔬装入普通纸箱，在 1d 内箱内空气的相对湿度可达到 95％～100％，如果车厢密封性好或产品堆码高度密集，运输中仍然会保持在这个水平。一般而言，由于运输时间相对较短，这样的高湿不至于影响果蔬的品质和腐烂率。然而，包装纸箱吸潮后抗压强度下降，有可能使食品受损伤。如果采用隔水纸箱（在纸板上涂以石蜡和石蜡树脂为主要成分的防水剂），或在纸箱中用聚乙烯薄膜铺垫，则可有效防止纸箱吸潮；用塑料箱等包装材料运输时，可在箱外罩以塑料薄膜以防止产品失水。

适当的空气循环有助于食品表面的热量移向冷却盘管和冷却板，但是在运输车厢内，循环的空气不得过干或过湿。高湿空气会使水分凝结在食品表面，在一般运输温度下霉菌就会在食品表面生长；但是空气过于干燥，则会导致食品过度脱水。具体运输的适宜湿度可根据各类食品贮藏的适宜湿度来选择。另外要注意码垛方式，不要堆积过密，不要损坏食品包装，以保持食品包装内的湿度。如果需要，有条件的可使用具有加湿装置的冷藏车，也可采用加冰运输车，提高运输环境的湿度。

（四）气体

气体环境对食品的腐败速度和腐败程度可产生很大的影响。由好氧性细菌、霉菌等微生物引起的食品腐败，以及有氧呼吸作用、脂肪氧化、色素褪色、非酶褐变等化学变化引起的食品变质，都受食品所处环境 O_2 浓度的影响。另外，CO_2是果品、蔬菜和微生物等呼吸生成的低活性气体，如果在贮运时，适当降低 O_2的浓度（2%～5%），提高 CO_2的浓度(5%～10%)，则可大幅度降低果蔬及微生物的呼吸作用，抑制催熟激素乙烯的生成，减少病害的发生，延缓果蔬的衰老。对于其他一些加工食品，在包装中抽真空或充入 N_2，可以延长保质期。所以，可以采用调节气体包装、低氧包装、加脱氧剂包装、真空包装、充氮包装或充 CO_2包装等形式来调节食品所处微环境的气体组分，从而对食品达到安全防护的目的。另外，还可以用乙烯气体处理香蕉、柑橘等果实，以达到催熟目的。

一般短途和短期运输中空气成分的变化不大，但运输工具和包装不同，也会产生一定的差异。密闭性好的设备使 CO_2 浓度增高，震动使乙烯和 CO_2 浓度增高，所以要加强运输过程中的通风和换气，避免有害气体积累而产生生理伤害。另外，在运输过程中要轻装轻卸，防止食品包装破损而破坏包装物内的气体组分，从而引起食品的腐败变质。

（五）装载与堆码

食品在运输车、船内正确的装载，对于保持食品在运输中的质量有很大作用。易腐食品在冷藏车、船低温运输时应当合理堆放，使冷却空气能够合理流动，保持货物间温度均匀，防止因局部温度升高而导致腐败变质。食品的装载首先必须保证运输食品的质量，同时兼顾车、船载重力和容积的充分利用。为此必须做到：①在车厢底板或船舱壁板与货物之间，空气能沿着车厢、船舱中心到端壁的方向自由流通；②在各个货件之间空气能同样沿着车厢或船舱中心向端壁自由流通，最好也能保证各货件之间空气能顺着由车厢、船舱上部到下部的方向自由流通，这点在冬季加温运输时尤为重要；③在堆放的货物与车壁或舱壁之间，空气能顺着车厢、船舱中心到端壁和由车厢、船舱上部至下部的方向自由流通；④食品在堆码时，每件货物都不能直接接触车、船底板和壁板，在货件与底板和壁板之间必须留有间隙，以免通过车、船壁和底板进入车内的热量直接传给货物，而使品温上升；⑤在装载对低温较敏感的水果蔬菜时，货件不能紧靠机械冷藏车、船的出风口或加冰冷藏车、船的冰箱挡板，以免发生低温伤害，必要时可在上述部位的货件上面遮盖草席或草袋，使低温空气不直接与货件接触。

食品装车、船运输的堆码方法大体上分为两类。一是紧密堆码法，适用于冻结货物、冬季短途保温运输的某些怕冷货物，热季运输的某些不发热的冷却货物或者夹冰运输的鱼、虾或蔬菜等。冻结货物必须实行紧密堆码，车内空气不能在货件之间流通，这样货物本身所积蓄的冷量就不易散发，有利于保持货物温度的稳定并有效地利用车、船载重力和容积。对于本身不发热的冷却货物，如夹冰鱼，也可采用较紧密的装载方法，但不应过于挤压，以免造成机械伤害影响货物质量。二是留间隙堆码法，此法适用于冷却和未冷却的果蔬、鲜蛋等的运输，以及外包装为纸箱或塑料箱的普通食品的装载码垛。采用这种码垛方法应当遵循堆垛稳固、间隙适当、布风均匀、便于装卸和清洁卫生等原则，使得车、船内各货件之间都留有适当的间隙，各处温度均匀，保持货物原有品质。这种堆码方法按所留间隙的方式及程度不同又可分为“品”字形法、“井”字形法、“一二三、三二一”法、筐口对装法，以及吊挂法（适用于新鲜冷却肉的运输）。

目前国外运输易腐食品时多使用托盘，在装车前将货物用托盘码好，用叉车搬运装载，各托盘之间留有间隙供空气循环。这种方法简便易行而且堆码稳固。

（六）光线

许多食品易受光线的影响，光线可以催化许多化学反应，进而影响食品的贮存稳定性。光可促进油脂产生复杂的氧化腐败产物；牛乳及乳制品的光促氧化常产生令人不悦的硫醇味；光能引起植物类产品的叶绿素，肉的红色素，鱼虾类的粉红色素、虾黄素等发生变色；某些维生素对光敏感，如核黄素和抗坏血酸暴露在光下，很容易失去其营养价值。为了抑制这些食品的变质，可以采用避光包装，即选择合适的包装材料阻挡某种波长的光线通过或减弱光的强度。除此之外，还可采用真空包装、加抗氧化剂等措施来减少光线对食品的不利影响。在运输中也要采取相应的措施，譬如采用密闭性较好的货箱，如果用敞车运输应该覆盖苫布，尽量减少光线对食品的影响。

（七）鼠害

食品在储存、运输、销售、消费过程中，会受到各种鼠类的危害。鼠类能危害所有的食品，特别是粮食和果蔬。害鼠不仅取食或啃咬各种食品，而且所形成的伤口和鼠粪便污染食品，加剧了食品的霉变，造成很大的经济损失。船舶、汽车、大车是许多食品的主要运输工具，也是部分鼠类的栖息场所。在这里，鼠类不仅可以获得足够的食物，还可以随车、船等转移到其他地区，造成鼠类的人为扩散。火车站的鼠类可通过火车或其他交通工具传带，其防鼠措施以改造环境为基础，站区外设防鼠带，防止外围鼠迁入；车厢结构要严密，通向车厢外的管道要加铁丝网，防止地面鼠进入车厢。船舶停靠港口时，所有缆绳上要设置防鼠板以免地面鼠进入船舱。防治船舶、车厢和集装箱内的鼠害，可用磷化铝等熏蒸剂进行熏蒸。为了避免污染环境和引起人畜中毒，一般不采用直接投饵的方法。

四、运输的方式和工具

（一）运输方式

从我国现有的情况来看，食品运输的形式通常有陆运（包括公路和铁路）、水运（包括内河运和海运）、空运及以上几种形式的联运。各种运输方式都有自身的优缺点，应在充分了解各种运输工具的优缺点后加以选择利用。

1. 公路运输 公路运输是我国最重要和最常见的短途运输方式。公路运输机动方便，可实现直达上门服务，中间搬运少，短距离运输成本低；但存在震动大、运量小、能耗大的缺点。主要工具有各种大小车辆、双挂车、拖拉机等。公路运输可针对特殊用途准备特殊车辆，如液体油罐车、活鱼运输车，对需要保持低温的货物，可以使用保温车、冷冻车或冷藏车。

2. 铁路运输 铁路运输运载量大，速度快，效率高，不受季节影响；但机动性差，没有铁路的地方不能直接运达。运输的基本单位是货车或集装箱，货车的载重量为 15～30t，集装箱为 5t、10t 或 20t 左右，运输量比较大的时候也可以专列运输。对需要保持低温的货物，可使用冷藏、冷冻车或冷冻、冷藏集装箱。

3. 水路运输 利用船舶运输运载量大，成本低（各种运输方式中最低），行驶平稳；但受地理条件限制，运输速度慢，受季节影响，运输连续性差。发展冷藏船、集装箱专用船和车辆轮渡是水路运输的发展方向。

4. 航空运输 航空运输的优点是不受地理条件限制，运行速度快，损伤少；但运量少，运费高，适于特供高档生鲜食品。空运由于时间短，只要提前预冷并采取一定保温措施即可，一般不用制冷装置，较长时间飞行可用干冰制冷。今后随着大型专用运输机的出现，运输量会有所增大。

5. 联运 联运是指食品从产地到目的地的运输全过程使用同一运输凭证，采用两种或两种以上不同运输工具的相互衔接的运送过程。例如，铁路公路联运、水陆联运、江海联运等。国外普遍应用的联运方式是：把适用公路运输的拖车装于火车的平板车上或轮船内，到达车站或港口时，把拖车卸下来，挂在牵引车后面，进行短距离的公路运输，直达目的地。联运可以充分利用运输能力，简化托运手续，缩短途中滞留时间，节省运费。现在推行集装箱运输，是用集装箱为装卸容器，将食品装进各种规格不同的集装箱内，直接送达目的地卸货，可适用于多种运输工具，具有安全、迅速、简便、节省人力、便于机械化装卸的特点，有利于食品质量的保持和联运的发展。

（二）运输工具

目前食品公路运输所用的运输工具包括汽车、拖拉机、畜力车和人力拖车等。汽车有普通货运卡车、保温车、冷藏汽车、冷藏拖车和平板冷藏拖车。水路运输工具用于短途的一般为木船、小艇、拖驳和帆船；远途则用大型船舶、远洋货轮等，远途运输的轮船有普通舱和冷藏舱。铁路运输工具有普通篷车、通风隔热车、加冰冷藏车、冷冻冷藏车。集装箱有冷藏集装箱和气调集装箱。

随着我国综合国力的增强，大市场、大流通的进一步完善，交通、装载设备的不断发展，我国的食品运输业必将与发达国家接轨，逐步实现现代化。

五、运输中的卫生要求

运输污染在食品污染中占较大比例，尤其是近年来，由于物流频繁，运输过程中因车体装运不当和站场存放卫生条件差，造成食品污染现象十分突出。为了保证食品卫生质量，在运输中要注意遵守以下安全和卫生要求。

（一）运输工具的卫生要求

（1）贮存、运输和装卸食品的包装容器、工具、设备和条件，必须安全无害，保持清洁，防止食品污染。

（2）一般应装备专用食品运输工具，用非专用食品运输工具运送食品时，应对运输工具彻底清洗或消毒后才能装运，直接食用食品的运输工具每次装运前必须消毒。

（3）专用仓储货位要防雨、防霉、防毒，逐步实现专车、专箱、专位，谨防货位污染，尽量做到专车专用，特别是车、船长途运输粮、果、菜、鱼等类食品时更是如此。

（二）运输过程的卫生要求

（1）食品与其他货物应分开装运，严禁混装混放，严格按照《危险货物配表》装配。

（2）在食品的装运上，应注意不要将生熟食品、食品与非食品、易于吸收气味的食品与有特殊气味的食品同车、船装运，更不能将农药、化肥等物资与食品同车、船装运，以免造成食品污染。

(3) 改进包装方法和材料，提高包装质量，轻拿轻放，轻装轻卸，减少因包装不善所造成的食品污染。

(4) 坚持作业标准，杜绝违章操作，认真执行《货物运输管理规定》。

(5) 长途运输要具备防蝇、防鼠、防蟑螂和防尘措施。

(6) 运输活畜、活禽要防止拥挤，途中应供给足够的饮水和饲料。

(7) 完善卫生监督机制，强化管理职能，建立相应管理监督制度。

六、运输中质量安全控制的基本要求及措施

(一) 食品运输的基本要求

运输是食品流通中的重要环节，如果这些环节的工作做得不好，会导致食品质量的下降。食品的运输是联系生产者与消费者之间的桥梁，为了加强对食品的质量安全控制，在运输中要做到两轻、三快、四防。

两轻即轻装、轻卸；三快即快装、快运、快卸；四防即防热、防冻、防晒、防淋。食品在运输和销售过程中，都要求有适于保持其质量的环境条件，这些条件应和食品贮藏时的条件基本相同，否则很容易导致食品质量的劣变。食品在运输过程中，由于环境条件（特别是气候条件）的变化和运输过程中的颠簸碰压，对食品特别是鲜活易腐食品是极为不利的。

轻装轻卸可大大减少食品机械损伤和包装物的损伤，以及因这两种损伤而导致的微生物污染。实现装卸工作自动化，既可减小劳动强度，又可保证食品质量和缩短装卸时间。所以在进行食品装卸时应轻装、轻卸，防止野蛮装卸。

装车、装船时，特别是搬运过程，货物将直接暴露于空气中，这必然引起货温的变化。加快装卸速度，改善搬运条件，加大每次搬运的货物数量，采取必要的隔热防护措施，对减少货物的升降温变化是十分必要的。同时还应尽量缩短运输时间，这就要求快装、快运、快卸，尽量减少周转环节。采用机械装卸和托盘装卸是加快装卸速度的有效手段。积极推行汽车和铁路车辆的对装、对卸，也是加快装卸速度的有效措施。例如，成都东站采用了这一措施后，每辆冷藏车可减少 3h 的在站停留时间。

任何食品对运输温度都有严格的要求，温度过高会加快食品的腐败变质，加快新鲜果品蔬菜的衰老，使品质下降；温度过低，容易使产品产生冻害或冷害，所以要防热、防冻。另外，日晒会使食品温度升高，加快一些维生素的降解和损失，提高果蔬的呼吸强度，加速自然损耗；雨淋则影响产品包装的完美，过多的含水量也有利于微生物的生长和繁殖，加速腐烂。敞篷车船运输时应覆盖防水布或芦席，以免日晒雨淋，冬季应盖棉被进行防寒。码堆不能过多，码堆间应留有适当的空隙，以利于通风。

(二) 肉与肉制品的运输

如果肉与肉制品在运输中卫生管理不够完善，会受到细菌污染，极大地影响肉的保存性。初期就受到较多污染的肉，即使在 0℃条件下，也会出现细菌繁殖。所以需要进行长时间运输的肉，应注意以下几点。

(1) 不运送严重污染的肉品。

（2）运输途中，车、船内应保持0～5℃、80%～90%的相对湿度，肉制品除肉罐头外应在10℃以下流通为好，尽量减少与外界空气的接触。

（3）堆码冷冻食品要求紧密，不仅可以提高运输工具容积的利用率，而且可以减少与空气的接触面，降低能耗。

（4）运输车、船的结构应为不易腐蚀的金属制品，并便于清扫和长期使用。

（5）运输车、船的装卸尽可能使用机械，装运应简便快速，尽量缩短装运时间。

（6）装卸方法：胴体肉应使用吊挂式，分割肉应避免高层垛起，最好库内有货架或使用集装箱，并且留出一定空隙，以便于冷气顺畅流通。

（三）干燥食品的运输

对于单独包装的干燥食品，只要包装材料、容器选择适当，包装工艺合理，储运过程控制温度严格，避免高温高湿环境，防止包装破损和食品自身的损坏，其品质就能得到控制。许多食品物料，如干燥谷物及干燥食品，采用大包装（非密封包装）或货仓式贮存，这类食品在贮运中应注意做到以下几点。

（1）控制运输干燥品的质量，对于谷物类粮食来说，不熟、破损的种子和发芽粒不能太多，水分含量应控制在10%～14%，水分越高，发热越快，霉变越严重。

（2）避免储运过程中有较大的温差，采用有效的保温隔热措施。

（3）控制运输中的相对湿度低于65%，尽量减少霉菌的污染。

（四）易碎易损食品的运输

易碎易损食品包括用玻璃及其制品包装的食品，如瓶装罐头、瓶装饮料、各种酒类、调味品等。在运输中应注意做到：①装卸搬运时要防止撞击、挤压、震动，否则包装破碎，不但造成较大损失，而且还会污染其他食品。②堆码时不能以重压轻，不准木箱压纸箱，包装上必须注有“易碎商品”、“防挤压”等标记。③冬季运输液体类食品时，还会由于温度低而引起浑浊、沉淀，甚至出现结冰，对质量影响较大，所以要采取必要的保温措施。

第三节　食品销售中的质量安全控制

一、销售部门必须具备的贮藏条件

在销售环节，食品由于温度波动次数多、幅度大，被污染机会也多，食品的质量往往得不到保证。为保持食品的安全性和应有品质，要求在销售过程中实施低温控制。这就要求食品销售部门在进行销售时具有贮藏食品的条件，如冷藏食品需具有恒温冷藏设备，冷冻食品需具有低温冷藏设备。目前主要设备是销售陈列柜，陈列柜是食品零售部门展示、销售食品所必需的设备。

（一）食品销售陈列柜的要求

食品销售陈列柜具有制冷设备，可进行隔热处理，能保证冷冻和冷藏食品处于适宜的低温下；能很好地展示食品的外观，便于顾客选购；具有一定的贮藏容积；日常运转与维修方便；安全、卫生、无噪声；动力消耗小。

（二）食品销售陈列柜的种类

（1）根据销售陈列的食品种类，可分为冷冻式陈列柜和冷藏式陈列柜。

（2）根据销售陈列柜的结构形式，可分为敞开式和封闭式。敞开式包括卧式敞开式和立式多层敞开式，封闭式包括卧式封闭式和立式多层封闭式。

（三）食品销售陈列柜的结构与特性

1. 卧式敞开式陈列柜　这种陈列柜上部敞开，开口处有循环冷空气形成的空气幕，可防止外界热空气侵入柜内。通过维护结构，传入的热量也被循环的冷风吸收，不影响食品的质量。对食品质量影响较大的是由开口部侵入的热空气及热辐射，当外界湿空气侵入陈列柜时，遇到蒸发器就会结霜，随着霜层的增厚，冷却能力降低。因此，必须在 24h 内至少进行一次自动除霜。

2. 立式多层敞开式陈列柜　与卧式相比，立式多层敞开式陈列柜单位占地面积的容积大，商品放置高度与人体高度相近，展示效果好，也便于顾客购物。但这种陈列柜内部的冷空气更易溢出柜外，外界侵入的空气量也多。为了防止冷空气与外界空气的混合，在冷风幕的外侧，再设置一层或两层非冷空气构成的空气幕，同时配置了较大的制冷能力和冷风量。由于立式陈列柜的风幕是垂直的，外界空气侵入柜内的数量受空气流速的影响更大。

3. 卧式封闭式陈列柜　卧式封闭式陈列柜的结构和敞开式的相似，它在开口处设有 2 或 3 层玻璃构成的滑动盖，玻璃夹层中的空气起到隔热作用。另外，冷空气风幕也被埋在柜壁上的冷却排管代替，通过外壁面传入的热量被冷却排管吸收。为了提高保冷性能，在陈列柜后部的上方装置冷却器，让冷空气像水平盖子那样强制循环。该陈列柜缺点是商品装载量少，销售效率低。

4. 立式封闭式陈列柜　立式封闭式陈列柜柜体后壁上有冷空气循环通道，冷空气在风机作用下强制地在柜内循环。柜门为 2 或 3 层玻璃，玻璃夹层中的空气具有隔热作用。由于玻璃对红外线的透过率低，虽然柜门很大，但传入的辐射热并不多。

二、销售过程中的质量安全控制

（一）进货要有质量确认制度

食品在进货时要有质量确认制度，主要是温度确认。对于生鲜易腐食品要确认其在运输和贮藏过程中始终保持在 0～4℃环境中，速冻食品在－18℃以下。如果进货时食品已经在不适温度下存放了较长时间，食品升温较高，冷冻食品是已经解冻的质量低下的产品，那么势必会影响食品质量，难以保证销售过程中的食品安全。另外，从 2004 年 1 月 1 日起，上市的大米、小麦粉、食用植物油、酱油和醋 5 类食品必须加贴（印）质量安全认证（QS）标志；从 2007 年 3 月 1 日起，对 2007 年 1 月 1 日后生产的茶叶、糖果制品、葡萄酒及果酒、啤酒、黄酒、酱腌菜、蜜饯、炒货食品、蛋制品、可可制品、焙炒咖啡、水产加工品、淀粉及淀粉制品 13 类食品上市时必须加贴（印）QS 标志。

（二）适宜的温度下销售

为保证食品的安全性和食品出厂时的品质，要求销售过程必须在较低的温度下进行。经营销售冷藏和冷冻食品的商店和超市、食品专营店，必须具备冷藏和冷冻设备，使冷藏食品中心温度控制在 0～4℃，冷冻食品的中心温度控制在－18℃以下。敞开式冷藏柜由于冷气强制循环，在开启处形成一种气幕，取货、进货都很方便。

（三）销售柜中的食品周转要快

冷藏食品一旦运送到零售商店，在放入零售冷藏柜之前往往要先在普通仓库进行短暂的贮存周转，陈列的商品要经过事先预冷。冷冻和冷藏食品在销售商店滞留的时间越短越好，陈列柜内的食品周转要快，决不能将销售柜当作冷藏库或冷冻库使用，否则升温过高和温度波动频繁会严重影响食品质量。一般而言，速冻食品可在销售柜中存放15d左右。

（四）防止温度的波动

食品在陈列柜中的存放是温度波动的一个潜在因素。产品从冷藏库转移堆放到陈列柜时，在室温下停放的时间不能太长。食品在陈列柜中的存放位置对温度也有重要影响，位置之间的温差可达5℃左右，越靠近冷却盘管和远离柜门的地方温度越低。零售陈列柜的另一个主要作用是给消费者提供可见和易取的方便性，故陈列柜大部分时间都是敞开的，其冷量会不断损失；另外，柜中的照明也需要消耗额外的冷量。因此，制冷系统必须满足冷量的损失和照明所消耗的冷量，陈列食品时的灯光亮度要适宜，不宜过强，尽量防止温度的波动。

（五）保证售出的食品具有一定时间的保质期

要注意食品的保质期，一方面不能销售超过保质期的食品，另一方面销售出去的食品应具有一定时间的保质期，以避免消费者购回食品后因不能及时食用而造成损失。贮存在冷藏柜中的食品要经常轮换，实行食品先进先出的原则，让较早放入的食品尽先被消费者买走，以确保食品在冷藏柜中的存放时间不超过最佳保质期。

（六）注意销售过程中的卫生管理，防止食品污染

食品从业人员的健康直接关系到广大消费者的健康，所以必须按规定加强食品从业人员的健康管理。食品从业人员不仅要从思想上牢固地树立卫生观念，而且要在操作中保持个人的清洁卫生，这是防止食品污染的重要防护手段之一。

（七）加强对销售陈列柜的管理

食品展卖区要按散装熟食品区、散装粮食区、定型包装食品区、蔬菜水果区、速冻食品区和生鲜动物性食品区等分区布置，防止生、熟食品，干、湿食品间的污染。从业人员应当按规范操作，销售过程中应轻拿轻放，避免损坏食品的销售包装；冷藏柜不能装得太满；结霜不能太厚，应定期除霜；要定期检查柜内的温度，及时清扫货柜；把温度计放在比较醒目的位置，让消费者容易看到陈列柜中的温度值。速冻陈列柜一般标有堆装线以保持食品品质，故食品堆放时不应超过堆装线。

三、餐饮行业的冷藏

自助餐厅、餐馆及其他一些饮食服务行业都需要用冷柜保存食品，尤其是自助餐厅，其冷柜的功能与零售陈列柜的功能完全一样，即在保持食品冷藏或冷冻条件的前提下，还必须考虑到可见性和消费者取用方便。目前已有许多不同类型的冷柜可以满足这些要求。

第四节　食品的冷藏链流通

一、食品冷藏链的分类和组成

许多食品特别是易腐食品，从生产到消费的过程中，要保持高品质就必须采用冷藏链。

食品冷藏链是指食品在生产、贮藏、运输、销售直至消费前的各个环节中始终处于适宜的低温环境中，以保证食品质量，减少食品损耗的一项系统工程。冷藏链是随着制冷技术的发展而建立起来的，它以食品冷冻工艺学为基础，以制冷技术为手段，是一种在低温条件下的物流现象。因此，要求把所涉及的生产、运输、销售、消费、经济性和技术性等各种问题集中起来考虑，协同相互间的关系。

由于食品富含营养物质，因此许多食品易腐败变质，特别是水果、蔬菜、禽蛋类、鱼贝类、乳类、肉类等生鲜食品，变质很快。即使是罐头、各种饮料等经过杀菌处理的食品，保持冷冻状态的食品，水分活度较低的干燥食品，如果不能提供适宜的流通条件，也会缩短这些食品的货架寿命。因此，对所有食品采用科学的包装方式，提供适宜的保管、贮藏、运输、销售条件是非常必要的。尤其是流通温度对确保食品的质量有很大关系。从保证品质、促进销售的角度来说，食品流通离不开低温流通体系，即冷藏链。

（一）食品冷藏链的分类

1. 按食品从加工到消费所经过的时间顺序分类

(1) 低温加工包括肉类、鱼类的冷冻与冻结；果蔬的预冷与速冻；各种冷冻食品的加工等。主要涉及冷却与冻结装置。

(2) 低温贮藏包括食品的冷藏与冻藏。主要涉及各类冷藏库与冷冻库、冷藏柜或冻结柜及家用冰箱等。

(3) 低温运输包括食品的短、中、长途运输。主要涉及铁路冷藏车、冷藏汽车、冷藏船、冷藏集装箱等低温运输工具。

(4) 低温销售包括冷藏或冷冻食品的批发和零售等，由生产厂家、批发商和零售商共同完成。超市、商场中的陈列柜，兼有冷藏和销售的功能。

(5) 低温消费包括食品的家庭消费和生产企业的原料消费。家用冰箱、冰柜，工厂的冷藏库或冻藏库是消费阶段的主要设备。

2. 按冷藏链中各个环节的装置分类

(1) 固定装置包括冷藏柜、冷藏库、家用冰箱、超市销售陈列柜等。冷藏库主要完成食品的收集、加工、贮藏和分配；冷藏柜和陈列柜主要供零售用；家用冰箱主要是供应家庭所需食品。

(2) 流动装置包括铁路冷藏车、冷藏汽车、冷藏船和冷藏集装箱等。

（二）食品冷藏链的结构

食品冷藏链的结构大体如图 9-1 所示。

冷藏链中各环节都起着非常重要的作用，食品在生产、采购、运输、销售和消费等环节必须在作业上紧密衔接，相互协调，形成一个完整的冷藏链。组成冷藏链的各个环节和设施，在运作上的一般原则是：一要保证冷藏链中的食品初始质量应该是优良的，最重要的是新鲜度，如果食品已经开始变质，低温也不可能使其恢复到初始状态；二是食品在生产、收获后尽快予以冷加工处理，以尽可能保持原有品质；三是产品从最初的加工工序到消费者手中的全过程，均应保持在适当的低温条件下。

（三）食品冷藏链的三阶段

1. 生产阶段　食品冷藏链的生产阶段指易腐食品收获后的现场冷冻保鲜至低温贮藏

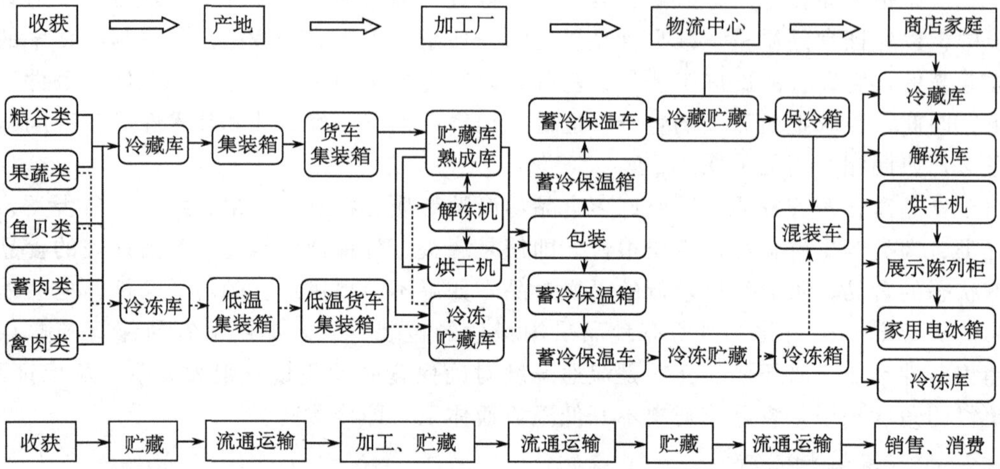

图 9-1　食品冷藏链组成及其相关设备（刘兴华，2015）

阶段。它关系到食品保鲜质量的起点，主要冷藏链设施是肉联厂、水产冷冻厂、外贸冷藏厂、制冰厂、冷冻库及恒温库等。上述设施统称为冷藏库，是食品冷藏链不可缺少的重要环节，也是食品冷藏链的硬件设施和主体。

冷库按照温度的不同可分为：①恒温冷藏库，主要贮藏新鲜的水果、蔬菜、禽蛋、生鲜肉等，贮藏温度因食品的种类而定，其中许多食品的温度维持在0℃左右。②低温冷藏库，主要贮藏冻鱼、冻肉、速冻制品、冰淇淋、雪糕等，温度一般维持在－18℃左右。③急冻库，主要用于速冻食品、冻鱼、冻肉等的快速冻结，温度一般保持在－23℃以下。

2. 流通阶段　流通阶段主要是指流通过程的冷藏运输，包括冷藏火车、冷藏汽车、冷藏船和冷藏集装箱等。

3. 消费阶段　冷藏链消费阶段的硬件设施从20世纪90年代初有了快速发展，我国先后引进多家国外商业零售环节冷藏设施的先进生产技术和设备，各种用途和各种形式的商用冷柜不断推进市场，商业批发零售基本也配置了冷柜或小冷库，这些设施基本满足了冷藏链消费阶段实际销售环节的需要。同时，冰箱及冷柜也已进入千家万户。

二、实现冷藏链的条件

虽然恒定的低温是冷藏链的基础和基本特征，也是保证食品质量的重要条件。但这并不是唯一条件，因为影响食品贮运质量的因素很多，必须综合考虑，协调配合，才能实现真正有效的冷藏链。归纳起来，实现冷藏链的条件有以下几方面。

（一）“三P”条件

“三P”条件即食品原料（product）、处理工艺（processing）、包装（package），要求原料品质好，处理工艺质量高，包装符合食品特性。这就是食品进入冷藏链的早期质量要求。

（二）“三C”条件

“三C”条件即在整个加工与流通过程中，对食品的小心（care）、清洁卫生（clean）、低温冷却（chilling），这是保证食品流通质量的基本要求。

(三)“三 T”条件

“三 T”条件即著名的“T T T”理论，也就是时间（time）、温度（temperature）、耐藏性或容许变质量（tolerance）。其要点包括以下三点。

(1) 对每种易腐食品而言，在一定的温度下，食品所发生的质量下降与所经历的时间存在确定的关系。以橘子为例，贮藏的基准温度为－2℃时，在环境温度 5℃下存放 10d 时的质量降低为原来的 83%；而在 10℃下存放 10d，则质量降低为原来的 71%。

(2) 冻结食品在贮运过程中因时间-温度的经历而引起的品质降低是累积的，也是不可逆的，但与经历的顺序无关。例如，把相同的冻结食品分别放在两种场合冻藏：一种先在(－10℃）下贮藏 1 个月，然后在－30℃下贮藏 6 个月；另一种先在－30℃下贮藏 6 个月，然后在－10℃下贮藏 1 个月，两种方式贮藏 7 个月后的品质下降是相等的。

(3) 对大多数冻结食品来说，都符合“T T T”理论，温度越低，品质变化越小，贮藏期越长。

(四)“三 Q”条件

“三 Q”条件即冷藏链中设备的数量（quantity）协调、设备的质量（quality）标准一致，以及快速（quick）的作业组织。冷藏设备的数量协调就是能保证食品总处在低温环境中。因此，要求预冷站、各种冷库、冷藏汽车、冷藏船、冷藏列车等都应按照食品货源、货流的客观需要，相互协调发展。设备的质量标准一致，是指各环节的标准应当统一，包括温度、湿度、卫生及包装等条件。快速的作业组织，是指生产部门的货源组织、车辆准备与途中服务、换装作业的衔接、销售部门的库容准备等应快速组织并协调配合。

三、食品冷藏运输

冷藏运输是食品链中必不可少的一个重要环节，由冷藏运输设备完成。冷藏运输设备是指本身能提供并维持一定的低温环境，用以运输冷藏、冷冻食品的设施及装置，包括冷藏汽车、铁路冷藏车、冷藏船和冷藏集装箱等。冷藏运输包括食品的中、长途运输及短途送货，它应用于冷藏链中食品从原料产地到加工基地及商场冷藏柜之间的低温运输，也应用于冷藏链中冷冻食品从生产厂到消费地之间的批量运输，以及消费区域内冷库之间和消费店之间的运输。

(一) 对冷藏运输设备的要求

(1) 产生并维持一定的低温环境，保持食品的低温。

(2) 隔热性好，尽量减少外界传入的热量。

(3) 可根据食品种类或环境的变化调节温度。

(4) 制冷装置在设备内所占用的空间尽可能的小。

(5) 制冷装置质量轻，安装稳定，安全可靠，不易出事故。

(6) 运输成本低。

(二) 冷藏汽车

根据制冷方式，冷藏汽车可以分为机械制冷、液氮或干冰制冷、蓄冷板制冷等。

1. 机械制冷　机械制冷汽车通常用于远距离运输，它的蒸发器通常安装在车厢的前端，采用强制通风方式。冷风贴着车厢顶部向后流动，从两侧及车厢后部流向车厢底面，沿底面间隙返回车厢前端。这种通风方式使整个食品货堆都被冷空气包围着，外界传入车厢的热流直接被冷风吸收，不会影响食品的温度。机械制冷冷藏车的优点是车内温度比较均匀稳定，温度可调且范围广，运输成本低。

2. 液氮制冷　液氮制冷冷藏车主要由液氮罐、喷嘴及控温器组成。液氮制冷时，车厢内的空气被氮气置换，因氮气是一种惰性气体，长途运输果蔬时，不但可降低其呼吸水平，还可防止产品被氧化。液氮制冷具有降温快、能较好保持食品质量的优点，但成本高，液氮中途补给困难。

3. 干冰制冷　先使空气与干冰换热，然后借助通风机使冷却后的空气在车厢内循环，吸热升华后的二氧化碳由排气管排出车外。干冰制冷具有设备简单、投资少、无噪声等优点；但降温速度慢，车厢内温度不均匀。

4. 蓄冷板制冷　蓄冷板中充注有低温共晶溶液，使蓄冷板内共晶溶液冻结的过程就是蓄冷过程。将蓄冷板安装在车厢内，外界传入车厢的热量被共晶溶液吸收，共晶溶液由固态转变成液态。常用的低温共晶溶液有己二醇、丙二醇的水溶液及氯化钙、氯化钠的水溶液。共晶点应比车厢规定的温度低 2～3℃。

蓄冷的方法通常有两种：一是蓄冷板中装有制冷剂盘管，只要把蓄冷板上的管接头与制冷系统连接起来，就可以进行蓄冷；二是借助于装在冷藏车内部的制冷机组，停车时借助外部电源驱动制冷机组使制冷板蓄冷。蓄冷板汽车的蓄冷时间一般为 8～12h，特殊的冷藏汽车可达 2～3d。

（三）铁路冷藏车

陆路远距离运输大批冷冻食品时，铁路冷藏车是冷藏链中最重要的设备，具有运输量大、速度快、费用低等优点。铁路冷藏车可以分为冰制冷、液氮或干冰制冷、机械制冷、蓄冷板制冷等几种类型。

1. 冰制冷　1851 年，美国将冰用于黄油的铁路冷藏运输，直到现在，冰仍然是铁路运输中一种常用的制冷介质。车厢内带有冰槽，冰槽可以设置在车厢顶部，也可以设置在车厢两头。设置在顶部时，一般车顶装有 6 台或 7 台马鞍形贮冰箱，2 台或 3 台为一组。为了增强换热，冰箱侧面、底面设有散热片。每组冰箱设有两个排水器，并保持冰箱内具有一定高度的盐水水位。对于水产品，可直接把碎冰撒在包装箱里面，然后将包装箱码放在火车厢里，车厢底面有排水管将融化的冰水排到车外。

2. 机械制冷　机械制冷铁路冷藏车有两种结构形式。一种是每一节车厢都备有自己的制冷设备，用自备的柴油发电机组来驱动制冷压缩机，冷藏车可以单节与一般货物车厢编列运行；另一种铁路冷藏车的车厢中只装有制冷机组，没有柴油发电机，这种铁路冷藏车不能单辆与一般货物列车编列运行，只能组成单一机械列运行，由专用车厢中的柴油发动机统一供电，驱动压缩机。

（四）冷藏船

冷藏船主要用于渔业，尤其是远洋渔业。远洋渔业的作业时间长，有的长达半年以上，必须用冷藏船将捕捞物及时冷冻加工和冷藏。此外，由海洋运输易腐食品也必须用冷藏船。

冷藏船可以分为冷冻母船、冷冻运输船和冷冻渔船三种。冷冻母船是万吨以上的大型船，它配置冷却、冷冻装置，可以进行冷藏运输。冷冻运输船包括集装箱船，它的隔热保温要求很严格，温度波动不超过±0.5℃。冷冻渔船一般是指备有低温装置的远洋捕鱼船或船队中较大型的船。

冷藏船上一般都装有制冷设备，船舱要求具备隔热保温性能。与海水接触的部件，如冷凝器、泵及水管等，必须由耐海水腐蚀的材料制成。为了确保制冷装置连续工作，必须装备备用机组。

（五）冷藏集装箱

所谓冷藏集装箱，就是具有一定的隔热性能，并能保持一定低温，适用于各类食品冷藏、贮运而进行特殊设计的集装箱。冷藏集装箱具有钢质轻型骨架，内、外贴有钢板或轻金属板，两板之间充填隔热材料。常用的隔热材料有玻璃棉、聚苯乙烯、发泡聚氨酯等。

1. 冷藏集装箱的分类　根据制冷方式，冷藏集装箱主要包括以下几种。

（1）保温集装箱无任何制冷装置，但箱壁具有良好的隔热性能。

（2）外置式保温集装箱无任何制冷装置，隔热性能很强，箱的一端有软管连接器，可以与船上或陆上供冷站的制冷装置连接，使冷气在集装箱内循环，达到制冷效果，一般能保持−25℃的冷藏温度。该集装箱容积利用率较高，自重轻，使用时机械故障少。但它必须由设有专门制冷装置的船舶装运，使用时箱内温度不能单独调节。

（3）内藏式冷藏集装箱箱内带有制冷装置，可自己供冷，制冷机组安装在箱体的一端，冷风由风机送入箱内。如果箱体过长，则采用两端同时送风，以保证箱内温度均匀。

（4）液氮和干冰冷藏集装箱利用液氮或干冰制冷，以维持箱体内的低温。

按照运输方式，冷藏集装箱可以分为海运和陆运两种，它们的外形尺寸没有很大的差别。

海运集装箱的制冷机组用电是由船上统一供给，不需要自备发电机组，因此机组构造比较简单，体积较小，造价也较低。但海运集装箱卸船后，因失去电源只能依靠码头上供电才能继续制冷，如果转入铁路或公路运输时，就必须增设发电机组，国际上一般采用的是插入式发电机组。

陆运集装箱主要用于铁路、公路和内河航运船上，因此必须自备柴油或汽油发电机组，才能保证运输途中制冷机组的用电。有的陆运集装箱采用制冷机组与冷藏汽车发电机组合在一起的机组，其优点是体积小、质量轻、价格低，缺点是柴油机必须一直保持运转，耗油量较大。

2. 冷藏集装箱的特点　冷藏集装箱可广泛应用于铁路、公路、水路和空中运输，是一种经济合理的运输方式。使用集装箱运输的优点有以下几点。

（1）减少和避免了运输的货损和货差。更换运输工具时，不需要重新装卸食品，简化了理货手续，可减少和避免货损和货差。

（2）提高了货物质量。箱内温度可以在一定的范围内调节，箱体上还设有气孔，因此能适用各种易腐食品的冷藏运输要求，而且温差可以控制在±1℃之内，避免了温差波动对食品质量的影响。

（3）装卸效率高，人工费用低。采用集装箱运输，简化了装卸作业，缩短了装卸时间，降低了运输费用。

四、食品冷藏销售和消费冷藏链

冷藏链不仅要求食品在适宜的温度下加工、运输，而且要求在适宜的温度下销售和消费。现在常用的销售设备是销售陈列柜，消费设备为家用冰箱或冰柜。

（一）销售陈列柜

销售陈列柜是菜场、副食品商场、超级市场等销售环节的冷藏设施，目前已成为冷藏链建设中的重要环节。它要求具有制冷和隔热装置，能保证食品处于适宜的温度下，又能很好地展示其外观，便于顾客选购。根据陈列食品种类可分为冷冻和冷藏食品用两类；根据陈列柜的结构形式，可分为敞开式和封闭式两种。

（二）家用冰箱

在冷藏链中，家用冰箱是最小的冷藏单位，也是冷藏链的终端。家用冰箱通常有冷冻室和冷藏室。冷冻室用于食品的冷冻贮藏，贮存时间较长，根据冻结食品的种类或贮藏期限，冷冻室温度可以为－18℃（三星级）、－12℃（二星级）或－6℃（一星级）。冷藏室用于冷却食品的贮藏，温度为0～10℃。在一些新型的冰箱中，还有冰温室或微冻室（0～5℃）、解冻室。

五、冷藏链中的温度监控及食品货架寿命预测

食品货架期通常是指食品在最恰当的平均温度下能存放的时间，或者是将食品存放在最差条件下的时间极值。在整个消费阶段温度的不可预测性，使得预测的食品货架期与食品真正可流通的期限很难达到一致。例如，某食品标定保存温度为4℃，货架期为7d，若食品的保存温度高于4℃，将会导致食品在货架期未到之前就腐败变质了；反之，如果存放温度为0℃，那这类食品储存的时间就会长于7d，若仍按其预定的货架期，超过7d就认为它已变质而被丢弃，势必会造成优质食品的浪费。由此可见，仅用标明的食品使用期限存放食品，很难保证食品品质，从生产到分配、贮藏和消费的整个过程，食品的品质和它的货架期在很大程度上取决于它的温度历程。

食品一旦离开加工过程，其变质速率是它的微环境的函数，这个微环境包括温度、湿度和气体等因素。气体组成和湿度通常可通过适当的包装达到较好的控制；而食品的温度则取决于贮藏条件。不同的食品有不同的冷链温度要求，国外称为“不高于规则”（the never warmer than rule），即从生产者到消费者之间各环节的温度都不高于设定温度。温度历程可以用时间-温度指示器来监视。这种指示器既可以放在食品箱和冰箱内，也可以贴于食品或食品包装上，能够指示所监视的食品经历的温度变化过程，进而根据温度变化过程来估计食品的变质范围和剩余货架期。这种指示器能监视整个冷藏链中是否有违规现象发生，也能提醒工作人员食品是否处于安全状态，并根据采集数据，进一步分析食品的新鲜度等。时间-温度指示器能够改善食品品质，减少食品浪费，对提高冷藏链中食品品质具有一定意义。我国食品生产企业—零售商店—家庭的冷藏链已经形成，随着人们生活水平的提高和国内外贸易的发展，对食品的卫生、营养、新鲜、方便性等方面的要求也在日益提高，冷藏链的发展前景非常广阔。

本章小结

本章简要介绍了食品流通的概念和形式、流通过程及内容，对食品运输、销售的质量安全控制进行了重点讲述。在运输、销售安全控制中主要讲述了食品包装的功能和分类、食品运输前的预冷、运输的环境条件及其控制、运输的方式和工具、运输中的卫生要求与质量安全控制相关的基本要求及措施。关于食品销售中的质量安全控制重点介绍了销售部门必须具备的贮藏条件、销售过程中的质量安全控制、餐饮行业的冷藏要求等内容。食品的冷藏链流通是保障食品流通安全的主要方式，本章对食品冷藏链的实现条件、食品冷藏运输、食品冷藏销售和消费冷藏链、冷藏链食品货架寿命预测等内容进行了重点讲述。

思考题

1. 运输的环境条件对食品质量有哪些影响？在实际生产中如何控制？
2. 简述包装对食品流通的保护作用。
3. 食品运输的方式有哪些？在运输中如何对食品进行质量安全控制？
4. 食品在销售过程中应该采取哪些质量安全控制措施？
5. 食品冷藏链流通的组成和实现条件是什么？以自己比较熟悉的一种易腐食品为例，叙述其冷藏链流通的模式和操作要点。

第 10 章 食品安全检测技术

第一节 概 述

食品安全关乎生命与健康，随着经济社会的持续高速发展，以及生活水平的提高，人们对食品安全提出了越来越高的要求。食品供应和消费的需求也实现了由量到质的转变，食品安全质量问题显得越来越突出。近年来，重大食品安全事件频频发生，食品交易中出现了大量利用现代高科技手段的制伪、掺假现象。解决食品安全问题最好的方法是尽早发现食品安全问题，将其消灭在萌芽状态之中，而要达到这个目的，至关重要的科技瓶颈就是关键检测技术的开发。食品安全是不能离开检测技术而空谈的，要保障食品安全就必须对食品及其原料在生产、加工、流通和销售等各环节实施全程管理和控制。食品安全控制的重要手段就体现在检测技术上，如果没有检测技术，既无法得知一种食品是否有不安全因素，也无法知道这种不安全因素的程度如何，这就可能导致人们长期受其危害却浑然不觉。同时，检测、监测的过程也是对目前食品安全标准的校验。通过检测、监测技术，可以检验当前的食品安全标准是否能最大限度地保障食品安全，是否能适应食品安全市场管理的需求，真正起到监管作用。因此，食品安全检测技术是构建食品安全控制体系、食品安全标准体系过程中极其重要的环节。将现代检测技术引入食品安全监测体系，积极开展食品危害物的检测和控制研究，对保障食品安全、维护公共卫生安全、保护人民群众身体健康意义重大。作为食品安全支撑的食品安全检测技术的研究已引起国内外的高度重视。

近年来，经过我国食品安全检测技术领域科研人员的努力，在食品安全检测技术研究中，尤其在食品安全关键检测技术专项研究中，我国在农药残留检测技术、兽药残留检测技术、重要有机污染物的痕量与超痕量检测技术、食品添加剂与违禁化学品检验技术、生物毒素检测技术、食品中重要人畜疾病病原体检测技术等方面的研究取得了重大进展。

在对食品中化学危害物的检测技术方面，农药残留、兽药残留、持久性有机污染物、天然毒素等的分析检测是食品安全检测的重点领域。现代仪器分析技术和设备的优势，以及前处理方法和分析设备的不断发展，为危害物的分析检测提供了高效与自动化的操作，目前仪器分析技术已经成为食品安全检测的主要技术手段。在仪器设备方面，气相色谱仪、高效液相色谱仪、色谱质谱联用仪、酶标仪等已经成为常用的分析仪器。检测方法和仪器的发展保障了食品安全检测过程中能准确、及时地获得分析结果，从而加强了食品安全控制能力。整体上看，仪器分析正向着多残留、多成分同时分析，以及快速、高灵敏检测等方向发展。

对于生物性危害物，传统检测方法（如分离培养、生化鉴定等）的特异性不高、灵敏度低、操作繁琐耗时，很多情况下不能实现及时、有效的食品样品分析，无法满足当前食品安全检测的需求。目前，以免疫学、生物化学及分子生物学为基础发展起来的现代分析技术，如酶联免疫吸附分析方法（enzyme linked immunosorbent assay，ELISA）、传感器技术、生物芯片（biochip）技术、聚合酶链反应（polymerase chain reaction，PCR）技术等，在食品安全检测领域得到了广泛应用。

此外，转基因食品的安全性问题受到消费者的广泛关注，对转基因食品的检测技术，主要包括蛋白质水平上的蛋白质芯片技术，核酸水平上的基因芯片技术、DNA 生物传感器技术及 PCR 技术。在食品生产、流通领域，食品掺假问题一直困扰着食品工业的健康发展。开发灵敏、准确、简便的食品鉴伪方法，组合成为专用的试剂箱（盒），使其能够实际应用于现场检查与检验，可以为食品掺假问题的控制提供有效的监控手段。

目前应用于食品安全方面的检测技术主要可归纳为仪器分析方法、现代分子生物学方法、免疫学方法及各种鉴伪技术等。

仪器分析方法中的色谱法已经广泛应用于各种物质的分离与检测。尤其以气相色谱（gas chromatography，GC）、高效液相色谱（high performance liquid chromatography，HPLC）的应用最为普遍。将样品注入相应色谱柱中，样品利用固定相及流动相间的化学、物理作用达到分离目的，实现对多组分混合物的分离。色谱法在食品行业中常用于食品添加剂、农兽药残留及生物毒素的分析检测，具有灵敏度高、操作简便、结果准确可靠、重现性好等优势。

核酸探针技术是目前分子生物学中应用最广泛的技术之一，是定量检测特异 RNA 或 DNA 序列的有力工具。核酸探针可用于检测任何特定的病原微生物，并能鉴别密切相关的菌株，因此可广泛应用于进出口动物性食品的检验，包括沙门氏菌、弯曲杆菌、轮状病毒、狂犬病毒等多种病原体。

核酸探针是指带有标记物的已知序列的核酸片段，它能和与其互补的核酸序列杂交，形成双链，从而用于待测核酸样品中特定基因序列的检测。每一种病原体都有独特的核酸片段，通过分离和标记这些片段就可制备出探针，用于食品安全检测研究。该技术不仅具有特异性高、灵敏度高的优点，而且兼备组织化学染色的可见性和定位性。

免疫学检测方法是利用抗原抗体反应进行的检测方法，即应用制备好的特异性抗原或抗体检测样品中的相应抗体或抗原，其主要特点是具有高度的特异性和敏感性。在免疫检测方法中还广泛应用了免疫标记技术，将酶、荧光素、胶体金、放射性元素等与抗体或抗原结合，使免疫现象易于观察，并增强了反应的敏感性，可以对待测物质进行精确定量。经典的三大标记技术即荧光免疫技术、放射免疫技术和酶免疫技术，此外，化学发光免疫技术和胶体金免疫技术等也得到了很大的发展。ELISA 方法即酶免疫技术的典型代表，在食品安全日常检测中应用最为广泛。

第二节　常用色谱检测技术

实际工作中要分析的样品往往是复杂基体中的多组分混合物。对含有未知组分的样品，必须首先将其分离，然后才能对有关组分进行进一步的分析。混合物中各组分的分离性质在一定条件下是不变的。因此，一旦确定了分离条件，就可用来对样品组分进行定性定量分析。这就是色谱及毛细管电泳技术的分离分析过程，如图 10-1 所示。

色谱法是现代分离分析的一种重要方法，它利用物质在两相间的吸附、分配、离子交换、亲和力或分子尺寸等物理化学性质的微小差异达到分离的目的。不同组分的上述物理化学性质存在微小差别，这是色谱分离的必要条件。当两相作相对移动时，被测物质在两相之

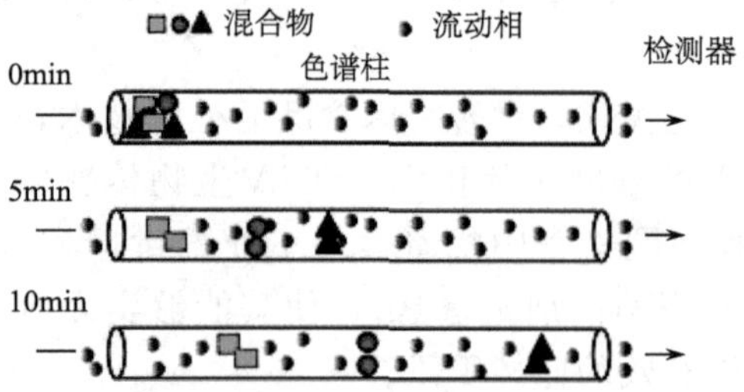

图 10-1　色谱分离过程示意图

间进行反复多次的分配，从而使原来微小的差异被放大，性质上有微小差别的组分得以分离，这是色谱分离的充分条件。

经过几十年的发展，气相色谱法、高效液相色谱法、薄层扫描法、毛细管电泳及色谱-质谱联用技术飞速发展，已经形成一门专门的科学——色谱学。色谱法目前广泛用于各个领域，成为多组分混合物分离分析的重要方法。

一、气相色谱

（一）气相色谱基本原理

气相色谱主要是利用物质的沸点、极性及吸附性质的差异来实现混合物的分离。待分析样品在气化室气化后被惰性气体（即载气，也称为流动相）带入色谱柱，柱内含有液体或固体固定相，由于样品中各组分的沸点、极性或吸附性能不同，每种组分都倾向于在流动相和固定相之间形成分配或吸附平衡。但由于载气是流动的，这种平衡实际上很难建立起来。也正是由于载气的流动，使样品组分在运动中进行反复多次的分配或吸附/解吸，结果是在载气中分配浓度大的组分先流出色谱柱，而在固定相中分配浓度大的组分后流出。当组分流出色谱柱后，立即进入检测器。检测器能够将样品组分的存在与否转变为电信号，而电信号的大小与被测组分的质量或浓度成比例。当将这些信号放大并记录下来时，就是如图 10-2 所示的色谱图，它包含了色谱的全部原始信息。在没有组分流出时，色谱图的记录是检测器的本底信息，即色谱图的基线。

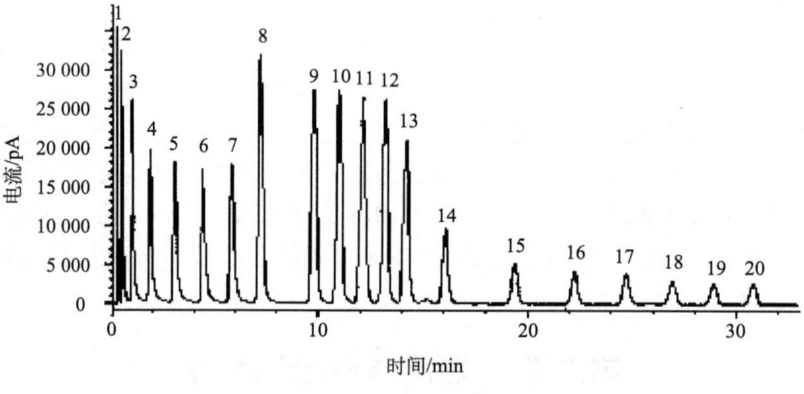

图 10-2　气相色谱图

（二）气相色谱的分类

气相色谱的种类繁多，按色谱柱不同可分为填充柱 GC 和开管柱 GC。填充柱内要填充一定的填料作为固定相，开管柱是空心的，其固定相附着在柱管内壁上。按固定相状态可分为气固色谱和气液色谱。前者采用固体固定相，如多孔氧化铝或高分子小球等，主要用于分离永久气体和较低分子质量的有机化合物，其分离主要是基于吸附机制；后者则为液体固定相，分离主要基于分配机制。在实际 GC 分析中，90%以上的应用为气液色谱。按分离机制可分为分配色谱（即气液色谱）和吸附色谱（即气固色谱）。应当指出，一个色谱过程常常是两种或多种机制的结合，只是有一种机制起主导作用而已。按进样方式可分为常规色谱、顶空色谱和裂解色谱等。

（三）气相色谱主要组成部分

气相色谱仪主要由气路系统、进样系统、分离系统、检测系统和记录系统组成，其组成结构如图 10-3 所示，商品化的气相色谱仪如图 10-4 所示。

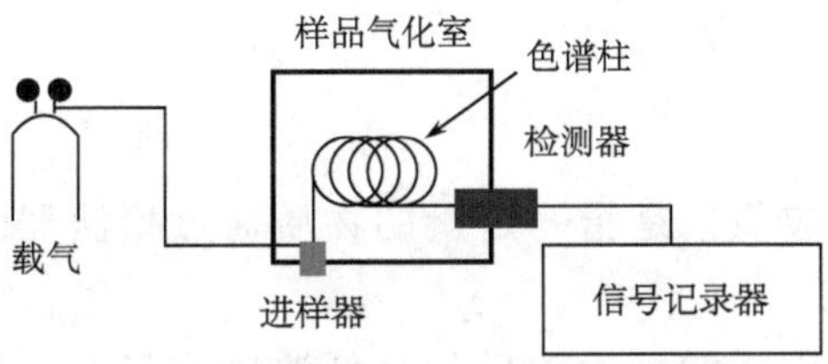

图 10-3　气相色谱结构示意图

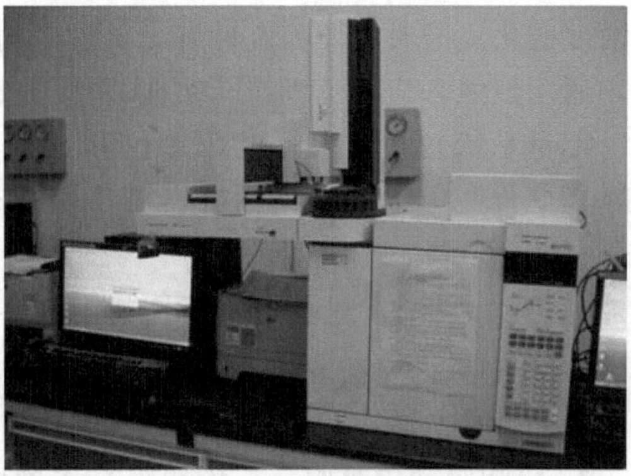

图 10-4　气相色谱仪

气路系统一般由气源、稳压恒流系统、净化器、压力表和流量计，以及供载气连续运行的密闭管路组成。GC 用气体作流动相，又叫载气，是气相色谱仪的重要组成部分，用于携带样品通过整个 GC 系统进行分离，其本身对分离结果的影响很有限。氦气、氮气、氢气或混合甲烷的氩气常用作载气。正确选择载气，控制气体的流速是气相色谱仪正常操作的重要条件。

进样系统包括进样装置和进样口，也可包括阀、顶空进样和吹扫捕集装置。其功能是将样品引入到载气流中，通常采用微量进样器或进样阀将样品引入。GC 所能直接分离的样品应是可挥发、热稳定的，沸点一般不超过 500℃。有些不能直接分析的样品，可通过特殊进样技术，如顶空进样和裂解进样，也可用 GC 间接分析，这在一定程度上扩大了 GC 分析对象的范围。

分离系统：色谱柱是色谱仪的核心部件，用于实现混合样品中各组分的分离，可分为填充柱和毛细管柱两种。填充柱由不锈钢或玻璃、尼龙、熔融石英等材料制成，有“U”形和螺旋形两种，内装固定相，内径一般为 2～4mm，长度为 1～3m。毛细管柱又称空心柱，分为涂壁、多空层和涂载体空心柱。毛细管柱材质为玻璃或石英。内径一般为 0.2～0.5mm，长度为 20～200m，呈螺旋形。色谱柱的分离效果除与柱长、柱径和柱形有关外，还与所选用的固定相和色谱柱的制备技术，以及操作条件等许多因素有关。

GC 的载气种类相对较少，其分离选择性主要通过不同的固定相来改变，尤其在填充柱 GC 中，固定相常由载体和涂覆在其表面的固定液组成，这对分离有决定性的影响。迄今已有数百种 GC 固定相可供选择使用。实际分析中，GC 一般是选定一种载气，然后通过改变色谱柱（即固定相），以及操作参数（柱温和载气流速等）来优化分离。

检测系统：检测器是气相色谱仪的主要组成部分。它的作用是将经过色谱柱分离后的各组分按其物理、化学特性转换成相应可以测量的电信号，实现对被分离物质组成和含量的定性和定量。信号的大小在一定范围内与进入检测器的物质的质量（n）或浓度成正比。检测器按原理分成浓度型检测器和质量型检测器两种类型。浓度型检测器是检测载气中组分浓度的瞬间变化，其响应值与进入检测器组分的浓度成正比，如热导池、电子捕获检测器。质量型检测器是检测载气中组分的质量流速的变化，其响应值与组分在单位时间内进入检测器的质量成正比，如氢火焰离子化检测器、火焰光度检测器等。

检测器要能准确、及时、连续地反映不同的分析对象在不同的色谱操作条件下流出组分的浓度变化。同时，要稳定性好，灵敏度高，检测限低，线性范围宽，死体积小，响应速度快，通用性强，应用范围广，结构简单、安全、价廉等。

记录系统包括放大器、记录仪和数据处理系统。目前多采用微机色谱数据处理和配备操作软件包的工作站。既可以对色谱数据进行自动处理，又可对色谱系统的参数进行控制。

（四）气相色谱检测的性能指标

1. 检测器的灵敏度　检测器的灵敏度又称响应值，是指一定量的物质通过检测器时所给出的信号（响应）大小。

2. 检测限和定量限　检测限是指试样中被测物质能被检测出的最低浓度或量，它反映方法与仪器的灵敏度和噪声的大小，也表明样品经处理后空白（本底）值的高低。对于GC，可用已知低浓度样品测出的信号（S）与空白样品（N）测出的信号进行比较，计算出能被可靠地检测出的最低浓度或量。一般以 $S/N=2$ 或 $S/N=3$ 时的相应浓度或注入仪器的量确定检测限。要降低仪器的检出限，必须提高仪器的灵敏度和最大限度地抑制噪声。

定量限是指样品中被测物质能被定量测定的最低量，其测定结果应具有一定准确度和精密度。常用信噪比法测定定量限。一般以 $S/N=10$ 时相应的浓度或注入仪器的量进行确定。

3. 线性范围　检测器的线性范围，是指组分浓度（或质量）与检测器的响应保持线性增加的范围，即响应值随组分浓度变化曲线上的直线部分。在线性范围内操作，重复性好、结果准确。

4. 稳定性　检测器在长期使用过程中要性能稳定，即主要指标，如敏感度、噪声、线性范围等基本不变，另外，要操作、调整方便，稳定时间短，以利于实际使用。

（五）气相色谱定性及定量分析

1. 定性分析　用气相色谱法进行定性分析，就是确定每个色谱峰代表的物质。具体来说，就是根据保留值或与其相关的值来进行判断，包括保留时间、保留体积、保留指数及相对保留值等。但是，在许多情况下，还需要与其他化学或仪器方法相配合，才能准确判断这些组分是否存在。

2. 定量分析　常用的气相色谱定量分析方法主要有外标法、内标法和归一化法。

采用外标法定量时需严格控制色谱操作条件不变，这时在一定进样量的范围内物质的浓度与峰高（或峰面积）呈线性关系。配制一系列不同浓度的已知样品，分别进样同等体积的样品，根据所得色谱图中的峰高（或峰面积），作出标准曲线。分析未知样品时，进样与制作标准曲线同等体积的样品，按所测得色谱峰高（或峰面积），从标准曲线上查出未知样品浓度。

内标法是选择一种样品中不存在的物质（纯品）作内标物，定量地加入到已知质量的样品中，测定内标物和样品中组分的峰高（或峰面积），引入质量校正因子，就可计算样品中待测组分的质量百分数。内标法是气相色谱常用的准确定量方法，分析条件不如外标法严格，进样量也不必严格控制。缺点是，每次分析都要称取样品和内标物，不适于快速分析。同时，内标物必须满足以下条件：内标物和样品互溶；内标物和样品组分的峰能分开；内标物的峰尽量和被测物靠近；内标物的量要接近被测组分含量，且性能相近。

归一化法：若待测样品各组分在色谱操作条件下都能出峰，并已知待测组分的相对校正因子，可以用归一化法计算各组分含量。

二、高效液相色谱

高效液相色谱（high performance liquid chromatography，HPLC）是现代分离测定的重要手段，鉴于其简便快速、灵敏、准确的特点，在食品安全检测领域应用十分广泛，世界各国已将该法收载于国家标准。

（一）高效液相色谱的基本原理

高效液相色谱的基本原理是利用混合物各组分在固定相及流动相中的吸附能力、分配系数、离子交换作用或分子尺寸大小存在较大的差异，当混合物中各组分随液体流动相通过固定相时，与流动相和固定相间发生液固吸附、液液分配、化学键合、离子交换或分子排阻等作用，其作用力的大小、强弱不同，决定了在固定相中滞留时间不同，从而使各组分按不同的次序先后流出。液相色谱谱图与气相色谱谱图相似。

（二）高效液相色谱仪的主要组成部分

高效液相色谱仪由高压输液系统、进样系统、分离系统、检测系统、记录系统组成，商品化的气相色谱仪如图 10-5 所示。

高压输液系统由溶剂储液器、高压泵、梯度洗脱装置和压力表等组成。

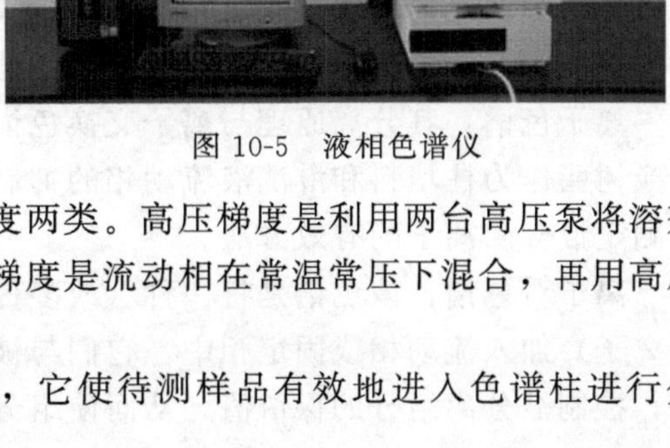

图 10-5　液相色谱仪

高压输液泵是高效液相色谱仪的关键部件，其功能是将溶剂储液器中的流动相以高压形式连续不断地送入管路系统，使样品在色谱柱中完成分离过程。梯度洗脱是在分离过程中改变流动相的组成和配比，使两种或两种以上不同极性的溶剂按一定程序连续改变它们之间的比例，从而使流动相的强度、极性、pH 或离子强度相应地变化，达到提高分离效果，缩短分离时间的目的。梯度洗脱分为高压梯度和低压梯度两类。高压梯度是利用两台高压泵将溶剂增压，输入梯度混合室混合后送入色谱柱；低压梯度是流动相在常温常压下混合，再用高压泵送入色谱柱。

进样系统：包括进样口、注射器和进样阀等，它使待测样品有效地进入色谱柱进行分离。一般要求密封好，死体积小，重复性好，同时进样时尽量不引起系统压力、流量的波动。

分离系统：包括色谱柱、柱温箱和连接管等部件。色谱柱是高效液相色谱仪的核心，按规格可分为分析型和制备型两类。分析型柱通常由柱管与固定相组成。固定相以微粒形式充满柱管内部，其性能和装柱技术决定色谱柱的柱效。减小填料颗粒直径可提高柱效、缩短柱长、加快分析速度。柱温一般为室温或接近室温。

液相色谱检测器主要有：紫外检测器、荧光检测器、电化学检测器及示差折光检测器等。紫外吸收检测器是高效液相色谱中使用最广泛的一种，适用于对紫外线有吸收性能样品的检测。荧光检测器可用于检测在紫外线激发下能发出荧光的化合物或采用柱前或柱后衍生法能形成荧光衍生物的物质。电化学检测器可以选择性地检测具有电活性（如可产生电解电流或电阻）的物质。示差折光检测器是利用组分与流动相的折射率之差，通过连续测定流出液的折光指数变化来测定样品浓度，在糖类化合物检测中应用最广。

（三）高效液相色谱的固定相和流动相

色谱柱是高效液相色谱的核心部件，其中固定相是影响色谱柱柱效和分离度的关键因素。固定相决定了物质的分离过程，也决定了流动相的基本性质。按分离原理可分为分配色谱、吸附色谱、离子交换色谱、尺寸排阻色谱和亲和色谱等。

流动相又称为淋洗液或洗脱剂。流动相组成、极性可显著改变组分的分离状况，正确选择流动相直接影响组分的分离度。流动相按组成可分为单组分和多组分流动相；按极性可分为非极性、弱极性、极性流动相；按洗脱方式可分为等度洗脱和梯度洗脱流动相。流动相选择溶剂时，溶剂的极性是选择的重要依据，常采用二元或多元溶剂混合作为流动相，以便灵活调节流动相的极性，改进分离或调整出峰时间。

（四）高效液相色谱的基本类型

高效液相色谱按照流动相和固定相的状态或作用机制不同，可分为液-固吸附色谱、液-液分配色谱、离子交换色谱、离子色谱、离子对色谱、尺寸排阻色谱和亲和色谱等。

液-固吸附色谱：该色谱是以固体吸附剂为固定相，通过待测组分在固定相吸附剂上吸附与解吸，达到分离的目的。

液-液分配色谱：流动相与固定相为两种互不相溶的液体，待测组分在流动相与固定相中具有不同的分配系数，在随流动相移动时，经多次液-液分配，各组分按先后不同的顺序从固定相中流出，从而实现分离的过程。

离子交换色谱：该色谱是以离子交换树脂为固定相，以无机酸或无机碱的水溶液为流动相，各组分随流动相通过固定相时，组分离子与固定相上的离子基团发生反复的离子交换，根据相互间亲和力的不同而使组分分离，达到分离的目的。

离子色谱：其分离原理与离子交换色谱基本相同，区别在于采用了极低交换容量的离子交换树脂作为柱填料和淋洗液流动相的抑制技术，以及用电导检测器检测流出的各种离子，是测定混合阴离子的有效方法。

离子对色谱：该色谱是将一种（或多种）与被分离组分电荷相反的离子（称为对离子或反离子）加入流动相或固定相中，它们与被分离组分形成离子对，改变其在两相中的分配系数，控制被分离组分的保留值，从而使组分得到分离。

尺寸排阻色谱：该色谱是以凝胶作为固定相，液体作为流动相，通过被分离组分大小不同的分子在凝胶分子内部孔穴的渗透，即小分子可以扩散到凝胶空隙，由其中通过，中等分子只能通过部分凝胶空隙，中速通过，而大分子则被排斥在外来实现组分分离。

亲和色谱：该色谱是利用待测分子和固定相表面修饰的能与待测分子发生特异性亲和作用的物质之间的相互作用，进行选择性分离的方法。即在固定相载体表面先键合具有一般反应性能的环氧或联氨等基团，然后再修饰上能与待测组分特异性结合的配基，如抗原抗体、配体受体、酶等。当组分随流动相流经固定相表面时，其中具有亲和力特性的待测分子与配基相互作用而被保留，无亲和力特性的则被洗出，改变流动相 pH 或组成，可将被保留的待测分子洗脱出来，从而实现分离。

（五）高效液相色谱的定性与定量

高效液相色谱实现定性和定量的方法与气相色谱基本相同，但由于液相色谱中影响组分迁移的因素较多，其定性的难度较大。最常用的定量方法有外标法、内标法和归一化法。

三、离子色谱

离子色谱（ion chromatography，IC）是高效液相色谱的一种，是分析离子的一种液相色谱方法。现代离子色谱的开始源于 Small 及其合作者的工作，他们于 1975 年发表了第一篇关于离子色谱方面的论文，同年第一台商品化的离子色谱仪诞生。离子色谱自问世以来，一直是分析化学领域快速分析技术之一，成为阴、阳离子的重要分析手段，尤其是在测定无机阴离子方面，是阴离子分析的首选方法。随着 IC 技术的发展，其应用范围也逐渐扩大，从分析常见的阴、阳离子，发展到分析有机酸、有机胺、糖类、氨基酸、抗生素等。IC 系统的构成与 HPLC 相同，仪器由流动相传送部分、分离柱、检测器和数据处理这 4 个部分组成。离子色谱仪的结构示意图见图 10-6。其主要不同的地方是离子色谱的流动相要求配有耐酸碱腐蚀的系统，因此，管道、阀门、泵、柱子及接头等都要求是不仅耐高压，而且耐酸碱腐蚀的全塑料系统。分离柱和抑制器是离子色谱的关键部件，一直以来都是 IC 研究的

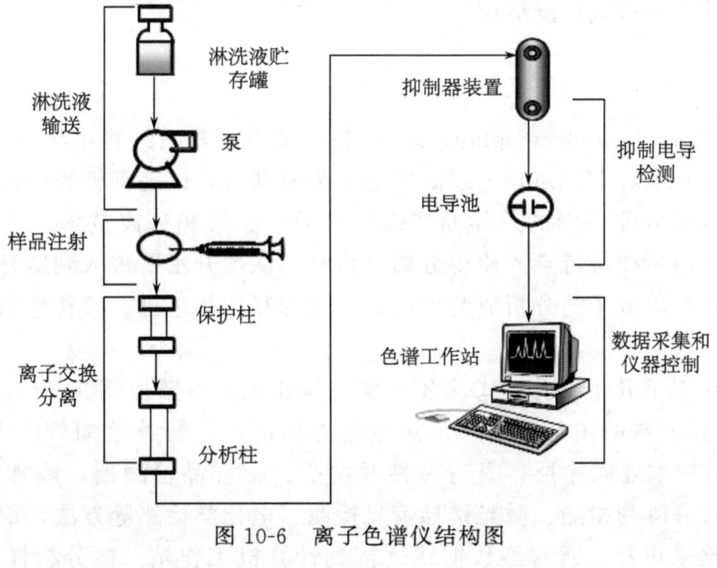

图 10-6　离子色谱仪结构图

热点及最具挑战性的工作。此外，抑制器也是 IC 有别于 HPLC 的特殊之处，经过抑制器抑制后，一方面流动相的背景电导值降低了，另一方面被测物的响应值增加了，这使检测灵敏度大大提高。离子色谱的检测器主要分为两大类，即电化学检测器和光学检测器。电化学检测器包括电导、直流安培、脉冲安培和积分安培，其中，以电导检测器的应用最广泛。电导检测器又可分为抑制型（两柱型）和非抑制型（单柱型）两种。由于抑制型能够显著提高电导检测器的灵敏度和选择性，已逐渐成为电导检测器的主流。光学检测器则包括紫外-可见检测器和荧光检测器。

按照不同的分离机制，离子色谱可分为高效离子交换色谱（HPIC）、离子排斥色谱（HPIEC）和离子对色谱（MPIC）三种。用于三种分离方式的柱填料的树脂骨架基本上都是苯乙烯-二乙烯基苯的共聚物，HPIC 用低容量的离子交换树脂（0.01～0.50mmol/g），HPIEC 用高容量的树脂（3～5mmol/g），MPIC 用不含离子交换基团的多孔树脂。

高效离子交换色谱的分离机制主要是离子交换，是基于离子交换树脂上可离解的离子与流动相中具有相同电荷的离子之间进行的可逆交换。高效离子交换色谱主要用于有机及无机阴离子、阳离子的分离。离子交换功能基为季胺基的树脂用于阴离子分离，为磺酸基和羧酸基的树脂用于阳离子分离。

离子排斥色谱的分离机制包括 Donnan 排斥、空间排阻和吸附过程。固定相主要是高容量的总体磺化的聚苯乙烯/二乙烯基苯阳离子交换树脂。HPIEC 主要用于测定有机酸、无机弱酸和醇类。

离子对色谱的主要分离机制是吸附，其固定相为弱极性和中性多孔聚苯乙烯二乙烯基苯树脂和十八烷基硅胶。分离的选择性主要由流动相决定，用于疏水性阴离子和金属络合物的分离。

作为近 20 年来发展最快的分析技术之一，离子色谱的应用已渗透到众多领域。其应用范围从分析水中常见阴、阳离子和有机酸，发展到了分析极性有机化合物和食品、生物样品中的糖、氨基酸、蛋白质，以及重金属和过渡金属价态、形态。而离子色谱联用技术的发展，使得其应用范围和检测灵敏度有了更大的提高，已在环境、食品、卫生、石油开发、石油化工、饮用水等领域得到广泛应用。

四、其他色谱技术

毛细管电泳（capillary electrophoresis，CE），又称高效毛细管电泳（high performance capillary electrophoresis，HPCE）是以高压电场为驱动力，以毛细管为分离通道，依据样品中各组分之间淌度和分配行为的差异而实现分离的一类液相分离技术。HPCE 具有分离效率高、快速、样品用量少等特点，使得分离分析科学从微升水平进入到纳升级水平，并使得单细胞的分析，乃至单分子的分析成为可能，已成为和气相色谱、液相色谱相媲美的一种高效分离技术。

仪器装置包括以下几个部分：①高压电源，操作电压一般控制在 5～30kV 范围；②样品/缓冲溶液池，供两端的铂电极插入，并与电源相连；③石英毛细管，内径一般为 25～100μm，外壁涂有聚酰亚胺涂层，具有弹性并抗折；④样品检测器，除常用的紫外线检测外，还发展出二极管阵列检测、激光诱导荧光检测、电化学检测等方法，部分仪器还提供了质谱接口；⑤数据采集器，通常经数据线连接到计算机工作站。被分析样品可以采用重力法、抽真空法或电迁移法等多种进样方式由毛细管一端进入。

毛细管电泳分离的依据是组分沿管轴方向运动的速度差异，时间或距离越长，数目越多，距离越大，分离越好。离子在毛细管内的实际迁移速度主要受到电泳速度和电渗流的影响。CE 系统中，离子在缓冲液中的电泳速度与电场强度和淌度成正比，其中淌度又称电迁移率（electrophoretic mobility），为溶质离子在一定电场（包括缓冲液系统）作用下，在一定时间间隔内移动的距离，它取决于离子自身的电荷密度、介质的黏度和介电常数等。另一重要因素就是电渗（electroosmosis）所带来的驱动力。一般情况下（pH＞3），当石英毛细管柱与电解质溶液接触时，表面上的硅羟基即解离并产生负电荷，此负电荷随即吸引溶液中的正离子，形成双电层。在高压作用下，双电层引起流体朝负极方向移动，形成电渗流（electroosmosis flow，EOF）。电渗流不仅推动流体匀速前进，同时形成扁平“塞式流”，减少扩散，提高柱效。毛细管电泳的基本分离模式包括：毛细管区带电泳，胶束电动毛细管色谱，毛细管凝胶电泳，毛细管等电点聚焦电泳，毛细管等速电泳及毛细管电色谱等。

毛细管电色谱法（capillary electro-chromatography，CEC）的分离机制是靠色谱与电泳两种行为，依据样品组分的分配系数及电泳淌度差别而实现分离的。

案例　围剿瘦肉精

2002 年农业部、卫生部、国家食品药品监督管理局曾发布公告，明令禁止在饲料和动物饮用水中添加盐酸克仑特罗和莱克多巴胺等 7 种“瘦肉精”。2008 年，最高人民检察院、公安部规定新的刑事案件立案追诉标准，对使用“瘦肉精”养殖生猪，以及宰杀、销售此类猪肉的，将以生产、销售有毒、有害食品罪追究刑事责任。2011 年 3 月 15 日，《每周质量报告》栏目制作播出了“315 特别行动”《“健美猪”真相》，对河南一些地方使用瘦肉精喂养生猪，并将这些瘦肉精猪卖到了南京市场及附近大型猪肉产品生产厂家的情况进行了报道。节目播出后引起了社会各界的广泛关注，此后，国务院办公厅印发了食品安全重点工作安排的通知，把使用瘦肉精等违禁药物的行为列为严厉打击的食品安全违法违规行为；国务院食安办、公安部、农业部、商务部等相关部门共同在全国范围内展开了为期一年的“瘦肉精”专项整治行动。2010 年 6 月，湖南省一畜牧部门对一位养猪户贩运的生猪做常规检测的时候，发现了异常。经过检测发现这些生猪的尿样中瘦肉精莱克多巴胺呈阳性，当地畜牧部门立即对这些生猪饲养户所用的饲料也进行了检测，结果发现，12 个样本检测结果均为阳性，饲料中瘦肉精莱克多巴胺的含量为 401mg/kg。执法部门立即对喂猪的饲料及食用该饲料的 359 头猪进行查封，并做无公害销毁处理。GB/T 20189—2006 规定了检测动物饲料中莱克多巴胺含量的高效液相色谱方法。此标准适用于配合饲料、浓缩饲料和添加剂预混合饲料中莱克多巴胺含量的测定。方法检测限为 0.5mg/kg。

第三节　色谱-质谱联用技术

质谱分析（mass spectrometry，MS）法常简称质谱，是通过对样品离子的质量和强度的测定来进行定量分析和结构分析的一种方法。利用质谱进行样品分析时，样品通过进样系统进入离子源，由于结构性质不同而电离为各种不同质荷比（m/z）的分子离子和碎片离子，而后带有样品信息的碎片离子被加速进入质量分析器，不同的离子在质量分析器中被分离并按质荷比大小依次抵达检测器，经记录即得到按不同质荷比排列的离子质量谱，也就是质谱。质谱是一种很重要的分析技术，它可以对样品中的有机化合物或无机化合物进行定性及定量分析。在有机化合物的质谱中，能给出有机分子的分子质量；分子离子和碎片离子，以及碎片离子和碎片离子的相互关系；各种离子的元素组成，以及有机分子的裂解方式及其与分子结构的关系。质谱分析具有很强的结构鉴定能力，但不能直接用于复杂化合物的鉴定。气相色谱和液相色谱对混合物中各组分的分离和定量有着显著的优势，但仅用色谱难以进行确切的定性。因此，把分离能力强的色谱仪与定性检测能力强的质谱仪结合在一起，可提供一种对复杂化合物最为有效的定性定量分析方法。色谱将样品混合物进行分离，质谱检测器检测每一个被分离的组分，产生质谱图用于定性及定量分析。

一、气相色谱-质谱联用技术

（一）气相色谱-质谱联用技术的工作原理

气相色谱-质谱联用（气质联用）的工作原理包括以下过程，样品在气相色谱进样口气化，然后由载气带入到色谱柱中进行分离。样品中的各个组分在色谱柱内进行物理分离并在不同的保留时间出峰。从气相色谱中分离流出的样品组分进入到质谱的真空室中，在这里通过合适的离子化模式离子化。产生的离子通过质量分析器进行质荷测定。在给定的质量范围内，每个质量数的离子流量被适当的检测器测量出来。气质联机的检测过程示意图见图 10-7。用离子流量对碎片的质量数作图形成质谱图。每一个化合物都有其特有的可作为指纹图谱的质谱图，这是鉴定化合物的基础。质谱图中离子流量与化合物的量成正比，这是定量分析的基础。

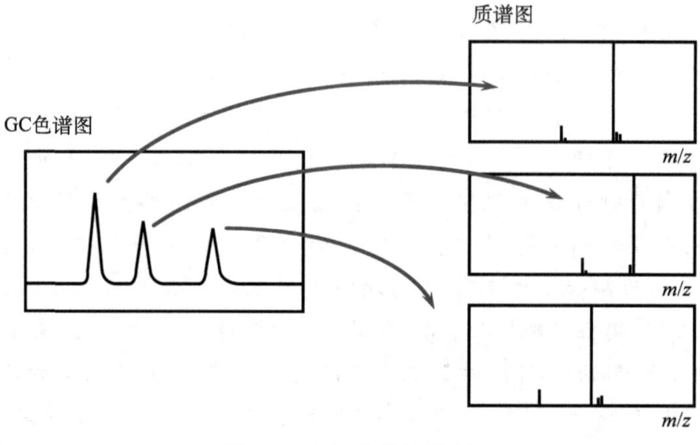

图 10-7　气质联用谱图

（二）气质联用仪的组成部分

气质联用仪主体结构由 5 个部分组成，即气相色谱分离部分；离子源［包括电子轰击源（EI），化学电离源（CI）］；质量分析器（包括四极杆，离子阱等）；检测器（包括电子倍增器，光电倍增管）；数据采集及分析系统。

1. 分离部分　大多数样品是通过气相色谱进入质谱仪的。进样产生质谱图的第一步是通过进样口将样品引入质谱中。可以利用合适的进样口将气体、液体及固体样品引入质谱的离子源中。气相色谱上最常见的进样口是分流/不分流进样口。石英毛细管色谱柱的使用在流速与质谱匹配方面是一个很大的进步，而且它提供了一个样品直接进入离子源的通道。因此，现在的气质联用几乎都采用毛细管色谱柱。

2. GC-MS 联用仪的接口　气相色谱仪色谱柱出口压力约为 10^6 Pa，而质谱仪须在高真空（10^{-6}～10^{-3} Pa）条件下工作。要实现 GC-MS 联用，首先要解决的是气相色谱仪和质谱仪工作压力匹配的问题。通过在气相色谱仪和质谱仪之间设置接口，可以很好地解决高达 8 个数量级的压差问题。接口的作用一是降低压力，以满足质谱仪的要求；二是减小流量，排除过量的载气。目前最常用的接口有用于毛细管柱的开口分流接口和直接连接接口。

3. 真空系统　质谱仪产生离子及经过的系统必须是高真空状态（离子源的真空度达 10^{-5}～10^{-4} Pa，质量分析器的真空度达 10^{-6} Pa）。离子源、质量过滤器、检测器都要在真空下操作。真空系统可以为离子提供从离子源到检测器的自由程。对于气质，一般的真空是 10^{-4}～10^{-3} Pa。真空由机械泵和高真空泵提供。

4. 离子源　离子源是将待测组分分子电离成带电离子，并汇聚成有一定几何形状和能量的离子束，离子束进入质量分析器分离。进行质谱分析时需根据待测样品分子的热稳定性和电离的难易程度来选择合适的离子源，以期得到待测组分分子的分子离子峰。目前质谱仪常用的离子源有：电子轰击电离源（EI）、化学电离源（CI）、解吸化学电离源（DCI）、场致电离源（FI）、快原子轰击电离源（FAB）和离子轰击电离源（IB）等。其中电子轰击电离源和化学电离源应用最为广泛。超过 90% 的适合气质分析的化合物可以使用电子轰击电离源，而且具有标准质谱库供检索。

电子轰击电离源是用高能电子轰击样品分子，使之电离：

$$M + e \longrightarrow M^{+} + 2e$$

M 表示含有偶数电子的有机化合物，被电子撞击后失去一个电子，变成一个带有奇数电子的阳离子 M^{+}。当电子轰击电离源具有足够的能量时（一般为 70eV），有机分子不仅可能失去一个电子形成分子离子，而且有可能进一步发生键的断裂，形成大量的各种低质量数的碎片正离子和中性自由基，这些碎片离子可用于有机化合物的结构鉴定。

化学电离源是一种软电离技术，它与电子轰击电离互补，从而扩展了质谱的应用范围。CI 是用反应气（常用甲烷）稀释样品分子，稀释比约为 10^4：1，用能量约 300eV 的电子进行轰击产生离子，由于反应气占主导地位，样品分子与电子之间的碰撞概率小，所生成的离子主要来自反应气分子，轰击产生的离子与进入电离室的样品分子碰撞，产生新的离子，得到很强的分子离子峰的质谱图。发生的反应如下：

$$CH_4 + e \longrightarrow M^{+} + 2e$$

$$CH_4^{+} \longrightarrow CH_3^{+} + H\cdot$$

$CH_4^{+}\cdot$ 和 CH_3^{+} 又与甲烷 CH_4 分子反应：

$$CH_4^{+}\cdot + CH_4 \longrightarrow CH_5^{+} + CH_3\cdot$$

$$CH_3^{+} + CH_4 \longrightarrow C_2H_5^{+} + H_2$$

CH_5^{+} 和 $C_2H_5^{+}$ 不再与甲烷分子进一步反应，而与进入电离室的样品分子（$R{-}CH_3$）碰撞，

产生 $(M+1)^+$ 离子：

$$R—CH_3 + CH_5^+ \longrightarrow R—CH_4^+ + CH_4$$

$$R—CH_3 + C_2H_5^+ \longrightarrow R—CH_4^+ + C_2H_4$$

从而得到容易辨认的分子离子峰的质谱图。对于未知化合物，用电子轰击电离源得到碎片信息，而用化学电离源获得分子质量的信息。

5. 质量分析器 不管是电子轰击还是化学电离产生的离子，都必须由质量分析器根据质荷比进行分离。根据质谱常见的质量分析器，可以把质谱分为 4 种：无线射频类质谱（四极杆质谱和离子阱质谱）；飞行时间质谱（TOF）；傅里叶变换（离子回旋共振）质谱；磁质谱。四极杆过滤器和离子阱是最常用的两种质量分析器。四极杆过滤器由 4 根平行的杆排列成一个上、下表面是正方形的长方体。被分析物离子通过正方形的中心在相对的一组杆上，附加精确控制的直流电压和无线电射频，从而产生静电场，这就被称为“质量过滤器”。这些电场可以控制在给定直流电压下，哪些质荷比的离子通过质量过滤器。四极杆质量分析器可以进行两个操作模式：全扫描模式（SCAN）和选择离子扫描模式（SIM）。在全扫描模式下，质谱仪对某一个质荷比范围进行扫描。在选择离子扫描模式下，质谱仪只是采集几个用户选择的特定质荷比的离子。

离子阱由一个环形电极和两个碟形端电极组成，它们形成一个三维的四极电场。离子进入到离子阱中而被“捕集”。另外一个电场可以根据质荷比离子喷射出阱。离子阱的优点在于，它可以采集多级质谱（MS/MS 或者 MS^n）而不需要增加额外的质量分析器。与串联四极杆过滤器相比，离子阱能提供更多的结构信息和更高的全扫描灵敏度。

6. 检测器 从四极杆过滤器或离子阱出来的离子被电子倍增器或光电倍增管检测。在一个给定时间，只有一种质荷比的离子被检测到。在检测器内，离子产生的信号与离子总量成正比。质荷比与离子强度的关系图就是质谱图。对于电子倍增器，进入的离子产生一组电子，起到放大信号的作用。对于光电倍增器，离子转换成光子之后，再被检测。电子倍增器的设计简单，而光电倍增器的寿命较长，两种类型的检测器都很常用。

7. 数据处理及输出系统 该系统不仅能快速准确地采集数据和处理数据，而且能监控气质联用仪各单元的工作状态，实现全自动操作，并能代替人工进行化合物的定性和定量分析。

（三）质谱检测器的性能特征

质谱检测器最突出的性能特征是可用于未知物的定性鉴定，同时也可用于痕量组分的定量分析。表征质谱检测器性能特征的主要技术指标有：质量范围、扫描速度、灵敏度、分辨率和线性范围等。

质量范围（MR）是指能分析样品的相对分子质量范围，通常用相对原子质量单位表示。

扫描速度是指质量分析器在 10 倍质量范围内（如 60～600）扫描所需的时间，用 s/10 倍或 μ/s 表示。

灵敏度通常用检测限表示，信噪比常规为 10∶1。

分辨率（R）是指质谱检测器对两个不同质量离子的分辨能力，可用 $R = M/\Delta M$ 表示，式中，M 为被测离子的质量；ΔM 为可被分离的两个峰的质量差。

质谱检测器线性范围一般为 10^2～10^4。

（四）质谱定性与定量

通常用全扫描质谱图对未知物进行定性鉴定，该图可被看作是被测组分原来结构的指纹图。谱图中分子离子峰可确定被测组分的相对分子质量，各碎片离子是该分子的一些组成部分。

质谱检测器的定量基础是被测组分的峰强度与其含量成正比。采用全扫描和选择离子扫描进行数据采集，用外标法或内标法定量。其步骤为：对待定量组分进行鉴定，确保样品中有被定量组分存在；确定用于定量的特征离子；用标准样品作标准曲线；实际样品分析。

二、液相色谱-质谱联用技术

（一）液相色谱-质谱联用技术简介

气质联用只能分析挥发和热稳定的化合物。然而，许多化合物是不挥发的，极性的或是热不稳定的。这一类化合物一般用液相可以得到很好的分离，液相色谱-质谱联用（液质联用）接口的改善和发展使得液质联用的应用也越来越普遍。

配置紫外检测器的液相色谱方法虽然在国内外已被普遍应用，但由于灵敏度较低，检测不具有显著生色团的化合物存在困难等缺点，使其应用受到限制。与紫外、荧光、红外、蒸发光散射等检测器相比，质谱具有分辨率和灵敏度高，适用范围广等优点，HPLC 的高效分离能力与质谱检测器的丰富信息和高灵敏度相结合，使采用质谱检测器作为 HPLC 检测手段的液质联用技术成为目前发展最迅速的检测手段之一，广泛应用于食品安全检测领域。

（二）液质联用仪的主要组成部分

LC-MS 仪器可以认为由以下 4 个主要部分组成：分离部分（反相液相色谱，正相液相色谱，体积排阻色谱，离子交换色谱等）；离子化接口［电喷雾电离（ESI），大气压化学电离（APCI），大气压光电离（APPI）］；质量分析器（四极杆过滤器、离子阱和飞行时间质量分析器）；MS/MS 检测器（电子倍增器）。

由于液相色谱洗脱液的流量按分子数目计比气相色谱的载气高了几个数量级，因而液相色谱与质谱联用必须通过“接口”（interface）。“接口”需起下列作用：①将洗脱液及样品气化。②分离除去大量的洗脱液分子。③往往需要完成对样品分子的电离。④在样品分子已电离的情况下，最好能运行碰撞诱导解离（CID）。在过去的时间里，LC-MS 主要的发展是开发离子源和新的离子化技术，以及离子从流动相中的分离手段。大气压电离（API）技术的出现大大扩展了液质联用技术分析化合物的适用范围。正如它的名称一样，大气压电离是在常压下进行电离过程的，它也是一种“软电离”技术。分析物分子被离子化以后，得到的分析物离子因为机械或者静电作用与中性分子分离。常见的 API 电离技术主要有：电喷雾电离（ESI），大气压化学电离（APCI），大气压光电离（APPI）等。电喷雾及大气压化学电离是 LC-MS 的常用接口。

在电喷雾电离源中，毛细管末端与围绕毛细管的圆筒状电极间的电压为 2～6kV。当 1～10μl/min 经液相色谱分离的待测样品溶液进入离子源时，在大气压条件下，在雾化气作用下形成气溶胶。这些气溶胶颗粒表面电荷密度较高，同时因气溶胶溶剂在强电场中被干燥气体干燥蒸发，导致颗粒表面的电荷密度增加。当电荷密度达到瑞利稳定限时，此时静电场排斥力大于表面张力，使气溶胶液滴变得更细小，这种静电排斥过程不断重复，液滴变得越来越细小，最后使样品离子化，进入质量分析器。电喷雾电离源通常与四极杆质量分析器或傅里叶变换离子回旋共振仪联用。

大气压化学电离工作原理是施加6000V高压的电晕放电针，产生自由电子轰击空气中的氮气、氧气和水等，形成N_2^+，O_2^+，H_3O^+等初级离子。初级离子与溶剂分子，如甲醇、水等发生离子交换，形成$CH_3OH_2{}^+$，H_3O^+等离子，继续与样品分子进行质子或电子交换而使其离子化。交换反应如下：

$$BH^+ + M \longrightarrow MH^+ + B \quad 或 \quad B^- + MH \longrightarrow M^- + BH(质子交换)$$

$$B^+ + M \longrightarrow M^+ + B \quad 或 \quad B^- + M \longrightarrow M^- + B(电子交换)$$

根据分析物的极性、相对分子质量和热稳定性来选择合适的LC-MS接口。一般来讲，电喷雾电离适合于离子化合物或者强极性化合物，热不稳定的化合物或者相对分子质量超过100的化合物的检测。另外，若希望生成加钠或加氯离子的离子，电喷雾也是一种合适的技术。APCI和APPI更适合弱极性的化合物分析。在大多数LC-MS应用中，可能需要切换正电离/负电离模式来获得样品中所有组分的响应。

虽然任何一种质量分析器都可以用于液质联用，但是最常见的是：四极杆质谱（Q）、离子阱质谱（IT）和飞行时间质谱（TOF）。在飞行时间质量分析器中，一个均匀静电场同时施加于所有的离子，然后在飞行管中加速飞行。轻的离子飞得快，所以到达检测器的飞行时间就短，质荷比可以根据飞行时间的长短来测定。上述质量分析器的工作原理与气质联用中基本相同。

三、其他色谱-质谱联用技术

毛细管电泳具有分离效率高、分析速度快、样品适应面宽、试剂和样品消耗量少、分离模式多等特点，然而由于CE进样量少，非常需要与高灵敏的检测器联用。质谱检测不仅有较高的灵敏度，同时具有较强的定性能力，能够提供样品的结构信息。CE-MS结合了毛细管电泳的强分离能力，以及质谱的高灵敏度和在定性和确证方面的强大功能，因此受到了广泛关注。

实现CE-MS联用面临的主要问题是CE背景缓冲液中的盐、毛细管壁涂层材料或者胶束毛细管电泳中的表面活性剂等会降低被分析物的离子化效率甚至严重污染MS离子源。目前常用的解决方法是采用挥发性缓冲盐或部分填充技术。此外，非水毛细管电泳缓冲液中用到的有机溶剂挥发性好，表面张力低，在与MS的联用中有着很好地应用前景。

接口技术是实现CE-MS联用的关键所在，CE-MS联用分为在线联用和离线联用两种方式。与离线联用相比，在线联用具有样品损失少、自动化程度高、分析速度快等优点，其应用更为广泛。CE-MS在线联用需要设计合适的接口，能够将已分离的样品全部转移到质谱仪中，同时实现样品快速、高效的离子化。CE-MS已用于食品中残留有机污染物的检测。

案例　白酒"塑化剂"风波

2012 年 1 月 19 日有媒体报道称，某公司购买了 4 瓶售价为每瓶 438 元的 50 度某品牌白酒，经过某质量技术服务有限公司检测，发现三种塑化剂成分，分别为邻苯二甲酸二（2-乙基）己酯、邻苯二甲酸二异丁酯和邻苯二甲酸二丁酯。塑化剂也称为增塑剂，依据《中华人民共和国食品安全法》及其实施条例的规定，卫生部（现国家卫生计生委）将邻苯二甲酸酯类物质列为食品中可能违法添加的非食用物质。根据 2011 年 6 月卫生部签发的 551 号文件《卫生部办公厅关于通报食品及食品添加剂中邻苯二甲酸酯类物质最大残留量的函》中规定，邻苯二甲酸二丁酯的最大残留量为 0.3mg/kg，送检的白酒中邻苯二甲酸二丁酯含量为 1.08mg/kg，超标 3.6 倍。当地质监部门在事发第二天对报道中涉及的 50 度白酒进行了抽检，11 月 21 日当地质量技术监督局向国家质检总局报告：经当地产品质量监督检验院对涉及的 50 度白酒样品进行检测，结果显示，塑化剂邻苯二甲酸二丁酯最高检出值为 1.04mg/kg，与此前媒体送检的结果相差不大。

质监部门组织开展的对白酒中邻苯二甲酸酯类物质的风险监测结果显示，目前已完成检测的国产白酒样品中，有部分样品检出微量邻苯二甲酸酯类物质，其中主要是邻苯二甲酸二丁酯。此外，监测的进口蒸馏酒样品中，同样有部分样品检出微量邻苯二甲酸酯类物质。在 1 月 19 日报道中，涉及的第三方检测公司、国家质检总局的检测方法同为 GB/T21911—2008（《食品中邻苯二甲酸酯的测定》），此方法为国家质检总局和中国国家标准化管理委员会联合发布，于 2008 年 11 月 1 日实施。此标准规定了食品中邻苯二甲酸酯类物质含量的测定方法为气相色谱-质谱联用。在此标准中，含油脂样品中各邻苯二甲酸酯化合物的检出限为 1.5mg/kg，不含油脂样品中各邻苯二甲酸酯化合物的检出限为 0.05mg/kg。

第四节　分子生物学检测技术

一、芯片检测技术

生物芯片（biochip）是 20 世纪 90 年代初发展起来的一种全新的微量分析技术，综合了分子生物学、免疫学、微电子学、微机械学、化学、物理、计算机等多项技术，通过设计不同的探针阵列，使用特定的分析方法可使该技术具有很高的应用价值，具有高通量、微型化、自动化和信息化的特点。

生物芯片分析的实质是在数平方厘米的基片表面上有序地点阵了一系列固定于一定位置的可寻址的识别分子，结合和反应在相同条件下进行，反应结果通过一定方法显示扫描后，利用计算机软件分析数据。由于最初的生物芯片上用于点阵的识别分子主要为基因片段或基因探针，目标是用于 DNA 序列的测定、基因表达谱鉴定和基因突变体的检测和分析，因此它又被称为 DNA 芯片或基因芯片。目前这一技术已扩展至免疫反应、受体结合等非核酸领域，用于点阵的识别分子可以是抗原、抗体或受体等蛋白质或多肽，甚至组织切片、细胞等。

具体来说，生物芯片即在支持物（如载玻片、硅片或聚丙烯酰胺凝胶等高分子聚合物）上，将大量的生物探针（基因探针、基因片段、抗原、抗体）按特定方式固定排列，形成可供反应的固相载体。在一定条件下，与荧光、酶或者同位素等标记过的待检测样品进行作用，反应结果用化学荧光法、酶标法、同位素法显示，通过精密的扫描仪等光学仪器进行数据采集，并借助计算机软件进行数据分析。其工作原理是将检测样品加在芯片的表面，由于生物分子特异性亲和反应（如核酸杂交反应，抗原抗体反应，配体受体结合反应等），样品中的待检测成分分别和芯片上固定化的生物识别分子（基因片段或基因探针，抗原或抗体，配体或受体等）结合反应，从而实现对样品中待测分子的分析和检测。

生物芯片种类较多，根据芯片上固定的探针不同，可分为基因芯片、蛋白质芯片、细胞芯片及组织芯片等；根据原理可分为元件型微阵列芯片、通道型微阵列芯片及生物传感器型芯片等；根据片基的不同可分为无机片基芯片和有机片基芯片；根据用途不同可分为表达谱芯片、诊断芯片、检测芯片等。其中应用最多、范围最广的生物芯片是基因芯片。

微流控芯片（microfluidic chip）与上述生物芯片都属于芯片检测技术范畴，很多人将生物芯片和微流控芯片的概念混为一谈，或者认为微流控芯片是生物芯片的一部分。实际上二者涉及的是两个完全不同的学科技术领域。微流控芯片是在20世纪90年代初、中期发展起来的。它以分析化学为基础，以微机电加工技术为依托，以微管道网络为结构特征，以生命科学为目前主要应用对象，是当前微全分析系统发展的重点。它的目标是将整个实验室的功能，包括采样、稀释、加样及进样、分离、清洗、检测等步骤在同一个芯片上实现，一片芯片可以重复多次使用。由于多种功能的高度集成，微流控芯片方法的开发和应用具有更高的灵活性，因而具有更广泛的适用及应用前景。尽管如此，生物芯片与微流控芯片在功能上依然各有所长，它们之间是相互补充的，不能归结为谁包含谁，而应该使其协调发展。图10-8是代表性的生物芯片和微流控芯片。

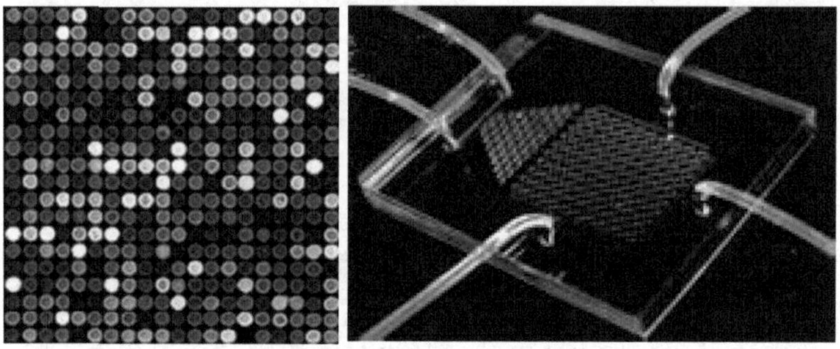

图 10-8　生物芯片（左）与微流控芯片（右）

芯片检测技术在食品安全检测方面的应用主要体现在以下领域：致病微生物的检测，各种致病细菌、病毒，尤其是生物毒素的检测；兽药检测，目前在芯片上已经实现了磺胺二甲基嘧啶、链霉素、恩诺沙星和克伦特罗的检测，检测对象包括鸡肉、鸡肝、猪肉、猪肝、猪尿和牛奶等；转基因食品的检测，已在芯片上实现了对大豆、玉米、油菜、棉花等转基因农作物样品的检测。

二、聚合酶链检测技术

聚合酶链反应（polymerase chain reaction，PCR）技术，简称PCR技术，是一种利用酶反应高效扩增特定的基因（DNA片段）的分子生物学技术，在数小时内就能产生百万倍甚至千万倍的靶基因。PCR 技术具有特异性强、灵敏度高、操作简便、省时等特点。PCR 技术不仅可用于基因克隆、核酸序列分析等基础研究，还可广泛用于各种检验。PCR 技术可以使极微量的特定 DNA 片段在几小时内迅速扩增到百万倍，在食品检测的实际应用中表现出灵敏度高、特异性强、速度快、简便、高效等特点，为食品检测技术的发展提供了有力的技术支持。PCR 在食品检验中主要用于两个方面：微生物检测及转基因成分检测。用传统方法检测食品中的微生物需要耗费大量时间，实验过程繁琐，且无法检测难以人工培养的微生物。而应用 PCR 技术，即使待检食品中只含有几个致病菌，也仅需数小时就能检测出来。在食品转基因成分检测中，其灵敏度也非常高且检测速度快，只要其存在外源 DNA，即使没有外源蛋白的表达也能进行检测。PCR 技术尤其适用于加工过的转基因食品，这些食品中，外源基因表达的蛋白质大多在加工过程中已被破坏掉，只能通过检测其外源 DNA 序列鉴别。应用 PCR 技术无需知道产品具体转入的基因，即可对其是否含有转基因成分进行初步筛选。PCR 技术还可用于动物性食品品质和掺假的快速鉴别，食品原料和产地的鉴别，食品有效成分鉴别等。

PCR 技术源于生物遗传的重要途径——DNA 的半保留复制。在生物体内亲代双链 DNA 分离后，每条单链均作为新链合成的模板。根据碱基互补配对原则复制，复制完成时将有两个子代 DNA 分子，每个分子的核苷酸序列均与亲代分子相同。在体外，DNA 在高温下也会发生变性解链，当降低温度后，在 *Taq* DNA 聚合酶作用下又可以复性成为双链。因此，通过控制温度变化就可以完成特定基因的体外复制。PCR 体外复制由变性—退火—延伸三步完成。变性：待扩增的双链模板 DNA 高温（93℃左右）解离为两条单链。退火：降低温度（55℃左右），根据与靶序列两端互补的寡核苷酸设计引物，引物与单链模板 DNA 互补序列配对结合。延伸：在适当条件下，利用 *Taq* DNA 聚合酶，按模板加入 dNTP 使引物延伸产生新的双链。三个步骤的重复循环，使特异的靶序列扩增放大几百万倍。PCR 扩增产物可依据 DNA 分子的大小，通过琼脂糖凝胶电泳加以分离、鉴定。

PCR 反应体系中主要有 5 种成分，即模板、引物、聚合酶、Mg^{2+} 和 dNTP。模板即检测样品中包含的目的 DNA 片段，模板的纯度是 PCR 反应的关键。引物是可以和靶序列两端互补的寡核苷酸，理论上可以根据任何一段已知模板 DNA 序列设计出互补的引物，通过 PCR 就可将模板 DNA 大量扩增，引物是 PCR 特异性反应的关键。PCR 反应中常用的酶是 *Taq* DNA 聚合酶，是一种水生杆菌中提纯的耐高温酶。镁离子影响 PCR 反应的多个方面，浓度过高会降低反应特异性，过低会降低 *Taq* DNA 聚合酶的活性，使反应产物减少。dNTP 为 4 种单核苷酸，高浓度的 dNTP 会对扩增反应起抑制作用，浓度过低又会降低 PCR 产物的产量。

PCR 反应参数包括温度、时间和循环次数。变性温度一般要求达到 93～96℃，温度过高会影响酶的活性。退火反应对形成特异性的目的基因有着重要影响。降低退火温度利于引物同目的序列有效结合，但适当提高温度可提高引物和模板间的特异性结合，一般变性后温度快速冷却至 50～60℃，经过 30～60s 可使引物和模板发生结合。延伸温度通常为 72℃，接近 *Taq* DNA 聚合酶的最适反应温度。目的基因片段的长度和模板浓度决定了延伸反应时间。一般循环次数设置为 25～30 次，过多的循环次数会增加 PCR 产物中的非特异性产物。

PCR 引物设计的原则：PCR 反应首先要依据目标扩增序列设计引物，这是 PCR 成败最关键的因素之一。引物设计不当会产生非特异序列，甚至不能合成目的序列，有时还会产生二聚体。另外，引物还决定了退火温度、最终产物量和长度。引物是两条和靶序列两端互补的寡核苷酸序列，必须保证它们和模板上仅有的序列结合。碱基G+C在引物中的含量应为45%～60%，并且要避免某种碱基的连续结构，否则会造成非特异性退火。理想的引物碱基构成比例应为G+C含量为50%，并且核苷酸随机排列。引物的长度是退火温度和时间的决定因素之一，长度为18～24个碱基的引物最佳。熔链温度为当有一半的双链DNA变为单链时的温度，是引物的一个重要参数，两个引物的熔链温度应该接近，如果差距过大，将会降低扩增效率，甚至无法扩增。引物的碱基分布也有一定要求，由于3′端核苷退火时会首先同模板结合，最好结尾为G或C，防止松散结合的AT引起错配。在引物5′端和中间区设计为G或C，这样会增加引物的稳定性。

目前应用于食品检测领域的PCR类型有多重PCR、巢式PCR、定量PCR、反转录PCR、实时荧光定量PCR等。

案例 恒天然"肉毒杆菌"事件

新西兰拥有得天独厚的自然优势，逐渐成为全球最知名的乳源地之一，而在2013年8月3日新西兰恒天然集团发布消息，旗下3批浓缩乳清蛋白肉毒杆菌受污染并波及包括3个中国客户在内的共8家客户。8月5日该公司首席执行官专程赶赴北京向中国消费者道歉，之后开始了相关召回工作。8月22日恒天然集团宣称：新西兰政府委托进行的后续独立检测确认，恒天然浓缩乳清蛋白原料及包括婴幼儿奶粉在内的使用该原料的产品均不含肉毒杆菌。恒天然及新西兰官方"宁可信其有"的主动披露机制，以及对该事件所表现出的高度负责态度与过硬的检测技术，非常值得国内企业学习。

肉毒杆菌（肉毒梭状芽孢杆菌）是一种专性厌氧生长并能产生芽孢的革兰氏阳性杆菌，属厌氧性梭状芽孢杆菌属。肉毒杆菌毒素是由肉毒杆菌产生的多类型的高分子不耐热蛋白质，是对人类、高等哺乳动物和鱼类都有很强毒性的神经麻痹毒素。人吸收这种毒素后会出现头晕、呼吸困难、肌肉乏力等症状，吸食量达0.1g以上可致命。目前我国关于肉毒杆菌现行检测办法只在进出口食品中适用，如GB/T4789.12—2003《食品卫生微生物学检验 肉毒梭菌及肉毒毒素检验》，SN/T2525—2010《食品中肉毒梭菌的PCR检测方法》。检测方法中的PCR检测方法是目前最前沿、最准确和最快速的现代检测手段。根据SN/T2525—2010规定的检测程序，可根据DNA凝胶电泳目标条带是否出现，判断肉毒杆菌的有无。

第五节 快速检测技术

一、生物传感器检测技术

1962年美国的Clark教授在纽约科学院学术会议上发表了里程碑式的演讲，首次描述了酶传感器（enzyme transducer）。生物传感器是生物活性材料与物理或化学换能器有机结合，是发展生物技术必不可少的一种先进的检测与监控方法，也是物质在分子水平上的快速、微量分析方法。生物传感器的问世使得部分传统的分析方法发生了变化，不仅减少了分析时间，提高了灵敏度，而且测定过程变得更为简单。

关于生物传感器最具权威的定义是*Biosensors*杂志于1990年提出来的，该定义认为生物传感器是这样一类分析器件：它将一种生物材料（组织、微生物细胞、细胞器、细胞受体、酶、抗体、核酸等）或生物衍生材料，或生物模拟材料，与物理化学传感器或传感微系统密切结合起来或联系起来，行使其分析功能，这种换能器或微系统可以是光学的、电化学的、热学的、压电的或磁学的。

简言之，生物传感器是由生物识别元件和信号转换器组成，能够选择性对样品中的待测物发出响应，通过生物识别系统和物理化学传感器把待测物质的浓度转为物理、化学信号，根据信号大小定量测出待测物质的浓度。

生物传感器的基本组成包括具有分子识别功能的感受器（receptor）、换能器（transducer）和检测器（detector）三个部分，换能器和检测器又可统称为信号转换器。生物成分（如酶、蛋白质、DNA、抗体、抗原等）或生物体本身（如细胞、细胞器、组织等）具有分子识别能力的，均可作为敏感材料。敏感材料经固定化后形成的一种膜结构即生物传感器的感受器。感受器是生物传感器的关键元件，决定了选择性的好坏。换能器是将分子识别元件上进行生化反应时消耗或生成的化学物质、产生的光或热等转换成电信号或光信号的装置。

生物传感器依据分子识别元件的敏感材料可分为酶传感器、微生物传感器、组织传感器、细胞传感器、免疫传感器和核酸传感器等。依据信号转换器可分为电化学生物传感器、半导体生物传感器、测光型生物传感器、测热型生物传感器、测声型生物传感器、压电晶体生物传感器等。

生物传感器具有以下主要特点。

(1) 多样性。根据生物反应的特异性和多样性，理论上可以制成测定所有生物物质的酶传感器。

(2) 无试剂分析。除了缓冲液之外，大多数传感器不需要添加其他分析试剂。

(3) 操作简便，快速，准确，易于联机。

(4) 可以重复、连续使用，也可以一次性使用。

生物传感器已有四十多年的发展历史，进入20世纪80年代以后，该技术得到了突飞猛进的发展。在食品安全检测中的应用日益广泛，主要有以下领域：病原微生物的检测，如大肠杆菌、沙门氏菌、单核细胞增生李斯特氏菌等致病细菌的检测传感器；毒素的检测，如肉毒梭菌毒素、葡萄球菌肠毒素B、霍乱毒素等细菌毒素，黄曲霉毒素、赭曲霉毒素、杂色曲霉素、伏马毒素、镰刀菌烯醇类毒素等真菌毒素的检测传感器；农药、兽药残留的检测，如有机磷类、氨基甲酸酯类农药，磺胺、盘尼西林等兽药的检测传感器；激素残留的检测，如己烯雌酚传感器；食品添加剂的检测，如甜味素、亚硝酸盐等的检测传感器；转基因食品的检测，目前已开发了转基因大豆、玉米、油菜、棉花检测用生物传感器，具有高通量、微型化、自动化和信息化的特点，是转基因食品检测的方向。

目前真正商品化的生物传感器产品还不多，商品化的过程还面临一些困难，如所需费用较高；技术复杂，杂交特异性及自动化程度有待进一步提高；结果的扫描、背景扣除、后期数据处理等技术还不够完善；稳定性、重现性和使用寿命尚需提高。由于食品成分复杂，往往需要同时测定多种成分，生物传感器必由单一功能向多功能化发展。随着微电子技术、计算机技术的发展，生物传感器将向微型化、集成化、智能化方向发展。在食品检测中的应用将会进一步拓宽，尤其是现场快速检测的便携式生物传感器。

二、酶联免疫吸附检测技术

ELISA 检测技术的基础是抗原或抗体的固相化或包被，以及抗原或抗体的酶标记。包被在固相载体表面的抗原或抗体仍然保持其免疫学活性，酶标记的抗原或抗体既保留其免疫学活性，又保留酶的活性。分析时，先将样品中的抗体或抗原与固相载体上包被的抗原或抗体结合，然后用洗涤的方法使固相载体上形成的抗原抗体复合物与液体中的其他物质分开。再加入酶标记的抗原或抗体，通过免疫反应而结合在固相载体上。此时，固相上的酶量与样品中待测物质的量呈一定的比例。加入酶反应的底物后，底物被酶催化成为有色产物，产物的量与样品中待测物质的量直接相关，故可根据呈色的深浅进行定性或定量分析。由于酶的催化效率很高，间接地放大了免疫反应的结果，提高了方法的灵敏度。

ELISA 检测技术是最常用的一项免疫学测定技术，该种方法具有很多优点：特异性强，灵敏度高，样品易于保存，结果易于观察，可以定量测定，仪器和试剂简单。ELISA 可用于测定抗原，也可用于测定抗体。ELISA 测定方法中有三个必需的试剂：包被的抗原或抗体，即免疫吸附剂；酶标记的抗原或抗体，又称为结合物；酶反应的底物。根据试剂的来源和样品的情况及检测的具体条件，可设计出各种不同类型的检测方法。用于实际检测的 ELISA 主要有以下几种类型：双抗体夹心法测抗原，双抗原夹心法测抗体，间接法测抗体，竞争法测抗体，竞争法测抗原。双抗体夹心法适用于测定二价或二价以上的大分子抗原，因小分子抗原或半抗原缺乏可作夹心法的两个以上的位点，因此不能用此法进行测定。竞争法测抗原是测定小分子抗原或半抗原的最常用方法。其原理是样品中的抗原和一定量的酶标抗原竞争与固相抗体结合。样品中抗原含量越多，结合在固相上的酶标抗原越少，最后的显色也越浅。小分子激素、食品中的兽药等 ELISA 测定多用此法。

ELISA 法检测操作简单、灵敏，可同时检测大批量样品，目前已有商品化的 ELISA 试剂盒可供选择，使得 ELISA 检测成为普通实验室的常规技术。已开发出试剂盒的被检测农、兽药残留包括多种氨基甲酸酯类农药、有机氯类农药，以及拟除虫菊酯类农药和磺胺类、青霉素、氯霉素、喹诺酮类等兽药。开发出试剂盒的被检测生物毒素包括黄曲霉毒素、伏马毒素等。美国 FDA 已研制出检测食品中是否含有转基因玉米成分的双抗夹心 ELISA 方法。

与传统检测方法相比，酶联免疫吸附检测方法具有特异性高、灵敏度高、稳定性好、操作简单、可大批量检测样品、对仪器要求不高等特点，可降低检测的成本从而实现样品的现场快速检测。但目前还存在一定的局限性：制备抗体比较困难；对试剂的选择性高，难以进行多残留检测；分析低相对分子质量或不稳定的化合物有一点困难；对结构类似的化合物存在一定程度的交叉反应；易出现假阴性结果。今后将不断开发重现性好的单克隆抗体和高免疫原性的重组抗原，增加免疫分析方法的特异性、扩大检测范围、提高检测稳定性以加快免疫分析方法的商业化进程。

三、其他常用快速检测技术

胶体金试纸条检测技术也已广泛应用于食品安全检测领域。胶体金试纸条是采用胶体金免疫层析技术研制而成的，该技术是 20 世纪 90 年代初在免疫渗滤技术的基础上建立的一种简易快速的免疫学检测技术。胶体金试纸条以硝酸纤维素膜为载体，利用微孔膜的毛细管作用，滴加在膜条一端的液体慢慢向另一端渗移，通过抗原抗体结合，并利用胶体金呈现颜色反应，检测抗原或抗体。食品安全检测领域最常用的是双抗夹心法和竞争法。胶体金试纸条技术操作简单，一般只要 5～10min 就会出结果，结果肉眼即可判定，非常适合食品安全领域的现场快速筛查。目前已成功研制出食品中各种致病菌、病毒、农药、兽药、生物毒素等的胶体金试纸条快速检测方法及产品。

第六节　食品鉴伪技术

一、粮食掺伪的检验

（一）面粉掺伪的检验

面粉并不是越白越好，若白得过分，很可能是添加了面粉增白剂，如吊白块、亚硫酸盐、过氧化苯甲酰和溴酸钾等。

1. 掺吊白块的检验　吊白块主要用于染织行业的工业漂白，一些不法分子将它作为食品漂白剂。食品中是否含有吊白块，可初步用目测嗅闻法粗略判定，含吊白块的面制品可闻到与正常食品不同的气味，且样品较鲜亮，呈亮黄色，光泽度好；也可通过检测是否含有甲醛或亚硫酸盐来间接判断。在酸性条件下，做乙酸铅试纸试验，如试纸由白色变成棕色至棕黑色，证明有亚硫酸盐。再利用甲醛与乙酰丙酮、氨离子反应生成黄色化合物，使样品与乙酰丙酮反应，如呈黄色，即可判定存在甲醛。还可用直接蒸馏联合 AHMT（4-氨基-3-联氨-5-巯基三氮杂茂）分光光度法测定食品中吊白块的含量。

2. 掺亚硫酸盐的检验　亚硫酸盐可用于面粉、食用糖、果蔬、蜜饯、饮料等食品的漂白，但亚硫酸盐具有一定毒性，我国允许使用亚硫酸及亚硫酸盐，但须严格控制其二氧化硫残留量。食品中亚硫酸盐的分析方法有副玫瑰苯胺比色法和蒸馏直接滴定法。亚硫酸盐与四氯汞钠反应生成稳定的络合物，再与甲醛及盐酸副玫瑰苯胺作用生成紫红色的络合物，用分光光度计在 550nm 波长处测吸光度，用于二氧化硫浓度测定。蒸馏直接滴定法中，面粉中的游离和结合二氧化硫在碱液中被固定为亚硫酸盐，在硫酸作用下，又会游离出来，可以用碘标准溶液进行滴定。

3. 掺过氧化苯甲酰的检验　过氧化苯甲酰加入面粉中可起到增白增筋、加速面粉后熟、提高面粉出粉率和防止面粉霉变等作用，因而被用作面粉及面制品加工过程中的增白剂。测定过氧化苯甲酰常用的方法有碘量法、紫外分光光度法、气相色谱法、高效液相色谱法和电化学分析法等。

4. 掺溴酸钾的检验　溴酸钾有致突变性和致癌性，目前多数国家都明确规定溴酸钾不得作为小麦粉处理剂。定性鉴别方法有钾盐焰色反应法、硝酸银法和比色法等。定量测定方法有电极电位法、离子色谱法、氧化还原碘量法、ICP-MS 法等。

5. 掺滑石粉的检验　正常小麦粉中矿物质（以灰分计）含量在一定范围内，掺入石膏、滑石粉等会使小麦粉灰分增加，检测灰分中的钙离子、硫酸根及二氧化硅就能定性掺入的物质。

（二）米类食品掺伪的检验

1. “毒大米”鉴别　大米用工业油加工即“毒大米”。感官检验是用少量热水浸泡大米，手捻有油腻感，严重者水面浮有油斑，颜色不均匀。经上油抛光处理后的陈米需用荧光法鉴别。

2. 好米中掺霉变米的检验 感官鉴别法：发霉米呈现黑、灰黑、绿、紫、黄、黄褐等颜色，并且有霉变味。化学鉴别法有霉菌孢子检验和脂肪酸度检验法。

3. 小米染色的鉴别 感官鉴别法：新鲜小米色泽均匀，呈金黄色，富有光泽，有小米的正常气味，用温水清洗时，水色不黄；染色后的小米，色泽深黄，缺乏光泽，粒粒色泽一样，闻之有染色素的气味，用温水洗时，水色显黄。化学鉴别法：样品加无水乙醇，研磨，取其悬浊液于比色管中，然后加氢氧化钠振荡，静置观察颜色，如果呈橘红色，说明小米用姜黄素染色。

二、乳及乳制品掺伪的检验

乳及乳制品掺伪有奶农和生产商两方面的原因。奶农为了提高指标，增加收入，在乳中掺入非电解质物质，如糊精、淀粉、糖类、脂肪粉、乳清粉等；为了降低微生物水平，提高原料乳的售价，在牛乳中掺入防腐剂，如双氧水、纯碱、苯甲酸盐、山梨酸盐等；为了防止原料乳的变质或者改变变质乳的性状，掺入火碱、尿素、柠檬酸盐等；用非乳物质，如植物油脂、植物蛋白、动物蛋白、乳糖、矿物质勾兑与牛乳成分接近的假牛乳。生产商方面也存在掺伪行为，如低价收进不合格的乳，在其中添加增稠剂、香精、防腐剂等。

乳及乳制品掺伪所掺入的物质，可分为电解质物质和非电解质物质。电解质物质主要为火碱、亚硝酸盐、硝酸盐、钠盐、铵盐、钾盐等。非电解质物质主要为糊精、淀粉、糖类、脂肪粉、乳清粉、高级脂肪酸等。因此，乳品厂收购原料奶时，首先要检验原料乳的新鲜度。如果在原料乳的常规测定中发现密度、酸度、脂肪含量和乳糖含量异常，初步判断有掺伪现象时，可进一步测定乳清密度、冰点、电导率。

正常的鲜乳乳清相对密度为 1.027～1.030，超出此范围，说明有掺伪情况。冰点应为 －0.59～－0.53℃，掺伪后将会使冰点发生明显的变化。正常乳的电导率在 25℃时为 $33\times10^{-4}\sim47\times10^{-4}\Omega^{-1}\cdot cm^{-1}$，如果电导率升高，说明乳中掺有电解质。

三、肉制品掺伪的检验

检测肉制品中掺入异源性肉或其他物质的方法较多，有感官法、组织学法、理化法（包括电泳法、薄层色谱法、高压液相色谱法等）、免疫学法、红外光谱法等，电泳技术与免疫反应具有较高的特异性。

1. 注水检验的方法 感官检测、剖检、组织观察、滤纸浸润检查、贴纸法及水分检测等方法。

2. 掺淀粉的检测 肉糜制品的淀粉用量视品种而不同，可在 5%～50%的范围内，如午餐肉罐头中加入约 6%淀粉，熏煮香肠类产品淀粉不得超过 10%等。肉制品掺淀粉的检测方法有：加碘快速定性法和分光光度法。乙酸锌、$K_4Fe(CN)_6$ 溶液可沉淀样品中淀粉，使淀粉滤出，加入苯酸钠液显色，于波长 540nm 比色，根据吸光度进行定量。

3. 掺入奶粉或脱脂奶粉的检测 可根据检验乳糖存在的方法而确定。

4. 掺入植物性蛋白的检测 肉制品中广泛应用的植物性蛋白为大豆蛋白，如大豆粉、浓缩蛋白、分离蛋白及花生蛋白等。肉制品掺植物性蛋白，可用聚丙烯酰胺凝胶电泳法检测。

5. 掺入人工合成色素的检验　我国国家标准中规定，凡是肉类及其加工品都不能使用人工合成色素。一般可用纸色谱法和薄层色谱法进行定性检验，再利用吸光度进行定量测定。

6. 掺入亚硝酸盐的检验　亚硝酸盐作为发色剂和防腐剂，在肉制品中广泛应用，但它也是食品添加剂中急性毒性较强的物质之一。各国对硝酸盐、亚硝酸盐的最大使用量及残留量均作了严格规定。亚硝酸盐的测定采用 GB/T5009.33—1996《食品中亚硝酸盐与硝酸盐的测定方法》。

7. 掺入异源肉的检验　可采用中红外光谱检测法、电子鼻技术、微分扫描热量测定技术、DNA 分析技术及酶联免疫吸附分析技术。

四、水产品掺伪的检验

目前，水产品如冻品，特别是贝类、虾制品，乱用添加剂、掺水增重，水发、冰鲜水产品使用甲醛等现象较普遍。水产品掺伪主要是掺甲醛。食用甲醛浸泡过的水产品，可引发胃痛、呕吐、呼吸困难，甚至死亡。甲醛的检测方法主要包括以下 4 种。

1. 快速定性法　该法包括间苯三酚法、品红亚硫酸法、溴化钾法和变色酸法。

2. 分光光度法　利用分光光度计，采用乙酰丙酮显色法或变色酸显色法检测水发食品中是否掺入甲醛。

3. 气相色谱法　对样品进行提取处理后，根据保留时间定性，峰面积定量检测。

4. 高效液相色谱法　加 2,4-二硝基苯肼液衍生后，洐生样品进样得色谱图，根据保留时间定性，峰面积定量检测。

五、酒类掺伪的检验

（一）白酒掺伪的检验

可采用感官鉴别和理化鉴别方法。用肉眼观察酒液，浑浊，不透明；用嗅觉和味觉检验，其香味寡淡，尾味苦涩。各种酒类有一定的酒度，掺水后其酒度必然下降，可用酒精计直接测试。

（二）啤酒掺伪的检验

可采用感官鉴别和理化鉴别方法。啤酒掺水后酒色暗淡，不清亮透明，泡沫少而粗糙，不洁白，不挂杯，缺乏啤酒花香气，欠纯正、无沙口感。可用酒精计测定乙醇含量，换算成质量比。11%（体积分数）啤酒，如果乙醇含量<3.1%（体积分数），就可以怀疑掺水。

有人把鲜啤酒装入瓶中封盖后冒充熟啤酒出售，以此获得高利。熟啤酒经过巴氏消毒，可用 0.1%亚甲蓝染色，根据酵母菌是否染蓝色来区别酵母菌的死活，以此可以鉴别是否为鲜啤酒。

案例　假羊肉真相

2013 年 2 月 17 日，中央电视台“每周质量报告”节目报道，警方接到举报线索：一家宣称以生产羊肉卷为主的肉联厂，最近却购进大量鸭肉，以及其他一些来路不明的肉类，涉嫌生产假羊肉卷，欺骗消费者。警方对此肉产品加工厂进行突击检查。从剩下的原料肉中，仍能辨别出鸭肉的痕迹。工商营业执照显示，加工厂的经营范围是速冻食品和牛肉、羊肉、猪肉合成板生产加工，没有鸭肉的经营项目。据加工厂老板交代，用价格低廉的羊油，可以把鸭肉味变成地道的羊肉味，依靠添加剂染色，能让鸭肉看起来像羊肉。要想让假冒羊肉卷利润达到最大化，还必须使用一种业内公认的效果更好的添加剂，俗称保水剂。添加保水剂后，肉制品不仅不会流失水分，还能起到注水的作用，大量增加肉制品的质量。经过保水剂处理过的假冒羊肉，分量至少会增加20%～30%。警方把违法添加的样品送往检测机构进行检测，检测结果表明，含有国家强制性标准GB2760—2007《食品添加剂使用卫生标准》中禁止肉制品添加的苯甲酸钠。该加工厂还违规使用亚硝酸盐(肉类制品中允许亚硝酸盐作为发色剂限量使用)。国家强制性标准《食品安全国家标准 食品添加剂使用标准》规定，亚硝酸盐仅允许腌熏肉等制品有微量残留，最高限量仅为0.03g/kg。

我国国标检测苯甲酸钠是根据日本标准起草，考虑到我国国内大多生产厂商不具备液相色谱分析条件，对苯甲酸钠的测定方法做了一定的修改，方法是盐酸和苯甲酸钠起中和反应，用乙醚萃取反应生成的苯甲酸，根据盐酸标准滴定溶液的用量计算苯甲酸钠的含量。国标检测亚硝酸盐的第一方法为离子色谱法，试样经沉淀蛋白质、除去脂肪后，采用相应的方法提取和净化，以氢氧化钾溶液为淋洗液，阴离子交换柱分离，电导检测器检测。

本章小结

目前食品安全检测技术可以分为实验室确证技术、快速检测技术。实验室确证技术主要包括各类化学物质的仪器分析技术、微生物的分子生物学检测；快速检测技术包括免疫学检测技术、酶检测技术、理化快速检测技术等。在实验室确证技术方面本章主要讲述了色谱分析技术、色谱-质谱联用分析技术的基本原理及应用。在快速检测技术方面主要介绍了酶联免疫吸附检测技术、生物传感器检测技术。同时也对食品鉴伪技术进行了介绍。

思考题

1. 食品安全检测技术主要包括哪些常用技术？检测技术对保障食品安全有何重要应用？
2. 色谱检测主要包括哪几种技术，可以应用于哪些物质的检测？
3. 质谱检测技术有何特点和优势？
4. 色质联用技术有何技术优势，可以应用于哪些物质的检测？
5. 微生物的分子生物学检测技术主要有哪些？
6. 目前食品安全检测中常用的快速检测技术有哪些？

第 11 章 食品安全风险分析

第一节 概 述

一、食品安全风险

风险的定义是讨论风险分析的起点。即使在风险分析从业者中，对风险的标准定义也是有争议的。20 世纪 80 年代早期新成立的风险分析学会（Society for Risk Analysis，SRA）组建了一个专业委员会，历经 4 年也未能形成大家都认可的风险定义。当时 SRA 的建议是：允许专家根据实际情况自由制定最恰当的风险定义。1981 年和 1997 年，Kaplan 关于风险的定义是基于事件的下列三个问题：①发生什么？（What can happen?）②如何发生？（How likely is it?）③结果如何？“发生什么”是指描述一个发生的事件，对于食源性疾病的风险分析来讲，起因事件往往是指摄入对人体有害的物质，这种情况下，“发生什么”就是指发生了摄入有害物质这一事件，它代表一个对特定人群能带来危害和不良后果的事件或过程。在分析中，必须对此事件或过程相关的风险进行评估，如含有某种危害因素的食品能够使食用该食品的孕妇患上胎儿综合征。在风险评估中必须对“事件”的三个方面进行定义：①过程；②可能后果；③目标人群。“如何发生”是指摄入某一有害物质的事件，其发生条件的可能性。例如，一名孕妇食用某种食物的次数。“结果如何”是指摄入某危害因素后产生不良后果的可能性。

风险分析必须规定相关条件（对“事件”进行界定），并在这些条件之上得出有关结论。在描述一个事件时，应对该事件产生有害作用的可能性和不确定性进行预测。虽然联合国粮农组织（FAO）/世界卫生组织（WHO）食品添加剂联合专家委员会（JECFA）和 FAO/WHO 农药残留联席会议（JMPR）分别自 1956 和 1961 年开始为个别成员国提供食品风险分析的科学建议，1963 年成立的国际食品法典委员会（CAC）为其相关的委员会也提供相关建议，但是正规的结构化框架还是在风险分析模式产生之后形成的。公共健康的第一个风险框架首先由美国国立科学院（United States National Academy of Sciences，NAS）于 1983 年提出（NRC，1983），当时主要集中在食品中化学物质致癌的风险，并将这个决策过程分为三个步骤：研究，风险评估和风险管理。在美国国立科学院的模型中，上述三个步骤是顺序性的，从研究开始到决定结束，当时的模型并没有考虑到风险分析对数据的需求或政治、社会和经济等的影响。

1995 年在日内瓦召开的联合专家咨询会议将风险分析分为三个部分：风险评估，风险管理和风险交流（FAO/WHO，1995），同时会议也认识到当时对不同来源的风险分析定义明显不同，认为有必要在国际食品法典工作中对风险分析的术语进行统一。会议提出了风险分析的术语，并经过国际食品法典委员会修改后采用，纳入到国际食品法典委员会的《程序手册》中（FAO/WHO，2001），该术语在之后进行过多次更新。其中两个术语需要特别提及，就是危害和风险，他们是风险分析的基础。

危害：食品中存在或因条件改变而产生的对健康不良作用的生物、化学和物理等因素。

风险：食品中的危害因子产生对健康不良作用和严重后果的概率函数。

风险的定义不仅针对化学危害，同时也包括生物和物理危害（CAC，1997，2006）。国际食品法典委员会对危害和风险的定义与其他组织的有一定的差异，如国际食品法典委员会认为对化学危害而言或者不仅仅限于化学危害，因为单一的化学物质可能产生多重危害（如产生毒性和致癌性）。为此，作为化学暴露评估方法协调项目的一部分，国际化学品安全规划署（IPCS）于2004年对危害和风险做了与国际食品法典委员会稍有差异的定义。该定义非常清晰地描述了JECFA和JMPR采用的方法。

危害：当组织、系统或人群（或亚人群）暴露在某种特定因子之下而有可能产生或导致有害作用的这种特定因子或状况的固有特性。

风险：暴露某种特定因子后，在特定条件下，组织、系统或人群（或亚人群）产生有害作用的概率。

社会可以选择各种方案和战略措施来管理风险或控制风险。上述风险定义能够对不同“事件”进行比较，从而使社会可以对各种备选方案和战略措施进行评估。根据实际情况，社会可以对某种风险不进行控制，或者让个人决定是否对该风险进行管理，允许个人自愿承担某种风险或选择避免风险，如个人决定是否吸烟或开车。涉及社会全体成员的强制性风险管理措施（如食源性疾病风险管理）制定过程应是公开透明的，并且应达成共识，否则该管理措施的实施可能会引起公众不满。风险分析可以为公众提供制定风险管理政策所需的信息。

二、风险分析的发展

风险分析的概念最先出现在环境科学危害控制中，到20世纪80年代末开始被引入到食品安全领域。在FAO/WHO、CAC等一些国际组织的推动下，经过十多年的发展，逐渐建立起食品风险分析的原则和标准体系，这些原则和体系成为了国际上制定食品安全标准和解决食品贸易争端的依据。食品安全风险分析的发展历史可分为以下几个阶段。

（一）第一阶段：食品风险分析提出前（1986～1994年）

为了保障国家间进出口贸易活动的合理公正的开展，食品安全成为产品贸易谈判的重要内容。1986～1994年的乌拉圭回合多边贸易谈判，对包括食品在内的产品贸易问题进行了讨论，达成了与食品密切相关的两个正式协定，即《实施卫生与动植物检疫措施协定》（SPS协定）和《贸易技术壁垒协定》（TBT协定）。

SPS协定确认了各国政府通过采取强制性卫生措施保护该国人民健康、免受进口食品带来危害的权利，要求各国政府采取的卫生措施：①必须建立在风险评估的基础上，以避免隐藏的贸易保护措施；②必须是非歧视性的和没有超过必要贸易限制的；③必须建立在充分的科学证据之上，依据有关的国际标准进行。SPS协定第一次以国际贸易协定的形式明确承认，为了在国际贸易中建立合理的、协调的食品规则和标准，需要有一个严格的科学方法。TBT协定涉及SPS协定不包括的所有技术要求和标准，如标签，与SPS协定互为补充。

1991年，FAO和WHO在意大利罗马召开了一个关于食品标准、食品中的化学物质及食品贸易的联合会议。此次会议中，建议 CAC 及所属技术咨询委员会在制定决策时应基于适当的科学原则并遵循风险评估。这一建议在同年举行的 CAC 第 19 次大会获得通过，决定采纳这一工作程序。随后，CAC 在 1993 年召开了第 20 次大会，讨论了有关“CAC 及其下属和咨询机构实施风险评估的程序”的议题，提出在 CAC 框架下，各分委员会及其专家咨询机构（如 JECFA 和 JMPR）在各自的化学品安全性评估中应该采纳风险分析的方法。

（二）第二阶段：食品风险分析原理创建（1995～1999 年）

在这几年中，主要通过 FAO/WHO 三次专家咨询会议，提出风险分析的定义、框架及三要素的应用原则和应用模式。

1995 年 3 月，应 1994 年第 41 届 CAC 执行委员会会议建议，FAO 和 WHO 在瑞士日内瓦召开了关于风险分析问题的 FAO/WHO 联合专家咨询会议，会议的主要目的是为 FAO、WHO 和 CAC 各成员国提供在制定食品标准中应用风险分析技术的切实可行的办法，最终形成了一份以《风险分析在食品标准问题上的应用》为题的报告。

在这次会议中，对食品安全风险分析的有关定义达成了共识，提出风险评估模型包括 4 个组成部分：危害的识别，危害特征的描述，摄入量的评估，风险特征的描述。但这次会议仅仅考虑食品表面及食品中的生物或化学因素，也没有直接讨论风险管理和风险交流。当然，这次会议也认识到风险评估和风险管理存在很多交叉点，如制定风险评估的重点和政策常包含风险管理的一些观点。

时隔两年之后，1997 年 1 月 FAO 和 WHO 在罗马召开了第 2 次 FAO/WHO 联合专家咨询会议，会议提交了题为《风险管理与食品安全》的报告。此次会议就食品安全中应用风险管理进行磋商，主要目的是要在食品安全中应用风险管理上达成一系列共识，这些建议主要用于 CAC 及它的分支委员会和专家咨询机构制定标准，也应用于风险管理的国家标准制定。

此次会议致力于提供风险管理的框架和基本原理，确定管理程序中的基本方法和主要机构的活动和作用。会议磋商的范围包括：将风险管理应用于食品安全的整个范围，风险管理和风险评估之间的相互作用，以及风险管理与风险交流之间的相互作用。会议考虑了化学和生物因素引起的风险，但是没有考虑由营养缺乏或营养不平衡所引起的风险。

1998 年 2 月，FAO 和 WHO 在罗马召开了第 3 次 FAO/WHO 联合专家咨询会议，会议代表作了题为《风险情况交流在食品标准和安全问题上的应用》的报告。此次会议着重讨论了风险交流过程，完成了风险分析三个组成部分的总结回顾。会议的目的是：①确立有效风险交流的组成部分和为风险交流指导原则提出建议；②认识开展有效风险交流的各种障碍，提出克服这些障碍的建议；③确定风险分析框架中进行有效风险交流的策略；④为 FAO、WHO 和 CAC 各成员国以及其他国家和国际组织、企业及消费者提出切实可行的建议，促进组织和个人在食品安全危害有关的风险评估和管理工作中进行交流。

通过上述三次会议，形成了有关风险分析原理的基本理论框架，并建立了一套较为完整的风险分析理论体系。CAC 将会议达成的风险分析方法的内容列入《法典程序手册》中，指出法典有关健康、安全的决策都需要以风险评估为基础，依照步骤以公开的形式进行，尽可能应用定量资料描述出风险特征，并将之与风险管理的功能相区分。

（三）第三阶段：食品风险分析准则制定（2000 年以后）

2000 年 10 月，CAC 在美国华盛顿召开了食品法典委员会第 33 次会议，形成了两个关于风险分析准则制定的文件：①CA/FH00/3《食品及相关物质中微生物危害风险评估的专家咨询初步报告》；②CX/FH00/6《实施微生物风险管理的原理和准则草案》。

2000年12月，在澳大利亚的珀斯召开CAC进出口食品检验及认证系统法典委员会（CCFICS）第9次会议，会议制定的主要文件为CX/FICS00/8《国际贸易紧急情况下食品控制的风险管理准则讨论稿》。

2004年10月，FAO和WHO在泰国曼谷联合召开了“第二届全球食品安全管理人员论坛”，主题仍是“建立有效的食品安全系统”，该主题围绕两个分主题展开，一是加强官方食品安全监控机构，二是建立食源性疾病的流行病学监视和食品安全快速预警系统。主要观点有：①国家必须考虑消费者利益，使消费者能够参加培训、决策，以及国家食品安全系统的发展、调整和实施活动；②应当通过建立国家级食品安全咨询机构来获得关于在整个食物链中保护食品安全的政治承诺；③国家和地方的互动和协调对于实施国家食品安全体系而言极为重要；④当国家能够制定和执行综合有效的国家食品安全政策时，在区域内或国际间与食品安全管理人员分享这些政策能够使国家更好地获得政治决心，同时促进食品安全保障；⑤国际食品安全当局网络（INFOSAN）可提供信息和技术支持，各国应尽快加入该网络，分享相关信息；⑥应将生物反恐引入食品安全管理系统。

近年来，风险分析得到了不断扩展，扩展的风险描述概念包括协商、提高理解力、实施解决办法等内容。风险分析使人们理解危害并采取可行的办法来管理危害。开展全面的风险评估的要求有时候并未得到实现，但客观上需要有解决问题的办法。受时间、资金、专业技能、可利用数据等因素的限制，很难进行全面的、量化的风险评估，有时候数据缺乏如此严重，以至于人们对量化风险评估的可信性产生质疑。

第二节 食品安全风险分析框架

一、风险分析框架

（一）风险分析框架的基本内容

风险分析是对引起不良后果的事件进行分析和评估。除此之外，全面的风险分析还包括风险管理和风险交流。风险分析的管理问题已经成为一个庞大的研究领域，目前已提出了多种管理策略。国际食品法典委员会定义风险分析为由风险评估、风险管理和风险交流组成的一个过程（CAC，1997，2006），并于2006年对风险评估、风险管理、风险交流进行了以下定义（CAC，2006）。

1. 风险评估 风险评估是指对有害事件发生的可能性和不确定性进行评估，是由危害识别、危害特性、暴露评估和风险描述4个步骤组成的以科学为基础的一个过程［美国国家研究委员会（NRC），1983］。科学技术是风险评估的基础支撑，而风险评估的结果是用于制定政策，因此风险评估把科学研究与制定政策连接起来（NRC，1983）。由于风险本身往往缺乏直接的、可见的人体症状，并且存在干扰和不确定因素，因此有必要制定风险评估的有序框架，这对保证风险评估的质量至关重要。通常采用数学模型方式来描述产生有害结果的过程，并评估该结果的可能性。

2. 风险管理 风险管理是在咨询了利益相关方的前提下，在综合考虑风险评估结果、保护消费者安全和促进公平贸易等相关因素的基础上，权衡管理政策改变的影响，并在需要时选择合适的防控措施的过程。

管理者在制定风险管理政策时应考虑风险评估的结果和其他因素，包括经济、政治、社会和技术上的限制。他们的决策通常反映社会关注的重点问题。风险管理和风险评估都需要考虑实际情况并受各种因素的影响，而不可能在真空中进行。制定管理性标准是风险管理的措施之一，用来反映社会认可的某一危害的适宜安全水平。另外，用于控制食源性危害的政策可能会产生新的危害，如美国在汽车上安装气囊最初是为了降低严重事故中的造成死亡的风险，但这项措施带来了新的风险，当这些气囊打开时可能会对年幼的儿童和其他人造成伤害。在制定风险管理政策和考虑其相应影响结果时，有必要开展贸易方面的风险分析和成本-效益分析。表 11-1 中列出了 1996 年 FAO/WHO 在风险管理建议中提到的 8 条原则。

表 11-1　食品安全风险管理的一般原则

1. 风险管理应采用系统的方法
2. 保护人类健康是风险管理决策的首要考虑因素
3. 风险管理决策和操作过程应是透明的
4. 风险评估政策的确定应是风险管理的内容之一
5. 应保持风险管理和风险评估功能上的区别，从而保证风险评估过程中完整的科学性和一致性
6. 风险管理应考虑风险评估结果中的不确定性
7. 风险管理包括在其全过程中与消费者和有关利益相关方之间明晰而互动的交流
8. 风险管理是一个持续的过程，需要不断地把新出现的数据用于对风险管理决策的评估和审视中

资料来源：FAO/WHO 食品安全风险管理应用联合专家咨询小组 .1996. 食品安全风险管理一般原则. www.fao.org/WAICENT/FAOINFO/ECONOMIC/ESN/risk/risktext/htm [2009-10-12]。

风险管理主要有以下 4 个程序。

（1）风险评价。风险评价主要包括食品安全危机的甄别，建立风险预测，从风险管理的角度将食品安全问题排序，授权风险评估，风险评估结果的判读等内容。

（2）风险管理策略。风险管理策略主要包括针对风险评估结果评估可采用风险管理的措施，选择最佳的风险管理措施，形成风险管理决定等内容。

（3）风险管理措施的实施。根据风险管理策略评估中关于风险管理的决定来实施风险管理。

（4）监督和评议。邀请各利益相关方、学者和管理者经常性地对风险评价和风险管理过程及其所做出的决定进行监督和评议。

3. 风险交流　通过风险分析的过程，在对风险、风险相关因素和风险认知的基础上，在风险评估者、风险管理者、消费者、工业界、学术团体和其他利益相关者之间交换信息和建议，包括对风险评估结果的解释和风险管理决定的基础等。风险交流是所有利益相关方（包括消费者、生产商、科学家、工业界、政府及各种专业和倡议性组织）就风险本身、风险评估和风险管理进行交流的过程。风险评估者应以通俗易懂的方式解释风险评估的数据、模型及结果。风险管理者应以风险评估为基础解释各种风险管理备选方案的合理性。利益相关方应交流他们的关心事宜，并审视和理解风险评估和风险管理的内容与方案。风险交流应采用的一些原则包括：①要了解听众；②应把科学家包括在内；③应培育交流的技能；④信息来源要可靠；⑤责任分担；⑥区分科学和价值观；⑦保证透明度；⑧正确对待风险。

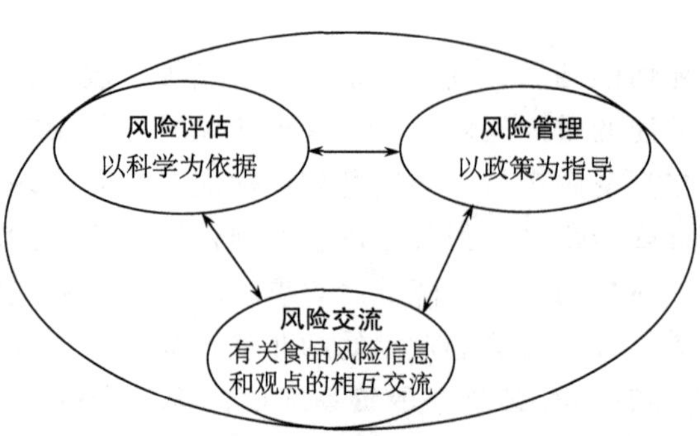

图 11-1 食品安全风险分析框架
(FAO/WHO，1997)

4. 风险分析框架的内容 风险分析框架（图 11-1）表述了风险分析的过程，并且清晰地告知风险分析的三个部分在功能上相互独立，并在必要时候三者之间或相互之间需要信息交换。在风险分析框架内，风险评估与风险管理的相对独立，对确保风险评估结果的科学客观具有重要意义。风险分析实施的原则应与 FAO/WHO 建立的国际上认可的原则相一致。这些原则是食品卫生法典委员会制定风险管理文件的基础。

风险分析方法的使用有利于风险评估结果的一致性和决策的科学性。风险评估不是由国际食品法典委员会而是由联合专家委员会如 JECFA 和 JMPR 等承担，联合专家委员会基于科学原则做出评价，并确保风险评估结果的一致性。国际食品法典委员会是一个风险管理的国际组织，承担着对食品中农药残留、兽药残留、污染物和食品添加剂等制定最大残留限量的管理职责。

风险分析从收集和简单描述问题入手。这包括危害产生的对环境、特定的家畜和食品，以及对人类的影响。风险框架成为下一步风险分析的基础，也就是用科学资料来科学评估危害风险。在这期间，可能需要启动对它们未知领域的研究。有关危害发生和风险的数据会通过模型进一步分析，以阐明食品污染对人类疾病及其严重性的影响。通过上述步骤就可以得到一个评估，即危害对人类健康的威胁程度；同时，风险评估还将提供最有效的措施预防食品中存在的危害等信息。风险分析将提供危害的可接受水平（极限值）或产品中危害的可接受流行程度等信息，并据此实施预防计划、危害分析和关键控制点（HACCP）计划和卫生条例等。

（二）社会与风险分析

风险分析不断发展以解答社会关注的问题。下面从三个方面简要讨论社会关注的风险分析问题。实际上风险分析的管理框架已经对社会产生了影响，因为它会影响社会进行风险管理的有效性。

1. 社会与风险评估 预测风险及相应的不确定性不是一件容易的事情。在构建风险评估模型时，设置了支撑评估机制或评估过程的假设条件，也设置了从可利用的数据中规范获得统计学推论的方式。这些假设条件和推论容易受到主观判断的影响，因此成为风险分析者和利益相关方争议的焦点。

为了让风险评估被有效用于风险管理策略的制定过程中，风险管理者和利益相关方必须了解风险评估的内容，包括：①构建风险评估模型中采用的假设条件；②评估中采用的特定模型是否以科学界的共识为基础，是否存在争议；③数据与模型的有关不确定性的程度；④评估某一事件造成有害作用可能性的程序。如可能，风险评估者应提供有关假设条件和方法学的详细解释，以便于这种分析能够被重复，因此风险评估被称为“透明的”。然而，人们可能说这种透明仅是对风险评估者而言，因为风险评估者在向不同的利益方和风险分析专家介绍评估内容时，为获得较好的交流效果，会根据对象的情况对有关技术细节进行不同程度的调整或删减，因此听众并没有获得全部的“原汁原味”的评估内容。

除了在透明方式下评估风险和不确定性这一特点外，风险评估框架的另一特点是通用性，即评估模型应适用于广泛的事件类型，如从农田到餐桌食品链全过程的各个环节。但是，如果一个模型通用性太强，那这模型本身就需要过多的、没有依据的假设条件或推论，这会导致评估结果的不准确。相反，可用的现有数据和科学理论可能仅适用于对少数特定的事件类型进行有用的风险评估。

在风险评估的起始阶段，通用性和专业性的矛盾就会表现出来。这种矛盾也可以在风险评估中采用敏感性分析加以解决。敏感性分析揭示评估模型中参数的改变对风险评估产生的影响。如果参数的改变对风险评估的结果具有高度影响（高度敏感性），而且该参数的实际价值没有被确切了解，那么这种参数的改变引起的风险评估的不确定性就很显著。对评估的不确定性和不同假设前提下相关备选模型作用的彻底分析，能够有助于对更多的事件进行评估，并避免得出没有根据的评估结论。

对于社会来讲，风险评估的目的是对某一危害事件结果的可能性和相关不确定性进行实事求是的评估并模型化，而不是对结果的可能性进行保守评估。一个模型应该能为风险管理者和利益相关方区分“真正的”变异性（寄主、病原体和环境之间的不可避免的不均一性）和不确定性（通过新的研究数据可以降低），后者是由数据和模型所采用的假设条件造成的。在风险评估中采用保守主义并不是一个明智之举，因为这会在风险评估过程中带入偏见，而这种偏见是无法进行量化的。保守主义应是在风险管理过程和社会判定中采用的方式，风险评估应向管理者提供风险的一系列可能性的范围，而不是仅提供一个最坏的情况。

2. 社会和风险管理　社会对风险管理的关注和影响可以通过立法和政府机构执行法律表现出来。值得特别一提的是 1958 年的德莱尼条款（Delaney Clause）（美国食品、药物和化妆品条例的修正案，禁止使用一切对人或动物有致癌作用的食品添加剂或其他物质，且不管其用量多少），该条款规定在食品中禁止使用有致癌可能性的食品添加剂（包括农药），以达到癌症的零风险标准。零风险标准并不要求进行量化的风险评估，而是要求开展加工食品中致癌危害因子在规定含量下的简单的统计学实验。

在 1994 年进行的美国农业部和联邦作物保险业改革中，美国设立了风险评估和成本效益分析办公室，用来支持美国农业部的重大管理决策。1996 的《食品质量保护法》（1998 年修正）修改了与农药有关的德莱尼条款，把原条款中“零风险”用语改为“合理确认农药残留的累积暴露量不会造成伤害”。这样，在农药方面，未经过致癌危害证明和分析的食品就不能称为“安全的”食品。“安全的”食品意味着已经过“合理”的膳食风险评估并考虑了敏感人群的风险情况。

3. 社会和风险交流　在过去，除了与风险管理者进行交流外，风险评估者可能认为风险交流不是他们的责任，通常的做法是召开一个会议宣布风险评估的结果或者解释根据评估而制定的政策。1996 年 NRC 和总统风险管理委员会的文件表明了一种趋势，即在风险分析的所有环节中引入互动对话和交流。美国联邦机构（EPA、USDA、FDA）越来越普遍地召开会议介绍风险评估项目，面向公众征求数据，这种会议往往在风险评估的起始阶段而不是在结束阶段召开。

（三）风险评估的内容

风险评估在风险分析中具有极其重要的作用。风险评估主要由 4 个步骤组成：危害识别、危害特性（包含剂量效应评估）、暴露评估和风险描述，这是一个概念化的框架，为评估食品中各种危害对人体健康的影响进行各种信息结构化的综述提供了一种机制。风险评估一个关键要件是对造成伤害的概率的估计，所以正如概率计算一样，风险评估包括两个方面：一是对危害属性的描述；二是为判断危害发生（如概率）提供基础。

1. 危害识别 危害识别，即对可能存在于特定食品和食品类别中具有有害作用的生物、化学和物理等因子的识别（CAC，2006）。危害识别是在毒性学和作用模式等可利用的数据基础上，评价和权衡有害作用的证据。通常主要考虑两个问题：一是任何可能暴露于人群的对健康危害的属性，二是危害发生的条件。危害识别，通过结构-活性对人群或家畜的观测数据、实验动物的研究数据、离体研究数据等进行分析，从研究到观测，从毒性到有害作用的发生，从作用的靶器官到靶组织的识别，最后对给定的暴露条件下可能导致有害作用是否需要评估做出科学的判断。

2. 危害特性 危害特性，也称剂量-反应评估，是指对可能存在于食品中的生物、化学或物理等危害因子产生的有害作用的属性进行定性或定量评价。对于化学危害因子而言，应进行剂量-反应评估；对于生物或物理危害因子，当有足够的数据时也应进行剂量-反应评估（CAC，2006）。同时，需要确定随着暴露剂量的增加观测到的首先出现的有害作用的剂量。危害特性主要描述摄入剂量（暴露剂量）和有害作用事件发生之间的关系，对大多数有毒作用而言，通常认为在一定的剂量之下有害作用不会发生，即阈值，这个剂量称为无观测有害作用剂量（NOAEL）或无观测作用剂量（NOEL），并被认为是化学危害因子特定作用的大约阈值。对于关键的效应而言，NOAEL 或 NOEL 通常被作为风险描述的最初或参考作用点。对潜在关键作用建议使用剂量-反应模型，衍生出基准剂量（BMD）和对特定事件（如 5%或 10%事件发生）采用低置信区间限量（BMDL）等概念。通过比较 BMDL，可以明确关键的作用，最低的 BMDL 作为风险描述的作用始点（FAO/WHO，2006）。与阈值类型的作用不同，一些毒性作用被认为在任何暴露剂量之下都有产生某种毒害的可能（如那些至今没有生物阈值的物质），现在 BMDL 法主要应用于致突变和基因毒性的情况之下，在此情况下，动物实验得出的 BMDL 被用作风险描述的起始点。

3. 暴露评估 暴露评估，即通过食品和其他相关的来源暴露的生物、化学和物理等危害因子可能的摄入量的定性和（或）定量评价（CAC，2006）。摄入量/暴露评估是风险评估的第三步，决定人体暴露危害因子的实际或预期量。暴露评估考虑到膳食中特定危害因子的存在和浓度、消费模式、摄入含有特定危害因子的问题食品和含有高含量特定危害因子食品的可能性等。通常暴露评估提供估算的摄入/暴露范围（如平均消费量和高消费量）和特定的消费人群（如孕妇、小孩和成人等）。由于 SPS/WTO 协议，暴露评估方法的一致性就变得尤为重要，暴露评估应充分考虑到不同的膳食模式和潜在的高消费人群。由于人群和亚人群食品消费量数据的缺乏，而这又是确保暴露评估一致性的前提，因此，应鼓励政府强化对相关数据的调查并及时更新，以确保风险评估是建立在最新的知识基础之上。

4. 风险描述 风险描述，即在危害识别、危害特性和暴露评估基础之上，对特定人群造成可知或潜在有害作用的发生概率和不确定性的定性和（或）定量估计（CAC，2006）。风险描述是风险评估的最后一步，在这个阶段将暴露评估和危害特性等相关信息整合在一起，形成风险管理所需要的决策建议。风险描述将提供不同的暴露模式情况下对人体健康潜在风险的估计，包括关键性的假设，对人体健康风险的属性、关联性和范畴，对风险管理者的定性、定量建议等。

定性的建议包括：①即便在高暴露的情况下，化学物质也没有毒性的陈述/证据；②特定使用量情况下化学物质是安全的陈述/证据；③避免、降低或减少暴露的建议。

定量的意见包括：①基于健康指导值；②不同暴露水平的风险估计；③最低和最高摄入量时的风险（如营养素）。

风险描述应明确地解释风险评估过程基于科学的数据缺失而产生的任何不确定性。还应包括易感人群的相关信息、最大潜在暴露情况和（或）特定的生理或基因等影响。对风险管理者的建议可以采用不同风险管理措施的风险比较的形式。风险评估之后既可以将评估结果用于风险管理决策，也可以对评估结果进行进一步分析并对影响因素进行研究。风险评估过程产生的所有记录应同时作为风险管理决策的科学依据。如果有新的数据可以利用，风险评估/分析可以重新启动。

（四）风险评估在风险分析中的作用

1. 风险管理框架　许多风险管理框架可以用来支持食品中化学、生物和物理危害的风险分析。在风险评估中采用正确的依据，遵守风险分析的原则和指南，要比选择风险管理框架更加重要。例如，风险评估和风险管理的透明度对提高风险管理策略的适用性及获得公众对该策略的接受程度都非常重要。文件的完整性对识别风险评估的关键点至关重要，在关键点基础上进行决策、确定假设前提、外推科学数据等，这些可成为风险评估模型的促进因素或限制因素。

1983 年 NRC 提出的风险评估和风险管理的初步框架是美国第一个系统地把食源性健康、风险评估和风险管理连接在一起的出版文献。NRC 的工作标志着美国在界定公共健康风险评估的术语和主要环节上的首次规范化。该委员会本意是要对化学危害和致癌物的影响后果进行研究，但根据《食品安全风险评估工作指南》的内容，其实际工作已经超出了仅对致癌物进行风险评估的范围。

1983 年 NRC 在其报告中勾画出了风险分析的管理框架：研究→①风险评估→②｛决策｝←③风险管理。该公式表明的内在关系与风险评估过程中科学与政策的连接是相一致。公式左边第一个单向箭头表明将研究数据和信息应用于风险评估中，但也暗示研究的目标不受风险评估者的需求所影响，也就是说不是为满足风险评估的需要而专门开展科研计划。第二、第三个单向箭头强调了科学的客观性和风险评估的独立性，而风险管理者在决策过程中可能受到其他因素的影响。在对风险评估的范围进行初步分析时，风险评估者和风险管理者应进行对话与交流。一旦风险评估开始了，风险管理者就不能施加任何可能影响评估结果的干预，因此风险评估的处理科学数据阶段通常把风险管理者排除在外。但是，当一个风险评估接近完成时，风险评估者和风险管理者应联合制定缓和（或）降低风险的政策措施，并进行经济分析（如对可能的管理性措施进行成本-效益分析）。

风险评估的结果成为风险管理者决策过程中的考虑因素之一。管理框架中的单向关系可能会阻碍风险评估者与风险管理者、其他利益相关方就评估中采用的科学数据、假设条件和方法进行公开、透明的交流。在这种框架中，风险评估对风险管理者和利益相关方来讲是不可预知的。

基于以上考虑，风险分析需要一个新的通用框架，即研究↔风险评估↔风险管理。这个新的框架左边的双向箭头意味着风险评估者的需求是进行研究的动力，并指引研究的方向，这反映出一个新的重要问题：风险评估者应有能力辨别缺乏的关键数据，并积极影响研究的方向从而改善风险评估模型。右边的双向箭头表明，不仅由风险评估者和风险管理者联合进行决策，而且风险评估者采用的假设条件和参考依据也必须与风险管理者交流清楚。右边的双向箭头并不意味着风险管理者的影响一定会削弱风险评估的独立性，但实际上风险评估的独立性可能会降低。

研究者、风险评估者和风险管理者之间需要多层面的交流。例如，在风险评估范围的确定、各种风险管理方案模型的制订和验证、风险评估结果与解释的讨论、研究方向等环节上，风险评估者和风险管理者有必要进行对话与交流。不过，风险分析专家和利益相关方之间的交流要更复杂一些。例如，要有理解风险评估所需的技术知识就是众多困难之一，许多技术上的假设条件会引起对评估结果有效性的质疑。另一个问题是，风险评估通常不是论述所有问题，而仅是论述一部分，并删掉一些公众可能感兴趣的内容（NRC，1996）。利益相关方如果要更好地理解问题的实质并评价解决问题的可能方案，他们需要详细理解风险评估的过程。

如前所述，框架变化的驱动力似乎集中于那些想要理解风险并希望参与风险评估过程的利益相关方身上。风险描述的概念扩展后，其结果之一就是改变了风险分析的结构并把利益相关方从一开始就包括进来。

2. 风险评估和风险管理　风险评估是一个连接科学研究和政策的系统过程。风险评估的结果是预测某一危害因素在特定情况下造成的风险及其不确定性，这为风险管理者提供信息支持。为保护公众健康，政府风险管理者可以规定某些必须遵守的强制性标准或准则。但是，除了风险评估的结果之外，风险管理者还要考虑其他因素，如成本-效益分析，这会影响保护公众健康有关的标准的制定水平。实际上，制定管理性标准是风险管理活动的内容之一，标准的制定过程中会与利益相关方进行对话和交流。所以，风险描述扩展后的概念与风险管理活动有很多相似之处。如上所述，人们越来越要求以风险评估为基础制定管理性标准，并且可以通过基本风险（没有管理要求时）和允许风险（有管理要求时）评估间的比较来支持管理措施。

开展全面的风险评估所需的信息和数据是很难全部得到的，但由于多种社会、伦理和政治原因，在此情况下仍需要进行风险评估工作。此时，管理当局可以通过修改的程序来制定管理性标准，如定性评估、安全评估、最坏情况分析及其他方式，采用这些方法可能会造成强制实行某些与降低公众健康风险并无直接关联的标准。由于食品安全的决策越来越基于风险状况，风险评估将代替这些特别但可能有效的方法，因此风险评估者应更加慎重地选择所采用的数据、假设前提和方法学等。随着人类社会的食品体系由简单降低危害暴露向保护公众健康（以风险为基础）的转变，风险评估的方法学显得越来越重要。

制定食品安全标准是管理当局的工作之一。食品安全标准规定不同食品中危害因子的限量水平，为消费者的健康和安全提供合理保护。例如，食品微生物方面的食品安全标准规定食品中一系列病原体的分布水平（USDA，1999），这种规定是基于“最坏情况”的考虑。在化学物质方面，食品安全标准规定食品中某一危害因子的含量应低于限量值。

为了保证在科学基础上制定“安全”标准，标准制定者应了解剂量-反应关系，或者危害因子在不同人群中的最高无害摄入剂量。可以通过食源性疾病调查来推测出食品微生物的最小“显性感染剂量”。真实的“感染剂量”受许多因素的影响，不可能直接测量，也很难进行估计。而对所用人群来说，也不存在真实的“感染剂量”，因为不同人群的剂量是不同的，而且感染剂量与人们所处的具体情况有关。从这种意义上讲，感染剂量依赖于特定环境，如健康成人与免疫缺陷或刚服用抗生素的人群的感染剂量不同。此外，食品基质会影响剂量-反应关系。由于在含脂类基质中细菌的存活能力强，因此在同一剂量下含脂类食品可能比非脂类食品致病的概率高。但在缺乏剂量-反应关系相关知识的情况下，一些管理机构根据专家判定的最敏感人群的“感染剂量”来保守地制定食品安全标准。当获得新的数据时，这些标准应被修订，如大肠杆菌 O157：H7 的标准比以前更严了，因为通过最近的事件，人们认为该病原体可能具有高毒性，显然它在低剂量时就能够致病，甚至引起敏感人群的死亡。

近期对风险评估方法的关注更多在于关注风险管理对风险评估过程的影响。虽然为了确保风险评估科学的独立性，风险评估和风险管理在功能上独立是必要的，但是我们必须明白风险评估和风险管理者在建立风险分析范畴的过程中相互交流是十分必要的，特别是在风险预测问题形成阶段。通常正式的风险评估程序从最初的必要性考虑开始到客观的评估结束。但在管理者、风险评估者和科学团体也常常存在非正式的主观意愿的风险评估。从最初考虑到正式的风险评估的这个过程称为问题的形成（或风险预测）（Renwick et al.，2003）。这是一个促进风险评估者和风险管理者之间认知的交互过程，在这个过程中他们与其他利益相关方之间的交流也非常重要。风险预测主要描述食品安全问题和它的内涵，以甄别与风险管理相关的危害或风险因素。因此，风险预测包括识别优先考虑的危害，建立评估政策，设立可接受的风险水平和管理措施等。典型的风险预测包括以下几个方面：简要描述状况、涉及的产品或商品；预期的影响（如健康、经济）和可能的后果；消费者对风险评估的认知；风险和利益的描述。

风险预测后要制订出风险评估过程的计划，这个计划可能会随着风险评估进程而做出调整。理想的风险预测应包括：①满足风险管理者需要的风险描述需要回答的问题；②决定需要和可以利用的资源；③完成评估的时间框架。

3. 风险交流　确保风险分析有效的一个至关重要的因素是公众要对此感兴趣并有积极性。保证食品安全的责任需要每个人的努力，每个人都有义务、有责任消除各种危害，社会中的每个人都应清楚地了解和参与到风险及其管理工作中，这个过程就是风险交流的过程。

风险评估技术性高，同时也伴随着争议，对评估结果进行交流是有困难的，依据风险评估结果制定的决策也可能是争议性的。如前文所述，1983 年的 NRC 文件并没有包括风险交流部分。由于风险评估的复杂性、评估结果的不确定性、决策涉及利益的广泛性等原因，各利益相关方和风险分析专家之间可能互不信任。

1996 年美国国家研究委员会以一种创新的方式解决上述问题。风险描述的概念得到扩展，不仅仅限于 1983 年 NRC《食品安全风险评估工作指南》中归纳的风险评估相关的数学模型和统计分析。1996 年，NRC 的代表把风险描述构想为驱动决策的活动，以“促进实际理解和阐述实际选择”，这样，利益相关方应在风险评估开始时即参加进来。扩大后的风险描述包括了风险的社会、行为、经济、民族等方面。为了让风险描述与所有利益相关方都有关，NRC 的风险描述不仅包括了分析部分，还增加了“协商”部分。这样，风险描述是一个“分析-协商”的过程。

扩大化的风险描述被新定义为：风险描述是某一危害情况相关信息的综合和归纳，反映决策者和相关组织的需求和兴趣，风险描述是决策的前奏，依赖于一个交互式的分析-协商过程。此时，风险描述已经不属于风险评估的范畴，或者也不再属于风险评估的倡导者或管理者的管理范畴之中，而且风险描述已经成为一个公共或政治过程。除了“分析-协商”这一术语，NRC还引进了术语——“交互式”，该术语意味着风险描述是参与者之间交流沟通的过程，并及时更新风险评估结果。上述定义意味着风险描述是一个内容全面并持续进行的过程。

“协商”包括交换观点、意见，反馈他人意见等内容。1996年，NRC把“协商”正式定义为：任何为促进交流和综合考虑问题的正式或非正式过程。“协商”包括两个阶段：第一阶段，在开始风险评估时就应明确所评估的情况，所有利益相关方都应包括在该评估的大环境中；第二阶段，应对风险评估的结果系统而明确地进行说明。1996年，NRC详细讨论了“协商”过程的原则和可能的困难。

在协商过程中，争议和矛盾是固有的。NRC并不鼓励删减分析-协商过程，而且当需要进行更多的分析时应及时进行协商。实际上，在风险评估的过程中，持续进行的监测能够保证风险评估中采用的假设条件和理论的正确性，从而保证最初决策的正确性（但风险评估往往是明确界定而时间有限的项目）。NRC倡导的决策驱动过程可能会在分析开始时制定决策内容框架，但该框架不应局限于风险评估的结果。从某种意义上讲，风险评估需要有一个明确的分界点以制定决策。决策制定后，风险评估可以更新，或者几年后重新进行。

这个扩展的风险描述概念改变了风险分析的框架。可以把风险描述和风险交流都用第一字母表示，简写为“RC”，这表明风险交流是风险描述的本质。

延伸阅读

风险评估与HACCP

危害分析和关键控制点（HACCP）体系作为食品生产、加工、流通和制备系统中的风险管理策略，正在全世界范围内实施并逐步发展。HACCP体系包括对过程中关键控制点（CCPs）的识别。美国联邦管理法把关键控制点定义为：“食品加工过程中的一个点、环节或程序，通过控制它能够预防、消除或把危害降低到可接受水平”。风险管理者确定安全的允许水平，从而保证食用该食品（安全的或者没有掺假）不会给消费者造成伤害。美国农业部（USDA）赞成把HACCP作为管理工具，以便正确分配责任并赋予食品加工过程灵活性（USDA，1996，1999）。这样，在HACCP管理系统下，企业需要识别CCPs，并建立针对CCPs的“控制限度”，这些“控制限度”用来评价该过程的有效性，即加工过程是否在控制中进行，从而保证产品安全。因此，HACCP可以看作是风险管理和过程控制的综合体。

在风险评估的第一要素（危害识别）和HACCP（危害分析）之间存在相似之处。风险评估能够阐明某一加工过程中的可能风险。在HACCP系统下的“安全”标准可能不是以风险为基础，而且对“安全”产品的判定往往是主观的，一个普遍的观点认为简单的“降低暴露量”就足以提供“安全”产品，这种观点会让人们觉得某产品中偶然检测到危害因素并不意味着该产品是不“安全”的，即加工过程只是将暴露量降低到可接受水平，而不是将风险降到最低。

根据HACCP的管理原则，一旦制定了食品安全标准，企业就必须制定相应的加工程序以符合食品安全标准的要求。事实上，企业可能并未制定保证产品“安全”的加工程序，因此除了 HACCP 体系的要求之外，美国管理当局还制定了特定控制环节的允许“加工效果”（USDA，1999）。例如，热处理控制环节的“加工效果”目标是要求经热处理后原料中的某一病原体降低了某一数量级。风险评估能够准确将生产过程模型化，包括储藏、热处理、冷处理等过程，从而为企业确定 CCPs 及其目标提供有用信息。通常，良好的风险评估能够帮助企业更好地以食品安全标准为基础设计加工工艺及加工过程。实际上，一个完整的风险评估可以为不同的加工情况提供风险及相关不确定性的评估，并以此为基础制定 CCPs 及其控制限度（Zwietering and Hasting，1997）。风险评估和 HACCP 的共同发展对制定以风险为基础的食品安全标准至关重要，这些标准不仅仅是要降低暴露量，而且要降低风险。

第三节　食品安全风险预测

一、食品安全风险预测概述

风险预测是联系风险管理和风险评估的纽带。对于风险预测，不同的组织有不同的定义。在《新西兰食品监管：食品安全的风险管理框架》中，将风险预测定义为：每一个风险评价都应建立与其条件相适应的风险预测，这种预测将对特定食品安全之内的活动做出安排，为进一步行动提供尽可能多的信息。风险预测包括为了帮助建立食品安全的优先领域，收集尽可能多的关于可能的风险的内容和属性等信息，并形成风险评估的政策。如果可利用的信息提示与特定危害或状况相关的风险是可以忽略的，风险管理者可以立即决定终止进行风险评估和风险消减措施。但是，如果提示对人体健康有极高的风险，风险管理者即便在没有更进一步信息的前提下也应采取严格的卫生措施。很显然，风险预测具有在可利用的数据基础上进行内部定性风险评估的特征。风险管理者和风险评估者在非正式的环境中联合工作，处理与食品安全状况相关的认知、社会价值的信息，以及风险和利益的分配等。鉴于风险预测将强烈影响后续的风险管理活动，在整个过程中，保持与各利益相关方适度的交流尤为重要。而且是否委托开展定量风险评估将很大程度取决于风险预测的结果。

WHO/FAO 则认为风险预测是描述食品安全问题及其内涵的过程，以识别各种风险管理需要决定的相关风险或危害的要素。风险预测应该包括危害优先顺序、建立风险评估政策，以及与安全标准和管理措施选择等相关的风险等。典型的风险预测有以下主要内容：对相关产品、商品和状况的简要描述，期望取代风险的代价（如人体健康、经济），潜在的后果，消费者对风险的认知，以及风险和利益的分布等（WHO/FAO，1997）。国际食品法典委员会在相关的文件中对风险预测也有阐释，如微生物风险管理的原理和原则（国际食品法典食品卫生委员会，2000）。

以加拿大食品检验署为 WHO 提供的咨询文件（《食品中微生物危害风险评估者和管理者之间的协商》）中关于风险预测的内容作为风险预测的模板，总结出风险预测应具有如下特征：包含对状况描述的监管信息；商品（尽可能包括分布、市场）的描述、致病因子、暴露量、食品安全情况（如特定的加工、储藏、消费模式）；潜在风险代价（人体健康，也可以包括经济价值、文化和宗教等）；风险的分布（如谁是风险制造者？谁从风险状况下获得利益？谁将承担风险?)；影响风险管理策略的商品/危害因子组合的特性；风险管理者对风险制造者和风险承担者特性的了解；当今状况下的风险管理实践；公众对风险的认知，如果存在国际协议，对风险局势是否有影响。

对于微生物而言，风险预测还应包括食物链的各个节点中危害的流行和浓度数据、食物链中影响危害水平的因素、暴露人群的监测数据、风险认知和消费者价值观，以及可能采用的风险管理措施的潜在后果等。风险预测应该文件化，以有利于风险管理者判断食品安全状况是否需要优先处理，为进一步行动提供决策。

二、食品安全风险预测的过程

对特殊食品/危害组合的风险预测可能是风险评估和（或）启动风险管理活动的第一步，其目的是为了在一种特定的食品安全背景下确认问题，并且给进一步的行动提供定性的资料。

风险预测是风险管理的基础，国际社会已经充分认识到风险预测的重要性，加拿大、丹麦、澳大利亚和新西兰等国家已经开展了相关的活动，并作为食品安全综合战略的一部分，因为只有对当前所有的风险都考虑的情况下，对风险进行排序的决策才有实质意义。

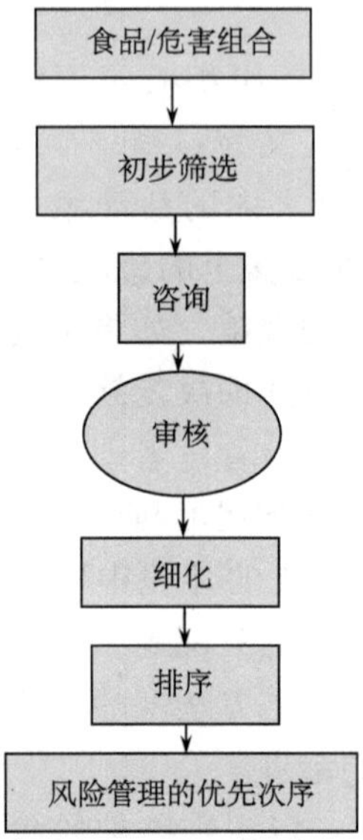

图 11-2　风险预测流程图

完成一个风险预测需要大量的时间和精力，但它并不是给每一个食品/危害组合做一个详细的预测。新西兰根据已有数据，对食品中可能的危险物做了预先的筛选，形成了食品/危害组合的可能清单，以便进一步检视对新西兰人可能造成的食源性危害，并且进行详细的危害预测。利益相关者和专家之间的协商将会为这些决策提供支持。在该过程中，他们会在食品/危害组合的清单中加入一些新的东西，这些新东西可能是基于利益相关者对风险的认知，社会价值的意义或者国际贸易环境的重要性。

食品安全与消费者息息相关，并与很多的监管机构和利益相关方相联系，有效的食品安全综合战略必须有各方的参与并达成一致，而风险预测则是实现这种战略的基础，是有效开展食品安全管理的基础。图 11-2 描述了风险预测的流程。下面以新西兰的风险预测为例进行方法说明。

（一）风险预测流程

根据已有的科学依据，将微生物危害和食品供应分类，对风险进行预先的筛选，形成了食品/危害组合的可能清单。

1. 食品/危害组合的初筛查

1）食品/危害组合名单的确定

（1）当地某些食品是现行的重要风险传播明确的载体。有证据显示该危害对健康的不利影响，也有支持食源性传播和食品是确证的媒介的资料。

（2）当地某些食品是现行的重要风险传播可疑的载体。有证据显示该危害对健康有不利影响但食源性传播的媒介仅仅是可疑的，而可疑食源性媒介存在该食品，但是这些食品却与病例没有联系。

（3）没有证据证明当地某些食品是现行的重要风险传播可疑的载体，但有国外食源性传播的证据。

2）可疑的当前风险　有证据显示某种特定食品存在危害，但却没有可用的资料显示该食品与不利的健康有关。缺乏不利健康影响的资料可能不是因为没有不利的健康影响而是因为缺乏监测。

3）其他因素　还应考虑食品或危害物在国际贸易环境中的重要性，或是利益相关者的担忧。

2. 咨询　咨询的主要目的是为了在该过程中获得一致的认同，并且发布食品/危害组合的名单。该名单的内容将会增添和（或）改变。

3. 审核　审核和接受风险预测的食品/危害组合名单。希望优先预测的食品/危害组合的数量是可控的；否则有必要进行进一步的筛选操作。

4. 细化　风险预测的食品/危害组合名单一旦确定，需要进一步收集相关信息，包括：危害信息；食品信息；食品消费信息；该食品的工业生产；国内该食品供应引起危害的更多的信息；危害对人体健康产生不利的影响的国外资料（如可能，具体到特定食品），以及该食品危害发生率；该食品危害对经济影响的不利结果的信息和社会方面影响。

在着手一项风险预测之前，应该查阅有关已公布的危害风险评估及在其他地方实施的食品/危害组合的文献。根据这些文献的时间段，可为风险预测各个部分提供有用的资料。

1）危害信息　除了风险预测中包含的食物/危害组合外，每一个危害的信息均要组合。这些信息将作为危害数据表的一部分。数据表包括危害感染可能产生的各种健康结果。

2）食物信息　核对各种食物的信息。微生物生长的食物基本信息是最有用的，同时也要收集食物加工信息、食物消费形态和能与食物结合的成分信息等。

3）食物的消费信息　基本的食物消费数据。可来自全国的营养调查、寿命调查、典型的膳食调查、国家卫生计生委、营养学会等。

4）食品工业生产　由国家统计局和食品工业协会处可以得到许多详细信息，包括企业和雇员数字。食品商品供应链信息可以通过工业资源获得。产品数量和加工信息，尤其是微生物病原体活性控制信息对风险预测是很有价值的。

5）国内食物供应引起危害的信息　国内和进口食品监管项目，食源性疾病和食品投诉项目可以提供更多有用信息。工业资料，如微生物数据库的信息，也可以为一些食物种类提供更多信息（肉、乳品、家禽类）。

6）危害对人体健康产生不利影响的国外资料（如可能，具体到特定食品），以及该食品危害发生率　此类信息可通过科学文献和国外监管局监测项目收集。英国、美国和新西兰传染疾病监测项目可以提供有用的比较，从而找出食物媒介。

7）食品危害对经济影响不利结果的信息　评估食物/危害组合对经济不利作用似乎是一个新的课题。有一些国家，如新西兰、美国和澳大利亚已经发布了食源性危害导致的感染性疾病造成的经济花费的全面评估，但是并没有区别不同食物媒介之间造成的损失。由于经济评估方法的差异，不同国家之间经济花费的比较需要慎重。

8）社会因素　风险预测也要包含调查食物的文化和社会因素。某些特定食物可能会对社会、文化和民族有特殊重要性或对其产生益处，这些信息在风险管理时要优先考虑。消费者对食物安全危害的反应也是应考虑的因素。也需要衡量风险和利益间的关系，包括其中特殊的“高危”人群的因素。

5. 风险排序　一旦对各种食物/危害组合的风险预测已经完成，就需要对这些组合进行风险排序。排序的依据是来自风险预测的科学、客观的数据，但这些数据利用程度不一定是同等的。在国外和国内，这部分的各类信息是有限的，因此发展和收集有效的信息将会是这一领域及相关领域的亮点。

普遍认为风险预测的可用数据是不完整的，仅仅是将食品/危害组合在较大的危害范围内进行初分，分成高、中和低三类风险。

当一个食品/危害组合被认为是低风险时，需要更深入的研究，或者不再列入优先进行风险评估和风险管理的范畴。排序的标准主要应考虑下列因素。

1）*人类健康影响*　食品安全风险主要是以人类的死亡率和发病率作为标准进行排序。尽管有些项目已经对感染了由食源性病原体引起的传染性肠道疾病的病例数量进行了估计，但是并没有具体到传染媒介中的某个食品。因此，最初的风险排序只能依据所有食品种类（或者至少是通常与某种特定危害相关的食品种类）的危害进行尝试。

对人类健康方面的风险排名最基本的就是要决定是以病例数量为基础还是以结果的严重性为基础来决定优先次序。例如，导致高致病数，但结果不严重的风险与低致病数，但是结果很严重的风险应该怎么分级呢？其中的一个选择是考虑这些事例造成的经济损失，因此就要提供一个可供对比的通用计量单位。

2）*经济影响*　应评估各种传染性肠道疾病和食源性成分对经济的影响。特别应注意单个的食品/危害组合上的经济影响。

关于人类健康危害的经济分析应考虑直接和间接的医疗费用，由于生病而损失的生产量和失去的休闲时间，以及寿命统计的经济价值。此外，还应根据死亡年龄来调整死亡成本。例如，一个老年人的死亡与一个年轻人的死亡可能会有不同的价值，因为在这个分析中，所有的死亡都被认定为具有相同的价值。

评估可能没有包括由于感染肠道等引起的长期性疾病而导致生活质量降低的价值。而这可能是一项很重要的成本，尤其是那些后遗症费用很高的疾病，如感染了产志贺氏毒素大肠杆菌。

把危害健康赋予经济价值是在发展过程中的一种有效政策工具，在考虑公众健康活动的收益与经济费用时这类信息是必不可少的，并且仅关于人类健康影响的数据是不够的。尽管有些组织可能不赞同对人类的死亡和生病赋予经济价值，但是不这样考虑则会严重限制政策选择的分析（Kuchler and Golan，2000）。

对风险进行排序的其中一个方法就是计算伤残来调整寿命年龄或者计算生活质量调整寿命年龄（DALY 或 QALY）。这些等级的基础就是健康寿命损失年限的概念，这一概念中包括了死亡率和发病率的影响。死亡率就是损失的寿命的数量，而发病率可以认为是在生病和可能发生的慢性病后遗症期间所减少的生命价值。“严重程度”可以在 0～1 之间取值，它可以用来衡量某种特定的疾病对个人或公众健康的影响程度。

这种分析类似于进行的经济研究，但是没有调用金融价值这一概念。一项关于荷兰人口中感染了大肠弯曲杆菌的伤残调整寿命年龄（DALY）值的分析已经完成了（Havelaar et al.，1999）。

可能包括的对经济不良影响的因素还有：特定食品危害控制相关的农业和工业的成本；特定食品危害发生控制的出口商成本。

3）*数据的可靠性*　任何一项根据风险进行排序都需要考虑到所采用的数据的可靠性。这就包括了数据的年代、来源，以及是否存在需要进行额外的研究来补充的数据缺陷。

6. 风险管理的优先次序　风险管理中食品/危害组合的优先次序应该被认为是与风险

排序不同的一个独立过程。可能会存在许多决定风险管理中最高优先权的因素（单独的或复合得因素）。例如，是否能够将费用控制在合理的范围内是影响进一步步骤的主要问题。尽管死亡率和发病率可能是风险排序的最重要参数，但是在随后的风险管理活动中可能就不是了。正如前面介绍中所阐述的，风险排序只会考虑当前存在的食品/危害组合，而不会考虑调控措施的改变引起的潜在影响。

风险预测所包含的信息应该能够表示与特定的食品相关的问题的严重程度，以便于风险管理能够达到既定的目标。这些信息应该可以充分证明进行风险管理的及时行动是合理的。如果风险预测的信息不充分以致不能采取行动，这时就要进行定性或定量的风险评估。

我们一定要清楚风险管理（最优的行动）的优先次序与随后要采取的实际的风险管理行动是两种不同的活动。

对于潜在的控制途径要进行深入细致的分析，因为有很多有效的控制途径可以用来管理食品/危害组合产生的风险。这些可能都基于消费者、食品工业和监管机构的水平。

危害管理途径大致包括：进行定性或定量的危害评估；启用公共健康应急措施控制突发事件；采取公共健康预防措施预防问题的发生及其危害；就危害与食品企业或消费者进行直接交流（可能包括通过交流显示危害很低，没有有必要采取措施）。

一些危害可能在食品工业区就得到很好的控制，而大多数疾病的发生是家庭处理不当产生的，在这种情况下，直接针对消费者进行控制是非常有效的。

新西兰主要的食品安全的控制焦点是食品工业自愿或强制执行的预防措施，它们是以HACCP为基础的食品安全体系。同时，实施许多以消费者为基础的措施，主要是公共健康服务提供者提供与食品安全、健康相关的服务。

7. 消费者感知和社会因素　消费者对来自一种特殊食品/危害组合的危害的感知可能会影响危害的管理。国外的经验表明，消费者感知食品安全危害通常是因为这个领域专家对食品危害排序的分歧（Fein et al.，1995；Frewer，1995；Fife-Schaw and Rowe，1996）。这可能使消费者很难在食品安全危害方面达成共识。然而，消费者参与食品安全的评估过程对于控制食品安全风险是非常有效的。

（二）食品/危害组合排序的基本模式

任何关于危害的等级标准都主要是以危害本身为基础的，从单个食品媒介中得到暴露危害的相应信息只有很少量是可利用的。

食品/危害组合排序的基本模式有以下两种。

1. 第一种　第一种是以全部病例中死亡率和慢性病发病率作为微生物危害划分为高级、中级和低级的标准。

1）高级危害

（1）细菌：肉毒杆菌，大肠杆菌O157：H7，大肠杆菌［非O157产志贺氏毒素大肠杆菌(STEC)］，李斯特氏菌，伤寒沙门氏菌，霍乱弧菌，创伤弧菌。

（2）病毒：甲型肝炎病毒。

（3）原生动物：弓形虫。

2）中级危害　主要为细菌：弧菌，沙门氏菌属（不包括伤寒菌），结肠耶氏菌。

3）低级危害

（1）细菌：气单胞菌属，弧菌，蜡样芽孢杆菌，枯草芽孢杆菌，产气荚膜梭菌，大肠杆菌（其中的致病菌，产志贺氏毒素大肠杆菌），假单胞菌，志贺氏菌，金黄色葡萄球菌，链球菌，副溶血性弧菌。

（2）病毒：诺瓦克和诺瓦克样病毒，其他（如轮状病毒）病毒。

（3）原生动物：贾第虫，隐孢子虫，其他（如内变形虫）原生动物。

2. 第二种　第二种是基于危害感染的经济结果对这些食品/危害组合进行分类。这些评估只涵盖了上述的一部分食品/危害组合。按照对经济影响的程度进行如下排序。

（1）高级危害：李斯特菌，大肠杆菌 O157：H7，伤寒杆菌，甲型肝炎病毒。

（2）中级危害：空肠弯曲菌，大肠杆菌，非伤寒沙门氏菌，小肠结肠炎耶尔森氏菌。

（3）低级危害：诺瓦克和诺瓦克样病毒，蜡样芽孢杆菌，枯草芽孢杆菌，产气荚膜梭菌，金黄色葡萄球菌，志贺氏菌。

风险预测作为食品安全战略的一部分将是非常重要的。只有分析了所有当前的风险，才能进行分级和设置优先次序。世界各国都已经充分认识了风险预测的重要性，加拿大、丹麦和澳大利亚在风险预测方面的研究成果和体系是比较好的。

食品安全影响着消费者，并且安全控制涉及大量的机构和利益相关者。为了保证有效性，一个全面的策略是要求同这些相关机构商讨并达成一致。风险预测过程将为有效的食品安全风险管理策略奠定基础。

本章小结

风险分析是对引起不良后果的事件进行分析和评估，国际食品法典委员会定义风险分析为由风险评估、风险管理和风险交流组成的一个过程，并于 2006 年对风险评估、风险管理、风险交流进行了明确定义。

风险分析框架系统阐述了风险分析的过程，清晰告知了风险分析的三个部分的功能和三者之间或相互之间需要信息交换。在风险分析框架内，风险评估与风险管理的相对独立是确保风险评估结果的科学、客观的前提。

风险预测是联系风险管理和风险评估的纽带，其重要性已经被充分认识并在加拿大、丹麦、澳大利亚和新西兰等国家开展了相关研究和预测工作。风险预测包括食品/危害组合的初筛查、咨询、审核、细化、风险排序、风险管理的优先次序、风险预测考虑的食品/危害组合清单、食品/危害组合排序的基本模式等过程。对于微生物而言，风险预测还应包括食物链的各个节点中危害的流行和浓度数据、食物链中影响危害水平的因素、暴露人群的监测数据、风险认知和消费者价值观，以及可能采用的风险管理措施的潜在后果等。

思考题

1. 基本概念

风险、危害、风险分析、风险评估、风险管理、风险交流、风险预测、风险描述、暴露评估、危害识别

2. 如何理解风险分析框架的基本框架及风险评估、风险管理、风险交流的关系？
3. 食品安全风险管理的程序和一般原则是什么？
4. 风险评估在风险分析中的作用有哪些？
5. 食品安全风险预测的一般过程和基本方法是什么？
6. 风险分析发展历史对于我国食品安全风险管理有哪些启示？

第 12 章 食品安全管理体系

第一节 概 述

食品安全管理与控制应该涵盖“从农田到餐桌”食品供应链的所有方面，发展食品生产、加工、储运、包装等各环节的安全技术，建立对食品安全全程控制的技术体系，完善全程监测与控制网络体系是保障食品安全的基本措施。食品安全质量控制体系的建立将有助于更加可靠、快速地提高食品中主要污染物残留控制技术，提高食品生产、加工、储藏、包装与运输过程各环节的安全性。同时，通过食源性危害危险性评估技术与产品溯源制度，构建包括从生产环境到食品安全在内的完整监控网络体系，从根本上提高我国的食品质量安全(谢明勇和罗绍军，2009；臧大存，2011)。

食品企业在生产前由定点环境检测机构对食品产地环境质量进行监测和评价，以保证生产地域没有遭受污染；生产过程中，由质量检测机构派检查员检查生产者是否按照食品生产技术标准进行生产，检查生产企业生产资料的购买及使用情况，以证明生产行为对产品质量和产地环境质量是有益的；产后由法定食品安全监测机构对最终产品进行监测，确保最终产品质量。

要最大限度地提高我国农产品与食品的质量安全，就要着眼于把食品质量和安全建立在食品生产从种植（养殖）到消费的整个环节。在这个“从农田到餐桌”链条中的每一个环节中潜在的危害可以通过应用良好操作规范加以控制，如良好农业规范（GAP）、良好操作规范（GMP）等。目前，危害分析和关键控制点（HACCP），作为一种国际公认的预防性的质量安全管理体系，已成为提高食品安全性的一个重要的基本工具。通过 HACCP 对主要的食品危害，如微生物、化学和物理污染的控制，食品工业可以更好地向消费者提供消费方面的安全保证，降低食品生产过程中的危害，从而提高人民的健康水平。食品企业要通过 HACCP 认证等提高并完善食品安全管理体系，从而保证进入市场的食品质量安全符合要求。

国家从技术、规划、发展等方面提供支持，只有这样才能对“农田到餐桌”全过程实行控制和管理，形成严密的食品质量安全网络组织体系。本章将具体介绍一些主要的食品安全管理体系。

第二节 良好操作规范

一、良好操作规范的产生和发展

（一）良好操作规范概念

良好操作（生产）规范（good manufacturing practice，GMP），是一种注重制造过程中产品质量和安全卫生的自主性管理制度。GMP 的特点是将保证产品质量的重点放在成品出厂前整个生产过程的各个环节上，而不仅仅是着眼于最终产品，其目的是从全过程入手，从根本上保证产品质量。

良好操作规范在食品中的应用，即食品 GMP，主要解决食品生产中的卫生质量问题。食品 GMP 包括了食品生产、加工、包装、贮存、企业的基础设施、加工设备，人员卫生、培训、仓储与分销，环境与设备的卫生管理。它要求食品生产企业应具有良好的生产设备、合理的生产过程、完善的卫生与质量管理制度和严格的检测系统，以确保食品的安全性和质量符合标准。食品 GMP 作为目前国际上获得一致认可的食品安全控制体系，已成为食品加工质量控制和安全保障最有效的体系之一。

（二）良好操作规范的由来

良好操作规范的产生来源于药品生产领域，它是由重大的药物质量安全问题作为催生剂而诞生的。1937 年美国一位药剂师配制的磺胺药剂引起 300 多人急性肾衰竭，其中 107 人死亡，原因是药剂中的甜味剂二甘醇进入体内后的氧化产物草酸导致人体中毒。美国于 1962 年修改了《联邦食品、药品和化妆品条例》，将药品质量管理和质量保证的概念作为法定的要求。美国食品药品监督管理局（FDA）根据这一条例的规定制定了世界上第一部药品的 GMP，并于 1963 年由美国国会第一次以法令的形式予以颁布，于 1964 年在美国实施。1967 年 WHO 在出版的《国际药典》附录中对其进行了收载。

1969 年美国食品药品监督管理局将 GMP 的观点引用到食品的生产法规中，以联邦法规的形式公布了食品的 GMP 基本法《食品制造、加工、包装、储运的现行良好操作规范》。该规范包括 5 章，内容包括定义、人员、厂房及地面、卫生操作、卫生设施与控制、设备与用具、加工与控制、仓库与运销等。WHO 在 1969 年第 22 届世界卫生大会上，向各成员国首次推荐了 GMP。1975 年 WHO 向各成员国公布了实施 GMP 的指导方针。国际食品法典委员会（CAC）制定的许多国际标准中都包含着 GMP 的内容，1985 年 CAC 制定了《食品卫生通用 GMP》。一些发达国家，如加拿大、澳大利亚、日本、英国等都相继借鉴了 GMP 的原则和管理模式，制定了不同类别食品企业的 GMP（曲径，2011）。

（三）食品 GMP 的原理和内容

GMP 实际上是一种包括 4M 管理要素的质量保证制度，即选用规定要求的原料（material），以合乎标准的厂房设备（machine），由胜任的人员（man），按照既定的方法（method），制造出品质既稳定又安全卫生的产品的一种质量保证制度。因此，食品 GMP 也是从这 4 个方面提出具体要求，其内容包括硬件和软件两部分。硬件是食品企业的环境、厂房、设备、卫生设施等方面的要求，软件是指食品生产工艺、生产行为、人员要求，以及管理制度等，包括以下几方面。

1. 先决条件　包括适合的加工环境、工厂建筑、道路、地表水供水系统、废物处理等。

2. 设施　包括制作空间、储藏空间；适宜的人员组成等。

3. 加工、储藏、操作　包括物料购买和储藏；机器、机器配件、配料、包装材料、添加剂、加工辅助品的使用及合理性；成品外观、包装、标签和成品保存；成品仓库、运输和分配；成品的再加工；成品抽样、检验和良好的实验室操作等。

4. 食品安全措施　包括特殊工艺条件，如热处理清洗操作、污水管理、虫害控制；个人卫生的保障；外来物的控制、残存金属检测、碎玻璃检测，以及化学物质检测等。

5. 管理职责　包括管理程序、管理标准、质量保证体系；技术人员能力建设、人员培训周期及预期目标。

二、国内外主要 GMP

自美国实施 GMP 以来，世界上不少国家和地区采用 GMP 质量管理体系，如加拿大、日本、新加坡、德国、澳大利亚、中国台湾等积极推行食品 GMP 质量管理体系，并建立起有关法律法规。各国实施 GMP 管理体系的基本原则类似，具体措施大同小异，现以美国食品 GMP 为例将其要点简要介绍。

（一）美国食品 GMP

美国食品 GMP（21CFR part 110），此法规适用于所有食品，作为食品生产、包装、贮藏的卫生品质管理体制的技术基础，具有法律上的强制性。

1. 21CFR part 110 包括内容

A 分部——总则

110.3　定义

110.5　现行的良好操作规范

110.10　人员

110.19　例外情况

B 分部——建筑物和设施

110.30　厂房和场地

110.35　卫生操作

110.37　卫生设施及管理

C 分部——设备

110.40　设备和工器具

D 分部——（本节预留作将来补充）

E 分部——生产和加工控制

110.80　加工和控制

110.93　仓储与销售

F 分部——（本节预留作将来补充）

G 分部——缺陷行动水平

110.110　食品中对人体无害的天然或不可避免的缺陷

2. 21CFR part 110 的内容要点

110.10　人员

1）疾病控制　经体检或监督人员观察发现，凡患有或可能患有有碍食品生产卫生的人员不得进入车间。

2）清洁卫生　加工人员讲究卫生；穿着清洁、卫生的工作服、发网、帽子等；进入车间或手弄脏后要洗手、消毒；不将私人用品存放在加工区；不佩戴不稳固的饰物、不化妆；禁止在加工区内吃东西、吸烟、喝饮料等。

3）接受食品卫生、安全培训

110.30　场地与厂房

1）场地　食品厂四周的场地必须保持良好的状态，防止食品受污染。例如，场地清扫，杂草、害虫滋生地清除，垃圾处理，排水畅通。

2）厂房结构与设计

（1）面积与生产能力相适应。

（2）能够采取适当的预防措施防止外来污染物的潜在危害。

（3）结构合理，地板、墙面、天花板易于清扫，保持清洁和维修良好状况。

（4）人员卫生区、加工区照明充足，采用安全灯具。

（5）车间装有足够通风或控制设备，防止冷凝水下滴污染食品。

（6）必要之处设置虫害防治设施。

110.35　卫生操作

1）一般保养　工厂建筑物、固定装置及其他有形设施必须在良好卫生条件下进行保养，并保持良好状态，防止食品污染。

用于清洁消毒杀灭虫害的有毒物质应有供应商担保或证明书，必须遵守地方政府机构制定的有关使用或存放这些产品的一切有关法规。

2）虫害控制　食品厂的任何区域均不得存在任何动物或害虫。

3）食品接触面的卫生　所有食品接触面都必须尽可能经常地进行清洁。使用消毒剂必须量足、有效而且安全。经清洗干净的可移动设备及工器具存放适当地方，防止受到污染。

110.37　卫生设施及管理

1）供水　供水满足预期的作业使用要求，水源充足，水质安全、卫生。

2）输水设施　输水设施的尺寸、设计及安装得当，维护良好，能将充足的水送到全厂需要用水的地方。确保排放废水或污水和管道系统不回流，不造成交叉污染。厂里污水、废水排放畅通。

3）污水处理　排污系统适当。

4）卫生间设施　足够的、方便进出的卫生设施，设有自动关闭的门，门不能开向食品车间，保持卫生，设施处于良好状况下。

5）洗手设施　洗手设施充足而方便，厂内的每个地方都提供洗手和消毒设施，非手动水龙头，并提供适当温度的流动水，且设有标示牌。

110.40　设备及工器具

工厂的所有设备和用具，其设计、采用的材料和制作工艺，必须便于充分的清洗和适当的维护。使用时不会造成润滑剂、燃料、金属碎片、污水或其他污染。

接触食品表面的接缝必须平滑，维护得当。

凡是用来贮存和放置食品的冷藏、冷冻库都必须装上能准确表明室内温度的温度计，自动测量装置及温度自动记录仪和自动报警系统。

110.80　加工和控制

食品的进料、检查、运输、分选、预制、加工、包装及贮存等所有作业都必须严格按照卫生要求进行，确保食品适合人们食用。

110.93　仓储与销售

食品成品的贮存、运输过程要防止污染。食品和包装材料不变质。

110.110　食品中对人体无害的天然或不可避免的缺陷

有些食品，即使按照现行良好操作规范生产，也可能带有天然的或不可避免的缺陷，这些缺陷在低水平时对人体健康无害。不得将含有高于现行缺陷水平的食品与其他食品相混合，不管该混合食品的缺陷水平的高低，这些混合食品均被认为属于条例所规定的劣质品。

（二）我国实施食品 GMP 的情况

我国食品行业 GMP 的建立始于 20 世纪 80 年代。1994 年，卫生部参照国际食品法典委员会 CAC/RCP Rev. 2—1985《食品卫生通则》，并结合我国国情，制定了国家标准《食品企业通用卫生规范》（GB14881—1994）。之后，又制定了《罐头厂卫生规范》《白酒厂卫生规范》等多项国家标准。一些食品 GMP 行业标准，如 SC/T 3009—1999《水产品加工质量管理规范》和 MH7004.2—1995《航空食品卫生规范》等也陆续发布，初步形成了我国食品行业 GMP 体系。2013 年 5 月，国家卫生计生委发布了《食品生产通用卫生规范》（GB14881—2013）。该标准将于 2014 年 6 月 1 日正式施行。新标准规定了食品生产过程中原料采购、加工、包装、贮存和运输等环节的场所、设施、人员的基本要求和管理准则，适用于各类食品的生产。相较于旧标准《食品企业通用卫生规范》（GB14881—1994），新标准强调了对原料、加工、产品贮存和运输等食品生产全过程的食品安全控制要求，并制定了控制生物、化学、物理污染的主要措施；修改了生产设备有关内容，从防止生物、化学、物理污染的角度对生产设备布局、材质和设计提出了要求；增加了原料采购、验收、运输和贮存的相关要求；增加了产品追溯与召回的具体要求；增加了记录和文件的管理要求；增加了附录《食品加工环境微生物监控程序指南》等。

为加强对我国出口食品生产企业的监督管理，保证出口食品的安全和卫生质量，原国家商检局于 1984 年制定了类似 GMP 的卫生法规《出口食品厂、库卫生最低要求》，该规范于 1994 年修改为《出口食品厂、库卫生要求》。1995～1996 年又陆续发布了 9 个出口食品企业注册卫生规范，包括：《出口畜禽肉及其制品加工企业注册卫生规范》《出口罐头加工企业注册卫生规范》《出口水产品加工企业注册卫生规范》《出口饮料加工企业注册卫生规范》《出口茶叶加工企业注册卫生规范》《出口糖类加工企业注册卫生规范》《出口面糖制品加工企业注册卫生规范》《出口速冻方便食品加工企业注册卫生规范》《出口肠衣加工企业注册卫生规范》。为了适应国际形势发展的要求，2002 年国家质量监督检验检疫总局（简称质检总局）颁发了《出口食品生产企业卫生注册登记管理规定》。该法规共包括三个附件，其中附件 2《出口食品生产企业卫生要求》以“出口食品卫生质量体系的建立”为核心内容，突出强调了食品生产加工过程中安全卫生控制，对出口食品生产企业提出了强制性的卫生要求，是我国出口食品生产企业的 GMP 通用法规。2011 年 6 月，质检总局颁布了新的《出口食品生产企业备案管理规定》以替代《出口食品生产企业卫生注册登记管理规定》。根据新规定，中国国家认证认可监督管理委员会（简称国家认监委）2011 年 9 月制定了《出口食品生产企业安全卫生要求》以取代原《出口食品生产企业卫生要求》。目前，《出口食品生产企业安全卫生要求》是我国出口食品企业必须遵循的卫生规范。

第三节 卫生标准操作程序

一、卫生标准操作程序

卫生标准操作程序（sanitation standard operation procedures，SSOP）是食品企业为了满足食品安全的要求，消除与卫生有关的危害而制定的在环境卫生和加工过程中如何实施清洗、消毒和卫生保持的操作规范，食品企业应根据法规和生产的具体情况，对各个岗位提出足够详细的操作规范，形成卫生操作控制文件。SSOP 实际上是 GMP 中最关键的卫生条件，是在食品生产中实现 GMP 全面目标的卫生生产规范，同时也是实施危害分析与关键控制点（HACCP）体系的基础。SSOP 的正确制定和有效实施，可以减少 HACCP 计划中的关键控制点（CCP）数量，使 HACCP 体系将注意力集中在与食品或其生产过程中相关的危害控制上，而不仅仅在生产卫生环节上。但这并不意味着生产卫生控制不重要，实际上，危害是通过 SSOP 和 CCP 共同予以控制的，没有谁重谁轻之分。

卫生标准操作程序的主要内容包括：与食品接触或与食品接触物表面接触的水（冰）的安全；与食品接触的表面（包括设备、手套、工作服）的清洁度；防止发生交叉污染；手的清洗与消毒，厕所设施的维护与卫生保持；防止食品被污染物污染；有毒化学物质的标记、储存和使用；雇员的健康与卫生控制；虫害的防治。

二、SSOP 应用

下面结合 SSOP 包括的主要内容，以果蔬汁生产加工的实际为范例，对果蔬汁生产加工过程中的卫生标准操作程序（SSOP）介绍如下（中国国家认证认可监督管理委员会，2003）。

（一）加工用水安全

1. 控制和监测

（1）加工厂内用水若取自可靠的城市供水系统，城市供水费单应表明水源是安全的。每年应按国家饮用水标准全项对水质分析检测一次。监测频率：每年一次。

（2）加工厂用水若取自自备水源（如地下水、冷凝水等），地下水水源应远离居民或其他有污染可能的区域 50m 以上，以防止地下水受到污染，每天须进行消毒，使其符合生活饮用水标准。每年榨季开工前或每年不少于两次全项目水质分析检测。监测频率：每年两次。

（3）储水压力罐应密封、安全，保证水源不受污染。对储水压力罐每年榨季开工前或每年不少于两次清洗、消毒。其程序为：清除杂物→水冲洗→200ppm[①] 次氯酸钠喷洒→水冲洗。监测频率：每年两次。

（4）由本厂质控部门每天进行一次余氯测定，余氯含量保持在 0.03～0.5ppm。每周进行一次细菌总数、大肠菌群检测。监测频率：每天一次或每周一次。

（5）加工厂的水系统应由被认可的承包商设计、安装和改装，不同用途的水管用标识加

① ppm 数量级为 10^{-6}。

以区分，备有完备的供水网络图和污水排放管道分布图，以表明管道系统的安装正确性。应对加工车间水龙头进行编号。监测频率：每次水管系统进行安装或改装。

（6）车间水龙头及固定进水装置（如有必要或装有软管的水龙头）应安装防虹吸装置。监测频率：每班生产前。

2. 纠正措施　对于（1）、（2）、（3）（指“1. 控制和监测”中的对应项，后同），城市供水系统、自备水系统发生故障，储水压力罐损坏或受污染时，企业应停止生产，判断何时发生故障或损坏，将本段时间内生产的产品进行安全评估，以保证食品的安全性，只有当水质符合国家饮用水质标准时，才可重新生产。

对于（4），水质检验结果不合格，质控部门应立即制订消毒处理方案，并进行连续监控，只有当水质符合国家饮用水质标准时，才可重新生产。

对于（5），如有必要，应对输水管道系统采取纠正措施，并且只有当水质符合国家饮用水质标准时，才可重新生产。

对于（6），不能使用未安装防虹吸装置的水龙头和固定进水装置（如有必要或装有软管的水龙头）。

3. 记录

（1）城市供水费单或水质检测报告。

（2）定期的卫生记录。

（3）储水压力罐检查报告和定期的卫生记录。

（4）水中余氯、细菌总数、大肠菌群检测记录。

（5）供、排水管道系统检查报告和定期的卫生记录。

（6）每日卫生控制记录。

（二）果蔬汁接触面的状况和清洁

1. 控制和监测

（1）车间内所有生产设备、管道及工器具均应采用不锈钢材料或食品级聚乙烯材料制造，完好无损且表面光滑无死角，车间地面、墙壁、果蔬池内表面应平滑，易于清洗和消毒。卫生监督员应对上述设备及设施进行检查，以确定是否充分清洁。监测频率：每月一次。

（2）果蔬汁接触面的清洗、消毒。①换班间隙，应将设备上的黏附物冲洗处理干净。每生产加工 24h，须对所有管道设备进行一次清洗消毒。清洗的步骤是：先用 85℃的热水将设备、管道清洗干净，再用浓度为 1%～3%的热碱液清洗，最后用 85℃热水清洗。清洗后水检测 pH 为 7 左右。卫生监督员在使用消毒剂前应对其种类、剂量、浓度等进行检查，并负责检查是否进行了清洗和消毒。监测频率：每班开工前。②加工用工器具每 4h 清洗消毒一次。清洗消毒步骤：水洗；100ppm 次氯酸钠溶液清洗；85℃热水清洗干净。卫生监督员负责检查消毒剂浓度，以及是否清洗和消毒过。监测频率：每班开工前或每 4h 一次。③脱胶罐、批次罐等每次排完料后，需用 85℃热水清洗消毒 20min 以上备用。卫生监督员负责检查是否清洗消毒。监测频率：每次清洗消毒后。④休息间隙，应用水冲洗地面、墙壁。每周对地面和墙壁进行一次清洗消毒。清洗消毒步骤是：水洗；400ppm 次氯酸钠溶液清洗；85℃热水清洗干净。卫生监督员负责检查消毒剂浓度和是否清洗和消毒。监测频率：每班开工前。

（3）员工应穿戴干净的工作服和工作鞋。捡果蔬工序的工作人员还应穿戴干净的手套和防水围裙。企业管理人员在加工区也应穿戴干净的工作服和工作鞋。卫生监督员应监督员工手套的使用和工作服的清洁度。监测频率：每班开工前。

2. 纠正措施 对于（1）（指“1. 控制和监测”中的对应项，后同），彻底清洗与果蔬汁接触的设备和管道表面。

对于（2），重新调整清洗消毒液浓度、温度和时间，对不干净的果蔬汁接触面进行清洗消毒。

对于（3），对可能成为果蔬汁潜在污染源的手套、工作服应进行清洗消毒或更换。

3. 记录

（1）定期卫生记录。

（2）每日卫生控制记录。

（三）防止交叉污染

1. 控制和监测

（1）原料果蔬不能夹杂大量泥土和异物，烂果率控制在5%以下。原料果蔬的装运工具应卫生。原料验收人员负责检查原料果蔬及其装运工具的卫生。监测频率：每次接收原料果蔬。

（2）车间建筑设施完好，设备布局合理并保持良好。粗加工间、精加工间和包装间应相互隔离。原料、辅料、半成品、成品在加工、贮存过程中要严格分开，防止交叉污染。监测频率：每班开工前或生产、贮存过程。

（3）卫生监督员和工作人员应接受安全卫生知识培训，企业管理人员应对新招聘的卫生监督员和工作人员进行上岗前的食品安全卫生知识操作培训。监测频率：雇佣新的卫生监督员或工作人员上岗前。

（4）工作人员的操作不得导致交叉污染（穿戴的工作服、帽和鞋，使用的手套，手的清洁，个人物品的存放，工作人员在车间的吃喝、串岗，工作鞋的消毒、工作服的清洗消毒等）：①进入车间的工作人员须穿戴整齐洁净的工作衣、帽、鞋；不得戴首饰、项链、手表等可能掉入果蔬汁、设备、包装容器中的物品；严禁染指甲和化妆。②工作人员应戴经消毒处理的无害乳胶手套，如有必要应及时更换。③开工前、每次离开工作台或污染后，工作人员都应清洗并消毒手或手套。④与生产无关的个人物品不得带入生产车间内。⑤工作人员不得在生产车间内吃零食、嚼口香糖、喝饮料和吸烟等。⑥各工序的工作人员不得串岗。⑦工作人员在进入加工车间之前，应在盛有200ppm次氯酸钠消毒液的消毒池中对其工作鞋进行消毒。⑧加工结束后，所有的工作衣、帽统一交卫生监督员进行清洗消毒。⑨每天保证对更衣室及工作衣帽用紫外灯或臭氧发生器消毒30min以上。⑩卫生监督员应及时认真监督每位工作人员的操作。监测频率：每班开工前或每4h一次。

（5）榨汁后的残渣应及时清除出生产车间。检出的腐烂果蔬、杂质等应放置于具有明显标志的带盖容器内，并及时运出车间。该容器应用200ppm次氯酸钠溶液进行消毒并用水冲洗净后方可再次带入车间使用。卫生监督管理员负责监督检查残渣、腐烂果蔬及杂质的清理情况和容器的卫生状况。监控频率：每班开工前或每4h一次。

（6）污水的排放：厂区排污系统应畅通、无积淤，并设有污水处理系统，污水排放符合环保要求。车间内地面应有一定的坡度并设明沟以利排水，明沟的侧面和底面应平滑且有一定弧度。车间内污水应从清洁度高的区域流向清洁度低的区域，工作台面的污水应集中收集，通过管道直接排入下水道，防止溢溅，并有防止污水倒流的装置。卫生监督员检查污水排放情况。监测频率：每班开工前或每 4h 一次。

(7) 车间内不同清洁作业区所用工器具，应有明显不同的标识，避免混用。卫生监督员应检查是否正确使用。监测频率：每班开工前或每 4h 一次。

2. 纠正措施　对于 (1)（指“1. 控制和监测”中的对应项，后同)，拒收带有过多泥土、异物及腐烂严重的原料果蔬。

对于 (2)，卫生监督员应对可能造成污染的情况加以纠正，并要评估果蔬汁的质量。

对于 (3)，新上岗的卫生监督员及员工应接受安全卫生知识培训和操作指导。

对于 (4)，工作人员在工作衣帽穿戴，发、须防护，首饰佩戴，手套使用，手的清洗，个人物品带入车间，车间内有吃喝现象，进入车间时工作鞋的消毒等方面存在问题时，监督员应对其及时予以纠正。

对于 (5)，清除残渣、腐烂果蔬及杂质。重新清洗消毒容器。

对于 (6)，请维修人员对排水问题加以解决。

对于 (7)，卫生监督员及时纠正工器具混用问题。

3. 记录

(1) 原料验收记录。

(2) 每日卫生控制记录。

(3) 定期的卫生控制记录和人员培训记录。

(4) 控制和监测中 (3)、(4)、(5)、(6)、(7) 项的每日卫生控制记录。

(四) 手的清洗、消毒及卫生间设施的维护

1. 控制和监测

(1) 卫生间应与更衣室、车间分开，其门不得正对车间门。卫生间应设有非手动门并应维护其设施的完整性。每天下班后须进行清洗和消毒。卫生监督员负责检查卫生间设施及卫生状况。监测频率：每班开工前或生产过程每 4h 一次。

(2) 车间入口处、卫生间内及车间内须有洗手消毒设施。洗手设施包括：非手动式水龙头、皂液容器、50ppm 次氯酸钠消毒液和干手巾（最好为一次性）等，并有明显的标示。应在开工前、每次离开工作台后或被污染时清洗和消毒手。卫生监督员负责检查洗手消毒设施、消毒液的更换和浓度。监测频率：每班开工前或生产过程每 4h 一次。

2. 纠正措施　对于 (1)（指“1. 控制和监测”中的对应项，后同)，重新清洗消毒卫生间，必要时进行修补。

对于 (2)，卫生监督员负责更换洗手消毒设施和更换、调配消毒剂。

3. 记录　每日卫生控制记录。

(五) 防止污染物的危害

1. 控制和监测

(1) 果蔬汁生产加工企业所用清洁剂、消毒剂和润滑剂应附有供货方的使用说明及质量合格证明，其质量应符合国家卫生标准，并须经质检部门验收合格后方可入库。卫生监督员负责检查包装物料的验收情况。监测频率：每批清洁剂、消毒剂和润滑剂。

（2）与产品直接接触的包装材料必须提供供货方的质量合格证明，其质量应符合国家卫生标准，并须经质检部门验收合格后方可入库。卫生监督员负责检查包装物料的验收情况。监测频率：每批包装材料。

（3）包装材料和清洁剂等应分别存放于加工包装区外的卫生清洁、干燥的库房内。内包装材料应上架存放，外包装材料存放应下有垫板、上有无毒盖布，离墙堆放。卫生监督员负责检查。监测频率：每天一次或4h一次。

（4）应在灌装室内安装臭氧发生器，必要时安装空气净化系统。于每次灌装前进行不低于半小时的灭菌。灌装间应通风良好，防止冷凝物污染产品及其包装材料。加工车间应使用安全性光照设备。卫生监督员负责检查。监测频率：每班开工前。

（5）设备应维护良好，无松动、无破损、无丢失的金属件，卫生监督员负责检查设备情况。监测频率：每班开工前。

（6）果汁灌装结束，应按不同品种、规格、批次加以标识，并尽快存放于0～5℃的冷藏库内。冷藏库配有温度自动控制仪和记录仪，应保持清洁，定期进行消毒、除霜、除异味。卫生监督员负责检查冷藏库的温度及卫生情况。监测频率：罐装结束或每天一次。

（7）生产用燃料（煤、柴油等）应存放在远离原料和成批果蔬汁的场所。卫生监督员检查。监测频率：每天一次。

（8）车间应通风良好，不得有冷凝水。监测频率：生产中每4h一次。

2. 纠正措施　对于（1）、（2）（指“1. 控制和监测”中的对应项，后同），无合格证明的清洁剂、消毒剂、润滑剂和包装材料拒收。

对于（3），存放不当的包装材料和清洁剂等应正确存放，对可能造成产品污染的情况加以纠正并评估产品质量。

对于（4）、（5），必要时进行维修。

对于（6），对违反冷库管理及消毒规定的情况，应及时加以纠正。

对于（7），生产用燃料（煤、柴油等）接近原料和成批果蔬汁时应及时纠正。

对于（8），车间通风不畅、集结有冷凝水时应加大排风换气。

3. 记录　控制和监测中（1）、（2）的清洁剂、消毒剂、润滑剂和包装材料验收记录，（3）、（4）、（5）、（6）、（7）、（8）的每日卫生控制记录。

（六）有毒化合物的标记、贮藏和使用

1. 控制和监测

（1）生产加工中（清洗用的强酸强碱、生产中和实验室检测用有关试剂等）使用的所有有毒化合物必须有生产厂商提供的产品合格证明或含有其他必要的信息文件。监测频率：每批有毒化合物。

（2）所有有毒化合物应在明显位置正确标记并注明生产厂商名、使用说明。贮存于加工和包装区外的单独库房内，须由专人保管。并不得与食品级的化学物品、润滑剂和包装材料共存于同一库房内。卫生监督员应检查其标签和仓库中的存放情况。监测频率：每天一次。

（3）须严格按照说明及建议操作使用。由专人进行分装操作，应在分装瓶的明显位置正确标明本化学物的常用名，并不得将有毒化学物存放于可能污染原料、果蔬汁或包装材料的场所。卫生监督员负责检查标识和分装、配制情况。监测频率：每次分装、配制、使用。

2. 纠正措施

(1) 无产品合格证明等资料的有毒化合物拒收，资料不全的应先单独存放，直到获得所需资料方可接受。

(2) 标记或存放不当的应纠正。

(3) 未合理使用有毒化学物的工作人员应接受纪律处分或再培训，可能受到污染的果蔬汁应销毁，分装瓶标识不明显时应予以更正。

3. 记录

(1) 定期的卫生控制记录。

(2) 纠正措施 (2)、(3) 的定期卫生控制记录。

(七) 员工的健康

1. 控制和监测

(1) 发现工作人员因健康可能导致果蔬汁污染时，应及时将可疑的健康问题汇报给企业管理人员。

(2) 卫生监督员应检查工作人员有无可能污染果蔬汁的受感染的伤口。监测频率：每天开工前或生产中每 4h 一次。

(3) 从事果蔬汁加工、检验及生产管理人员，每年至少进行一次健康检查，必要时做临时健康检查，新招聘人员必须体检合格后方可上岗，企业应建立员工健康档案。监测频率：每年一次或新招聘工作人员上岗前。

2. 纠正措施

(1) 应将可能污染果蔬汁的患病工作人员调离原工作岗位或重新分配其不接触果蔬汁的工作。

(2) 受伤者应调离原工作岗位或重新分给其不接触果蔬汁的工作。

(3) 未及时体检的员工应进行体检，体检不合格的，调离原工作岗位或不许上岗。

3. 记录　纠正措施 (1)、(2) 的每日卫生控制记录，(3) 的定期卫生控制记录。

(八) 鼠、虫的灭除

1. 控制和监测

(1) 加工车间、贮存库、物料库入口应安装塑料胶帘或风幕；车间下水管道须装水封式地漏，排水沟须备有不锈钢防护罩并在与外界相通的污水管道接口处安装铁纱网；车间的窗户、通 (排) 风口应安装有铁纱网；加工车间、贮存库、物料库入口和通 (排) 风口应安装捕鼠设备。上述各设施必须完好，以防鼠、虫浸入。卫生监督员负责检查。监测频率：每天开工前。

(2) 厂区和车间地面不应存在可招引鼠、虫的垃圾，废料等污物。生产区大门应关闭。卫生监督员负责检查有无鼠、虫的存在。卫生监督员应及时向企业管理人员报告鼠害状况。监测频率：每天开工前、生产中、生产结束。

(3) 生产加工企业应定期灭除老鼠和害虫。卫生监督员负责检查。监测频率：每月一次。

2. 纠正措施

(1) 完善防鼠、虫的设施。

(2) 及时清理招引鼠、虫的污物。

(3) 定期捕灭鼠、虫。

3. 记录 纠正措施中 (1)、(2) 的每日卫生控制记录，(3) 的定期卫生控制记录。

(九) 环境卫生

1. 控制和监测

(1) 厂区应无污染源、杂物，地面平整不积水。卫生监督员负责检查。监测频率：每天一次。

(2) 应保持车间、库房、果棚干净卫生。卫生监督员负责检查。监测频率：每天一次。

(3) 应定期清理打扫厂区环境卫生和清除厂区杂草。监测频率：每周一次。

2. 纠正措施

(1) 及时清理污染源、杂物，整修地面。

(2) 车间、库房、果棚发现污染物、异物及时清理。

(3) 定期清理打扫。

3. 记录 纠正措施 (1)、(2) 的每日卫生控制记录，(3) 的定期卫生控制记录。

(十) 检验检测卫生

1. 控制和监测

(1) 各生产工序的检查监督人员所使用的采样器具、检测用具应干净卫生。监测频率：每次。

(2) 实验室应干净卫生。监测频率：每天一次。

2. 纠正措施

(1) 使用前后及时发现及时清洗消毒。

(2) 及时清理。

3. 记录 纠正措施 (1)、(2) 的每日卫生控制记录。

第四节 危害分析与关键控制点

一、HACCP 的产生和发展

20 世纪 60 年代初期，美国太空总署（NASA）希望能够为宇航员制造百分之百安全的太空食品。他们认为现有的质量控制技术，并不能提供充分的安全措施来防止食品生产中的污染，他们将这个使命交给了美国皮尔斯堡（Pillsbury）公司和美国陆军纳提克（Natick）实验室，该公司和该实验室在为美国太空项目尽其努力提供安全食品期间，发现确保安全的唯一方法是研发一个预防性体系，防止生产过程中危害的发生。这就是 HACCP 概念的最初雏形。从此，该公司和该实验室的体系作为食品安全控制最新的方法逐渐被全世界认可，从此产生了 HACCP 概念。

1971 年，皮尔斯堡公司在第一届美国国家食品保护会议上首次公开提出了 HACCP 概念，这一概念就在食品工业发展起来。1985 年，美国国家科学院提出 HACCP 体系应被所有的执法机构采用，对食品加工者来说应是强制性的。美国国会于 1995 年 12 月批准、公布了 HACCP 法规。1996 年 7 月 25 日美国农业部（USDA）食品安全检查署（FSIS）对国内外肉、禽业颁布了《减少致病菌、危害分析和关键控制点系统最终法规》并且于当日生效。1997年12月18日起实施《水产品管理条例》并且于1998年1月实施《肉类和家禽管理条例》，实施的范围包括美国所产及外国进口的产品。

世界卫生组织和国际食品微生物规范委员会鼓励使用HACCP。食品法典委员会现今鼓励在食品工业实际应用HACCP体系。加拿大已根据HACCP原理制定水产品的质量管理导则（QMP）和食品安全促进计划（FSEP）。澳大利亚检疫检验局（AQIS）建立的新的检验体系要求食品加工厂都要有书面的HACCP计划，并以此作为实施检验的基础。

欧盟规定1995年1月1日以后进入欧盟的海洋食品除非在HACCP体系下生产，否则对最终产品进行全面测试。欧盟的自我检查（own-check）也与HACCP的原理相似。1996年4月、1997年7月和1999年6月欧盟来中国考察水产品加工情况时就要求工厂提供实施HACCP的时间。1997年CAC批准的《HACCP体系及其应用准则》目前被许多国家应用。现在，HACCP已成为世界公认的有效保证食品安全卫生的质量保证系统，成为国际自由贸易的"绿色通行证"（林洪，2010）。

HACCP于20世纪80年代传入中国。为了提高出口食品质量，适应国际贸易要求，从1990年起，国家进出口商品检验局科学技术委员会食品专业技术委员会开始对肉类、对虾、蜂产品、笋罐头、花生、冷冻小食品等的加工如何应用HACCP体系进行研究，制定了《在出口食品生产中建立"危害分析与关键控制点"质量管理体系的导则》，出台了HACCP系统管理的具体实施方案，同时在40多家出口企业中试行，取得突出的效果和经济效益。2002年卫生部下发了《食品企业HACCP实施指南》，中国国家认证认可监督管理委员会（简称国家认监委）发布了《食品生产企业危害分析与关键控制点（HACCP）管理体系认证管理规定》。2009年2月，《危害分析与关键控制点（HACCP）体系　食品生产企业通用要求》（GB/T27341—2009）和《危害分析与关键控制点体系　乳制品生产企业要求》（GB/T27342—2009）发布并于同年6月施行。《危害分析与关键控制点（HACCP）体系　食品生产企业通用要求》（GB/T27341—2009）是我国现行的最新食品企业HACCP通用规范。该标准的颁布施行对我国食品生产企业科学有效建立及实施HACCP体系，全面提升食品安全保障能力，具有重要意义。2009年颁布的《食品安全法》中明确规定"国家鼓励食品生产经营企业符合良好生产规范要求，实施危害分析与关键点控制体系，提高食品安全管理水平"。这表明HACCP在我国食品安全控制及管理过程中将被作为一项长期的手段得以更广泛及更深层次的应用。

二、HACCP原理

（一）HACCP基本原理

HACCP是一个确认、分析、控制生产过程中可能发生的生物、化学、物理危害的系统方法，是一种新的质量保证系统。不同于传统的质量检查（即终产品检验），HACCP是一种生产过程各环节的控制。在危害鉴别、评估，以及随后设计和应用HACCP体系的过程中，必须考虑到原料、辅料、食品制作操作规范等，还要考虑到产品的最终使用目的、与食品安全有关的流行病学的根据等。HACCP体系经过实际应用与完善，已经被国际食品法典委员会所确认，由以下7个基本原理组成。

1. 危害分析　危害是指引起食品不安全的各种因素。显著危害是指一旦发生可对消费者产生不可接受的健康风险的因素。危害分析（hazard analysis，HA）是建立 HACCP 的基础。主要包括：有可能产生的危害并影响健康的严重性；定性和（或）定量评价出现的危害；相关微生物生存或增殖；食品中毒素、化学或物理因素的存在和持久性；导致危害产生的条件等。

2. 确定关键控制点 关键控制点（critical control point，CCP）是指能对一个或多个危害因素实施控制措施的点、步骤或工序，它们可能是食品生产加工过程中的某一操作方法或流程，但如果在该步骤，或任何其他步骤中都没有控制措施存在，那么在该步骤或其前后步骤应对产品或加工方法予以修改，包括控制措施。

3. 建立关键限值

1）关键限值 关键限值（critical limit，CL）是与一个 CCP 相联系的每个预防措施所必须满足的标准，是确保食品安全的界限。这些关键限值包括温度、时间、湿度、水分含量、水分活度、pH、有效氯、细菌总数等。一旦操作中偏离了 CL 值，可能导致产品的不安全，必须采取相应的纠正措施使之达到要求。

2）操作限值 操作限值（operational limit，OL）是操作人员用以降低偏离的风险的标准，是比 CL 更严格的限值。

4. 关键控制点的监控 监控是指实施一系列有计划的测量或观察措施，用以评估 CCP 是否处于控制之下，并为将来验证程序时的应用做好精确记录。监控计划包括监控对象、监控方法、监控频率、监控记录和负责人等内容。

5. 建立纠偏措施 当控制过程发现某一特定 CCP 正超出控制范围时应采取纠偏措施。在制定 HACCP 计划时，就要有预见性地制定纠偏措施，便于现场纠正偏离，以确保 CCP 处于控制之下。

6. 记录保持程序 要求把列有确定的危害性质、CCP、关键限值的书面 HACCP 计划的准备、执行、监控、记录保持和其他措施等与执行 HACCP 计划有关的信息、数据记录文件完整地保存下来。

7. 验证程序 验证是除监控方法外用来确定 HACCP 体系是否按计划运作或计划是否需要修改所使用的方法、程序或检测。验证程序的正确制定和执行是 HACCP 计划成功实施的基础，验证的目的是提高置信水平。

（二）HACCP 体系具体建立与实施

1. 组建 HACCP 工作小组 HACCP 工作小组应包括产品质量控制、生产管理、卫生管理、检验、产品研制、采购、仓储和设备维修等各方面的专业人员。

HACCP 工作小组的成员应具备该产品相关专业知识和技能，必须经过 GMP、SSOP、HACCP 原则、制定 HACCP 计划工作步骤、危害分析及预防措施、相关企业 HACCP 计划等内容的培训，并经考核合格。

HACCP 工作小组的主要职责有制定、修改、确认、监督实施及验证 HACCP 计划；对企业员工进行 HACCP 培训；编制 HACCP 管理体系的各种文件等。

2. 确定 HACCP 体系的目的与范围 HACCP 是控制食品安全质量的管理体系，在建立该体系之前应首先确定实施的目的和范围。例如，整个体系中要控制所有危害，还是某方面的危害；是针对企业的所有产品，还是某一类产品，是针对生产过程还是包括流通、消费环节等。只有明确 HACCP 的重点部分，在编制计划时才能正确识别危害，确定关键控制点。

3. 产品描述　应该对产品进行全面的描述。描述的内容包括：产品名称（说明生产过程类型）；原辅材料的商品名称、学名和特点；成分（如蛋白质、氨基酸等）；理化性质（包括水分活度、pH、硬度、流变性等）；加工方式（如产品加热及冷冻、干燥、盐渍、杀菌到什么程度等）；包装系统（密封、真空、气调等）；储运（冻藏、冷藏、常温储藏等）；销售条件（如干湿与温度要求等）、销售方式和销售区域；所要求的储存期限（保质期、保存期、货架期等）；有关食品安全的流行病学资料；确定产品使用目的，即最终消费者或工厂用户，特别要关注特殊消费人群，如婴儿、老人、体弱者、孕妇、免疫功能不健全者等。

4. 绘制和验证产品工艺流程图　产品工艺流程图可对加工过程进行全面和简明的说明，对危害分析和关键控制点的确定有很大帮助。产品工艺流程图应在全面了解加工全过程的基础上绘制，应详细反映产品加工过程的每一步骤。流程图应包括的主要内容有：原料、辅料和包装材料的详细资料；加工、运输、储存等环节所有影响食品安全的工序与食品安全有关的信息（如设备、温度、pH 等）；工厂人流、物流图；消费者意见等。

流程图的准确性对危害分析的影响很大，如果某一生产步骤被疏忽，就可能使显著的安全问题不被记录。因此，应将绘制的工艺流程图与实际操作过程进行认真比对（现场验证），以确保与实际加工过程一致。

5. 危害分析　危害分析是 HACCP 系统最重要的一环，HACCP 小组对照工艺流程图以自由讨论的方式对加工过程的每一步骤进行危害识别，对每一种危害的危险性（危害可能发生的概率或可能性）进行分析评价，确定危害的种类和严重性，找出危害的来源，并提出预防和控制危害的措施。

危害是指食品中存在的一些有害于人体健康的生物、化学和物理因素。危害的严重性指危害因素存在的多少或所致后果程度的大小。危害程度可分为高、中、低和忽略不计。例如，一般引起疾病的危害可分为：威胁生命（严重食物中毒、恶性传染病等），后果严重或慢性病（一般食物中毒或慢性中毒），中等或轻微疾病（病程短、病症轻微）。

危害识别的方法有对既往资料进行分析、现场实地观测、实验采样检测等。

6. 确定关键控制点

1）*CCP 的特征*　食品加工过程中有许多可能引起危害的环节，但并不是每一个都有 CCP，只有这些点作为显著的危害而且能够被控制时才认为是关键控制点。对危害的控制有以下几种情况。

（1）危害能被预防。例如，通过控制原料接收步骤等预防原料中的农药残留量超标。

（2）危害能被消除。例如，杀菌步骤能杀灭病原菌；金属探测装置能将金属碎片检出。

（3）危害能被降低到可接受的水平。例如，通过对贝类暂养或净化使某些微生物危害降低到可接受水平。

原则上关键控制点所确定的危害是在后面的步骤不能消除或控制的危害。

2）*CCP 的确定方法*　确定 CCP 的方法很多，可以用"CCP 判断树"来确定危害发生的可能性和严重性。CCP 判断树（图 12-1）是能有效确定关键控制点的分析程序，其方法是依次回答针对每一个危害的一系列逻辑问题，最后就能决定某一步骤是否是 CCP。

关键控制点应根据不同产品的特点、配方、加工工艺、设备、GMP 和 SSOP 等条件具体确定。一个危害可由一个或多个关键控制点控制到可接受水平；同样，一个关键控制点可

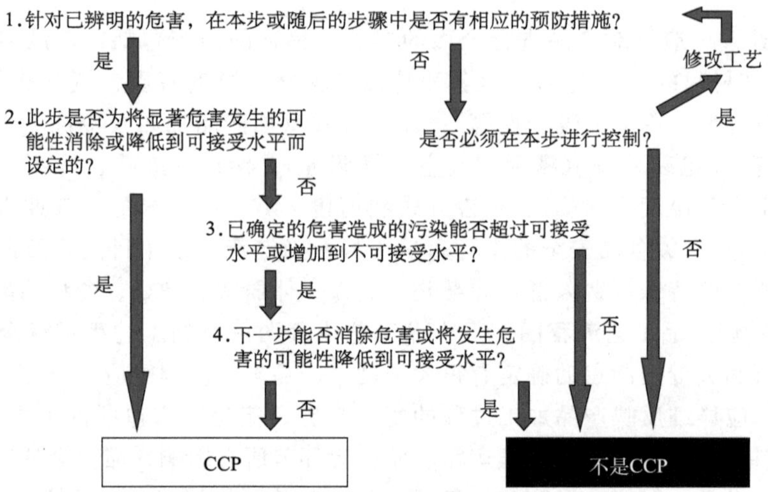

图 12-1 CCP 判断树

以控制一个或多个危害。

7. 建立关键限值 在掌握了每一个 CCP 潜在危害的详细知识，搞清楚与 CCP 相关的所有因素，充分了解各项预防措施的影响因素后，就可以确定每一个因素中安全与不安全的标准，即设定 CCP 的关键限值。通常用物理参数和可以快速测定的化学参数表示关键限值，其指标包括：温度、时间、湿度、pH、水分活度、含盐量、含糖量、物理参数、可滴定酸度、有效氯、添加剂含量，以及感官指标，如外观和气味等。

关键限值的确定应以科学为依据，可来源于科学刊物、法规性指南、专家建议、实验研究等。关键限值应能确实表明 CCP 是可控制的，并满足相应国家标准的要求。确定关键限值的依据和参考资料应作为 HACCP 方案支持文件的一部分，必须以文件的形式保存以便于确认。这些文件应包括相关的法律、法规要求，国家或国际标准、实验数据、专家意见、参考文献等。

建立 CL 应做到合理、适宜、适用和可操作性强，如果过严，会造成即使没有发生影响到食品安全危害，也采取了纠正措施。如果过松，又会产生不安全产品。好的 CL 应直观、易于监测，即使只出现少量不合格产品也可通过纠正措施控制并且不是 GMP 或 SSOP 程序中的措施。

在实际生产中，为对 CCP 进行有效控制，可以在关键限值内设定操作限值和操作标准。操作限值比关键限值要求更严格。设置操作限值可以避免关键限值的偏离，最大限度地避免损失，确保产品安全。如果操作限值设置过严，可能会对产品品质、风味等有负面影响，因此操作限值选择应靠近关键限值。

8. 建立监控程序 对每一个关键控制点进行分析后建立监控程序，以确保达到关键限值的要求。监控程序是保证质量安全的关键措施。监控程序包括以下内容。

（1）监控内容（对象）。监控内容是针对 CCP 而确定的加工过程或可以测量的特性，如温度、时间、pH、水分活度等。

（2）监控方法。有在线检测和终端检测两类方法。要求使用快速检测方法，因为关键限值的偏差必须要快速判定，确保及时采取纠偏行动以降低损失。一般采用视觉观察、仪表测量等方法。例如，时间——观察法；温度——温度计法；水分活度——水分活度仪法；pH——pH 计法。

(3) 监控设备。例如，温湿度计、钟表、天平、pH 计、水分活度计、化学分析设备等。

(4) 监控频率，如每批、每小时、连续等。如有可能，应采取连续监控。连续监控对许多物理或化学参数都是可行的。如果监测不是连续进行的，那么监测的数量或频率应确保关键控制点是在控制之下。

(5) 监控人员。监控人员是授权的检查人员，如流水线上的人员、设备操作者、监督员、维修人员、质量保证人员等。负责监控 CCP 的人员必须接受有关 CCP 监控技术的培训，完全理解 CCP 监控的重要性，能及时进行监控活动，准确报告每次监控工作，随时报告违反关键限值的情况，以便及时采取纠偏活动。

监控程序必须能及时发现关键控制点可能偏离关键限值的趋势，并及时提供信息，以防止事故恶化。提倡在发现有偏差趋势时就及时采取纠偏措施，以防止事故发生。监测数据应有专业人员评价以保证执行正确的纠偏措施。所有监测记录必须有监测人员和审核人员的签字。

9. 建立纠偏措施　食品生产过程中，HACCP 计划的每一个 CCP 都可能发生偏离其关键限值的情况，这时候就要立即采取纠正措施，迅速调整以维持控制。因此，对每一个关键控制点都应预先建立相应的纠偏措施，以便在出现偏离时及时实施。

纠偏措施包括两方面的内容。

(1) 制定使工艺重新处于控制之中的措施。

(2) 拟定 CCP 失控时期生产的食品的处理办法，包括将失控的产品进行隔离、扣留、评估其安全性、退回原料、原辅材料及半成品等移做他用、重新加工（杀菌）和销毁产品等。纠偏措施要经有关权威部门认可。

当出现偏差时操作者应及时停止生产，保留所有不合格品并通知工厂质量控制人员。当 CCP 失去控制时，立即使用经批准的可替代原工艺的备用工艺。在执行纠偏措施时，对不合格产品要及时处理。纠偏措施实施后，CCP 一旦恢复控制，要对这一系统进行审核，防止再次出现偏差。整个纠偏行动过程应做详细的记录，包括产品描述、隔离或扣留产品数量；偏离描述；所采取的纠偏行动（包括失控产品的处理）；纠偏行动的负责人姓名；必要时提供评估的结果。

10. 建立验证程序　验证的目的是通过一定的方法确认制订的 HACCP 计划是否有效、是否被正确执行。验证程序包括对 CCP 的验证和对 HACCP 体系的验证。

1) CCP 的验证　必须为 CCP 制定相应的验证程序，以保证其控制措施的有效性和 HACCP 实施与计划的一致性。CCP 验证包括对 CCP 的校准、监控和纠正记录的监督复查，以及针对性的取样和检测。

对监控设备进行校准是保证监控测量准确度的基础。对监控设备的校准要有详细记录，并定期对校准记录进行复查，复查内容包括校准日期、校准方法和校准结果。

确定专人对每一个 CCP 的记录（包括监控记录和纠正记录）进行定期复查，以验证 HACCP 计划是否被有效实施。

对原料、半成品和产品要进行针对性的抽样检测，对提供的质量保证进行验证。

2）HACCP 体系的验证　HACCP 体系的验证就是检查 HACCP 计划是否有效，以及所规定的各种措施是否被有效实施。验证活动分为两类，一类是内部验证，由企业自己组织进行；另一类是外部验证，由被认可的认证机构进行，即认证。

验证的频率应足以确认 HACCP 体系在有效运行，每年至少进行一次或在系统发生故障时、产品原材料或加工过程发生显著改变时或发现了新的危害时进行。

体系的验证活动内容：检查产品说明和生产流程图的准确性；检查 CCP 是否按 HACCP 的要求被监控；监控活动是否在 HACCP 计划中规定的场所执行；监控活动是否按照 HACCP 计划中规定的频率执行；当监控表明发生了偏离关键限制的情况时，是否执行了纠偏行动；设备是否按照 HACCP 计划中规定的频率进行了校准；工艺过程是否在既定的关键限值内操作；检查记录是否准确和是否按照要求的时间来完成等。

11. 建立 HACCP 文件和记录管理系统　必须建立有效的文件和记录管理系统，以证明 HACCP 体系有效运行、产品安全及符合现行法律法规的要求。制定 HACCP 计划和执行过程应有文件记录。需保存的记录包括以下内容。

（1）危害分析小结。包括书面的危害分析工作单和用于进行危害分析和建立关键限值的任何信息的记录。支持文件包括：制定抑制细菌性病原体生长的方法时所使用的充足的资料，建立产品安全货架寿命所使用的资料，以及在确定杀死细菌性病原体加热强度时所使用的资料。除了数据以外，支持文件也可以包含向有关顾问和专家进行咨询的信件。

（2）HACCP 计划。包括 HACCP 工作小组名单及相关的责任、产品描述、经确认的生产工艺流程和 HACCP 小结。HACCP 小结应包括产品名称、CCP 所处的步骤和危害的名称、关键限值、监控措施、纠偏措施、验证程序和保持记录的程序。

（3）HACCP 计划实施过程中发生的所有记录。包括关键控制点监控记录、纠偏措施记录、验证记录等。

（4）其他支持性文件。例如，验证记录，包括 HACCP 计划的修订等。

HACCP 计划和实施记录必须含有特定的信息，要求记录完整，必须包括监控过程中获得的实际数据和记录结果。在现场观察到的加工和其他信息必须及时记录，写明记录时间，有操作者和审核者的签名。记录应由专人保管，保存到规定的时间，随时可供审核。

食品的安全性是 21 世纪食品消费者关心的首要问题，HACCP 体系是目前世界上公认的最具权威的食品安全控制体系之一，能够有效地使食品在整个生产及流通的全过程中免受可能发生的生物、化学、物理因素的危害。虽然 HACCP 体系并不是一个零风险体系，但是它把食品生产过程当中的质量控制进行了科学化和模块化，能够最大限度地减少食品的安全危害以保证食品安全。目前，HACCP 已经成为世界许多国家和地区对于农产品、水产品、食品工业生产的强制性实施体系（陈宗道等，2003；乐桃娟，2003；张晓燕，2010）。

HACCP 体系除了能够促进食品安全外，还能促进国际贸易，消除贸易壁垒。2001 年中国加入世界贸易组织（WTO），在享受权利的同时必须履行相应的义务。根据《实施卫生与植物卫生措施协议》（SPS）的规定，各成员国在制定本国的保护条例时，必须建立在国际标准、准则或建议的基础上。在食品方面，SPS 协议要求以 CAC 制定的有关食品添加剂、兽药和农药残留等为基础，而 HACCP 是 CAC 向全世界推广使用的食品安全管理体系。可以说，HACCP 体系的建立与实施已经成为中国食品企业走向世界的必要条件。目前，我国出口食品企业积极推行 HACCP 体系，食品质量安全管理水平不断提高，显著增强了在全球市场上的竞争力。

第五节　良好农业规范

一、概述

良好农业规范（good agricultural practices，GAP），是农产品质量安全全程控制保障体系。GAP 主要针对未加工或最简单加工（生的）后出售给消费者或加工企业的大多数果蔬的种植、采收、清洗、摆放、包装和运输过程中常见的微生物危害的控制，其关注的是新鲜果蔬的生产和包装，但不限于农场，包含从农田到餐桌的整个食品链的所有步骤。GAP 通过对农产品产地环境、土壤和水、生产管理关键措施、产后储藏和运输等环节进行质量安全风险分析，根据危害程度采取相应技术措施加以控制，从而确保生产出来的农产品能够满足质量安全的要求。

GAP 主要关注新鲜果蔬的微生物危害，在评估中产生最能促成操作过程微生物危害减少的相关建议时，种植者、包装者和运输者应努力确立实施方案以避免因疏忽而造成食品供应环境中可能增加的风险。GAP 致力于降低风险而不是消除风险。目前的技术尚无法彻底去除与新鲜果蔬相关的所有潜在危害。GAP 仅提供广泛的、一般的科学原理，操作者应使用指南以帮助评估特定生产条件下（气候上的、地理上的、文化和经济上的）的微生物危害，适当实施经济有效的风险降低策略。

2003 年 3 月，FAO 农业委员会在罗马召开会议制定了农业管理规范框架，提出了与农产品和食品链各阶段有关 GAP 的范围和方法，并回顾了目前公私营部门、民间社会组织和农民对 GAP 的应用，就此草拟了关于原则、一般指标和方法的框架，提出了促进制定农场生产和产后系统 GAP 准则的方法。

GAP 的提出使生产商的注意力集中到农产品生产、加工中的关键环节上，这不仅提高了生产商的生产效率，还大大提高了农产品质量安全水平，更好地保障了生产者的身体健康和农业的可持续发展，因此在发达国家和国际组织得到了大力推行。欧美发达国家首先提出并形成了主要农产品的良好农业操作规范体系。比较有代表性的 GAP 体系有：美国加利福尼亚州草莓委员会的“质量保证计划”（quality assurance program）、英国的“放心食品计划”（assured produce scheme）、澳大利亚的“鲜活农产品安全计划”（freshcare australia）等。其中在国际上最有影响的是 EURERGAP 体系和 FAOGAP 指南。

为改善我国目前农产品生产状况，增强消费者信心，提高农产品安全质量水平，促进农产品出口，国家认监委会同有关部门制定了《中国良好农业规范系列国家标准》和《良好农业规范认证实施规则（试行）》，成为当前认证试点和建立良好农业规范认证示范基地的依据，并通过第三方认证的方式来实施。同时，经与欧洲零售商组织（EUREP）标准 EUREPGAP 的基准性比较，进行互认，并加贴 EUREPGAP 商标，出口欧洲可避免二次认证，以促进我国农产品贸易。

二、良好农业规范的实施

（一）GAP 的基本原则

GAP 通过全程质量控制体系的建立，打破农产品生产、加工、销售（贸易）脱节的传统格局，从源头上解决质量与安全问题。其基本原则包括以下 6 个方面。

（1）坚持把人（包括农业生产者与农产品消费者）、动植物与环境作为一个有机整体。体现了完整的可持续发展观。例如，不仅要求农业生产的产地环境要符合卫生要求，生产过程不能污染食物与环境，而且规定农药使用者必须有适当的防护措施（如戴口罩、手套），动物必须饮用干净的水等。

（2）坚持在农产品的外观、内质和安全性有机统一的前提下，重点解决农产品的安全问题。因为只有三者有机统一，农产品才有市场价值。GAP 几乎没有关于农产品的成熟度、外观等方面的具体规定。但实际上，只要严格按照 GAP 的要求操作，生产出来的必然是外观、内质和安全性“三位一体”的优质农产品。这说明了两点：第一，GAP 不是农产品标准，而是达到农产品标准的生产技术规范；第二，GAP 不单纯是安全食品生产技术规程，而是按照外观、内质和安全性“三位一体”的原则制定的。

（3）认为可以适度使用农药、化肥等化学投入品。即认为农产品质量与安全问题的根源不在于化学投入品本身，而在于其科学合理使用。从而充分体现了 GAP 的现实主义原则。

（4）符合质量安全要求的农产品是生产出来的，而不是检测出来的。质量安全检测固然重要，但只是手段。因此，必须建立健全从田间到餐桌的、以农产品生产过程质量控制体系为核心的质量保证体系。从源头上保障农产品的基本质量安全。

（5）必须坚持科学性与可行性的统一。即农产品质量安全指标的制定既要科学、严格，又要对农民切实可行。生产者是通过努力可以达到或做到的，而不能高不可攀。

（6）坚持建立农产品质量的可追溯制度。一般要求生产者（农民）建立至少连续两年的完整的生产档案，以证明始终一贯地实行质量控制，同时也便于在出现质量安全问题时能“按图索骥”，追根溯源，寻找对策。追溯制度是 GAP 的重要特征。

（二）GAP 的具体内容

1. 土壤　利用适当的作物轮作、合理施肥、牧草管理和其他土地利用方法，以及合理的耕作方式，通过增加土壤碳含量的方法来保持或增加土壤有机质；保护土壤植被，为土壤生物提供有利的环境，尽量减少土壤侵蚀；使用有机肥和矿物肥料时施用量、时间和方法要适合农艺学、环境和人体健康的需要。

2. 水　尽量增加地表水的渗透率，减少地表径流；合理利用地下水和有效管理土壤水分；改善土壤结构，增加土壤有机质含量；利用清洁的农业投入品，避免污染水资源；监测作物和土壤水分，精确地安排灌溉，通过节水措施或者进行水资源循环利用，防止土壤盐渍化；建立永久性的植被束保持土壤水分，恢复湿地，加强水循环的功能；管理水位，防止过度抽取地下水或过度积水；为牲畜提供充足、安全、清洁的饮水点。

3. 作物和饲料生产　根据不同作物品种对气候的适应性、营养价值、抗病性、抗逆性、市场适应、栽培时间等挑选适合的作物品种；利用生物防治措施栽种非寄生作物以尽量减少疾病；利用豆科作物提供生物氮源；平衡施肥，补充土壤中养分的流失；作物秸秆还田增加土壤养分；转场牲畜以便牧草再生；坚持安全生产规范和饲料生产机械设备的使用安全标准。

4. 作物保护　利用具有抗性的栽培品种、轮作顺序、栽培方法，尽可能加强对有害生物和疾病的生物预防；加强有机防治措施；加强有害生物和疾病的预报方法；尽量减少农用化学品的施用量，促进病虫害综合防治；严格遵守农药使用准则。

5. 收获、加工和贮存　按时收获农产品；为产品的加工规定清洁安全的处理方式；清洗时建议使用清洁剂和清洁水；在卫生和适宜的环境下贮存产品；利用清洁和适宜的容器包装产品；重视监督、人员培训和设备的保养。

6. 能源和废物管理　制定农业能源、养分和农用化学物的投入产出计划，以确保其有效使用和安全处置；在建筑设计、机械规格、保养和使用等方面采用节能的办法：研究替代矿物燃料的能源；实行有机废物和无机材料的再循环利用；尽量减少无法利用的废物；按照法律规定贮存化肥和农药。

7. 人的福利、健康和安全　指导所有农作方法实现经济、环境与社会目标之间的最佳平衡；提供适当的家庭收入和粮食安全；坚持安全工作程序及可接受的工作时间和休息时间；教育工人安全有效地使用工具和机械设备；支付合理工资和不剥削工人，尤其是妇女和儿童。

8. 野生生物和地貌　保护农场中的野生生物的生存环境和地貌特征；尽可能在农场中形成不同的耕作格局；尽量减少耕地和农用化学品的使用等活动对野生生物的影响；管理田边的土地以减少杂草，并利用有益品种形成多样的植物和动物的生存环境；管理水道和湿地以促进野生生物生长和防止污染；监测有关植物和动物品种（农业部科技发展中心，2006）。

本章小结

本章重点介绍了食品安全管理体系的 GMP、SSOP、HACCP 及 GAP 的主要原理及应用。

GMP 是通过对生产过程中的各个环节、各个方面提出一系列措施、方法、具体的技术要求和质量监控措施而形成的质量保证体系。食品 GMP 要求食品生产企业应具有良好的生产设备、合理的生产过程、完善的卫生与质量管理制度和严格的检测系统，以确保食品的安全性和质量符合标准。它从硬件和软件两部分对食品企业提出要求，硬件是食品企业的环境、厂房、设备、卫生设施等方面的要求，软件是指食品生产工艺、生产行为、人员要求，以及管理制度等。

SSOP 是食品企业为了满足食品安全的要求，消除与卫生有关的危害而制定的在环境卫生和加工过程中如何实施清洗、消毒和卫生保持的操作规范。它是 GMP 中最关键的卫生条件，同时也是实施危害分析与关键控制点（HACCP）体系的基础。食品企业的 SSOP 一般包括 8 个方面的卫生控制操作程序。

HACCP 是一个以预防食品安全为基础的食品安全生产、质量控制的保证体系。由食品的危害分析和关键控制点两部分组成。HACCP 是一个逻辑性控制和评价系统，与其他质量体系相比，具有简便易行、合理高效的特点。

GAP是以能持续改进农作物体系的先进技术为载体，通过有害生物综合管理和作物的综合管理，以风险预防和风险分析（尤其是通过危害分析及关键控制点）为基础，以食品安全、环境保护、职业健康或安全与福利、动物福利和可持续农业为目标，是在HACCP基本原理的指导下制定的技术规范。

思考题

1. 简述食品GMP的概念。
2. 如何实施食品GMP?
3. 简述实施食品GMP的意义。
4. 简述SSOP的概念。
5. HACCP的基本原理是什么?
6. 什么是CCP? 如何确定CCP?
7. HACCP能不能使食品安全风险降为零，为什么?
8. 简述GMP、SSOP、HACCP之间的关系。
9. 请以冷藏烟熏三文鱼产品为例，制定HACCP计划。
10. GAP的基本原则是什么?
11. 简述实施GAP的具体内容。
12. 结合本章内容，你认为我国食品企业在食品质量安全管理中存在的挑战和机遇是什么?

第13章 食品安全法规与标准

第一节 概 述

一、食品安全标准与法规的概念和研究内容

随着我国的政治、经济和社会全面发展，人民生活水平在逐步提高。从以往的温饱型消费向品质型消费过渡，特别是对食品安全的要求不断提高。但是近些年来食品安全事件频繁发生，食品安全保障体系的不完善引起了世界各国的普遍关注。建立完善的食品安全法规成为规范食品生产者、经营者、销售者的行为和政府部门依法监督管理的依据，保护消费者合法权益的有力保障，公平贸易的行为准则。

食品标准与法规是研究食品“从农田到餐桌”的过程中与各个环节相关的法律法规和管理制度，其研究对象是一个比较复杂的体系，包括从食品与农产品的生产、加工、储运、流通和销售直至消费的全过程。目的是为了确保人类和动植物生命健康的安全，保护自然环境，促进市场贸易，规范企业生产。

随着新技术的不断涌现、新资源的产生、工业化大生产的推进，不断产生的新问题要求食品安全标准与法规的制定紧跟时代变化。

二、食品安全法规的特征和渊源

安全的食品应当在正常食用情况下，无毒、无害，符合应当有的营养要求，对人体健康不造成任何急性、亚急性或者慢性危害。为了控制食品中的危害物对人体与其他自然界生物的伤害，制定相应的食品安全法律、法规，确保食品的安全。食品中的危害物主要有生物性危害、化学性危害和物理性危害。食品安全法规主要是对食品在“从农田到餐桌”的全过程监管中，控制或消除食品中危害物对人类和动植物生命健康的危害，保护自然环境，降低食品安全风险。

食品法规主要是指由不同的国家行政机关指定或认可的，具有不同法律效力或法律地位的各类规范性食品法律文件。

（一）宪法

宪法是我国的根本大法，是国家最高权力机关通过法定程序制定的具有最高法律效力的规范性法律文件。它规定和调整国家的社会制度和国家制度、公民的基本权利和义务等最根本的全局性的问题。它不仅是食品法的重要渊源，也是其他法律的重要渊源，是制定食品法律、法规的来源和基本依据。

（二）食品法律

食品法律是指由中华人民共和国全国人民代表大会（简称全国人大）及其常务委员会经

过特定的立法程序制定的规范性法律文件。它的地位和效力仅次于宪法。它又分为两种：一是由全国人大制定的食品法律，称为基本法；二是由全国人大常委会制定的食品基本法律以外的食品法律。

例如，1995 年我国颁布实施了《中华人民共和国食品卫生法》。为了适应食品安全形势发展的需要在 2009 年 2 月 28 日，十一届全国人大常委会第七次会议通过了《中华人民共和国食品安全法》替代《中华人民共和国食品卫生法》，成为了食品安全领域的根本大法。为保障农产品质量安全，2006 年 4 月 29 日颁布了《中华人民共和国农产品质量安全法》。为了加强对产品质量的监督管理，于 1993 年颁布实施《中华人民共和国产品质量法》，并不断进行修订。

（三）食品行政法规

食品行政法规是由中华人民共和国国务院（简称国务院）根据宪法和法律，在其职权范围内制定的有关国家食品行政管理活动的规范性法律文件，其地位和效力仅次于宪法和法律。

党中央和国务院联合发布的决议或指示，既是党中央的决议和指示，又是国务院的行政法规或其他规范性文件，具有法律效力。国务院各部委所发布的具有规范性的命令、指示和规章，也具有法律效力，但其法律地位低于行政法规，如由国务院颁布实施的《中华人民共和国食品安全法实施条例》《乳品质量安全监督管理条例》《生猪屠宰管理条例》等行政法规。

（四）地方性食品法规

地方性食品法规是指省、自治区、直辖市，以及省级人民政府所在地的市和经国务院批准的较大的市的人民代表大会及其常委会制定的适用于本地方的规范性文件。除地方性法规外，地方各级权力机关及其常设机关、执行机关所制定的决定、命令、决议，凡属规范性者，在其辖区范围内，也都属于法的渊源。地方性法规和地方其他规范性文件不得与宪法、食品法律和食品行政法规相抵触，否则无效，如经过抚顺市政府批准实施的《抚顺市药品和医疗器械监督管理规定》，上海市政府颁布的《上海市生猪产品质量安全监督管理办法》等由地方政府依据食品法律、法规制定并颁布实施的地方性法规。

（五）食品自治条例与单行条例

食品自治条例和单行条例是由民族自治地方的人民代表大会依照当地民族的政治、经济和文化的特点制定的食品规范性文件。自治区的自治条例和单行条例，报全国人大常委会批准后生效；州、县的自治条例和单行条例报上一级人大常委会批准后生效。

为了尊重少数民族的饮食习惯，加强对少数民族食品的管理，在《中华人民共和国民族区域自治法》《中华人民共和国食品安全法》等有关法律基础上制定的条例，如《宁夏回族自治区清真食品管理条例》《新疆维吾尔自治区清真食品管理条例》《广西壮族自治区食品卫生条例》《延边朝鲜族自治州延边黄牛管理条例》等自治条例。

（六）食品规章

食品规章分为两种类型：一是指由国务院行政部门依法在其职权范围内制定的食品行政管理规章，在全国范围内具有法律效力。例如，国家食品药品监督管理总局颁布实施的《食品安全抽样检验管理办法》（国家食品药品监督管理总局令第 11 号），卫生部（现国家卫生计生委）颁布的《食品安全国家标准管理办法》（卫生部令第 77 号）等国务院行政部门制定的规章。二是指由各省、自治区、直辖市，以及省、自治区人民政府所在地和经国务院批准的较大的市的人民政府，根据食品法律在其职权范围内制定和发布的有关地区食品管理方面的规范性文件。

（七）食品标准、规范和规程

由于食品法的内容具有技术控制和法律控制的双重性质，因此食品标准、食品技术规范和操作规程就成为食品法渊源的一个重要组成部分。其法律效力不及法律、法规。

这些标准、规范和规程可分为国家和地方两级。值得注意的是，这些标准、规范和规程的法律效力虽然不及法律、法规，但在具体的执法过程中，它们的地位又是相当重要的。因为食品法律、法规只对一些问题作了原则性规定，而对某种行为的具体控制，则需要依靠标准、规范和规程。所以从一定意义上说，只要食品法律、法规对某种行为作了规范，那么食品标准、规范和规程对这种行为的控制就有了极高的法律效力。

（八）国际条约

国际条约是指我国与外国缔结的或者我国加入并生效的国际法规范性文件。它是指国务院按职权范围同外国缔结的相应的条约和协定。这种与食品有关的国际条约虽然不属于我国国内法的范畴，但其一旦生效，除我国声明保留的条款外，也与我国国内法一样对我国国家机关和公民具有约束力。2001 年 12 月 11 日，我国正式加入世界贸易组织（WTO），遵守《服务贸易总协定》《技术性贸易壁垒协定》（TBT 协定）和《实施卫生与动植物卫生措施协定》（SPS 协定），以及《联合国海洋法公约》等国际条约。

三、标准的概念和食品安全标准的范围

标准是指为了在一定范围内获得最佳秩序，经协商一致制定，并由公认机构批准，共同使用和重复使用的一种规范性文件（GB/T 20000.1—2002）。

食品标准是政府对“农田到餐桌”全产业链的管理、监督的技术依据，是指导企业组织生产管理和质量监督的工具，是食品生产者、经营者、销售者的行为准则，也是消费者保护自身合法利益的武器，是国际贸易的共同行为准则。

第二节　食品安全法规体系

一、《中华人民共和国食品安全法》

（一）食品安全法的制定

随着我国社会、经济的发展，人民生活水平的稳步提高，人们更加关注食品安全性。我国在 1995 年为保证食品卫生，防止食品污染和有害因素对人体的危害，保障人民身体健康，制定、颁布实施了《中华人民共和国食品卫生法》。在食品工业的发展中，伴随着食品安全事件层出不穷，发现《中华人民共和国食品卫生法》无法满足社会对食品安全监管的要求。2009 年 2 月 28 日，十一届全国人大常委会第七次会议通过了《中华人民共和国食品安全法》，替代《中华人民共和国食品卫生法》。

食品安全不仅仅是影响身体健康的公共卫生问题，还包括食品数量的保证与食品获取时

生态环境的保护及资源利用的可持续性。《中华人民共和国食品安全法》的制定是为了适应社会高速发展的需要，为了从制度上解决现实生活中存在的食品安全问题，更好地保证食品安全而制定的。其中确立了以食品安全风险监测和评估为基础的科学管理制度。这些规定的作用一是明确了以食品安全风险评估结果作为制定、修订食品安全标准和对食品安全实施监督管理的科学依据，建立了食品召回制度。《中华人民共和国食品安全法》分为 10 章共计 104 条规定，明确食品安全风险评估结果应当成为制定或者修订食品安全标准、确定食源性疾病控制对策的重要依据。二是坚持预防为主。遵循食品安全监管规律，对食品的生产、加工、包装、运输、贮藏和销售等各个环节，对食品生产经营过程中涉及的食品添加剂、食品相关产品、运输工具等各有关事项，有针对性地确定有关制度，并建立良好生产规范、危害分析和关键控制点等机制，做到防患于未然。同时，建立食品安全事故预防和处置机制，提高应急处理能力。三是强化食品生产经营者作为保证食品安全的第一责任人的法律责任，引导食品生产经营者在生产经营活动中重质量、重服务、重信誉、重自律，以形成确保食品安全的长效机制。并据此规定了不安全食品召回制度、食品标签制度和索票索证等制度，加大对食品生产经营违法行为的处罚力度。四是建立以权责一致为原则，分工明晰、责任明确、权威高效，决策与执行适度分开、相互协调的食品安全监管体制。进一步明确地方人民政府对本行政区域的食品安全监管负总责。赋予行政机关必要的监管权力，同时强化行政机关监管不到位应承担的法律责任。

（二）食品安全法的修订

2015 年 4 月 24 日第十二届全国人大常委会第十四次会议对《中华人民共和国食品安全法》进行了修订，自 2015 年 10 月 1 日起施行。

新修订的《中华人民共和国食品安全法》包括总则、食品安全风险监测和评估、安全标准、生产经营、检验、进出口、安全事故处置、监督管理、法律责任和附则，共有 10 章。这部新法被各界称为“史上最严的食品安全法”，对保健食品、网络食品交易、食品添加剂等当前食品监管中存在的难点问题都有涉及，让损害消费者利益的商家承担连带责任。

新法比较重要的修订主要有以下几个方面。

1. 生产食品添加剂要申请许可 新修订的食品安全法第三十九条中，明确提出要对食品添加剂生产实行许可制度。我国之前只针对食品生产、经营设立了许可制度，没有为食品添加剂生产设立专门的许可制度，这一新增制度很有必要。

2. 食品网上交易要实名登记 新修订的食品安全法第六十二条中，明确指出网络食品交易第三方平台提供者应当对入网食品经营者进行实名登记。

3. 保健食品标签要写明成分含量 新修订的食品安全法第七十八条指出：保健食品的标签、说明书不得涉及疾病预防、治疗功能，内容应当真实，与注册或者备案的内容相一致，载明适宜人群、不适宜人群、功效成分或者标志性成分及其含量等，并声明“本品不能代替药物”。保健食品的功能和成分应当与标签、说明书相一致。

4. 食品安全需社会共治 要管好食品安全，不仅需要依靠监管部门的执法。更需要社会各界的一致关注，协同共管。

延伸阅读

新《中华人民共和国食品安全法》的变化

1. 瓜果蔬菜禁用剧毒高毒农药　剧毒、高毒农药不得用于蔬菜、瓜果、茶叶和中草药材。鼓励和支持使用高效低毒、低残留农药，加快淘汰剧毒、高毒农药。

2. 保健食品应标明不能代替药物　保健食品的标签、说明书应载明功效成分及其含量，不得涉及疾病预防、治疗功能，并声明“本品不能代替药物”。

3. 婴幼儿配方乳粉配方拟注册管理　删去“不得以委托、贴牌方式生产婴幼儿配方乳粉”，保留“不得以分装方式生产婴幼儿配方乳粉”。

4. 医学食品应经监管部门注册　特殊医学用途配方食品应当经国务院食品药品监督管理部门注册。注册时，应当提交产品配方、生产工艺等，以及表明产品安全性、营养充足性和特殊医学用途临床效果的材料。

5. 销售食用农产品不需取得许可　销售食用农产品，不需要取得许可。销售食用农产品的批发市场应对其抽样检验。

6. 填补网购食品盲区　消费者网购食品受侵害，网购平台提供者不能提供入网食品经营者的真实名称、地址和有效联系方式的，由平台提供者赔偿。

7. 违法成本大幅提高　对在食品中添加有毒、有害物质等性质恶劣的违法行为，直接吊销许可证，并处最高为货值金额 30 倍的罚款；出具虚假检验报告被开除的食品检验机构人员，终身禁止从事食品检验工作。

二、《中华人民共和国农产品质量安全法》

随着我国农业经济的快速发展，以及农产品对外贸易量的增加，为了适应农业发展的需要，我国在 2006 年颁布实施了《中华人民共和国农产品质量安全法》。《中华人民共和国农产品质量安全法》以保障农产品质量安全，维护公众健康，促进农业和农村经济发展为宗旨制定。随着经济全球化进程加快，农业对外开放程度不断扩大，农业市场竞争愈加激烈。质量安全是农产品市场竞争的关键因素，是导致贸易争端的重要原因之一，也是一些国家设置农产品贸易技术壁垒的主要措施。《中华人民共和国农产品质量安全法》是我国农业和农村经济管理中的一部重要法律，有力地推进了我国农业产业的发展，以及国际竞争力。

《中华人民共和国农产品质量安全法》包括 8 章 56 条，对农产品及农产品质量安全的概念进行了明确规定。农产品是指来源于农业的初级产品，即在农业活动中获得的植物、动物、微生物及其产品。农产品质量安全是指农产品质量符合保障人的健康、安全的要求。

第一章是总则，对农产品的定义，农产品质量安全的内涵，法律的实施主体，农产品质量安全风险评估、风险管理和风险交流，农产品质量安全信息发布，安全优质农产品生产，公众质量安全教育等方面做出了规定。第二章是农产品质量安全标准，对农产品质量安全标准体系的建立，农产品质量安全标准的性质，农产品质量安全标准的制定、发布、实施的程序和要求等进行了规定。第三章是农产品产地，对农产品禁止生产区域的确定，农产品标准化生产基地的建设，农业投入品的合理使用等方面做出了规定。第四章是农产品生产，对农产品生产技术规范的制定，农业投入品的生产许可与监督抽查，农产品质量安全技术培训与推广，农产品生产档案记录，农产品生产者自检，农产品行业协会自律等方面进行了规定。第五章是农产品包装和标识，对农产品分类包装、包装标识、包装材质、转基因标识、动植物检疫标识、无公害农产品标识和优质农产品质量标识做出了规定。第六章是监督检查，对农产品质量安全市场准入条件，监测和监督检查制度，检验机构资质，社会监督，现场检查，事故报告，责任追溯，进口农产品质量安全要求等进行了明确规定。第七章是法律责任，对各种违法行为的处理、处罚做出了规定。第八章是附则。

三、《中华人民共和国产品质量法》

为了加强对产品质量的监督管理，提高产品质量水平，明确产品质量责任，保护消费者的合法权益，维护社会经济秩序，我国在 1993 年制定实施了《中华人民共和国产品质量法》，并在实施过程中进行了适应社会发展的修订。《中华人民共和国产品质量法》共计 6 章 76 条，适用于在我国国内从事产品生产、销售活动，包括销售进口商品的活动，是生产者、销售者、用户和消费者，以及监督管理机构发生社会关系时，所应遵从的民事、行政法律规范。

《中华人民共和国产品质量法》第一章是总则，对生产者、销售者、用户及监督管理机构进行了职能规定。第二章是产品质量的监督，明确指出了企业对产品质量管理的权利和义务，政府部门宏观管理的职能，国家对产品质量实施监督的权力，产品质量检验机构的资格，产品质量检验机构、认证机构执业的基本要求，同时对消费者及保护消费者权益的社会组织在产品质量问题上的权利等问题做了规定。第三章是生产者、销售者的产品质量责任和义务，分别规定了生产者的产品质量责任和义务及销售者的产品质量责任和义务。第四章是损害赔偿，是关于因产品质量问题引起的损害赔偿的规定，包括销售者对其出售产品的质量问题应承担的民事责任、产品质量存在缺陷造成他人损害的民事责任、产品质量纠纷的解决途径和仲裁机构或者人民法院的委托检验。第五章是罚则，对违反《中华人民共和国产品质量法》规定的行为的处罚作了行政、刑事规定。第六章是附则，分别对军工产品的监督管理，以及因核设施、核产品造成损害的赔偿责任进行了规定。

四、《中华人民共和国消费者权益保护法》

为了保护消费者的合法权益，维护社会经济秩序稳定，促进社会主义市场经济健康发展，我国在 1994 年实施了《中华人民共和国消费者权益保护法》并在 2014 年重新修订。《中华人民共和国消费者权益保护法》共计 8 章 63 条规定。第一章为总则，明确了交易原则与保护消费者的责任。第二章为消费者的权利，规定了消费者应享有的知情权和赔偿权利。第三章为经营者的义务，对经营者的销售行为进行了明确的规定。第四章是国家对消费者合法权益的保护，对国家行政管理部门应负有的责任进行了规范。第五章是消费者组织，对公益性组织的职责进行了规定。第六章是争议的解决，对消费者和经营者发生消费者权益争议时采取的解决途径进行了规范。第七章是法律责任，对经营者对消费者未尽到安全保障义务，造成消费者损害时应负有的法律责任进行了规定。第八章是附则，规定了农民购买、使用直接用于农业生产的生产资料时适用消费者权益保护法。

第三节　食品安全标准体系

一、国外食品安全标准体系的特点

食品安全标准体系是以系统科学和标准化原理为指导，按照风险分析（风险的评估、管理和交流）的原则和方法，对食品生产、加工和流通中整个食品链中的食品生产全过程各个环节影响食品安全和质量的关键要素及措施所涉及的全部标准，按其内在联系形成的系统、科学、合理且可行的有机整体。

食品安全标准体系的实施对全面提升食品安全水平，保障消费者健康具有重要意义。在参与国际竞争中成为提高国家食品产业竞争力的重要技术支撑，也是实现食品产业结构调整的重要手段。对于行政管理部门而言，食品安全标准体系是国家食品安全监督管理部门规范市场秩序的重要依据。

（一）日本的食品安全标准体系

日本厚生省在 1947 年颁布了《食品卫生法》并在 2003 年进行了修订，同时在 2003 年制定了《食品安全基本法》，这两部法律成为保障食品质量安全的基本法律。在日本，涉及食品安全的法律、法规较多，包括食品质量卫生、农产品质量、投入品（农药、兽药、饲料、添加剂等）质量、动物防疫、植物保护等 5 个方面。

日本法律明确规定食品安全管理部门主要由农林水产省和厚生劳动省负责，2003 年设置的食品安全委员会作为独立的机构负责开展安全风险性评估参与食品质量管理。农林水产省和厚生劳动省在职能上既有分工，也有合作，各有侧重。农林水产省主要负责生鲜农产品及其粗加工产品的安全性，侧重在这些农产品的生产和加工阶段；厚生劳动省负责农产品以外的其他食品及进口食品的安全性，侧重在这些食品的进口和流通阶段。农药、兽药残留限量标准则由两个部门共同制定。厚生省下设 31 个食品卫生检疫所，7 个地方厚生局。厚生省通过制定统一的食品安全标准，对本国食品企业实行许可经营，提高了食品市场的准入门槛。农林水产省主要负责农产品的质量安全，主要部门包括：食品安全危机管理小组，负责制定并指导实施重大食品安全突发事件应急预案；8 个地方农政局，负责监管辖区内跨县域水产品的日本农业标准化管理（JAS）制度、可追溯制度的实施情况。食品安全委员会由日本首相任命的 7 名食品安全问题专家组成，负责食品安全的风险评估工作，使日本食品安全监管中的风险评估与风险管理职能相互独立，并监督农林水产省和厚生劳动省的工作。日本形成了统一调配又分工明确，共同协作又相互制衡的食品安全监管体系。

（二）欧盟的食品安全标准体系

世界上第一个食品法规出现在英国，在 1202 年英国颁布了《面包法》。2002 年欧盟成立了欧盟食品安全管理局（FSA）统筹管理欧洲各国食品安全问题，作为独立于各成员国的食品安全机构，主要是对食品供应链中涉及的风险进行评估并预测有关人类健康、动物福祉、植物保护和转基因生物体的风险与安全管理问题，就科学评估的结果与其他相关成员进行交流，为制定法规标准及其他的管理政策提供依据。欧盟的食品安全监管制度是从农场到餐桌的整条食品链的监管。欧盟食品安全监管原则采用以下措施。

(1) 为保护消费者利益，各部门协调一致的安全管理策略。

（2）以欧盟法规为指导，建立层次分明的食品安全法规体系。

（3）以保障消费者健康和促进国际贸易为目的，建立国家食品安全控制体系。

（4）以风险评估为科学依据，展食品安全风险管理。

（5）以食品安全利益相关者的合作为前提，建立部门间的协调机构。

（6）以参比实验室为依托，建立食品安全检测、监测体系。

欧洲食品安全局主要由管理委员会、执行主任和秘书、咨询论坛、科学委员会和9个专门的科学专家组成。管理委员会下设科学筹划指导委员会、食品科学委员会、动物营养科学委员会、动物健康及动物福利科学委员会、禽畜措施科学委员会、植物科学委员会、化妆品与非食物产品科学委员会、医疗产品与医疗器材科学委员会，以及毒害、生物毒害与环境科学委员会。2002年欧盟颁布了《欧洲议会和欧盟理事会规定食品通用法则与要求、建立欧洲食品安全局，以及规定食品安全相关程序的法规》，简称《食品通用法》。该法对食品法的总则、欧洲食品安全管理机构、快速警报系统和食品可追溯制度做出了详细的规定。该法为欧盟建立食品安全风险分析机制奠定了法律基础，明确规定风险分析系统由风险评估、风险管理和风险信息通报这三个相互关联的部分组成。

2006年欧盟又颁布了新的《欧盟食品及饲料安全管理法规》，针对食物链的各个环节进行监督，实现食品从农田到餐桌的全过程监控。同时还建立了商品可追溯原则，强化了召回制度与市场准入制度，并对食品添加剂和动物饲料等易发生食品安全问题的薄弱环节进行了重点监督。

（三）美国的食品安全体系

美国是世界上最早进行食品安全监管的国家。美国在1890年通过实施了《国家肉品监督法》以保证食品的安全，1938年制定了《联邦食品、药品和化妆品法》加强了对食品、药品的监管。陆续出台了《鲜活农产品法》《联邦谷物标准化法》《禽类产品检查法》《联邦肉类检验法》与《蛋类产品检验法》等一系列法规。1996年颁布实施了《食品质量保护法》，以风险评估技术为技术手段管理监控食品安全问题。美国上百年制定的食品安全法律涵盖了食品生产销售的全过程，这些法律相互之间衔接紧密，形成了保障食品安全的法规网。2011年美国通过了《FDA食品安全现代化法案》，主要针对《联邦食品、药品和化妆品法》进行重大修订，该法案主要以预防为主，强调风险控制。

美国食品安全监管体系的特点是各个部门分工明确，每个部门分别负责具体种类食品的安全，在联邦制的基础上由食品总统安全委员会协调多部门来联合执行，最终实现对食品安全的一体化管理。1998年，美国成立食品总统安全委员会，旨在协调美国各食品安全监管部门的工作。美国负责食品安全管理的具体部门采取品种监管的原则，食品安全监管职能的部门主要有三个，分别是卫生与人类部（DHHS）下属的食品药品管理局（FDA），美国农业部（USDA）下属的食品安全检验局（FSIS）和环境保护署（EPA）等。此外，卫生与人类部下属的疾病控制与防治中心（CDC）和美国农业部下属的动植物健康检疫局（APHIS）也负责一定的食品安全监管工作。其中，FDA主要负责大部分国产与进口食品的安全，其具体工作的职责是：在食品加工与储存过程中取样检验；在食品销售过程中检验食品添加剂与色素添加剂；一般公认安全物质（GRAS）的审查；制定与美国食品安全相关的法律、法规；其下属的兽药中心要审查和监管兽药的上市，以及其最高残留限量，制定动物饲料法规；制定食品加工操作规程和生产标准；与外国政府合作，确保进口食品的安全；设有法律办公室，一旦发现企业存在违规操作，生产食品存在严重质量问题，不但可以要求生产商召回不安全的食品，还有权对生产商出具处罚通知书，进行严厉处罚；还负责食品安全研究，以及行业教育培训。FSIS 主要是负责美国市场上的肉类、禽产品和蛋产品的安全、正确使用标签；制定肉禽蛋及制品的管理法规；负责屠宰前的卫生检查与屠宰后的检疫；负责病原管制系统；负责危害与关键分析点系统（HACCP）；教育公众注重食品安全和健康。EPA 主要负责制定饮用水安全标准，帮助各州监测饮用水的质量，研究预防饮用水被污染的途径；评估新的杀虫剂的安全性，制定食品中杀虫剂残留标准，制定杀虫剂安全使用指南；负责农药的登记与注册，制定食品中农药残留限量的法律、法规；管理有毒物质与废物，预防其进入环境与食物链。CDC 主要负责对食源性疾病的预防、监测，以及发病后的调查与处理工作，并负责对食源性疾病的研究与相关人员的培训工作。APHIS 主要负责动物疾病的诊断、防治、控制，以及对新发生疾病的监测，美国动物的健康与动物食品的安全。

美国食品安全政策与法律、法规以风险评估为科学基础进行制定。美国的食品安全监管模式包括食品安全检查官进驻检查制度、实行产品可追溯制度与产品召回制度。

二、中国食品安全标准体系的现状

（一）我国食品安全标准体系的沿革

1953 年颁布的《清凉饮食物管理暂行办法》是建国后我国第一个食品卫生法规。改革开放以来，食品工业快速发展，食品生产经营方式发生了较大变化，当时食品卫生状况已难以适应人民群众日益提高的生活水平的要求，同时食品卫生与贸易、改革和经济社会发展关系越来越密切。我国在 1995 年开始实施《中华人民共和国食品卫生法》，为保证我国食品安全，保障人民健康发挥了重要作用。随着我国食品安全领域频繁的出现问题，食品安全法中的问题与漏洞显现出来。为了适应新形势的发展需要，2009 年颁布实施了《中华人民共和国食品安全法》，该法规是为了从制度上解决现实生活中存在的食品安全问题，更好地保证食品安全而制定的，其中确立了以食品安全风险监测和评估为基础的科学管理制度，明确以食品安全风险评估结果作为制定、修订食品安全标准和对食品安全实施监督管理的科学依据。《中华人民共和国食品安全法》成为了保障食品安全的根本大法。《中华人民共和国食品安全法》第二条中规定供食用的源于农业的初级产品质量安全管理遵守《中华人民共和国农产品质量安全法》的规定。

（二）我国食品安全标准体系存在的问题

我国现行食用农产品、质量、卫生、行业标准涉及多个部门（卫生部门、质检部门、工商部门等），有些技术指标重复、矛盾，同一食品涉及多项标准，标准化管理结构松散，标准间的配套程度不高，且有部分重要指标缺失。《中华人民共和国食品安全法》明确规定将食品安全标准的制定、公布权交给国务院卫生和食品药品监管部门负责，食品安全标准逐步在清理、整合过程中，该项工作任重道远。

随着科学技术的进步和经济社会的快速发展，现代意义上的新食品不断增多，食品标准的更新与升级十分紧迫。我国现行食品标准中，标龄在 5 年以上的约占 1/2，个别标准甚至已超过 15 年未修订，标准的适用性程度不高，有些标准严重滞后。

尽管中国目前的许多食品标准借鉴或吸收了国际食品法典委员会的标准，但是与西方发达国家及国际组织相比，仍存在较大差距。主要表现在：标准较低，对食品法典标准研究滞后，食品安全风险评估研究需要深入进行。

以往按照“一个监管环节有一个部门监管”的原则，确立了分段监管为主、品种监管为辅的食品安全监管模式。2009 年《中华人民共和国食品安全法》颁布实施以后，仍沿用了分段监管的体制，同时对监管体制也进行了一定的完善。

目前有关法律对于社会力量参与食品安全监管并没有做出明确规定，《中华人民共和国食品安全法》也只是规定了行业协会在食品安全领域的引导和推动作用，以及社会团体、群众性组织和新闻媒体机构的普法宣传作用。

（三）中国的食品安全标准体系框架

《中华人民共和国食品安全法》提出对现行食用农产品标准、卫生标准、食品质量标准和有关食品行业标准中强制内容予以整合，统一公布为强制执行的食品安全国家标准。我国食品安全标准分为国家标准、行业标准、地方标准和企业标准。国务院卫生行政部门负责食品安全国家标准的统一制定、公布。食品安全国家标准评审委员会其下包含 10 个专业分委员会，包括污染物委员会、微生物委员会、食品添加剂委员会、农药残留委员会、兽药残留委员会、营养与特殊膳食食品委员会、食品产品委员会、生产经营规范委员会、食品相关产品委员会、检验方法与规程委员会。主要职责有以下几点。

（1）审评食品安全国家标准。

（2）提出实施食品安全国家标准的建议。

（3）对食品安全国家标准的重大问题提供咨询。

（4）承担食品安全国家标准的其他工作。

食品安全国家标准体系框架中包含基础标准，食品、食品添加剂、食品相关产品标准，食品生产经营过程的卫生要求标准、检验方法与规程等，其中食品安全基础标准中包括食品污染物限量、致病菌限量、农药残留限量等。

（四）建立食品安全标准体系的目的及原则

食品安全标准体系是指以系统科学和标准化原理为原则，按照风险分析（风险评估、风险管理、风险信息交流）的组织框架体系，对食品原料、生产、加工和流通过程中的整个食品链中影响食品质量与安全的关键要素及其控制所涉及的标准，按照内在联系形成的系统、科学、合理的体系。通过食品安全标准体系的建立实现对食品安全的有效监控，提升食品安全整体水平。

建立食品安全标准体系的基本原则有以下几条。

（1）有利于保障食品安全和人民身体健康，保护消费者的利益和保护环境。

（2）有利于合理利用国家资源，推广科学技术成果，提高经济效益，达到技术上先进，经济上合理的要求。

（3）在安全风险评估的科学基础上与相关的食品标准协调配套。

（4）促进对外经济技术合作和对外贸易。

（5）在公开透明的原则下发挥行业协会、科学研究机构和学术团体的作用。

（6）标准的内容应符合我国国国情和产业发展实际，立足国情与借鉴国际标准相结合。

本章小结

本章简要介绍了食品安全标准与法规的概念、食品安全法规的特征和渊源，重点对食品安全法规和标准体系的构成进行了讲述。食品安全法规方面，主要介绍了《中华人民共和国食品安全法》的基本内容和修订情况，以及目前我国与食品安全相关的《中华人民共和国农产品质量安全法》《中华人民共和国产品质量法》《中华人民共和国消费者权益保护法》等法律。食品安全标准体系重点介绍了我国食品安全标准体系的沿革、体系框架及原则，同时也对美国、日本和欧盟的食品安全标准体系进行了介绍。

思考题

1. 食品安全法规的基本特征是什么？
2. 我国目前与食品安全相关的法律有哪些？
3. 制定《中华人民共和国食品安全法》的根本目标和作用是什么？
4. 修订《中华人民共和国食品安全法》对我国的食品安全管理有什么意义？
5. 我国的食品安全标准体系和美国及欧盟的标准体系有哪些差别？
6. 目前我国的食品安全标准体系存在哪些问题？

主要参考文献

白永文，王明强. 2011. N-亚硝基化合物对食品安全的污染及其对策. 中国调味品，8（36）：9-11

包克光，夏世钧，殷斌志，等. 1988. 环境中的化学农药对人群健康的影响. 中国环境科学. 02：53-58

毕新慧，徐晓白. 2000. 多氯联苯的环境行为. 化学进展，（2）：152-160

车振明. 2007. 食品安全与检测. 北京：中国轻工业出版社

车振明，李明元. 2013. 食品安全学. 北京：中国轻工业出版社

陈炳卿，刘志城，王茂起，等. 2001. 现代食品卫生学. 北京：人民卫生出版社

陈敏，王世平. 2007. 食品掺伪检验技术. 北京：化学工业出版社

陈宁庆. 2001. 实用生物毒素. 北京：中国科学技术出版社

陈雪岚，许杨，徐尔尼，等. 2000. 赭曲霉毒素 A 的检测方法的研究进展. 中国畜产与食品，17（2）：87-88

陈义. 2000. 毛细管电泳技术及应用. 北京：化学工业出版社

陈银基，周光宏. 2006. 反式脂肪酸分类、来源与功能研究进展. 中国油脂，31（5）：7

陈宗道，刘金福，陈绍军. 2003. 食品质量管理. 北京：中国农业大学出版社

丛浦珠，苏克曼. 2001. 分析化学手册. 质谱分析. 第九分册. 2 版. 北京：化学工业出版社

党卫红. 2008. 谈食品安全的现代问题. 漯河职业技术学院学报，（5）：96-97

第十一届全国人民代表大会常务委员会. 2009. 中华人民共和国食品安全法. 北京

第十一届全国人民代表大会常务委员会. 2015. 中华人民共和国食品安全法. 北京

丁建华，周寿荣. 2004. 一起副溶血性弧菌引起的学生集体食物中毒. 中国校医，18（12）：155

丁建英，韩剑众. 2006. 赭曲霉毒素 A 的研究进展. 食品研究与开发，27（3）：112-115

堵锡华. 2007. 多氯联苯热力学性质的构效关系. 化工学报，58（10）：2432-2436

樊德方，黄幸舒. 1982. 农药的污染与防治. 北京：科学出版社

樊平声，沙国栋，沈培银，等. 2010. 脱氧雪腐镰刀菌烯醇毒性和检测方法研究进展. 检验检疫学刊，20（1）：39-41

方肇伦，方群. 2001. 微流控芯片发展与展望. 现代科学仪器，4：3-6

冯志哲，沈月新，史维一，等. 2001. 食品冷藏学. 北京：中国轻工业出版社

福赛思. 2007. 食品中微生物风险评估. 北京：中国农业大学出版社

傅克文. 1985. 农业环境的化学污染. 北京：中国轻工业出版社

付丽红，王晓闻. 2009. 酶联免疫吸附法在沙门氏菌检测中的研究进展. 中国酿造，202（1）：1-3

盖栋梁，刘爱英，梁宗琦. 2005. 红曲中橘霉素问题的研究进展. 山地农业生物学报，24（6）：529-554

高翔，李梅，张立实. 2005. 赭曲霉毒素 A 的毒性研究进展. 国外医学卫生学分册，32（1）：51-55

谷虹，王玉红，吴晓莹，等. 2007. 动物性食品抗生素残留的危害与解决对策. 现代畜牧兽医，（6）：35-37

郭红卫. 2005. 营养与食品安全. 上海：复旦大学出版社：251-266

郭俊生. 2006. 现代营养与食品安全学. 上海：第二军医大学出版社：371-379

郭婷，王松雪，王海鸥. 2009. 粮谷中脱氧雪腐镰刀菌烯醇净化检测技术研究进展. 粮油食品科技，17（6）：31-34

郭晓娟. 2011. 兽药残留产生的原因及危害. 养殖技术顾问，（3）：202

侯恩太，倪士峰，贾娜. 2009. 食用植物天然毒性成分概况. 畜牧与饲料科学，（1）：151-152

侯卫清，施晓明，陶弘，等. 2008. 兽药残留与控制. 上海畜牧兽医通讯，（6）：102-103

胡娜，许杨，刘仁荣. 2011. 脱氧雪腐镰刀菌烯醇检测方法建立. 中国公共卫生，27（10）：1326-1327

华泽钊，李云飞，刘宝林. 1999. 食品冷冻冷藏原理与设备. 北京：机械工业出版社
化明利. 2004. 我国食品质量安全现状及研究对策. 北京：北京工业大学硕士学位论文
黄昆仑，许文涛. 2009. 转基因食品安全评价与检测技术. 北京：科学出版社
江希流，华小梅，朱益玲. 2004. 我国水产品的生产状况、质量和安全问题及其控制对策. 农村生态环境，(2)：77-80
金秀娟，朱旭东. 2010. 脱氧雪腐镰刀菌烯醇及其检测. 粮油检测与加工，(1)：47-49
金征宇. 2005. 食品安全导论. 北京：化学工业出版社：269-276
金正元，周昭明，张厚芝，等. 2007. 无公害畜禽饲养兽药及饲料添加剂使用注意事项. 湖北畜牧兽医，(8)：11-12
景怀琦. 2004. 小肠结肠炎耶尔森氏菌病. 北京：人民卫生出版社
匡少平，孙东亚. 2007. 多环芳烃的毒理学特征与生物标记物研究. 世界科技研究与发展，29 (2)：41-47
赖晓英，武德银，伍飏. 2007. 反式脂肪酸的危害及其检测方法. 现代食品科技，23 (2)：73-76
劳向前，邵瑞太，王若涛. 2002. 戊型肝炎危害状况研究进展，中国公共卫生，18 (2)：243-244
乐桃娟. 2003. HACCP 体系的建立实施与审核. 长春：吉林人民出版社
李浩春. 2003. 分析化学手册. 气相色谱分析. 第五分册. 2 版. 北京：化学工业出版社
李金钟. 2006. 链球菌分类与鉴定新进展. 临床检验杂志，24 (5)：391-393
李君文. 2002. 生物芯片. 北京：化学工业出版社
李裕，张强，王润元，等. 2010. 食品中镉的生物有效性与影响因素. 第 27 届中国气象学会年会干旱半干旱区地气相互作用分会场论文集. 北京：中国气象学会年会
李裕，张强，王润元，等. 2010. 镉的致癌性与食品中镉的生物有效性. 生命科学，22 (2)：179-184
廖国周，王桂瑛，周光宏，等. 2011. 前体物含量对杂环胺形成的影响. 肉类研究，37 (4)：215-220
林洪. 2010. 水产品安全性. 2 版. 北京：中国轻工业出版社
刘淑玲，仝建波，李云飞，等. 2010. 多氯联苯定量结构-性质的关系. 计算机与应用化学，(4)：543-545
刘潇. 2012. 我国居民母乳和血液中多溴联苯的负荷水平研究. 南昌：南昌大学硕士学位论文
刘小杰，何国庆，陈启和，等. 2002. 赭曲毒素 A 的研究进展. 粮油加工与食品机械，(2)：38-39
刘小如，邓泽元，李静. 2007. 氢化植物油中的 TFA 及其对妊娠哺乳期母婴的影响. 中国乳品工业，12：29-34
刘兴华. 2005. 食品安全保藏学. 北京：中国轻工业出版社
刘雄，陈宗道. 2009. 食品质量与安全. 北京：化学工业出版社
刘学浩，张培正. 2002. 食品冷冻学. 北京：中国商业出版社
刘学文. 2007. 食品科学与工程导论. 北京：化学工业出版社
刘勇，胡文娟. 1991. 我国部分地区霉烂苹果及部分水果制品中展青霉素的测定. 卫生研究，20 (4)：35- 37
刘征涛. 2005. 持久性有机污染物的主要特征和研究进展. 环境科学研究，(3)：93-102
卢春霞. 2010. 麦角生物碱的研究进展. 食品科学，(11)：282-288
卢建初. 2013. 食品中有毒有害元素残留检测浅析. 中国保健营养，(5)：1577
鲁琳，高燕红，许秀敏，等. 2008. 2005—2007 年广东省抽检苹果、山楂制品中展青霉素残留量结果分析. 中国卫生检验杂志，18 (8)：1591- 1604
鲁煊. 2014. N-亚硝基化合物对人体的危害及防治措施研究. 食品研究与开发，35 (2)：128-130
陆承平. 2001. 兽医微生物学. 北京：中国农业出版社：102
罗国安，王义明. 1995. 毛细管电泳简介. 色谱，13 (4)：254-256
罗坤禄. 2004. 一起由副溶血性弧菌引起食物中毒. 报告预防医学情报杂志，20 (4)：453-455
吕金伟，徐德祥. 2005. 食品重金属残留对人类生殖健康的影响. 2005 安徽食品安全博士论坛论文集. 合肥：2005 安徽食品安全博士论坛

吕秀娟. 2008. 降低畜禽药物残留的基本原则. 兽医导刊，(7)：39-40
牟世芬，刘克纳. 2005. 离子色谱方法及应用. 2 版. 北京：化学工业出版社
聂静，钱岩，段小丽，等. 2009. 食品中多环芳烃污染的健康危害及其防治措施. 环境与可持续发展，(4)：38-41
农业部科技发展中心. 2006. 中国农产品质量安全全程控制技术规范. 北京：中国农业出版社
彭珊珊. 2014. 食品掺伪鉴别检验. 3 版. 北京：中国轻工业出版社
齐慧，贾瑞琳，陈铭学. 2012. 食品中砷形态分析研究进展. 中国农学通报，(36)：277-281
钱建亚. 2006. 食品安全概论. 南京：东南大学出版社
钱韵芳，钟耀广. 2008. 食品中铅的安全性分析. 农产品加工（学刊），(12)：84-86，89
覃志英，黄兆勇，陈广林，等. 2003. 食品重金属污染的研究进展. 应用预防医学，(S1)：5-8
曲径. 2011. 食品安全控制学. 北京：化学工业出版社
任列花. 2010. 对食用植物中天然毒素的初探. 农产品加工（学刊），(8)：85-88
日本食品流通系统协会. 1992. 食品流通技术指南. 中日食品流通开发委员会，译. 北京：中国商业出版社
阮栋梁，张英锋，张勇安，等. 2006. POPs——持久性有机污染物和危害. 渤海大学学报（自然科学版），(3)：193-198
阮涌，嵇辛勤，文明，等. 2012. 食品中铅污染检测技术研究进展. 贵州畜牧兽医，(5)：12-15
商务部对外贸易司，中国轻工工艺品进出口商会. 出口日用塑料质量安全手册
商务部对外贸易司，中国轻工工艺品进出口商会. 覆涂层食品接触制品出口质量安全手册
商务部对外贸易司，中国轻工工艺品进出口商会. 食品接触橡胶制品出口质量安全手册
商务部对外贸易司，中国轻工工艺品进出口商会. 食品接触金属制品出口质量安全手册
邵双全，石文星，李先庭，等. 2001. 食品冷链技术的应用现状与前景分析. 食品工业科技，22（6）：84-88
邵玉婉，邵超英，张琢. 2008. 气相色谱法测试纺织品中多溴联苯阻燃剂. 印染，(19)：30-34
盛龙生，苏焕华，郭丹滨. 2006. 色谱质谱联用技术. 北京：化学工业出版社
石阶平. 2010. 食品安全风险评估. 北京：中国农业大学出版社
疏秀林，施庆珊，欧阳友生，等. 2008. 赭曲霉毒素的产生及鉴别. 中国卫生检验杂志，18（10）：2183-2185
帅建军，熊飞，郑建立，等. 2011. 多氯联苯的非生物降解. 上海农业学报，(1)：84-87
孙长颢，凌文华，黄国伟. 2012. 营养与食品学. 北京：人民卫生出版社
孙秀兰，赵晓联，张银志，等. 2003. 生物芯片及其在食品中的应用前景. 食品科学，24（9）：149-152
唐丽新，任丽哲，岗凤娟，等. 2012. 农药残留对动物性食品安全的影响与控制措施. 神州，(31)：241
唐一鸣，姜中其，陈俭. 2010. 乳酸恩诺沙星对小鼠的急性毒性试验. 中国兽药杂志，44（4）：29-30
田秀红. 2007. 食品原料中的天然毒素及其预防措施. 安徽农业科学，35（13）：3793-3794
王东利，张晓鸣，刘玉敏. 2003. 持久性有机污染物的环境行为及对人体健康的危害. 国外医学（卫生学分册），(3)：169-173
王芳，陈礼朝，徐翠红，等. 2009. 兽药残留与畜禽产品安全因素的分析与对策. 中国动物检疫，(1)：17-18
王富勇，曹朝峰，董红燕，等. 2009. 全面提高畜产品质量安全的建议. 河南畜牧兽医（综合版），(4)：13-14
王洪新. 2007. 菜用豆毒素及中毒机理研究. 安徽农业科学，35（25）：7733-7735
王际辉. 2013. 食品安全学. 北京：中国轻工出版社
王丽，金芬，张雪莲，等. 2012. 食品中多环芳烃及卤代多环芳烃的研究进展. 食品工业科技，33（10）：369-373，377
王佩华，赵大伟，聂春红，等. 2010. 持久性有机污染物的污染现状与控制对策. 应用化工，(11)：1761-1765
王茜. 2009. 兽药残留对食品安全性的影响. 江西畜牧兽医杂志，(1)：2-5
王小建. 2008. PCR 在动物源性食品安全方面的应用. 河南科技学院学报，36（1）：75-79

王秀英，李永浩，余淑苑，等. 2006. 深圳市地表水贾第鞭毛虫和隐孢子虫污染状况的调查. 中国公共卫生管理，22（3）：259-261
王正勇. 2012. 肉制品加工过程对杂环胺含量的影响及其控制手段的研究进展. 肉类研究，26（10）：45-47
王仲礼. 2003. 入世后我国动物性食品出口面临挑战及对策. 肉类研究，（2）：3-6
吴坤，孙秀发. 2007. 营养与食品卫生学. 北京：人民卫生出版社
吴澎，赵丽芹. 2010. 食品法律法规与标准. 北京：化学工业出版社
吴永宁，王绪卿. 1999. 二噁英及其类似物Ⅰ环境与食品污染. 中国食品卫生杂志，11（5）：27-33
武丽荣. 2005. 反式脂肪酸的产生及降低措施. 中国油脂，30（3）：42-44
谢明勇，陈绍军. 2011. 食品安全导论. 北京：中国农业大学出版社
谢明勇，谢建华，杨美艳，等. 2010. 反式脂肪酸研究进展. 中国食品学报，10（4）：14-26
谢如鹤，欧阳仲志，李绍荣. 1998. 易腐食品贮运技术. 北京：中国铁道出版社
许艳丽，鲍蕾，吴振兴，等. 2011 免疫亲和柱净化-高效液相色谱法测定大米、玉米、辣椒中的橘霉素. 食品科学，23（4）：159-162
颜国钦. 2010. 食品卫生安全学. 台北：艺轩图书出版社
杨发忠，颜阳，张泽志，等. 2005. 多环芳烃研究进展. 云南化工，32（2）：44-48
杨惠芬，王淮洲. 1983. 食品中汞的化学存在形式. 卫生研究，（3）：69-74
杨洁彬，王晶，王柏琴，等. 2008. 食品安全性. 北京：中国轻工业出版社
杨居荣，查燕. 1999. 食品中重金属的存在形态及其与毒性的关系. 应用生态学报，（6）：766-770
杨俊华，谢荣国，武晓宏. 2009. 二噁英及其危害. 中国动物保健，（4）：68-70
杨曼君. 1992. 食品中农药污染的全膳食研究. 农业环境科学学报，（1）：44-46
叶峻. 2010. 食品重金属污染及其防止措施. 公共卫生与预防医学，（3）：54-56
尤玉如，张拥军，刘士旺. 2008. 食品安全与质量控制. 北京：中国轻工业出版社
园艺. 2003. 食品中化学元素对人体健康的作用. 中国标准化，（3）：70-71
苑春刚. 2009. 食品中有毒砷形态快速分析方法. 第五届全国环境化学大会会议论文集. 大连：第五届全国环境化学大会会议
岳敏，谷学新，邹洪，等. 2003. 多环芳烃的危害与防治. 首都师范大学学报（自然科学版），24（3）：31，40-44
臧大存. 2011. 食品质量与安全. 2 版. 北京：中国农业出版社
曾健雄，吴时敏，王琳，等. 2013. 高脂食品中多环芳烃研究. 粮食与油脂，26（10）：6-9
张建强. 2003. 二噁英的微生物降解. 重庆环境科学，25（10）：70-73
张乃明. 2007. 环境污染与食品安全. 北京：化学工业出版社
张小萍，何艳燕，朱倩，等. 2010. 上海市饮用水和环境水中隐孢子虫和蓝氏贾第鞭毛虫污染状况调查. 中国寄生虫学与寄生虫病杂志，28（6）：435-438
张晓燕. 2010. 食品安全与质量管理. 2 版. 北京：化学工业出版社
张玉奎. 2003. 分析化学手册. 液相色谱分析. 第六分册. 2 版. 北京：化学工业出版社
章建浩. 2002. 食品包装学. 北京：中国农业出版社
章建浩. 2010. 食品包装学. 3 版. 北京：中国农业出版社
赵兵，刘征涛，黄民生，等. 2005. 持久性有机污染物的研究进展. 净水技术，（2）：30-34
赵高伟，任晓峰. 2013. 轮状病毒感染机制及防治的研究进展. 世界华人消化杂志，21（1）：60-65
赵洪霞，马立新，徐青，等. 2006. 气相色谱法测定多溴联苯的蒸气压. 色谱，24（4）：385-388
赵毅，张玉海，闫蓓. 2006. 二噁英的生成及污染控制. 环境污染治理技术与设备，（11）：1-7
郑大明，张静. 2004. 基因芯片技术在食品微生物检测和研究中的应用. 食品科学，25（8）：188-190
郑德福，肖宁，冯萍. 2011. 1964—2011 年中国大陆人体旋毛虫病流行分析. 寄生虫病与感染性疾病，

9 (3)：119

郑云波. 2002. 农业部公布食品动物禁用药物名录. 湖南农业，(13)：6

中国国家认证认可监督管理委员会. 2003. 果蔬汁 HACCP 体系的建立与实施. 北京：知识产权出版社

中国进出口商品检验总公司. 2002. 食品生产企业 HACCP 体系咨询与审核. 北京：中国农业科学技术出版社

中华人民共和国国务院. 2001. 农业转基因生物安全管理条例

钟耀广. 2008. 含天然有毒物质的植物研究进展. 现代农业科技，(22)：262-264

钟耀广. 2010. 食品安全学. 2 版. 北京：化学工业出版社

周才琼，周玉林. 2006. 食品营养学. 北京：中国计量出版社

周玉春，杨美华，许军. 2010. 展青霉素的研究进展. 贵州农业科学，138 (2)：112-116

朱小明，于爱莲. 2010. 脱氧雪腐镰刀菌烯醇毒性作用研究进展. 医学综述，16 (9)：1294-1296

Albuquerque K T，Sardinha F L C，Telles M M，et al. 2006. Intake of trans fatty acid-rich hydrogenated fat during pregnancy and lactation inhibits the hypophagic effect of central insulin in the adult offspring. Nutrition，22 (7)：820-829

Blackwell J H，Rickansrud D，Mckercher P D，et al. 2000. The effect of thermal processing on the survival of foot-and-mouth disease virus in ground meat. J Food Sci，47：388-392

Bodrossy L，Sessitsch A. 2004. Oligonucleotide microarrays in microbial diagnostics. Curr Opin Microbiol，7 (3)：245-254

Chorianopoulos N G，Giaouris E D，Kourkoutas Y，et al. 2010. Inhibition of the early stage of *Salmonella* enterica serovar *Enteritidis* biofilm development on stainless steel by cell-free supernatant of a *Hafnia alvei* culture. Applied and Environmental Microbiology，76 (6)：2018-2022

Chouinard P Y，Girard V，Brisson G J. 1998. Fatty acid profile and physical properties of milk fat from cows fed calcium salts of fatty acids with varying unsaturation. Journal of Dairy Science，81 (2)：471-481

Drummond N，Murphy B P，Ringwood T，et al. 2012. *Yersinia enterocolitica*：a brief review of the issues relating to the zoonotic pathogen，public health challenges，and the pork production chain. Foodborne Pathog Dis，9 (3)：179-189

FAO/WHO. 1996. Biotechnology and food safety. Report of second joint FAO/WHO consultation. Rome：24-31

FAO/WHO. 2000. Report of a joint FAO/WHO expert consultation on foods derived from biotechnology. Headquarters Geneva，Switzerland：29

FAO/WHO. 2001. Joint FAO/WHO food standard program. Chiba，Japan：25-29

Gottstein B，Schuppers M. 2007. Trichinellosis，crossing the chinese wall. Vet J，173 (2)：243-244

Grimond P D，Weill F X. 2007. Antigenic Formulae of the Salmonella Serovars. 9th edition. Paris：WHO Collaborating Center for Reference and Research on Salmonella

Haddad R R. 2004. Ion chromatography. Analytical and Bioanalytical Chemistry，379 (3)：341-343

Jalava K，Hallanvuo S，Nakari U M，et al . 2004. Multiple outbreaks of *Yersinia pseudotuberculosis* infections in Finland. J Clin Microbiol，42 (6)：2789-2791

James C. 1998-2013. Global status of commercialized transgenic crops in 1997-2012. ISAAA Briefs，NO. 5-37，International service for the acquisition of agric-biotech applications，Ithaca，NY

Joachim A. 2004. Human cryptosporidiosis：an update with special emphasis on the situation in Europe. J Vet Med B Infect Dis Vet Public Health，51 (6)：252-259

Jonas D A，Antignac E，Antoine J M，et al. 1996. The safety assessment of novel food：guidelines prepared by ILSI Europe novel food task force. Food Chem Toxicol，34 (10)：931-940

Lau O W, Wong S K. 2000. Contamination in food from packaging material. Journal of Chromatography, 882 (1/2): 255-270

Leblanc A M, CastilloA N A, Perdigon G, et al. 2010. Anti-infective mechanisms induced by a probiotic *Lactobacillus* strain against *Salmonella* enteric a serovar Typhimurium infection. International Journal of Food Microbiology, 138 (3): 223-231

Lechevallier M V, Norton W D, Lee R G. 1991. Occurrence of *Giardia* and *Cryptosporidium* spp. in surface water supplies. Appl Env Microbiol, 57 (9): 2610-2616

Lorbor B. 1997. Listerosis. Clin Infect Dis, 24: 1-11

MacDonald E, Heier B T, Nygard K, et al. 2012. *Yersinia enterocolitica* outbreak associated with ready-to-eat salad mix, Norway. Emerg Infect Dis, 18 (9): 1496-1499

MacKenzie W R, Hoxie N J, Proctor M E, et al. 1994. A massive outbreak in Milwaukee of cryptosporidium infection transmitted through the public water supply. N Engl J Med, 331: 161-167

Manz A. 1990. Miniaturized total chemical analysis systems: a novel concept for chemical sensing. Sens Actuators B, 1: 244-248

Melnick J L. 1996. Enteroviruses: polioviruses, coxsackieviruses, echoviruses, and newer enteroviruses. In: Fields B N, Knipe D M, Howley P M. Field's Virology. 3rd ed. Philadelphia: Lippincot t-Raven: 655-712

Misser S A, Chavarro J E, Malspeis S, et al. 2010. A propective study of dietary fat consumption and endometriosis risk. Human Reproduction, 25 (6): 1528-1535

Nesbitt A, Ravel A, Murray R, et al. 2012. Integrated surveillance and potential sources of *Salmonella enteritidis* in human cases in Canada from 2003 to 2009. Epidemiology and Infection, 140 (10): 1-16

Norma L L, Gordon S S. 2001. Patulin in South African commercial apple products. Food Control, 12 (2): 73-76

OECD (Organization for Economic Cooperation and Development). 1993. Safety evaluation of foods produced by modern biotechnology, concepts and principles. Paris: 15-19

Rajmund M. 2009. Plications of ion chromatography for the determination of inorganic cations. Analytical Chemistry, 39: 230-250

Rodgers K, Arvidson C G, Melville S. 2011. Expression of a *Clostridium perfringens* type Ⅳ pilin by *Neisseria gonorrhoeae* mediates adherence to muscle cells. Infect Immun, 79 (8): 3096-3105

Sahin O, Kobalka P, Zhang Q. 2003. Detection and survival of *Campylobacter* in chicken eggs. Applied Microbiology, 95: 1070-1079

Scholler D, Vergnaud J M, Bouquant J, et al. 2003. Safety and quality of plastic food contact materials. Optimization of extraction time and extraction yield, based on arithmetic rules derived from mathematical description of diffusion. Application to control strategies. Packaging Technology and Science, 16 (5): 209-220

Severi E, Booth L, Johnson S, et al. 2012. Large outbreak of *Salmonella enteritidis* PT8 in Portsmouth, UK, associated with a restaurant. Epidemiology and Infection, 140 (10): 1-9

Small H T, Stevens S, Bauman W C. 1975. Novel ion exchange chromatographic method using conductimetric detection. Anal Chem, 47: 1801-1809

Stears R L. 2003. Trends in microarray analysis. Nat Med, 9 (1): 140-145

The Intergovernmental Committee for the Cartagena Protocol on Biosafety. 2000. Report of the organizational meeting of the intergovernmental committee for the Cartagena protocol. Montreal, Canada

Troaf A F, Ueno-Olsen H, Oiwa R, et al. 1999. Dr. Kyoshi Shiga: discovery of the dysentery *Baeillus*. Clinical Infections Diseases, 29 (5): 1303-1306

Tuttle J, Gomez T, Doyle M P, et al. 1999. Lessons from a large outbreak of *Escherichia coli* O157: H7 infections: insights into the infectious dose and method of widespread contamination of hamburger patties. Epidemiol Infect, 122 (2): 185-192

Uauy R, Aro A, Clarke R, et al. 2009. WHO scientific update on trans fatty acids: summary and conclusions. European Journal of Clinical Nutrition, 63: S68-S75

Voskressenska E, Leelereq A, Tseneva G, et al. 2005. Evaluation of ribotyping as a tool for molecular typing of *Versinia pseudotuberculosis* strains of worldwide origin. J Clin Microbiol, 43 (12): 6155-6160

Walter J E, Mitchell D K. 2000. Role of astroviruses in childhood diarrhea. Current Opinion in Pediatrics, 12 (3): 275-279

Widdowson M A, Sulka A, Bulens S N, et al. 2005. Norovirus and food borne disease, United States, 1991-2000. Emerg Infect Dis, 11 (1): 95-102

World Health Organization. 2010. Report of the first meeting of WHO global network of institutions for scientific advice on nutrition. Geneva